MÉTODO DELAVIER DE MUSCULAÇÃO

FRÉDÉRIC DELAVIER • MICHAEL GUNDILL

Manole

SUMÁRIO

INTRODUÇÃO
As vantagens do treinamento domiciliar

O treinamento domiciliar possui duas grandes vantagens. Em primeiro lugar, há um aspecto prático; em segundo, uma questão de eficácia. Por essas duas razões, um dos autores, Michael Gundill, optou por um treinamento 100% domiciliar, e o outro, Frédéric Delavier, realiza três quartos de seu treinamento em casa e o restante na sala de musculação.

Aspectos práticos do treinamento domiciliar

1 Dificuldade de encontrar uma boa sala

Infelizmente, existe um número muito reduzido de boas salas de musculação. Muitos estabelecimentos preferem investir na parte cardiológica e em aulas coletivas do que na musculação, e, em muitas salas, os praticantes assíduos da atividade não são bem-vindos.

2 Economia de tempo e dinheiro

É comum que a ida à sala de musculação se revele tediosa. É necessário se preparar, percorrer um trajeto, trocar de roupa no local... E, depois do treinamento, é preciso fazer o percurso inverso. Tudo isso pode demandar mais tempo do que o treinamento em si. Além disso, o custo da matrícula é cada vez mais elevado por causa da multiplicação das atividades propostas. Mas por que pagar por aulas coletivas, uso de piscina, etc., quando desejamos apenas fazer 2 a 4 horas de musculação por semana?

3 Perfeita flexibilidade de horário

Na sala, acabamos sendo escravos do horário de abertura e dependemos dos períodos de maior movimento. O treinamento domiciliar permite uma perfeita flexibilidade de horário. Podemos treinar pela manhã, à noite ou alternar noite e manhã de acordo com o tempo disponível.

4 Não há idade limite

Diversas salas recusam os indivíduos com menos de 16 anos. Isso não quer dizer que não é possível iniciar a musculação antes dessa idade. Não, a musculação não impede o crescimento! Ao contrário, quanto mais cedo iniciarmos, mais significativos serão os benefícios. Nesse caso, a única solução é dedicar-se a um treinamento domiciliar.

O treinamento domiciliar é a escolha da eficácia!

1 Um ambiente mais propício ao esforço

As salas de musculação certamente apresentam um aspecto mais sociável que o treinamento domiciliar, mas a sociabilidade não é um fator de eficácia. Aliás, aquela comumente se opõe a esta. A maioria dos clientes das salas não está lá para treinar de fato. Eles vão para passar o tempo ou para se encontrar com outras pessoas. Os indivíduos que treinam com seriedade são vistos como extraterrestres.

2 Antes de mais nada, os resultados

A musculação é mais que um lazer. Ela deve ser praticada seriamente, e não de modo leviano. Treinamos para a obtenção de resultados, não para nos distrairmos. Infelizmente, é esse tipo de clientes que as salas procuram evitar. Elas colocam na frente o lado lúdico do treinamento físico, deixando de lado a eficácia. É por essa razão que optam por um equipamento belo em detrimento de um bom.

3 Evitar a armadilha dos equipamentos

Somos obrigados a constatar que, em muitas salas, a escolha dos equipamentos é feita em função de seu custo, e não de sua eficácia. O resultado são aparelhos pouco eficazes e que desafiam a anatomia humana. Eles são perigosos para os músculos e as articulações e não são eficientes.

4 Uma melhor concentração

Em casa, ninguém o incomodará durante o treinamento para falar sobre o tempo ou decretar que você não está treinando de maneira conveniente. Você permanecerá bem concentrado para um treinamento mais rápido e mais produtivo.

5 O melhor modo de realizar o treinamento previsto

Na sala, seu tempo de repouso depende em grande parte dos outros clientes. A escolha de exercícios ou do material é condicionada pelo que está disponível no momento de seu treinamento. Tudo isso raramente corresponde ao programa que você fixou em função de seus objetivos. O treinamento em circuito, indispensável para a musculação de esportistas, é quase impossível. O treinamento domiciliar proporciona essa liberdade.

6 Eliminação do ego

Em frente aos outros, para não parecermos ridículos, temos tendência a realizar exercícios de maneira inadequada com o único objetivo de pegar o máximo de peso possível. No final, isso vai se traduzir em uma menor progressão, à qual será adicionado um maior risco de lesão. Em casa, não há ninguém para impressionar. Você pode centrar a atenção em um trabalho eficaz em vez de procurar impressionar os outros.

7 Acompanhamento de um bom treinador

Juntos, os autores desta obra acumulam mais de 50 anos de experiência em treinamento físico, a qual é claramente superior à da maioria dos aconselhadores que você terá a felicidade ou a infelicidade de cruzar em uma sala...

Elabore o seu programa de musculação

À primeira vista, a elaboração de um programa de musculação personalizado parece ser uma tarefa cansativa. Na verdade, ela é bem fácil, desde que seu começo seja correto e o programa avance por etapas. É o caminho que mostraremos aqui.

Equipamento

Em relação ao equipamento, este livro coloca duas condições:

> o custo do material deve ser modesto ou mesmo nulo;
> o espaço para o treinamento pode ser mínimo.

É possível treinar com as mãos livres, sem nenhum equipamento. Contudo, um material rudimentar permite multiplicar tanto as possibilidades de exercícios como sua eficácia. O ideal é ter:
• um par de halteres;
• uma barra fixa;
• faixas elásticas.

Você utilizará a cama, um batente de porta e uma cadeira para realizar os exercícios.

❚ Halteres

Halteres desmontáveis estão disponíveis em qualquer loja de material esportivo. Um kit de 10 kg custa aproximadamente R$ 85,00. O ideal é possuir dois. A seguir, ao longo de sua progressão, você poderá adquirir pesos suplementares.

A função dos halteres é aumentar a dificuldade dos exercícios para continuar sua progressão. Se você treinar sempre com a mesma carga (p. ex., o peso do seu corpo), mesmo multiplicando o número de repetições e de séries, irá estagnar rapidamente. Em musculação, tudo se baseia no princípio de sobrecarga; os halteres são o melhor meio para se obtê-la.

Garrafas com água, mais ou menos cheias de acordo com a resistência que desejamos obter, podem ser utilizadas como se fossem halteres. Inclusive, existem garrafas grandes cujo formato auxilia na preensão, o que facilita seu uso.

❚ Barra fixa

Trata-se de uma barra desmontável fixada no batente de uma porta ou entre as paredes de um corredor. Após o uso, ela pode ser removida e guardada, não ocupando espaço. Essa barra é importante para o trabalho dos dorsais, mas não é indispensável.

Existem barras curtas (com menos de 1 m) e barras mais longas (de até 120 cm). Se você tiver espaço, opte pelas barras mais longas. Elas permitirão uma maior diversidade de exercícios.

❚ Faixas elásticas

Essas faixas ou tubos elásticos estão disponíveis em qualquer loja de material esportivo. Algumas lojas de bricolagem também as vendem com as cordas. Sempre é possível utilizar *sandows*, mas a sua resistência não é muito linear e a sua utilização é menos agradável que a das faixas elásticas.

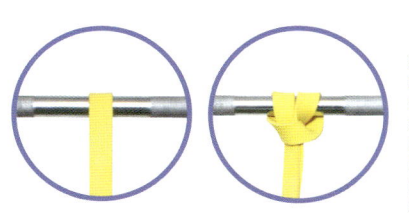

As duas maneiras de fixar sua faixa elástica.

Diversifique os tipos de resistência para obter o máximo de eficácia

A progressão muscular é mais rápida se diversificarmos as fontes de resistência.

É por essa razão que recomendamos a utilização não de um, mas de cinco tipos de resistência:
> mãos livres;
> resistência adicional;
> elástico;
> pliometria;
> alongamento.

A vantagem dos elásticos é a de produzir uma resistência importante sem, no entanto, pesarem. Portanto, essas faixas são fáceis de serem transportadas e guardadas em casa. O ideal é ter faixas de vários diâmetros para variar a potência com facilidade.

A resistência produzida pelas faixas elásticas é muito diferente daquela produzida pelo corpo ou por um haltere. Quanto mais esticamos uma faixa elástica, maior a resistência. Por outro lado, se levantarmos um haltere de 10 kg, ele sempre pesará 10 kg, seja no início, no meio ou no fim do movimento.

Contudo, seria pouco sensato opor um tipo de resistência a outro. Os tipos de resistência produzidos tanto por um haltere como por um elástico apresentam vantagens e desvantagens. Um não é superior ao outro; pelo contrário: o ideal é combinar os dois o mais frequentemente possível. De fato, sua combinação permite acumular as vantagens e eliminar as desvantagens. Essa sinergia produz um tipo de resistência bem superior às outras.

Teremos a oportunidade de desenvolver esse conceito ao longo deste livro.

▌Treinamento com mãos livres

O treinamento com mãos livres representa a base da musculação e tem como vantagem não exigir nenhum equipamento. Assim, todos os músculos do corpo podem ser trabalhados. Infelizmente, após o treinamento com mãos livres ter permitido a aquisição de uma certa força e uma certa resistência, ele atinge rapidamente seus limites.

Como em todas as disciplinas, para melhorar é necessário aumentar a dificuldade. Uma das maneiras de fazê-lo é elevar o número de repetições. No entanto, ao ultrapassar 25 repetições, passa-se de um treinamento de força para um esforço de resistência. O exercício deixará de ser eficaz para aumentar a massa e a potência do músculo.

A FORÇA INVOLUNTÁRIA, UM POTENCIAL DE PROGRESSÃO!

Mesmo se quiséssemos, não poderíamos utilizar toda a força de nossos músculos. Sua força total é enorme. Nós nos damos conta disso durante uma cãibra: a contração contração muscular que ela provoca é bem superior à que podemos gerar voluntariamente.

A _força total_ do músculo é a soma de sua _força voluntária_ + sua _força involuntária_.

A diferença entre a _força voluntária_ e a _força involuntária_ é chamada _déficit de força_.

▌Resistência adicional

Para aumentar a dificuldade dos exercícios e forçar o músculo a se desenvolver, iremos carregá-lo. A maneira mais fácil de fazê-lo é utilizando halteres, os quais permitem variar a resistência de modo muito gradual. É possível progredir de 500 em 500 g, ou mais se a sua força permitir. Esse aumento progressivo de carga se opõe à fornecida pelo peso do corpo, o qual é invariável. São muitos aqueles que não conseguem fazer uma tração na barra fixa ou mesmo flexões de membros superiores. Com os halteres, esse problema jamais ocorre, porque você está totalmente livre para selecionar a sua carga.

Os halteres são uma extensão do treinamento com mãos livres, mas eles são menos restritivos para os iniciantes que ainda não têm muita força. Para os esportistas mais seguros, os halteres permitem ir além do que o peso do corpo permite, sobrecarregando-o de maneira voluntária e gradual.

▌Resistência elástica

Já explicamos que a natureza da resistência elástica é muito diferente da produzida pelos halteres ou pelo peso do corpo. Para variar a resistência dos elásticos, existem duas possibilidades:
> jogar com a tensão: quanto mais esticarmos a faixa, mais ela resiste;
> utilizar elásticos com diâmetros e, portanto, com forças diferentes.

Essa seleção da resistência é menos precisa que a permitida pelos halteres, mas é muito mais variável que a produzida pelo peso do corpo.

O treinamento com halteres ou com o peso do corpo obriga essencialmente o músculo a utilizar a sua força voluntária para vencer a carga. Com uma faixa elástica, a parte da força ivoluntária é notavelmente mais importante. Nesse caso, o elástico representa uma transição entre a resistência tradicional e a pliometria. Com efeito, quando esticamos um elástico, ele nos leva bruscamente de volta à posição inicial. Isso constitui uma forma de treinamento próxima da pliometria. Para mais explicações sobre esse assunto, consultar os parágrafos sobre o treinamento em "negativo" (p. 46). Para progredir de forma rápida, é necessário aumentar a força total do músculo, mas também ocupar o máximo possível o território da força involuntária (diminuir o déficit de força). É o que permite fazer o treinamento pliométrico, assim como a resistência produzida pelas faixas elásticas.

Resistência pliométrica

A resistência pliométrica (também chamada ciclo estiramento/relaxamento) fornece aos músculos propriedades de elasticidade e de rebote. Essa resistência intervém quando obrigamos os músculos a frear bruscamente uma força e a inverter de imediato o movimento para retornar no outro sentido. O exemplo típico de um esforço pliométrico é saltar do alto de um pequeno muro, amortecer o choque e se servir do movimento para retornar mais alto e o mais rapidamente possível. A corrida tem um papel nesse fenômeno de rebotes pliométricos. É por isso que, ao trabalharmos de modo pliométrico, terminamos correndo mais rapidamente e saltando mais alto. O músculo torna-se mais explosivo.

Esse tipo de trabalho é particularmente importante para os esportistas que precisam de reatividade muscular. Ao provocarmos um pequeno estiramento brusco do músculo, desencadeia-se um reflexo de proteção: o reflexo miotático, o qual mobiliza em alto grau a força involuntária. Os modelos na matéria são os corredores de fundo de alto nível. Observe como eles saltam no lugar antes de uma partida. Com pouco impulso, eles saltam muito alto e, sobretudo, muito rapidamente. Esse esforço pliométrico antes da corrida prepara os músculos para que toda a sua explosão se manifeste durante o esforço que se segue.

A pliometria tem o papel de unir a força produzida pela musculação e a melhoria do desempenho. Graças à musculação, um esportista pode se tornar muito forte, mas quando, por exemplo, lhe é solicitado que lance uma bola pequena, ele é incapaz de projetá-la muito longe. Por quê? Porque lhe é impossível transformar sua força em explosão: seus músculos se tornaram lentos. O revezamento entre a força involuntária gerada quando ele recua de forma brusca o braço antes de lançar a bola e a contração voluntária não é rápido o suficiente. É a pliometria que pode produzir essa transformação da força em explosão.

O trabalho em pliometria envolve essencialmente as coxas, assim como os músculos da parte superior do corpo, utilizados para os lançamentos e para empurrar um adversário.

A regra de ouro da pliometria é limitar o tempo de contato com o solo. Se esse contato for muito longo, uma boa parte do reflexo miotático é perdida. O trabalho pliométrico tem como objetivo acelerar o recrutamento muscular voluntário para que ele se adicione o mais rápido possível à força involuntária mobilizada pelo estiramento brutal. Ao deixar que a onda de choque ao contato com o solo se dissipe por muito tempo (alguns milissegundos a mais), esse revezamento não ocorre em condições de velocidade ideal. A força involuntária desaparece antes mesmo de a força voluntária ter sido mobilizada. No nosso exemplo do lançamento de bola, o tempo disponível para propelir o objeto é extremamente curto; qualquer mau revezamento entre as duas forças é traduzido por um tiro decepcionante, porque não foi possível recrutar toda a sua força nesse lapso de tempo muito curto.

! A medida da fadiga durante os exercícios pliométricos é muito diferente daquela
● utilizada para os movimentos de musculação clássica. É necessário interromper o exercício pliométrico quando o tempo de contato com o solo se torna muito longo. Nesse caso, a explosão não seria trabalhada o suficiente e maus hábitos como lentidão muscular seriam adquiridos. A série deve ser interrompida quando o tempo de contato for prolongado e você se tornar menos explosivo. Essa regra facilita a dosagem do treinamento pliométrico. Em geral, 3 a 4 séries de 1 a 3 exercícios pliométricos são mais que suficientes.

É por essa razão que não se deve realizar muita pliometria, pois ela poderia se tornar contraprodutiva. Quando o músculo está bem aquecido, a sessão para as coxas pode ser iniciada com alguns exercícios pliométricos, do mesmo modo como os corredores de fundo "despertam" o seu sistema nervoso graças a saltos antes de uma corrida. Por outro lado, não é aconselhável concluir um treinamento de coxas muito cansativo com a pliometria. Nesse caso, o revezamento entre a força involuntária e a força voluntária corre o risco de ser mais lento em virtude da fadiga.

COMENTÁRIOS

Muito na moda nos anos 1970 e 1980, os benefícios do alongamento estão agora sendo parcialmente questionados por 30 anos de pesquisas científicas.

> Se você sente os benefícios do relaxamento, não hesite em se alongar.

> Se você tem a impressão de que a influência do alongamento sobre seu desempenho é sobretudo negativa, não se deixe convencer de que você o está fazendo de modo inadequado ou que você é anormal. Os efeitos negativos do alongamento são explicados, assim como suas virtudes.

Alongamento

O alongamento baseia-se na força de resistência passiva do músculo. Um trabalho constante de força pode reduzir a amplitude do movimento ao enrijecer os músculos. Certa rigidez é indispensável, em particular nos esportes de força; porém, uma rigidez excessiva e uma redução muito grande da amplitude são fontes de lesões. No entanto, a flexibilidade não é um fim em si. Certamente, é impressionante ser flexível, mas, além de um certo estágio, o excesso de flexibilidade irá de encontro ao desempenho.

> **Podemos concluir, a partir dessa observação, que o alongamento de um músculo apresenta a capacidade de aumentar ou reduzir o desempenho. Portanto, será necessário estar muito atento quanto ao bom uso do alongamento.**

É necessário encontrar uma boa ligação entre a rigidez e a flexibilidade do músculo. Foram os grandes mestres do halterofilismo soviético que definiram essa boa ligação: o músculo deve permanecer flexível o suficiente para ter uma amplitude levemente maior que a necessária na sua disciplina esportiva (a fim de prevenir lesões), mas não mais do que isso (para não perder força).

Temos quatro oportunidades para alongar nossos músculos:

1 No aquecimento

Mantenha um elástico estendido alguns segundos: ele começa imediatamente a aquecer. É por essa razão que o alongamento aquece os músculos e os tendões. Contudo, se tracionarmos muito o elástico, ele irá se distender e perder toda a sua força. No pior dos casos, ele pode romper. O mesmo acontece com os músculos. O aquecimento por meio do alongamento deve ser sempre suave. É digno de nota que pesquisas médicas mostram que aquecimentos por meio de alongamentos mantidos geralmente estão associados a uma queda do desempenho. Com uma perda mínima da reatividade, o músculo se torna imediatamente menos explosivo por que o ciclo alongamento/relaxamento é alentecido. Essa baixa do desempenho dura apenas algumas horas, mas é suficiente para travar um treinamento. Portanto, não force excessivamente os alongamentos durante o aquecimento.

2 Entre as séries

Durante um treinamento, o fato de se alongar pode ter duas consequências:

> no melhor dos casos, o alongamento permite a recuperação rápida da força muscular, o que é bom para reduzir o tempo de repouso entre as séries;

> no pior dos casos, o alongamento acentua a perda de força.

Essas respostas extremas são explicáveis e não são tão surpreendentes quanto parecem à primeira vista. Elas dependem em grande parte do grau de fadiga muscular atingido durante o esforço. Pode mesmo ocorrer que o alongamento se revele benéfico entre as primeiras séries e, em seguida, se torne contraprodutivo entre as séries posteriores. O efeito inverso também pode ocorrer.

A vantagem, com o alongamento, é que sentimos imediatamente seus benefícios ou seus malefícios. Por essa razão, não devemos ser dogmáticos em relação ao alongamento entre as séries. Mesmo se alguns louvam suas virtudes, os efeitos benéficos não se aplicam de forma alguma a todo mundo e a todo tempo.

3 Logo após a musculação

Trata-se do melhor momento para se alongar, afinal, não importa o que ocorra, não sofremos com a eventual baixa temporária do desempenho que poderia ocorrer. O ideal é alongar os músculos que acabaram de ser treinados, pois, nesse momento, eles estão bem aquecidos. Contudo, tenha em mente a regra que mencionamos: ser muito flexível pode prejudicar o desempenho a longo prazo. Mantenha simplesmente uma boa amplitude de movimento para prevenir lesões.

4 Entre os treinamentos

Os alongamentos podem ser úteis como meio de acelerar a recuperação entre dois treinamentos. O problema dessa estratégia é que seus músculos estarão frios, o que pode ser perigoso. Aliás, ao contrário de uma ideia recebida, alongamentos entre os treinamentos não favorecerão necessariamente a recuperação muscular.

Como se alongar

Existem duas técnicas principais de alongamento:

1 Alongamento estático

Trata-se simplesmente de manter a posição de alongamento durante um certo tempo (em geral, de 10 segundos a 1 minuto). O grau de alongamento pode variar de bem leve a muito forte, de acordo com o objetivo.

VANTAGENS

Praticado de maneira controlada e progressiva, é muito pouco provável que ele acarrete uma lesão.

É a forma de alongamento que apresenta maior probabilidade de diminuir o desempenho quando realizada antes de um treino.

DESVANTAGENS

2 Alongamento dinâmico

Trata-se de alongar o músculo de forma mais ou menos brusca graças a pequenos esforços de alongamento repetidos durante 10 a 20 segundos. Essa forma de alongamento assemelha-se um pouco à pliometria, pois utiliza o ciclo alongamento/relaxamento e desencadeia uma contração miotática reflexa. O objetivo dos pequenos esforços é forçar o músculo a alongar mais do que ele o faria naturalmente.

VANTAGENS

É o que apresenta a menor probabilidade de diminuir o desempenho quando realizado antes de um treino, desde que não acarrete distensão muscular. Portanto, é necessária uma grande prudência em relação a essa forma de alongamento que pode lesionar.

Este tipo de alongamento é o que apresenta maior probabilidade de causar uma lesão.

DESVANTAGENS

Em geral, são realizadas de 1 a 3 séries de exercícios de alongamento por grupo muscular.

Conclusão

Ao utilizar esses cinco tipos de resistências (com mãos livres, adicional, elástica, pliométrica e alongamento), aproveitaremos melhor todas as diferentes forças que o músculo pode gerar. Quanto maior for o nosso leque de forças, mais elevado será o nosso ritmo de progressão.

Como o músculo adquire força

Quanto maior for um músculo, mais forte ele será. No entanto, todos nós temos em mente exemplos de pessoas muito fortes que não apresentam uma musculatura impressionante. Como explicar esse paradoxo? Simplesmente porque o tamanho dos músculos é apenas um dos fatores que determinam sua força. A potência da contração dos músculos depende dos cinco fatores seguintes:

1. Número de neurônios motores recrutados

Uma pessoa forte é aquela que possui a capacidade de recrutar o máximo possível suas fibras musculares em um determinado instante. Esse recrutamento é realizado por intermédio do sistema nervoso.

Tudo começa ao nível cerebral: a ordem dada de contrair os músculos transitará através dos nervos da coluna vertebral. Em seguida, neurônios motores a transmitem até as fibras musculares. Cada neurônio comanda a contração de um grupo determinado de fibras. Quanto maior for o número de neurônios motores ativos, mais significativa será a quantidade de fibras musculares que se contraem. É por essa razão que o treinamento deve ser realizado com pesos pesados. Quanto mais significativas forem as cargas manipuladas, mais aprendemos a recrutar simultaneamente os nervos motores.

2. Força de impulsão enviada por cada neurônio motor

Os neurônios motores podem enviar descargas elétricas aos músculos com frequências variáveis. Se a frequência for baixa, o músculo se contrai de forma fraca. Por outro lado, eles podem enviar descargas em sucessões rápidas, o que irá recrutar fortemente as fibras musculares. É a intensidade do treinamento, isto é, a nossa capacidade de realizar o máximo possível de repetições com um peso pesado, que desenvolve essa capacidade. O trabalho pliométrico também tem um papel importante no aumento da potência do influxo nervoso.

3. Tamanho do músculo

Existe uma correlação estrita entre o tamanho das fibras musculares e a força que elas são capazes de desenvolver. Quanto maior for o diâmetro das fibras ligadas a um neurônio motor, maior será a força gerada por um influxo nervoso. A massa muscular desenvolve-se em virtude da repetição de exercícios de musculação com um peso com cerca de 80% da sua força máxima.

4. Coordenação intramuscular

Em um indivíduo sedentário, quando os neurônios motores descarregam seus impulsos elétricos, eles o fazem de maneira desordenada. As fibras musculares se contraem de maneira anárquica e, portanto, pouco eficaz. Com o treinamento, é criada uma harmonização das descargas. As fibras começarão a contrair de maneira coordenada. Os músculos ganham em eficácia. Essa qualidade é obtida graças a um trabalho de musculação com cargas próximas de sua própria força máxima.

5. Coordenação intermuscular

É raro ter de contrair um único músculo por vez. Geralmente, é um grupo de músculos que é ativado para a produção de um movimento. Quando a resistência se torna importante, os músculos dos esportistas iniciantes têm dificuldade para trabalhar em conjunto de maneira eficaz. Isto é observado quando eles efetuam uma tração na barra fixa, por exemplo. Eles sobem mais de um lado que de outro, e não tracionam de maneira linear e sem paradas com reinícios abruptos. O seu corpo balança para frente e para trás...

Com o treinamento, a qualidade do movimento melhora simplesmente porque os membros superiores aprenderão a trabalhar com os dorsais, e os músculos da direita estarão alternando-se com os da esquerda.

Esse ganho de eficácia se traduz por um ganho de força. O mesmo ocorre em todas as disciplinas esportivas quando é necessário adquirir um novo movimento. É o volume de trabalho, e portanto a repetição do movimento ou do exercício, que melhorará a coordenação intermuscular.

A prática regular da musculação habitua os músculos do esportista a trabalhar em conjunto. Desse trabalho prévio, resultará uma aquisição mais rápida de um novo gesto quando o esportista tem meses de musculação atrás dele.

Em resumo, vemos que entre os elementos descritos, o tamanho do músculo representa apenas um dentre cinco fatores de força. Para aumentar sua potência e sua força, é necessário que o seu programa de musculação melhore também os quatro fatores dependentes do sistema nervoso.

▌Consequências práticas

Dessas noções de fisiologia, o esportista pode deduzir várias consequências práticas:

1 Os ganhos rápidos de força que ocorrem quando iniciamos a musculação não estão ligados à hipertrofia das fibras. Eles são explicados principalmente pelas melhorias da coordenação inter e intramuscular.

2 Por essa razão, não é porque você progride em relação à força, pelo menos no início, que o seu programa de musculação é bem estruturado e irá automática e continuamente fazer você evoluir de forma rápida. Mesmo uma pessoa que realiza treinamento excessivo pode ganhar força, ainda que seja pelo fato de ela aprender a executar melhor seus movimentos.

3 O ganho de força no início pode ser enganador. No entanto, ainda assim é melhor ganhar força do que perdê-la, o que significaria que tudo vai mal.

4 Você observará que vai estar mais forte em certos dias do que em outros, sem, contudo, mudança no tamanho dos músculos. É a eficácia do sistema nervoso que explica essas flutuações de potência muscular. Quando o sistema nervoso está bem repousado, ele fará prova de eficácia: você está forte. Se o sistema nervoso não se recuperou bem e está cansado, todas as cargas darão a impressão de pesarem toneladas.

5 Essas flutuações nervosas podem causar surpresas, boas ou ruins. Antes de começar determinados treinamentos, você terá a impressão de estar em forma, embora, na realidade, você não vá bater seus recordes. Por outro lado, haverá dias em que você se sentirá um pouco fatigado. No entanto, se o seu sistema nervoso tiver se recuperado bem, você se surpreenderá com a sua força.

6 Não ocorre necessariamente uma adequação entre as recuperações nervosa e muscular. Essa não homogeneidade da recuperação faz com que a tarefa de planejamento do treino seja árdua.

Mecanismos da hipertrofia muscular

É a tensão à qual nossos músculos são submetidos que regula o seu volume.

Na ausência de gravidade, a massa muscular funde. É por isso que os astronautas apresentam atrofia rapidamente no espaço. A musculação produz o efeito inverso. Ao submetermos nossos músculos a tensões significativas, estes se reforçam e hipertrofiam.

A hipertrofia muscular ocorre essencialmente pela adição de elementos contráteis: a actina e a miosina (filamentos musculares encarregados pela contração dos músculos). O corpo também possui a capacidade de aumentar o número de suas fibras musculares, graças à proliferação de células-tronco que estas apresentam. Essas células-tronco (também chamadas células-satélite) irão transformar-se em células musculares sob a ação de tensões geradas pelo treinamento regular.

Contudo, esse processo de crescimento está longe de ser tão simples quanto parece. Uma sessão de musculação não começará fazendo crescer nossos músculos. O primeiro resultado desse treinamento é a danificação mais ou menos profunda das fibras que compõem os músculos. É por essa razão que perdemos força e podemos sentir fadiga acompanhada por dor muscular após um esforço físico. A musculação é antes de mais nada um fator de destruição (ou catabolismo) para os músculos. É por isso que não devemos treinar de modo excessivo (ver o quadro sobre *overtraining* na p. 16).

Felizmente, nosso corpo reagirá contra essa "agressão", esforçando-se para reconstituir as partes lesadas dos músculos. Toda a magia do corpo humano consiste em fazer com que, após essa reparação, ocorra uma supercompensação da estrutura muscular. Dessa maneira, em vez de se contentar apenas com o reparo, o nosso corpo sintetizará novos filamentos de actina e miosina. Com o tempo, esse adicional de filamentos leva a um aumento da massa muscular. Graças a essa adição, nossos músculos ficarão mais fortes e mais resistentes ao efeito catabolizador das sessões de musculação. (Para saber mais sobre a nutrição e a suplementação do músculo e da força, consulte o *Guia de suplementos alimentares para atletas*, dos mesmos autores.)

Autoimunização

Ao se tornar mais resistente frente às agressões que constituem a musculação, infelizmente será cada vez mais difícil progredir. É por essa razão que, se um iniciante desenvolve-se rapidamente no início, seu ritmo de progressão irá acabar diminuindo. Existem meios de lutar contra essa autoimunização: aumentar tanto as cargas utilizadas como o número de séries e exercícios. É necessário sempre exigir mais dos músculos para que eles sejam forçados a reagir.

Entretanto, quanto maiores forem o volume de trabalho e as cargas manipuladas, mais dificuldade o corpo todo apresentará para se recuperar. Portanto, quanto mais intensamente você treinar, maior será a necessidade de repouso entre as sessões para um mesmo músculo a fim de uma boa recuperação, se você desejar evitar o *overtraining*. É por essa razão que se um iniciante treinar um mesmo músculo três vezes por semana, será necessário diminuir essa frequência ao longo de sua progressão para não ultrapassar duas vezes por semana.

Algumas palavras sobre a hipertrofia muscular

Com frequência ouvimos falar da noção de hipertrofia muscular. Trata-se de um mito. Se você acredita que existe um meio rápido e sem esforço de fazer um músculo crescer, você se desencantará muito rapidamente. Tudo o que a natureza faz em nosso corpo responde a uma necessidade fisiológica. Se o músculo cresce, é porque forçamos a fim de que ele se reforce e se torne mais resistente. Ele não hipertrofia graças ao Espírito Santo ou por intermédio de uma fórmula mágica. Você descobrirá que a musculação é uma disciplina que exige muito esforço.

! *Overtraining*

O músculo não cresce durante o treinamento. Ao contrário, ele perde força e massa (se excluirmos a congestão que aumenta o seu volume artificialmente). Os músculos se reparam e progridem apenas no repouso.

Por essa razão, os dias de repouso são tão importantes quanto os dias de treinamento. Se a sua progressão estagna, é muitas vezes pela falta de uma boa recuperação. De fato, a capacidade do músculo de catabolizar no treinamento é praticamente ilimitada. Bastaria treinar o dia inteiro durante várias semanas seguidas para se dar conta: seus músculos fundiriam rapidamente. Ao contrário, a capacidade que nosso corpo tem de reparar e sintetizar novos filamentos musculares é restrita. Portanto, é imperativo para o esportista adequar sua intensidade de treinamento a sua capacidade de recuperação.

Quando estagnamos ou perdemos massa muscular, é porque o volume de trabalho é excessivo em relação à capacidade de recuperação. De modo geral, a solução consiste em espaçar mais os treinamentos.

Como o músculo aumenta a sua resistência

A resistência do músculo depende essencialmente de sua capacidade de fornecer energia para que continue se contraindo.

A energia muscular durável vem das gorduras. Os açúcares fornecem energia apenas de maneira muito transitória. Um músculo resistente é aquele que possui uma capacidade notável de queimar gorduras.

Essa combustão depende da:
> entrada de oxigênio;
> capacidade das fibras musculares de converter gorduras em energia.

A prática regular da musculação melhorará esses dois fatores graças a uma:

1 Melhor oxigenação do músculo

O oxigênio é indispensável para queimar gorduras. Qualquer escassez se traduzirá rapidamente por uma queda do rendimento muscular. A musculação aumentará a densidade da rede vascular: mais sangue poderá circular nos músculos. Esse sangue também apresentará mais eritrócitos (os transportadores de oxigênio) graças ao treinamento.

2 Melhor combustão de gorduras

A atividade das enzimas musculares responsáveis pela conversão de gorduras em combustível e também o número de mitocôndrias ("usinas" onde a conversão ocorre) aumentam graças à musculação de resistência.

Essa melhoria dupla permite ao músculo permanecer mais tempo no modo aeróbio, apesar de um esforço intenso. O ponto de *cross over* (momento no qual o músculo passa para o modo anaeróbio) é mais difícil de ser atingido.

Eis o segredo da resistência, pois uma vez no modo anaeróbio, o músculo queima sobretudo açúcares, e não mais gordura. Como as reservas de açúcares são limitadas, a intensidade do esforço não poderá ser mantida por muito tempo. Além disso, a combustão de açúcares produz muitos resíduos poluentes (ácido lático) que irão asfixiar o corpo. (Para saber mais sobre a nutrição e a suplementação da resistência, consulte o *Guia de suplementos alimentares para atletas*, dos mesmos autores.)

Contraindicações à musculação

Como todas as atividades esportivas, a musculação apresenta algumas contraindicações.

Uma consulta com um clínico geral, ou mesmo com um cardiologista, impõe-se para todos antes do início de um treinamento físico intenso.

Os indivíduos que já apresentam dor nas costas, problemas cardiovasculares ou articulares, ou grande sobrepeso devem ser particularmente prudentes.

Defina claramente seus objetivos

A primeira etapa da elaboração de um programa de musculação consiste em determinar bem os seus objetivos.

Você treina para:
> desenvolver sua musculatura;
> afinar sua silhueta;
> melhorar seu desempenho esportivo;
> manter sua saúde.

Na maior parte das vezes, trata-se de um misto de vários desses objetivos. No entanto, se você previamente não os definir bem, será muito difícil estabelecer um programa ideal. Escreva seus objetivos em um papel e releia-o antes de cada treinamento.

Quantifique seus objetivos

O ideal é poder quantificar seus objetivos.

Por exemplo, eu quero:
> ganhar 5 kg de músculos em 6 meses;
> aumentar a minha força em 40% em 3 meses;
> perder 3 kg de gordura em 1 mês.

O prazo e a amplitude dos progressos por você fixados devem ser razoáveis e realistas. Mantenha em mente que jamais progredimos com muita rapidez. Nós não conhecemos ninguém que tenha declarado que a sua força ou o diâmetro do seu braço tenha aumentado muito rapidamente. O mais frequente é ter a impressão de haver estagnado. No entanto, com um bom programa, uma estagnação verdadeira é rara. Ao quantificar bem os seus objetivos e estabelecer etapas que devem ser ultrapassadas todos os meses, você poderá mensurar mais facilmente a amplitude de seu progresso. Cada etapa ultrapassada constituirá uma motivação que não lhe permitirá perder a vontade de seguir seu treinamento.

Os programas mais simples de se estabelecer são aqueles que têm como objetivo melhorar a aparência física. Programas-modelo serão fornecidos na terceira parte deste livro, no Capítulo 1 (para os homens) e no Capítulo 2 (para as mulheres). Eles servirão como programas básicos. Cabe a você individualizá-los em função dos diferentes parâmetros que desenvolveremos a partir de agora.

Os programas de musculação para o esporte são mais complexos de elaborar quando se tenciona obter uma perfeita individualização. Para isso, é necessário definir:
> Quais são os músculos que mais intervêm na sua disciplina?
> Quais são as qualidades que desejamos (força, explosão, resistência, etc.)?
> Quais são os fatores que mais limitam o seu desempenho?

Esses diferentes critérios, assim como programas-modelo, serão expostos no Capítulo 3 da terceira parte deste livro (p. 221).

As vinte etapas da elaboração de seu programa

Agora, você possui todas as bases teóricas necessárias para a elaboração de seu programa. Essa elaboração ocorre em vinte etapas que serão descritas uma por uma. Quando você as tiver ultrapassado, terá respondido a todas as questões a respeito da elaboração do seu plano de treinamento. Você também descobrirá que será necessário fazer evoluir constantemente o seu programa em função de seu progresso muscular.

1. É necessário treinar quantas vezes por semana?

Para responder a essa primeira questão, o seu emprego de tempo irá se revelar um fator determinante. Infelizmente, ele nem sempre é o ideal. Contudo, saiba que, se você puder treinar apenas uma vez por semana, é bem melhor do que não treinar nenhuma vez. Você sempre obterá um progresso. Para os esportistas que já treinam intensamente em sua disciplina, um único treinamento semanal de musculação também será conveniente.

Entretanto, nos parece que dois treinamentos semanais constituem o mínimo desejado. O ideal provavelmente é de três sessões por semana para os indivíduos que não praticam outros esportes além da musculação. De qualquer modo, recomendamos não ultrapassar o máximo de quatro treinamentos semanais. Mantenha em mente que um excesso de treinamento é mais prejudicial para o progresso que um subtreinamento. Somente atletas experientes se beneficiarão com uma frequência de esforço superior a quatro sessões semanais.

! Quando iniciamos a musculação, é comum estarmos cheios de entusiasmo e energia. ● Temos vontade de treinar todos os dias para progredir rapidamente. Esse excesso de entusiasmo inicial apresenta o risco de se traduzir de forma rápida em desilusão e fadiga (*overtraining*), o que resulta em perda de motivação. Os esportistas que progridem mais na musculação são aqueles que sabem dosar seus esforços. Como os resultados não ocorrem instantaneamente, é necessário saber mantê-los.

Evolução

O ideal é iniciar com duas sessões semanais, durante um mês ou dois, antes de passar para três semanas, quando você se sentir pronto. Em um primeiro momento, não ultrapasse esses três treinamentos semanais. Após três a seis meses de treinamento regular, poderá ser aventada uma estrutura de quatro dias.

2. Deve-se treinar em quais dias?

O ideal é poder alternar um dia de treinamento com um dia de repouso. No entanto, isso pode não se adequar ao seu tempo disponível. Nesse caso, é necessário dosar entre o que é ideal e o que é possível. Com uma estrutura de:

> Um treinamento por semana: você tem total liberdade quanto ao dia de treinamento.

> Dois treinamentos por semana: idealmente, as sessões de musculação devem ser espaçadas o máximo possível, por exemplo, segunda/quinta-feira ou terça/sexta-feira. Em todo caso, permita pelo menos um dia de repouso entre dois treinamentos. Evidentemente, a exceção é se você puder treinar apenas no final da semana. Esse encadeamento de dois dias consecutivos não é ideal, mas você terá o restante da semana para se recuperar.

> Três treinamentos por semana: a configuração ideal é alternar um dia de treinamento com um dia de repouso. Por exemplo: treine na segunda, na quarta e na sexta-feira. Dessa maneira, o final de semana permanece totalmente livre. Sempre é possível encadear dois dias seguidos de treinamento (p. ex., final de semana) e reservar a terceira sessão para a quarta-feira. No entanto, na medida do possível, evite as justaposições. A organização menos desejável seria o encadeamento consecutivo de três dias de treino. A única justificativa seria uma disponibilidade de tempo que não permite que isso seja feito de outra maneira.

> Quatro treinamentos por semana: nesta configuração, os dias de repouso são menos numerosos, e duas sessões irão necessariamente se justapor. Se você realizar quatro treinamentos semanais, isso significa que treinará uma vez a parte superior do corpo e uma vez os membros inferiores (ver página seguinte). Portanto, o treinamento destes deve justapor-se ao treinamento daquela. A configuração deste programa é do tipo segunda, quarta, sexta e domingo ou terça, quinta, sábado e segunda.

Se você tiver flexibilidade de horários, poderá distribuir essas quatro sessões não em sete, mas em oito dias. Dessa maneira, um dia de treinamento será sempre seguido por um dia de repouso. A recuperação será favorecida graças a uma frequência de treinamento ligeiramente menor. O inconveniente é ter um programa cujos dias de treinamento mudam de semana em semana.

3. É necessário trabalhar cada músculo quantas vezes na semana?

Para os esportistas que já realizam um volume significativo de treinamento, uma única sessão semanal de musculação pode ser suficiente. Isso significa treinar cada músculo apenas uma vez por semana. No entanto, seria difícil aumentar essa periodicidade, pelo menos em um primeiro momento. Sua frequência de musculação poderia ser aumentada durante os períodos vazios da temporada.

Para aqueles que desejam ganhar volume e força rapidamente, o ideal é treinar cada grupo muscular cerca de 2 a 3 vezes por semana.

> **NOTA**
>
> É importante observar uma diferença fundamental entre o treinamento para a massa muscular e o treinamento para melhorar desempenhos esportivos. Neste último caso, todos os músculos serão treinados no mesmo dia, pois eles trabalham de maneira comum e não individual na maioria dos esportes. A separação artificial entre os diferentes grupos musculares é aplicada sobretudo para aqueles que buscam músculos mais volumosos por razões estéticas.

Evolução

Inicie trabalhando todos os músculos em cada uma das duas sessões semanais. Após 2 a 3 semanas nesse ritmo, se você se sentir pronto, poderá passar para três sessões semanais, nas quais trabalhará cada grupo por vez.

Para assegurar uma transição suave, você poderá alternar uma semana com duas sessões de treinamento e uma semana com três sessões, e assim por diante, até se sentir à vontade com três sessões semanais. Isso posto, trabalhar cada músculo três vezes por semana pode ser excessivo, sobretudo para os esportistas que realizam treinamentos específicos de seu esporte.

Na sequência, chegará um dia em que não será mais possível trabalhar todos os músculos em uma só sessão. É nesse momento que você terá de optar por uma organização diferente. Essa estrutura pode continuar sendo de três ou poderá passar para quatro dias..

Estrutura de 3 dias

Eis um programa de três dias que permite levar em conta suas prioridades e também seus pontos fracos.

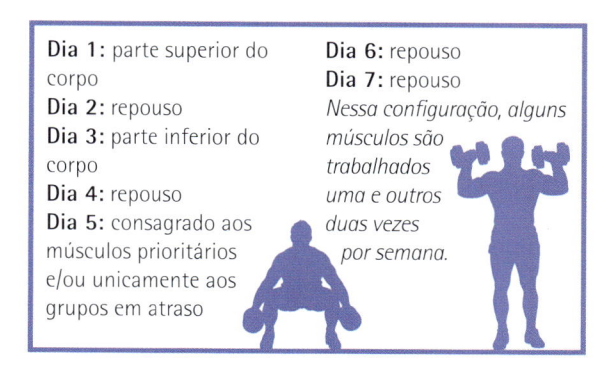

Dia 1: parte superior do corpo
Dia 2: repouso
Dia 3: parte inferior do corpo
Dia 4: repouso
Dia 5: consagrado aos músculos prioritários e/ou unicamente aos grupos em atraso
Dia 6: repouso
Dia 7: repouso
Nessa configuração, alguns músculos são trabalhados uma e outros duas vezes por semana.

Estrutura de 4 dias

A estrutura de quatro dias permite treinar as partes superior e inferior do corpo duas vezes por semana. Para vencer a maior intensidade de treinamento permitida por uma estrutura de quatro dias, a frequência de treinamento de cada músculo é mudada para duas vezes por semana em vez de três.

Se a sua programação foi feita ao longo de duas semanas em vez de uma, cada grupo será trabalhado três vezes ao longo de 14 dias. Dessa maneira, os músculos terão três a quatro dias para se recuperar entre cada treinamento.

O que nós não aconselhamos é trabalhar todos os músculos quatro vezes por semana. Essa frequência não permitiria a sua recuperação completa, pois eles teriam apenas 1 ou 2 dias para progredir entre cada sessão.

Exemplo de planejamento com um trabalho igual entre os músculos das partes superior e inferior do corpo:

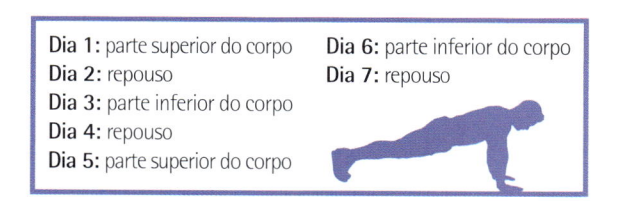

Dia 1: parte superior do corpo
Dia 2: repouso
Dia 3: parte inferior do corpo
Dia 4: repouso
Dia 5: parte superior do corpo
Dia 6: parte inferior do corpo
Dia 7: repouso

Exemplo de planejamento com um trabalho mais frequente dos músculos da parte superior do corpo:

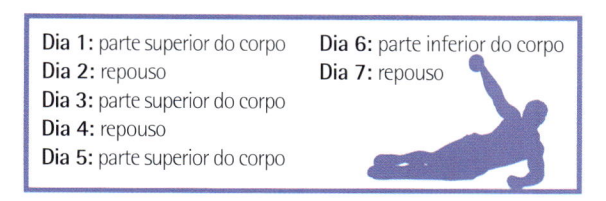

Dia 1: parte superior do corpo
Dia 2: repouso
Dia 3: parte superior do corpo
Dia 4: repouso
Dia 5: parte superior do corpo
Dia 6: parte inferior do corpo
Dia 7: repouso

! Saber quantas vezes trabalhar um músculo durante a semana leva também ao ● questionamento de quantos dias de repouso devem ser permitidos entre dois treinamentos. Na verdade, o músculo cresce na fase de repouso entre os treinamentos, e não durante o esforço. Portanto, saber repousar é tão importante quanto saber treinar. O problema é que nem todos os músculos se recuperam na mesma velocidade. Alguns irão recuperar-se bem rapidamente e outros, de modo mais lento. Você logo perceberá isso, pois certos grupos ganharão mais força do que outros. É prudente dar um maior tempo de recuperação para os músculos um pouco atrasados, pois é sinal de que eles necessitam de mais repouso que os demais.

4. É necessário treinar 1 ou 2 vezes por dia?

Somente os grandes campeões treinam várias vezes por dia, e eles o fazem apenas na fase de preparação para uma competição! Para todos os outros, é preferível treinar uma só vez por dia e, além disso, não todos os dias.

Se você puder treinar apenas uma vez por semana por causa de sua disponibilidade de tempo, poderá, com o tempo, pensar em dividir essa sessão em duas. Evidentemente, isso não deve ser feito em um primeiro momento, e sim após algumas semanas de treino. Essa divisão de sua sessão única pode permitir que você continue a progredir. Contudo, estaremos longe de uma configuração ideal.

5. Em que momento do dia deve-se treinar?

Alguns preferem treinar pela manhã, outros, à tarde ou ainda à noite. De fato, o nível de força flutua em função do momento do dia. Alguns indivíduos são fortes pela manhã e mais fracos à tarde. Para outros, é o contrário. Essas flutuações, de origem nervosa, são normais. É raro encontrar esportistas que apresentam uma força constante durante todo o dia.

O ideal, sem dúvidas, é treinar no momento em que seus músculos estão mais potentes! Na maioria dos esportistas, a força culmina em torno das 18 às 19 horas. Esse período vem a calhar, pois é durante ele que muitos treinam.

! Pode ocorrer que o seu horário de treinamento seja fixado pelas necessidades do cotidiano, e ● não pela escuta de seu corpo. Mesmo que você não treine no momento que lhe é ideal, a regra é treinar sempre no mesmo horário. Dessa maneira, seus músculos se habituarão a dar o melhor de si nesse momento.

6. Quantos músculos devem ser trabalhados por sessão?

Nosso corpo é composto por seis grupos musculares:
> membros superiores (bíceps, tríceps, antebraço);
> ombros;
> peitorais;
> dorsais;
> cintura abdominal;
> coxas (quadríceps, isquiotibiais, glúteos e suras).

É necessário trabalhar todos os músculos em cada sessão ou apenas alguns grupos por treinamento?

A resposta a essa questão dependerá em grande parte do número de treinamentos semanais. Quando iniciamos com uma estrutura de 1, 2 ou 3 treinamentos por semana, é bom trabalhar todo o corpo em cada dia. Como cada músculo é estimulado com um número pequeno de séries, o volume total da sessão permanece tolerável. No entanto, ao longo do tempo, adicionaremos séries para cada músculo e o volume de trabalho se tornará muito grande para caber em uma única sessão. É você quem sentirá o momento no qual trabalhar todos os músculos no mesmo dia se tornará cansativo.

Será necessário dividir o seu programa ao longo de várias sessões. Essa divisão é o que se chama de fazer um "*split*", o que significa diminuir a frequência de estimulação de cada músculo durante uma semana. Em troca, podemos aumentar a intensidade e o volume de trabalho para cada músculo, pois o número de grupos a serem trabalhados é menor em cada treinamento. Nós aconselhamos que você treine regularmente durante 2 a 3 meses antes de dividir seu treinamento.

Fazer um *split* só é possível quando realizamos no mínimo dois treinamentos semanais. Em vez de trabalhar os seis grupos musculares em uma única sessão, trabalharemos quatro em um dia e dois em outro.

Eis um *split* em dois dias:

SESSÃO 1	SESSÃO 2
Parte superior (ombros, peitorais, dorsais, braços)	Parte inferior + cíngulo do membro inferior

Um *split* em três sessões poderia ser decomposto assim:

SESSÃO 1	SESSÃO 2	SESSÃO 3
Parte superior (ombros, peitorais, dorsais, braços)	Parte inferior + cíngulo do membro inferior	Parte superior (peitorais, dorsais, ombros, braços)

Esse *split* enfatiza os músculos da parte superior do corpo em detrimento das coxas. Ele convém aos esportistas para os quais as coxas não são uma prioridade.

Uma estrutura baseada em quatro treinamentos semanais é a mais adequada para podermos elaborar um *split* equilibrado entre os músculos das partes superior e inferior do corpo.

SESSÃO 1	SESSÃO 3
Parte superior (dorsais, ombros, peitorais, braços)	Parte superior (peitorais, ombros, dorsais, braços)
SESSÃO 2	**SESSÃO 4**
Parte inferior (quadríceps, posteriores da coxa, suras)	Parte inferior (posteriores da coxa, quadríceps, suras)

Se as coxas não forem uma prioridade, podemos imaginar o seguinte *split*:

SESSÃO 1	SESSÃO 3
Peitorais, dorsais	Peitorais, dorsais, braços
SESSÃO 2	**SESSÃO 4**
Ombros, braços	Ombros, coxas

O que é importante compreender, aqui, é a lógica da progressão que leva a essa evolução. O ideal é equilibrar o máximo possível cada sessão em termos de volume de trabalho, duração e intensidade. A partir daí, todos os *splits* são permitidos.

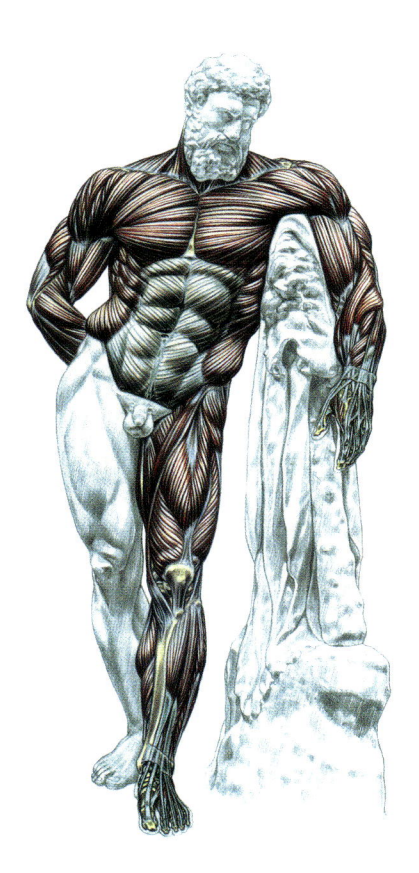
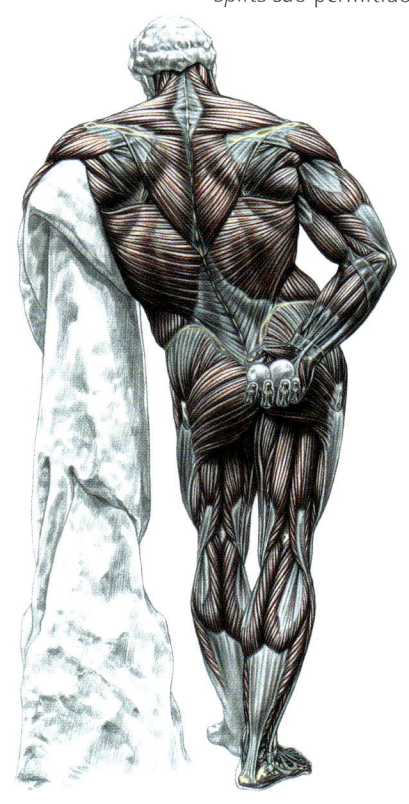

7. Em qual ordem se deve trabalhar os músculos?

Estatisticamente, existe uma vintena de possibilidades de combinações de treinamento dos seis grandes grupos musculares, mas nem todas são boas. É por isso que iremos explicar como reduzir essas possibilidades de combinações para que você se concentre nas organizações mais eficazes.

A boa ordem de treinamento dos músculos dependerá de quatro parâmetros:
> algumas regras simples que devem ser respeitadas;
> a prioridade definida para cada músculo;
> seus pontos fracos;
> o princípio de rotação.

1 As regras

Existem algumas regras que se aplicam à maioria dos praticantes que buscam massa muscular:
> Não treine os membros superiores antes dos peitorais, ombros ou costas. Para esses três grupos, você precisará de toda a força dos seus membros superiores, os quais não devem estar fatigados quando você começar a trabalhar os músculos do torso. A única exceção se aplica aos esportistas que desejam apenas trabalhar os membros superiores, e não o resto do corpo.
> O mesmo se aplica para as coxas. Sempre trabalhe as suras por último. Quando estão fatigadas, elas correm o risco de tremer quando você começar a trabalhar pesadamente as coxas. Esses tremores não apenas reduzirão o seu desempenho, mas também podem ser perigosos (risco de queda).
> Mesmo que você deseje um corpo bem equilibrado, é preferível trabalhar os músculos da parte superior antes dos da parte inferior. O inconveniente de trabalhar as coxas antes é que, por causa de sua massa, você estará muito cansado quando começar a trabalhar os músculos da parte superior. A menos que as coxas sejam a sua prioridade, é prudente respeitar esta regra para não travar o desenvolvimento dos músculos do torso.
> Não alterne um músculo da parte superior do corpo com um da parte inferior antes de voltar para a superior, ou assim por diante; por exemplo, peitorais, quadríceps, ombros, isquiotibiais, costas, etc. Essa programação apresenta um interesse no esporte, mas não para aqueles que buscam massa muscular. Na medida do possível, encadeie com o músculo próximo daquele que acaba de ser trabalhado; por exemplo: peitorais, em seguida, ombros e, em seguida, costas, etc.

! **Essas regras se aplicam mal para os programas esportivos em circuitos que são baseados em ● uma lógica totalmente diferente do trabalho máximo de músculos pouco funcionais.**

2 Suas prioridades

O segundo parâmetro que ditará a ordem de treinamento dos músculos são suas prioridades.

Para os indivíduos que buscam massa muscular, os músculos não são todos necessariamente trabalhados de maneira idêntica. Por exemplo, muitos priorizam os grupos da parte superior do corpo, ao passo que as coxas são deixadas um pouco de lado. Essa discriminação permite progredir mais rapidamente no plano estético.

Se você procura obter abdominais bem definidos, é possível começar todas as sessões pela cintura abdominal como forma de aquecimento. Se eles não forem prioritários, podem ser relegados ao fim da sessão e trabalhados de modo relativamente intenso em função da energia e do tempo que resta.

Os esportistas devem estabelecer uma hierarquia de importância de cada um dos grupos musculares em função de sua disciplina. Por exemplo, para um lançador de peso, os ombros, o tríceps, as coxas e o cíngulo do membro inferior apresentam uma importância particular.

Para um jogador de futebol, serão prioridade, antes de tudo, as coxas, e não os músculos da parte superior do corpo. Para um nadador, os músculos da parte superior serão prioritários, sem que, no entanto, as coxas sejam negligenciadas.

! **Suas prioridades devem refletir na estrutura de seu plano de treinamento. É necessário ter em ● mente que se certos músculos são prioritários, outros vão ser um pouco sacrificados, pois sua capacidade de treinamento em alta intensidade é necessariamente limitada.**

3 Seus pontos fracos

É necessário sempre priorizar seus pontos fracos. É muito raro que todos os seus músculos progridam na mesma velocidade. Quanto ao ganho de volume muscular, se os seus peitorais se desenvolverem mais que seus ombros, você deverá treinar estes antes daqueles.

Em nosso exemplo do lançador de peso, este normalmente deveria começar seu circuito pelas coxas, a seguir, trabalhar os ombros e, por fim, os tríceps. Mas, se o que o impede de lançar realmente longe for uma falta de força nos membros superiores, a ordem de encadeamento dos grupos musculares poderá ser invertida para dar prioridade aos tríceps. Como prova de flexibilidade, ele também pode iniciar seu primeiro treinamento semanal pelos membros superiores e o segundo, pelas coxas. É o princípio de rotação.

4 O princípio de rotação

Esse princípio ajuda a solucionar muitos problemas quando iniciamos a musculação. Trata-se de alternar constantemente a ordem dos grupos musculares que são trabalhados primeiro em cada treinamento. A vantagem da rotação é evitar uma rotina que rapidamente se tornaria cansativa. A novidade permanente mantém um nível de motivação elevado.

Você também pode organizar uma rotação no que diz respeito aos músculos que deseja priorizar temporariamente. Por exemplo, durante um mês você se concentra nos peitorais, mas relaxa um pouco o trabalho dos deltoides para não solicitar muito a articulação dos ombros. No mês seguinte, você faz o contrário.

Exemplos de programação

Eis alguns exemplos de encadeamento de grupos musculares que você adaptará de acordo com as suas necessidades. Nós os apresentamos para ilustrar o leque de possibilidades existentes. Consulte os Capítulos I, II e III da Parte III do livro para programas mais elaborados.

Programação para:

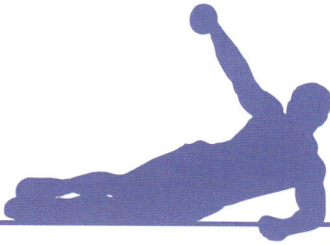

Um treinamento por semana

Mais que em todas as outras estruturas, a escolha do músculo de abertura da sessão será fundamental. De fato, quanto mais o treinamento avançar, mais você se sentirá cansado. Portanto, você terá menos força para trabalhar os músculos deixados para o final da sessão.

O principal fator de ordenamento que é necessário reter aqui são suas prioridades. Se você deseja trabalhar sobretudo os peitorais, cada sessão será iniciada com esses músculos. Se você deseja desenvolver os peitorais e os ombros, alterne sessões começando por aqueles com sessões começando por estes.

Se a sua prioridade forem os membros superiores, a programação será um pouco mais complexa pela razão evocada anteriormente. Nesse caso, comece pelos membros superiores e escolha exercícios de isolamento (que não os colocam muito em jogo) para trabalhar em seguida os músculos do torso.

Dois treinamentos por semana

Nesse caso, o princípio de rotação é mais fácil de ser aplicado. É bom utilizá-lo de modo pleno começando o maior número possível de sessões por grupos diferentes. Para a parte superior do corpo, alterne a abertura da sessão entre os peitorais, as costas ou os ombros. Para a parte inferior, alterne entre os quadríceps e os isquiotibiais. Os glúteos poderão abrir sua sessão, mas a força da coxa pode diminuir em seguida. Faça isso somente se os glúteos forem a sua prioridade.

Três treinamentos por semana

Conservamos a mesma estratégia que a de dois treinamentos por semana. A vantagem é que, quanto maior for o número de dias de treinamento, maiores serão as possibilidades de rotação.

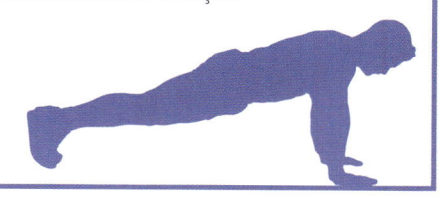

Quatro treinamentos por semana

Com essa estrutura mais avançada, o *split* entre as partes superior e inferior do corpo ocorre naturalmente. É possível trabalhar duas vezes a parte superior e duas a parte inferior do corpo, mas também três vezes a parte superior e apenas uma vez a inferior, em função de suas prioridades. Nessa configuração de treinamento mais frequente, a importância da rotação dos grupos em um mesmo dia diminui.

8. Quantas séries por músculo são necessárias?

O volume de trabalho para um músculo é determinado por dois critérios:

> o número de séries realizadas por exercício;
> o número de exercícios realizados para um músculo.

É o seu nível que determinará aproximadamente o número de séries que você deverá executar.

Iniciantes

Para os músculos pequenos, não ultrapasse 2 a 3 séries no total.

Para os músculos grandes, não ultrapasse 3 a 4 séries.

Após um mês de treinamento

Para os músculos pequenos, não ultrapasse 2 a 4 séries.

Para os músculos grandes, não ultrapasse 3 a 5 séries.

Após dois meses de treinamento

Para os músculos pequenos, não ultrapasse 3 a 5 séries.

Para os músculos grandes, não ultrapasse 4 a 6 séries.

Após três meses de treinamento

Para os músculos pequenos, não ultrapasse 5 a 6 séries.

Para os músculos grandes, não ultrapasse 6 a 7 séries.

Passado esse período, caberá a você fixar o número de séries em função das necessidades de cada músculo e também de sua capacidade de recuperação.

Nossos músculos são classificados artificialmente em duas grandes categorias:

1. Os músculos "grandes":
- **1** anteriores das coxas;
- **2** isquiotibiais;
- **3** peitorais;
- **4** dorsais;
- **5** músculos dos ombros.

2. Os músculos "pequenos":
- **6** bíceps;
- **7** tríceps;
- **8** abdominais;
- suras;
- **9** antebraquiais.

! Se você não tiver nenhuma dificuldade para ir além desses limites, significa que a sua intensidade de contração não é elevada o suficiente. Essa intensidade é adquirida com o treinamento. Não possuímos necessariamente uma boa capacidade para ir de um dia a outro até o limite das possibilidades físicas em uma série. No entanto, não se trata de encadear séries fáceis para atingir o número estabelecido. É melhor forçar mais em cada série e executar menos séries no total.

Flexibilidade

O número de séries representa a primeira variável de ajuste do volume de trabalho para um músculo e é mais tênue que a adição de exercícios. É sobre ela que se deve agir em um primeiro momento, e não no aumento do número de exercícios executados para um mesmo músculo. Ao longo de sua progressão, quando você se sentir preparado, adicione uma série aqui e acolá.

O ideal é deixar que seus músculos definam quantas séries você deve executar. O indício mais evidente é quando você começa a perder força de maneira anormal de uma série a outra. Uma queda brutal da força indica que você talvez tenha realizado uma série a mais. Você saberá no próximo treinamento.

Evidentemente, o número de séries de que você é capaz de executar pode flutuar de uma sessão para outra. Nos dias em que você estiver em forma, será tentado a aumentar o número de séries. Em contrapartida, nos dias em que você estiver mais cansado, reduza o número de séries para não se esgotar.

Também é necessário levar em conta o que você fez na sessão precedente. Se você tiver aumentado as cargas e o número de séries, deve esperar que o tempo de recuperação aumente. É por essa razão que uma sessão muito boa é algumas vezes seguida por um treinamento nitidamente pior. Por ter solicitado mais de seu corpo, este não terá tido tempo suficiente para uma boa recuperação. Para não sofrer constantemente com esses reveses, é importante intercalar um dia de repouso entre dois dias de treinamento.

As séries múltiplas também são mais adequadas para o esportista. De fato, executar 2 a 3 séries de um exercício significa que:
> a primeira série é executada sobre um músculo "fresco";
> a segunda série é executada sobre um músculo já um pouco fatigado;
> a última série é executada sobre um músculo fatigado.

Isso corresponde mais ao trabalho exigido do esportista. De fato, é raro ver uma disciplina que exija um esforço intenso único antes que o esportista possa ir para casa. Mesmo os corredores de fundo participam de eliminatórias antes da final. Portanto, é necessário se habituar a forçar um músculo que acaba de ser solicitado. Com um treinamento em série única, você será bom nas eliminatórias, mas irá colapsar em seguida, pois não terá o hábito de dar o seu máximo já que a vivacidade de seus músculos foi diminuída por um esforço violento prévio.

9. Quantos exercícios devem ser realizados por músculo?

Quando iniciamos, é necessário escolher um único exercício por músculo e por sessão (aquele que for mais conveniente para você – explicaremos mais adiante como escolhê-lo). Essa regra se aplica quando você treina todos os seus músculos em uma mesma sessão. O número de exercícios poderá ser aumentado a seguir, quando você começar a dividir o treinamento.

Em um segundo momento, exercícios poderão ser adicionados para acentuar o trabalho dos grandes grupos musculares. É evidente que os músculos grandes, por causa de sua massa, necessitam de um volume maior de trabalho do que os pequenos. Isso é ainda mais verdadeiro pelo fato de os músculos pequenos já participarem, frequentemente, durante o trabalho dos grandes grupos. Com o número de séries (ver o ponto precedente), é o número de exercícios por músculo que deve refletir essa diferença.

Mesmo em nível elevado, não aconselhamos a execução de mais de três exercícios por músculo grande e mais de duas por músculo pequeno.

Alguns indivíduos sentem a necessidade de mudar constantemente de exercício. Se você for um deles, não hesite em fazê-lo. Contudo, a maioria das pessoas segue uma rotina e não gosta de mudar de exercício. Essa atitude é preferível para um iniciante. A repetição do mesmo exercício melhorará a técnica de execução do movimento.

Como consequência, um músculo não pode ser exigido ao máximo em um novo exercício. Ele necessita de uma fase de aprendizagem para aprender bem a mobilizar toda a sua força em um movimento. Se você muda muito rapidamente de exercício, não terá tempo para ensinar seus músculos a forçar bem nesse movimento. Todo o tempo consagrado para aprender um novo movimento representa uma pequena perda de tempo no que diz respeito ao ganho de massa muscular e à melhoria do desempenho esportivo. Mudar constantemente de exercício quando não há necessidade de fazê-lo multiplicará esses períodos inúteis de aprendizagem.

DEFINIÇÃO

O termo **repetição** representa o número total de vezes que você executa um dado movimento em uma série (ver esse termo). Uma repetição apresenta três fases:
> fase positiva: elevação do peso;
> fase estática: manutenção da posição de contração durante um segundo;
> fase negativa: alentecimento da descida da carga.

É perfeitamente legítimo se interrogar quanto ao número de repetições que devem ser feitas em uma série. Mas saiba que não existe um número mágico.

---

10. Quantas repetições devem ser executadas em cada série?

O número de repetições não é o fator de seu programa que mais determinará a velocidade dos resultados. Mais do que as repetições, o que conta é a intensidade da contração. Em geral, o ganho de massa muscular é favorecido com a execução de 6 a 12 repetições. No entanto, se você puder executar 15 repetições com um certo peso em vez das 12 fixadas, não hesite em realizá-las! Por outro lado, na série seguinte, é necessário aumentar a carga.

Como regra geral, para ganhar força pura sem aumentar muito a massa muscular, é necessário realizar 1 a 4 repetições.

Para a resistência, é necessário executar pelo menos 25 repetições e não hesitar em chegar até 100.

A pirâmide

O treinamento de um músculo é elaborado em torno de uma pirâmide. É preciso começar com um peso leve e um número alto de repetições (p. ex., 20) para aquecer bem o músculo. Além do aquecimento, isso permite trabalhar a resistência do músculo. Para a segunda série, aumente suficientemente o peso para atingir 12 repetições. No entanto, como já citamos, jamais interrompa uma série (fora do aquecimento) porque a cifra programada de repetição foi atingida. Quanto mais repetições você executar com um determinado peso, mais intensa será a concentração e mais rápida será a progressão.

Para a terceira série, adicione peso para atingir aproximadamente 8 repetições. Já temos aqui uma boa pirâmide para os pequenos grupos musculares.

Para os grupos maiores, adicione mais carga para atingir 6 repetições em uma quarta série.

Para a quinta e última série, você tem a opção de aumentar o peso ainda mais (se estiver buscando principalmente a força) ou diminuir a carga para atingir 15 a 20 repetições (se estiver buscando massa ou resistência).

Para essa última série, você também pode alternar as sessões nas quais aumentará a intensidade do treinamento ou diminuirá os pesos. Dessa maneira, você terá mais dias de repouso entre duas sessões muito pesadas, o que irá favorecer a recuperação.

11. Em qual velocidade as repetições devem ser executadas?

Como acabamos de ver, uma repetição apresenta três fases distintas. Para aprender bem a controlar a contração muscular, é melhor começar movimentando o peso de maneira relativamente lenta.

No início, o pior seria balançar os pesos servindo-se da inércia que damos à carga ao oscilarmos o corpo. Praticando dessa maneira, adquirimos maus hábitos que serão difíceis de eliminar posteriormente. No melhor dos casos, o fato de se enganar retardará o progresso. No pior, você corre o risco de sofrer lesões! Na dúvida, alenteça a carga em vez de acelerá-la.

Essas regras básicas não se aplicam aos exercícios pliométricos, que devem ser tão explosivos quanto possível.

É necessário elevar a carga de acordo com a força do músculo e, portanto, sem precipitação.
> Leve 1 a 2 segundos (reais) para elevar o peso.
> Mantenha a posição de contração durante 1 segundo, contraindo os músculos o máximo possível.
> Libere o esforço lentamente e desça o peso em 2 segundos.

Portanto, uma repetição deve durar 4 a 5 segundos no total. Mais rápido que isso e você não utilizará a força de seus músculos, mesmo se utilizar um peso maior.

Evolução

Isto é para a técnica básica. É imperativo que a técnica seja dominada com perfeição antes de passar para uma estratégia diferente. Após ter adquirido um bom controle muscular, os esportistas poderão acelerar o movimento para ganhar explosão, a qual não significa enganar. Existe uma fronteira muito tênue entre o treinamento explosivo e o qualquer. É por essa razão que é necessário dominar previamente a contração muscular antes de passar para a explosão.

Uma repetição explosiva corresponde melhor aos tipos de movimentos que são exigidos nas diferentes atividades esportivas. De fato, é raro que um esporte exija um deslocamento muito lento e de maneira muito controlada. Em geral, o esportista deve poder mover-se o mais rápido possível. É essa velocidade que o treinamento explosivo tem como objetivo.

A fase positiva de uma repetição explosiva leva 0,5 a 1 segundo. Não existe fase estática de contração. A fase negativa é executada em 0,5 segundo.

Esse tipo de repetição é mais adequado para os esportistas que buscam desempenho que para os indivíduos cujo objetivo é desenvolver massa muscular. Para estes, mantenha uma execução lenta e controlada.

Lembre-se também que a explosão mal conduzida com cargas pesadas terminará causando lesões em vez de melhorar o desempenho.

Outras técnicas de alteração da velocidade das repetições estão disponíveis no parágrafo sobre as diversas técnicas de intensificação (ver p. 41).

12. Quanto tempo deve durar um treinamento?

O objetivo de um bom treinamento é estimular ao máximo os músculos no menor período possível. Buscaremos privilegiar a intensidade em vez da duração da sessão.

O primeiro critério que determina a duração do seu treinamento é a sua disponibilidade de tempo. Se você não dispor de muito tempo, saiba que é possível realizar uma sessão completa em um período muito curto, por exemplo, um treinamento em circuito. Para isso, 15 a 20 minutos são suficientes (ver as técnicas de intensificação e o último capítulo deste livro). No entanto, é preferível dispor de pelo menos 30 minutos.

Idealmente, uma boa sessão deve durar 45 minutos a, no máximo, 1 hora. Se você ultrapassar 1 hora de treinamento, é sinal de que o seu esforço não é intenso o suficiente. Ao fim de 45 minutos a 1 hora, seus músculos devem estar pedindo clemência.

Um aquecimento completo pode demandar tempo, tempo este que você pode retirar dos 45 minutos/1 hora limites. Por exemplo, no inverno, é necessário aumentar o período de aquecimento. O resto da sessão não deve ser prejudicado por esse aumento, e sim encurtado.

A duração da sessão dependerá de dois parâmetros:
> o volume de trabalho (número de exercícios + número de séries);
> o tempo de repouso entre as séries.

É sobre este último fator que será necessário atuar se você não dispuser de tempo suficiente para treinar.

Não aconselhamos despender mais de 1 hora no total. Nesse caso, significaria que você:
> trabalha muitos músculos em cada sessão;
> e/ou executa muitos exercícios;
> e/ou executa muitas séries;
> e/ou despende muito tempo de repouso entre as séries.

13. Qual é o tempo de repouso ideal entre duas séries?

Entre duas séries, é necessário respirar. O tempo de repouso pode ser de 5 segundos a 2 minutos, dependendo da dificuldade do movimento e de sua carga. É necessário:

> mais repouso após movimentos difíceis como o agachamento, elevação dos membros inferiores, levantamento de peso, flexões de braços, barra fixa, etc.;
> menos repouso após exercícios de isolamento para os membros superiores, suras, abdominais, etc.;
> mais repouso quando a carga for pesada;
> menos repouso quando a carga for leve.

É o seu objetivo que determinará seu tempo de repouso.

1 Para o aumento da massa muscular, um minuto de repouso representa uma boa média.

2 Para a aquisição de força pura, não é útil restringir muito o tempo de repouso. É necessário dar ao músculo todo o tempo necessário para que ele possa recuperar bem a sua força. Retrabalhar pesadamente um músculo que não se recuperou bem não é muito útil, mas não devemos nos servir desta particularidade para relaxar e adormecer no treinamento. Contudo, a precipitação excessiva também não é boa quando trabalhamos com pesos próximos do seu máximo. Nesse caso, não é exagero aguardar dois minutos entre as séries.

3 Quanto à busca de força/resistência, seus períodos de pausa entre as séries deverão ser relativamente breves. Uma boa técnica consiste na redução progressiva do tempo de repouso ao longo das sessões, esforçando-se para manter (ou mesmo aumentar) as cargas. Por exemplo, se você realizou uma sessão com 20 segundos de repouso entre as séries, tente reproduzir o mesmo esforço com 15 segundos. Se, após várias séries, você constatar que não aguenta mais, aumente o tempo de repouso para 20 segundos. Durante o treinamento seguinte, tente executar um número maior de séries (ou até mesmo todo o treinamento) com 15 segundos de repouso. Quando você tiver progredido bem, será o momento para iniciar o treinamento em circuito.

4 Para aumentar a sua resistência, o circuito, isto é, o encadeamento de diferentes exercícios sem tempo de repouso real, é o mais indicado.

Como regra geral, é hora de encadear uma outra série:
> quando sua respiração voltou ao normal;
> quando você sentir que seu estusiasmo é maior que a fadiga.

No entanto, antes de reiniciar uma série, certifique-se de que você está concentrado. Você deve saber quantas repetições realizar e recordar a razão pela qual as executa (p. ex., aumentar 1 cm de diâmetro do braço em dois meses, aumentar a força, etc.). Em um primeiro momento, cronometre para permanecer dentro do período que você estabeleceu. A cronometragem ajuda a manter o rigor e evita que você relaxe e permaneça muito tempo em repouso. Mantendo a medida do tempo, você controlará melhor a duração total de seu treinamento.

! Se sua força diminuir de forma anormal de uma série a outra, talvez seja porque você executou um número excessivo de séries (ver p. 26) ou porque seu tempo de repouso tenha sido muito curto. Nesse caso, aumente um pouco o tempo de recuperação e observe se isso resolve o problema. Se não der certo, o tempo de repouso não era a causa da queda do desempenho.

14. Como determinar a carga mais adequada em cada movimento?

Mais que o número de repetições ou de séries, é a resistência (ou a carga) que você utilizará em cada exercício que irá determinar a eficácia de seu treinamento. É muito importante utilizar uma carga adequada para a sua força.

No início, é difícil encontrar suas cargas. Tateamos um pouco, mas essa busca não é tempo perdido. Ela ajuda a desenvolver o que chamamos de "sensação muscular". Toda a dificuldade desse processo de seleção se deve ao fato de não ser natural ter de selecionar a resistência imposta aos músculos. Na natureza, o trabalho muscular adapta-se à carga, e não o inverso. Por exemplo, quando corremos, o nosso modo de corrida adapta-se automaticamente à dificuldade do terreno. Na musculação, a lógica é inversa. É como se adaptássemos o terreno ao tipo de corrida que desejamos produzir. É necessário habituar o seu intelecto a esse raciocínio um pouco estranho. Para complicar o processo, há também nossa vontade, sempre presente, de manipular cargas muito pesadas na esperança de pular etapas. Para encontrar a boa resistência em cada exercício, comece com uma resistência leve e a aumente de modo gradual, como a seguir.

Distinguimos três grandes "zonas" de carga:
> Cargas da zona 1: agrupamento de cargas que parecem leves e exigem apenas um pouco de esforço para serem manipuladas.
> Cargas da zona 2: são aquelas que permitem ao mesmo tempo sentir os músculos trabalhando e executar o movimento de maneira estrita.
> Cargas da zona 3: são aquelas que obrigam a infringir a regra para serem levantadas e que não permitem sentir bem o trabalho muscular.

Todo o processo de seleção da resistência começa com o aquecimento. Um bom aquecimento permitirá que você calibre o seu nível de resistência para um músculo. Devemos sempre começar suavemente. Uma primeira série de aquecimento deve ser executada com um peso situado no meio da zona 1. A segunda série de preparação deve utilizar uma carga situada no limite superior da mesma zona.

Os três quartos de suas séries de trabalho devem ser realizados com pesos da zona 2, aumentando gradualmente a carga a cada série. Esse aumento deve fazer com que você passe do limite inferior ao superior da zona 2.

Uma a duas séries por músculo são realizadas com pesos situados nos limites inferiores da zona 3. Manipular uma carga com um peso um pouco excessivo prepara o sistema nervoso para o treinamento seguinte. Trata-se de uma estratégia de intrusão no futuro (em relação a este assunto, ver as técnicas de intensificação na p. 41).

❗ É inútil dizer que as cargas devem ser diferentes para cada exercício. Quando ● você tiver encontrado a sua carga para um movimento, anote-a em seu caderno (ver p. 39) com o número de repetições. No treinamento seguinte, tente executar 1 ou 2 repetições a mais com esse mesmo peso.

▎15. Quando é necessário aumentar a carga?

A carga que podemos utilizar em cada movimento flutua constantemente. No melhor dos casos, nossa força aumenta, o que nos obriga a manipular cargas cada vez mais pesadas. Contudo, a tendência natural é desejar ultrapassar esse ganho de força e aumentar muito rapidamente nossas cargas de treinamento. Consequentemente, ocorre uma degradação da forma de execução dos movimentos. Sentimos cada vez menos os músculos trabalharem e, por fim, perdemos a motivação, porque o treinamento se torna cada vez mais trabalhoso.

Saber quando e em quanto aumentar a carga é um fator crítico para a progressão. A fim de determinar se o músculo está pronto para um aumento da resistência, utilizamos dois critérios:

1 O número de repetições

Quando você atingir o número-alvo de repetições (p. ex., 12 para a massa muscular ou 25 para a resistência), é tempo de questionar se não deveria aumentar a sua carga.

2 A sensação de facilidade de manipulação da carga

Contudo, para atingir esse número-alvo, o estilo de execução de seu movimento deteriorou? Em geral, ocor-

rem essas duas situações. Para aumentar o seu peso no bom momento, é necessário estar na segunda situação.

❗ Não ir de modo muito rápido. Algumas vezes, é necessária muita pouca carga suplementar ● para não mais sentir o movimento ou induzir a uma deterioração considerável do estilo de execução do exercício. É preferível aumentar a carga aos poucos e amiúde em vez de fazê-lo bruscamente e precisar de vários treinamentos para recuperar suas sensações.
Se você decidir ignorar esses alertas de prudência para pular etapas, irá transferir a carga cada vez menos para a força de seus músculos, e utilizará cada vez mais a inércia obtida graças a movimentos incorretos. Dessa maneira, você corre o risco de se ferir, o que retardará da mesma forma a sua progressão.

1. Você atingiu artificialmente o número-alvo

É uma tendência natural infringir as regras cada vez mais para tentar convencer-se de que está havendo um ganho de força. Nesse caso, utilize 1 ou 2 sessões durante as quais você se esforçará para melhorar o estilo de execução de seu movimento em vez da carga.

2. Você se sente bastante à vontade com uma carga aparentemente muito leve

Nesse caso, não hesite em aumentar os pesos. O aumento da carga deve ser proporcional à ultrapassagem do seu número-alvo de repetições. Se esse número tiver ultrapassado 1 ou 2 repetições, a carga deverá ser aumentada apenas modestamente. Em geral, os halteres permitem aumentos de 1 em 1 kg. Na verdade, não é útil aumentar de forma mais rápida, salvo se você tiver de fato atingido o seu número-alvo. Somente nesse caso aumentos mais significativos poderão ser aventados.

❗ No aquecimento. Quanto mais força você ganhar e, como consequência, puder começar ● com pesos mais pesados na primeira série, mais primordial se torna a importância do aquecimento. Quando não somos muito fortes, as articulações e os tendões não têm necessidade de muito aquecimento, porque a tensão muscular exigida não é muito grande. Contudo, ao longo de seu aumento de força, será necessário aumentar o tempo de aquecimento, porque a tensão à qual os seus músculos são submetidos se aproximará cada vez mais de seu ponto de ruptura.

16. É necessário repousar entre dois grupos musculares?

Não é obrigatório repousar entre o trabalho de dois grupos musculares em uma mesma sessão. Recupere o fôlego utilizando o mesmo tempo de pausa permitido entre duas séries. Você pode prolongar esse tempo se sentir fadiga, sobretudo se próximo do final do treinamento. De qualquer modo, é necessário encadear os exercícios bem rapidamente para permanecer aquecido, concentrado e evitar que a sessão se prolongue demais.

17. Como selecionar os exercícios convenientes?

Neste guia, selecionamos de forma cuidadosa os exercícios de musculação mais eficazes. Eles quase não exigem equipamentos, nem montagem perigosa ou precária. Contudo, nem todos os exercícios descritos lhe serão necessariamente convenientes. De fato, nós todos apresentamos morfologias muito distintas. Existem indivíduos grandes e pequenos. Alguns apresentam ombros largos, outros, ombros estreitos. Cada tronco, cada membro inferior e cada membro superior apresenta comprimentos variáveis.

A uma morfologia única deve corresponder uma seleção individualizada de exercícios. Seria falso achar que todas as morfologias se adaptam a todos os exercícios. Alguns modelos se prestam bem para alguns exercícios e menos para outros. Eis dois exemplos que ilustram esse conceito de desigualdade dos indivíduos frente a diferentes exercícios.

Desigualdade frente à dificuldade

Como as alavancas de cada um são diferentes, alguns esportistas irão encontrar-se em uma situação mais favorável do que outros. Por exemplo, um indivíduo com membros superiores curtos terá facilidade para executar flexões, porque sua amplitude de movimento é reduzida. Por outro lado, um indivíduo com membros superiores muito longos terá mais dificuldade, afinal sua amplitude de movimento é muito maior. Ainda que com o peso corporal igual, ele deverá deslocar a mesma carga, mas em uma distância bem maior. Como se um indivíduo tivesse de correr 100 metros enquanto um outro corre apenas 80.

Desigualdade frente ao perigo

Em função de sua morfologia, certos exercícios podem ser mais ou menos perigosos. Por exemplo, ao utilizar pesos durante o agachamento, um indivíduo com membros inferiores longos deverá se inclinar mais para frente que um indivíduo com coxas curtas. Não se trata de uma questão de má técnica de execução do movimento, mas sim de uma questão de morfologia! Com coxas curtas, é relativamente fácil manter as costas bem retas. Quanto mais longas forem as coxas, mais é imperativo nos inclinarmos para frente se desejarmos manter o equilíbrio. Infelizmente, quanto mais nos inclinarmos para frente, maiores são as chances de lesar as costas.

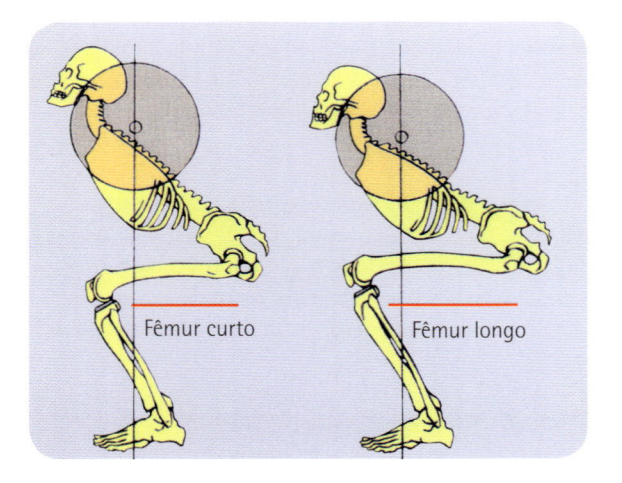

Fêmur curto   Fêmur longo

Quando for necessário levar em conta um parâmetro morfológico na seleção de exercícios, indicaremos na descrição específica que o acompanha.

Existem dois modos complementares para a seleção de seus movimentos:

1. Por eliminação: certos exercícios não serão convenientes para a sua anatomia, e devem ser eliminados de imediato. Outros não serão convenientes para os seus objetivos. Esses dois parâmetros restringem suas possibilidades e, por consequência, facilitam sua escolha. Contudo, a eliminação simples não deve ser o seu único critério de decisão. É necessário sobretudo encontrar os exercícios que lhe convêm.

2. Pela seleção: em geral, para determinar a adequação entre a sua morfologia e um exercício, o único meio é tentar o movimento. Você verá que existem alguns exercícios dos quais gostará imediatamente. No entanto, na maioria das vezes você pode achá-los um pouco estranhos e terá dificuldade para executá-los, porque eles recrutam músculos que você não tem o hábito de utilizar. Com o tempo, essa novidade desaparecerá e você sentirá os exercícios cada vez melhor.

Aprender a diferenciar os exercícios

Sua seleção será facilitada se você compreender bem que existem diferenças entre os exercícios. É necessário conhecê-los e aprender a explorá-los. Cada um apresenta vantagens e desvantagens, somente dominando bem esse conceito aplicado a cada exercício é que você encontrará os movimentos:

> cujas vantagens são mais adequadas para as suas necessidades;

> cujas desvantagens são menos contraditórias aos seus objetivos.

Portanto, estaremos particularmente atentos na descrição das vantagens/desvantagens de cada movimento na segunda parte desta obra. A partir daí, você terá uma base de seleção sólida e lógica.

No aguardo do detalhamento específico das vantagens/desvantagens de cada exercício, é possível eliminar algumas generalidades que deverão ser sempre mantidas em mente.

Existem dois grandes grupos de movimento. Cada uma dessas duas categorias apresenta pontos fortes e pontos fracos. Ao utilizar os exercícios de um grupo mais que de outro em função de suas necessidades, você facilitará o processo de seleção.

Os exercícios de musculação são divididos em dois grandes grupos:

1 Os exercícios de base

Trata-se de exercícios que colocam simultaneamente em jogo várias articulações. Por exemplo, o agachamento (flexão dos membros inferiores) nos faz mover os joelho, os tornozelos e o quadril, e, assim, três articulações são colocadas em movimento. Portanto, trata-se de um exercício básico. A classificação ou não de um exercício em movimentos básicos é a segunda coisa à qual você deverá prestar atenção, logo após ter determinado quais músculos ele recruta.

A popularidade dos movimentos de base não deve mascarar seus inconvenientes:

> Em virtude das massas musculares que entram em jogo, trata-se dos exercícios fisicamente mais duros. É o motivo por que muitas pessoas fogem desses exercícios como o diabo foge da cruz.

> Em função do grande número de músculos que trabalham, nem sempre é possível definir bem aqueles que procuramos desenvolver. Por exemplo, as flexões de membros superiores colocam em jogo as articulações dos cotovelos e dos ombros. Portanto, trata-se de um exercício básico.

Esse movimento trabalha os peitorais, os músculos dos ombros e os tríceps. O que é impossível prever é a parte respectiva do trabalho que exerce cada um desses três músculos. Para algumas pessoas, os peitorais realizarão a maior parte do trabalho. Outros sentirão apenas os tríceps contraírem. Alguns sentirão tudo nos ombros. Portanto, recomendar a realização de flexões de braços para atingir os peitorais pode ser um bom ou um mau conselho, dependendo do indivíduo. Existe um lado muito aleatório nos exercícios básicos que é muito menos nítido nos exercícios de isolamento.

> A amplitude de movimento nos exercícios de base em relação à amplitude completa que um músculo pode suportar. Essa amplitude não corresponde necessariamente àquela que você necessita em sua disciplina esportiva. Por outro lado, quando apresentamos pontos fracos que resistem aos exercícios de base, em geral é por causa da amplitude reduzida sobre a qual eles estimulam o músculo. Nesse caso, somente os exercícios de isolamento produzirão a amplitude necessária.

Agachamento

Flexão de membros superiores

2 Exercícios de isolamento

Agrupam todos os movimentos que colocam em jogo apenas uma articulação. Por exemplo, as flexões do bíceps (flexão do antebraço sobre o braço) ativam apenas a articulação do cotovelo. Embora esse exercício seja geralmente descrito como um exercício básico para os membros superiores, trata-se de um abuso de linguagem.

Flexão dos membros superiores

Afastamento dos peitorais

Elevação frontal para os ombros

Extensão dos antebraços

VANTAGENS

> Ao colocarem em jogo menos grupos musculares de uma só vez, os exercícios de isolamento exigem menos força e energia. Portanto, eles são nitidamente menos dolorosos que os exercícios básicos.
> Eles visam melhor os músculos. Em geral, é difícil não sentir o músculo visado por um exercício de isolamento.
> Os exercícios de isolamento são os mais eficazes para o desenvolvimento de seu controle muscular.
> Se um músculo não se desenvolver com os exercícios básicos, algumas semanas de trabalho de isolamento podem "despertá-lo". Quando você reiniciar os exercícios básicos, você o sentirá trabalhando melhor. O músculo responderá às solicitações exercidas pelos movimentos multiarticulares.

- -

> Em termos gerais, os exercícios de isolamento são menos eficazes que os exercícios básicos.
> O isolamento muscular é um fenômeno artificial. Nossos músculos são feitos para trabalhar em conjunto e não de maneira isolada quando lhes solicitamos um trabalho de força.
> Se tivéssemos de reproduzir o trabalho permitido pelos exercícios básicos apenas com exercícios de isolamento, perderíamos muito tempo. Por exemplo, em vez de realizar algumas séries de flexões dos membros superiores, seria necessário executar um exercício de peitorais + um de ombros + um de tríceps.
> A maior amplitude de movimento dos exercícios de isolamento não permite manipular cargas tão pesadas como nos movimentos básicos.

DESVANTAGENS

Conclusão

Os programas para iniciantes devem ser compostos essencialmente por exercícios básicos, que permitem um trabalho intenso de um máximo de grupos musculares em um mínimo de tempo. Na sequência, exercícios de isolamento serão adicionados aos exercícios básicos a fim de atingir certas zonas que estão em retardo ou que desejamos desenvolver prioritariamente.

O lugar dos exercícios de isolamento é secundário e tem como objetivo principal a estética. De fato, como vimos anteriormente, os exercícios básicos não estimulam necessariamente da mesma maneira todos os músculos que deveriam trabalhar. Certos grupos irão sobressair-se a outros. A função dos exercícios de isolamento será reequilibrar as coisas.

Uma situação em constante evolução

No que diz respeito à escolha de seus exercícios, não devemos crer que a situação será fixa. Com o tempo, você perceberá que começa a apreciar alguns exercícios de que não gostava anteriormente. Frente a essa mudança, a primeira reação é lamentar o fato de não ter percebido isso antes. Temos a impressão de ter perdido tempo, o que raramente ocorre. As sensações musculares evoluem de modo constante. Há 1 ou 2 meses, os seus músculos talvez não estivessem preparados para esse exercício. É a sua progressão que fez você se sentir bem ao praticar um novo. Portanto, não há razão para se lamentar.

O caminho inverso também pode ocorrer: sentimos cada vez menos um exercício de que gostávamos em particular. Esse movimento havia garantido uma progressão rápida em um primeiro momento, mas parece que se tornou ineficaz. Isso é apenas uma impressão.

Cada um de nossos movimentos utiliza uma estrutura de recrutamento neuromuscular muito específica. Quando usamos e abusamos dessa estrutura, ela acaba "queimando". Perdemos sua sensibilidade e o exercício se torna menos eficaz. Quando passa o efeito-surpresa, isso significa que é mais do que tempo de retirar esse movimento de seu programa. Após várias semanas de interrupção completa, essa estrutura específica de recrutamento neuromuscular é regenerada. Você poderá, então, reintegrar o movimento no seu programa, pois ele voltará a permitir que você progrida.

Portanto, é necessário se adaptar constantemente à nossa evolução muscular, e não permanecer imobilizado frente a essas alterações. Essa constatação do bom senso leva ao questionamento de quando evoluir o seu programa de treinamento.

18. Quando é necessário mudar de programa?

Certas pessoas têm necessidade de repetir sempre o mesmo programa de treinamento. Isso é compreensível, pois, quando encontramos um programa que nos convém, por que mudá-lo? Outras têm uma necessidade constante de novidade. É impossível saber *a priori* em qual dos dois grupos você se encontrará. É provável que a maioria se encontre entre os dois. No entanto, o seu estado de espírito geralmente reflete de maneira muito fiel as necessidades de seus músculos.

Entretanto, existem dois critérios objetivos que testemunham a necessidade de mudança de programa:

1. Estagnação ou regressão da força

Quando sua velocidade de progressão apresenta uma interrupção brusca, é que alguma coisa não está funcionando mais. Não estamos falando de um ou dois treinamentos, mas de uma tendência ao longo de no mínimo duas semanas. Uma alteração radical é necessária.

2. Cansaço

Quando perdemos o gosto de trabalhar um grupo muscular ou simplesmente de treinar, é porque o programa é muito monótono, e assim uma mudança é necessária. No entanto, existem graus de cansaço que devemos saber interpretar, porque nem todos impõem o mesmo nível de alteração ao seu treinamento. Iniciaremos pelo cansaço que exige mais modificações para terminar com aquele que sugere apenas alterações sutis de seu treinamento.

> **Cansaço muito grande ou mesmo um desinteresse total pelo treinamento.** Em geral, ele revela um *overtraining*. É tempo de repousar um pouco ou reduzir o volume de trabalho. Uma reestruturação completa do treinamento será salutar.

> **Desinteresse por um certo dia de treinamento.** Trata-se de um sinal de que é necessário modificar o que você faz especificamente nesse dia. Questione-se para saber a origem do seu desinteresse: se é dos grupos musculares que você treina nesse dia, dos exercícios que realiza, das técnicas de intensificação que utiliza, etc. Questione a mesma coisa em relação aos dias de que você mais gosta. Por que nestes você é mais motivado? Em outras palavras, existe um meio de transferir o entusiasmo desses dias para aqueles em que você não tem motivação?

> **Desinteresse por um músculo.** A perda de interesse pelo treinamento de um músculo que você gostava de trabalhar anteriormente constitui uma forte indicação de uma necessidade de modificar o programa para esse músculo. Você não é obrigado a modificar nada para o resto do corpo. Basta executar um golpe "cirúrgico" em seu programa para esse músculo.

> **Desinteresse por um exercício.** Como vimos no ponto precedente, desinteresse por um exercício de que gostávamos anteriormente indica que "queimamos" a estrutura neuromuscular específica para esse movimento. A substituição do exercício em questão se impõe sem que outras substituições sejam necessárias.

Conclusão

Não existe regra quanto à periodicidade de mudança de programa. Enquanto seu treinamento produzir resultados regulares em termos de ganho de força, aumento do número de repetições, etc., por que mudá-lo? Sempre haverá um momento em que a necessidade de mudança irá se fazer sentir. Seu corpo fará com que você saiba, reduzindo de maneira drástica o ritmo de progressão. O que diferencia um iniciante de um esportista experiente é a rapidez com que esses sinais são percebidos. Portanto, permaneça atento e ajude-se com um caderno de treinamento (ver p. 39) para reparar neles mais rapidamente.

19. Qual é o papel da periodicidade?

A periodização do treinamento é um conceito aplicado sobretudo aos esportistas. Ela parte da constatação de que a preparação física deve variar em paralelo com os períodos de competição.

Como a temporada do esportista raramente dura um ano, sua preparação deve ser máxima apenas durante a fase de competição. O resto do ano (períodos de não competição) é utilizado para um trabalho de fundo e/ou de recuperação. Existem três estratégias para o esportista durante o período entre temporadas:

1 Reduzir seu volume de trabalho para se recuperar.

2 Aproveitar para redobrar o esforço na musculação a fim de melhorar o desempenho. Essa abordagem permite que você pare o treinamento em sala na fase de preparação para as competições.

3 Optar pela não periodização do treinamento, tentando progredir da mesma maneira tanto durante o período entre temporadas como o próximo das competições. É a estratégia mais arriscada no plano da recuperação.

A escolha de uma das estratégias é uma decisão pessoal que você deverá tomar em função de sua capacidade de recuperação, de seus objetivos e do estado físico de suas articulações, tendões e músculos.

No que diz respeito à busca de massa muscular, existem três estratégias:

1. Periodização global: você escolherá a interrupção periódica do treinamento. Essa fase de repouso total pode ser repetida uma a quatro vezes por ano. Por exemplo, você pode tirar uma semana de repouso após três meses de treinamento contínuo.

VANTAGENS

Os músculos e sobretudo as articulações podem se recuperar. Mentalmente, você pode relaxar e reiniciar com um novo entusiasmo. Dessa maneira, você pode sair de férias sem ter de se preocupar com o seu treinamento.

Com frequência acontece de as semanas de repouso se tornarem meses e, então, anos. Uma interrupção seguida por um reinício exige uma disciplina que não é comum a todas as pessoas. Para algumas delas, é preferível jamais parar, sob o risco de não poder reiniciar. Quanto mais longa for a parada, mais difícil será o reinício. Também é necessário estar atento em relação à alimentação, sob o risco de aumentar o tecido adiposo.

DESVANTAGENS

2. Periodização com objetivo: nosso corpo é composto por seis grandes grupos musculares. Em vez de parar por completo, por que não focar o trabalho sobre um ou dois grupos, relaxando paralelamente o esforço sobre 1 ou 2 outros músculos? Por exemplo, você trabalha as coxas a fundo durante um mês, mas alivia o treinamento dos peitorais. Isso permitirá que seus ombros e cotovelos se recuperem. No mês seguinte, você foca o trabalho sobre os peitorais e diminui o volume de trabalho das coxas.

VANTAGENS

Essa rotação dos grupos musculares permite uma recuperação articular sem que haja o descondicionamento muscular decorrente de uma interrupção total do treinamento. Nenhum esforço é necessário para reiniciar o treinamento e o risco de acúmulo de gordura é pequeno. Não ocorre perda de tempo com períodos de repouso supérfluos.

Você está com frequência no limite sem ter a possibilidade de respirar mentalmente. Hoje em dia, essa estratégia é utilizada em caso de lesão. Por exemplo, se você apresentar dor em um joelho, deve suavizar o trabalho das coxas e trabalhar os membros superiores. No entanto, é lamentável esperar a ocorrência de uma lesão para se inquietar sobre o seu estado de recuperação muscular ou articular.

DESVANTAGENS

3. Nenhuma periodização: é a estratégia mais simples e mais popular. O esforço é mantido continuamente. Se você não treinou excessivamente, por que parar?

VANTAGENS

Se você dosar bem seu esforço, a progressão continua sem perda de tempo ou regressão nas fases de repouso.

As articulações não tem tempo de se recuperar e, em geral, é tarde demais quando começamos a nos preocupar com elas.

DESVANTAGENS

Conclusão

Cabe a você, em função de sua capacidade de recuperação, escolher uma estratégia de preparação. A maior fraqueza da periodização é que ela consiste em prever como o seu corpo reagirá no futuro. Essas predições são feitas em função do que lhe ocorreu no passado. As chances de erro em matéria de predição do futuro sempre são bem grandes.

20. Tirar férias?

É claro, você poderá treinar durante todo o ano, mas isso não representa necessariamente uma boa coisa para a sua progressão a longo prazo. Não é inútil tirar algumas semanas de férias todos os anos fora de qualquer planejamento ou periodização. Dessa maneira, você deixará o seu corpo repousar, permitindo a recuperação, sobretudo das articulações e dos tendões. Você reiniciará com um esqueleto em melhor forma. Evidentemente, regredirá um pouco do ponto de vista da força e da resistência (ver a seguir), mas recuperará muito rapidamente o nível anterior. Assim como quando desejamos saltar o mais distante possível é bom recuar, um período de repouso pode lhe ajudar a ultrapassar um ponto que lhe parecia intransponível.

Compreender o descondicionamento muscular

Se o sistema nervoso responde primeiro ao treinamento, ele também é o primeiro a responder ao descondicionamento induzido pelos períodos de repouso. Portanto, a perda de força pode ser rápida. O músculo é mais resistente à perda. Uma perda de força, devida a duas ou três semanas de repouso, não significa que você perdeu músculo. Por isso, não é necessário se inquietar. O sistema nervoso irá recuperar a sua eficácia em algumas sessões.

Ritmos de progressão

Os primeiros efeitos de um treinamento de musculação parecem frustrantes porque se trata de fadiga acompanhada por dor muscular.

Considere esse traumatismo imposto às suas fibras como um despertar muscular, o qual é mais ou menos brutal de acordo com o seu nível esportivo. Para eliminar mais rapidamente essa fadiga acompanhada por dor muscular, não hesite em reiniciar um treinamento leve sem forçar.

Após o desaparecimento da fadiga acompanhada por dor muscular, sua força e sua resistência progredirão rapidamente. De fato, o sistema nervoso adapta-se a esse novo ambiente. Ele aprenderá a coordenar melhor os esforços musculares, permitindo que os diferentes membros trabalhem melhor, em harmonia entre si. A seguir, cabe ao músculo se adaptar.

A força e a resistência desenvolvem-se mais rapidamente que a massa muscular. No entanto, esta acabará vindo. O problema é que, como nos vemos todos os dias, é impossível detectar a sua progressão cotidiana. Portanto, sempre temos a impressão de estagnar. Então, um dia, damo-nos conta de que uma vestimenta aperta em um local não usual. Para detectar mais facilmente a sua progressão muscular, recomendamos que você tire uma fotografia pelo menos uma vez por mês.

As fotos são mais fiáveis que a balança ou as mensurações. Com essas medidas, o ganho de gordura passa facilmente por um ganho de músculo, mas, esteticamente, a gordura vai de encontro ao que é buscado. A incorporação de gordura é uma regressão, e não uma progressão. Desde que você treine regularmente, seu músculo sempre acabará desenvolvendo. Por outro lado, é impossível determinar seu ritmo de progressão, pois alguns aumentam de volume mais rapidamente que outros.

O QUE É UMA FADIGA ACOMPANHADA POR DOR MUSCULAR?

1. A pista do ácido lático

Uma coisa é certa em relação à fadiga acompanhada por dor muscular: quando a sentimos não é porque os músculos estão cheios de ácido lático. A pista do ácido lático foi abandonada há muito tempo. Infelizmente, essa lenda permanece viva no meio esportivo. No pior dos casos, após esforços extremos, será necessária uma hora para eliminá-lo, mas não mais do que isso. Em geral, os traços de ácido lático desaparecem do músculo e do sangue em menos de 20 minutos. Ora, a fadiga acompanhada por dor muscular aparece 24 a 48 horas após um esforço. Por que o ácido lático voltaria aos nossos músculos no repouso, 1 a 2 dias após um esforço? Além disso, a dor produzida pelo ácido lático corresponde a uma intensa sensação de queimação. Ela não parece em nada com a dor induzida pela fadiga.

2. A pista dos microtraumatismos

Os cientistas estabeleceram que a fadiga acompanhada por dor muscular era devida a microtraumatismos ocasionados pelas fibras musculares. A dor que sentimos é de fato decorrente de múltiplas pequenas "lesões" do músculo. Mas por que estas são sentidas tanto tempo após o esforço? Muitos desses microtraumatismos não são produzidos durante o esforço, mas bem após. A repetição de contrações e estiramentos incomuns de um músculo provoca fugas do cálcio intracelular. É esse cálcio que comanda a contração muscular. Contudo, após essa tarefa ser cumprida, o cálcio se retira em reservas isolantes. A impermeabilidade dessas bolsas é comprometida por causa das solicitações intensas do músculo. As fugas propagam-se lentamente para culminarem um pouco antes que as dores sejam realmente sentidas. Daí a distância entre o treinamento e a sensação de fadiga com dor muscular.

Papel da alimentação

A alimentação tem um papel importante na progressão do desempenho esportivo e na aquisição de massa muscular.

Contrariamente a uma ideia muito disseminada, não é necessário acumular gordura para ganhar músculo e força. As estratégias de alimentação e de suplementação para o desempenho e para o músculo são desenvolvidas no *Guia de suplementos alimentares para atletas,* dos mesmos autores.

Técnicas de aquecimento

Nosso corpo pode ser comparado a um automóvel.

Se você acelerar fortemente enquanto o motor estiver frio, não aumentará muito a velocidade e danificará a parte mecânica. Por outro lado, quando o motor está quente, uma pequena aceleração aumentará rapidamente a velocidade. Como um automóvel, nossos músculos funcionam de modo ideal somente quando tiverem atingido uma determinada temperatura. É por isso que é imperativo se aquecer antes de qualquer treinamento intenso. O aquecimento responde a uma tripla preocupação:

1 **Proteger contra lesões**

Pegue dois elásticos pequenos idênticos. Coloque um deles durante alguns de minutos no congelador e o outro na água quente. A seguir, estique-os o máximo possível. O elástico que foi exposto ao frio irá arrebentar muito rapidamente, e aquele que foi aquecido será muito mais resistente à ruptura. Nossos músculos reagem como elásticos. O calor aumenta a sua resistência mecânica enquanto o frio produz o efeito inverso. Daí a necessidade de aquecer bem os nossos músculos antes de treiná-los. Esse impacto da temperatura explica porque a incidência de lesões aumenta consideravelmente no inverno. Durante esse período, a necessidade de um bom aquecimento é ainda maior porque faz frio.

> **NOTA**
> Quando começamos a colocar pressão sobre a articulação, esta atrai água como uma esponja. As cartilagens incham, o que otimizará o papel de amortecedor da articulação e reduzirá o atrito. São necessários 10 minutos de trabalho muscular para que a espessura da cartilagem atinja seu tamanho máximo. Portanto, dê um pouco de tempo para que suas articulações encham de água. Em uma hora de inatividade, a cartilagem volta ao seu tamanho inicial.

> **!●** Muitos iniciantes imaginam que não têm necessidade de aquecer. Eles desejam "pegar pesado" desde o início e não "perder tempo" com o aquecimento. Essa negligência do aquecimento será paga *obrigatoriamente* mais tarde com dores que restringirão sua capacidade de treinar bem. Um bom aquecimento constitui uma garantia contra dores futuras, além de se revelar um fator de melhoria imediata do desempenho.

2 **Otimizar o desempenho**

Como vimos com o exemplo do motor, a temperatura interna dos músculos tem um papel importante no seu desempenho. As pesquisas mostram que uma elevação de 1°C da temperatura corporal (passando de 37,1 para 38,1°C), graças a uma curta exposição passiva ao calor, aumenta a força máxima do músculo em quase 7%. De fato, as enzimas que fornecem energia aos músculos atuam de maneira ideal em uma temperatura levemente mais alta que a temperatura normal do corpo.

Sabemos que o corpo está bem quente quando nos encontramos no ponto de começar a transpirar. No entanto, assim como um motor, o excesso de calor reduz o desempenho. Durante o treinamento, é necessário manter o corpo quente sem, contudo, estar quente demais.

> **!●** Pela manhã, a temperatura corporal é sempre mais baixa que à tarde. Esse fenômeno fisiológico explica em parte porque somos geralmente mais fortes neste período que naquele. Se você treina pela manhã, deverá se aquecer durante um pouco mais de tempo que à tarde.

3 **Focalizar a atenção e a concentração**

É necessário se preparar mentalmente para o esforço que está por vir. O aquecimento é a sua última chance de se concentrar caso esse condicionamento mental não tiver sido obtido previamente. Portanto, o aquecimento não deve ser apenas físico, mas também psicológico.

▌Problemática do aquecimento

Toda a problemática do aquecimento consiste em encontrar o bom ritmo de aumento de cargas. Aumentando os pesos muito rapidamente, o músculo e o sistema nervoso não estarão suficientemente "quentes". Você corre o risco de se ferir. Se você os aumentar muito lentamente, não terá mais toda a sua força durante as séries pesadas, quando são elas que mais importam.

Deve-se começar um novo exercício com um peso leve que permita atingir facilmente 20 a 25 repetições. Execute pelo menos uma segunda série de aquecimento com um peso que permita 12 a 15 repetições fáceis. Não hesite em realizar uma terceira série de aquecimento, um pouco mais pesada, se você não tiver certeza de que o seu músculo está bem preparado para o esforço.

O aquecimento é ainda mais crucial quando se trata do início da sessão. Em seguida, a sua importância diminui.

> **!** É comum o alongamento antes do início do treinamento. Certifique-se de que você leu a passagem sobre alongamento desta obra (ver p. 13), pois, se algumas formas melhoram o desempenho, outras podem diminuí-lo.

Resfriamento (retorno à calma)

Assim como é primordial aquecer, é importante relaxar no final da sessão.

É necessário alongar particularmente as costas. A musculação tende a comprimir a coluna vertebral. Para acelerar a recuperação lombar, iremos descomprimir as costas nos suspendendo na barra fixa durante pelo menos 30 segundos. Você deve sentir que a sua coluna alonga livremente. Se, ao contrário, você sentir que ela permanece comprimida, é porque seus músculos lombares estão contraídos. Relaxá-los é algo que se aprende com o tempo.

Para facilitar esse relaxamento, execute uma série de abdominais e passe imediatamente para a suspensão na barra fixa. A fadiga muscular temporária que ocorrerá na sequência favorecerá o relaxamento dos músculos de sustentação da coluna.

Da mesma forma, nos dias em que você não treinar, utilize 30 segundos para se suspender um pouco antes de ir dormir. O fato de permanecer em pé ou sentado durante o dia comprime a coluna. Essa compressão expulsa a água contida em cada um dos discos intervertebrais. É por essa razão que somos mais baixos à noite que pela manhã. Ora, essa água intravertebral é indispensável para a boa saúde da coluna, pois ela serve como amortecedor. Essa fuga de líquido está na origem da dor nas costas. Ao se suspender, você ganhará tempo de recuperação, porque uma parte da descompressão vertebral que ocorre à noite, quando perma-necemos alongados, já terá sido efetuada. A recuperação da coluna será melhor, assim como o seu sono.

O pior que pode ocorrer é que despertemos pela manhã com a impressão de que a coluna permaneceu comprimida durante toda a noite, o que significa que os músculos lombares não relaxaram. Por causa dessa toni-cidade noturna, dormimos mal e logo iremos apresentar dor nas costas de modo permanente.

Tendo pré-relaxado os músculos lombares e a coluna antes de dormir, é possível evitar esse problema que, no entanto, é comum.

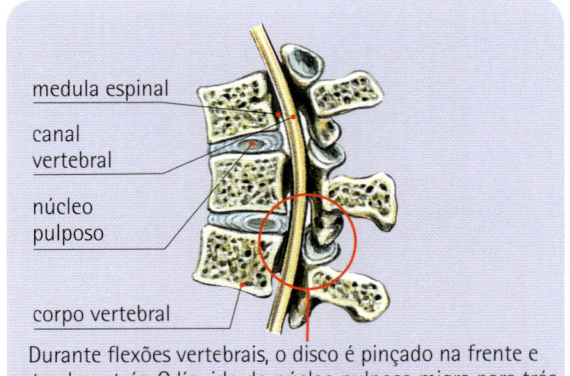

medula espinal
canal vertebral
núcleo pulposo
corpo vertebral

Durante flexões vertebrais, o disco é pinçado na frente e entreabre atrás. O líquido do núcleo pulposo migra para trás e pode acabar comprimindo os elementos nervosos (ocorre então a ciatalgia).

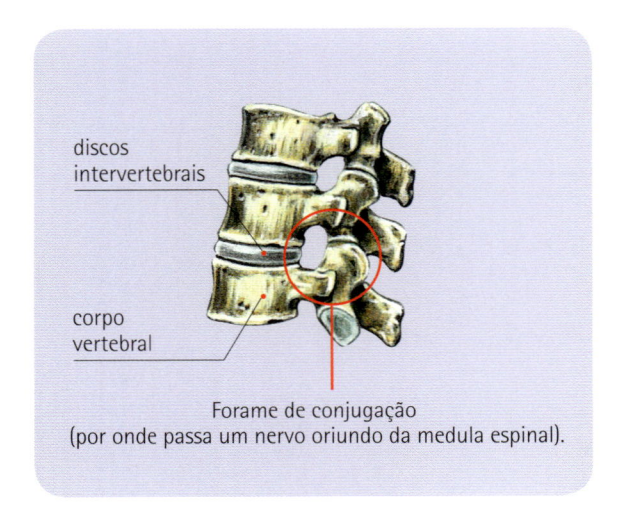

discos intervertebrais
corpo vertebral

Forame de conjugação
(por onde passa um nervo oriundo da medula espinal).

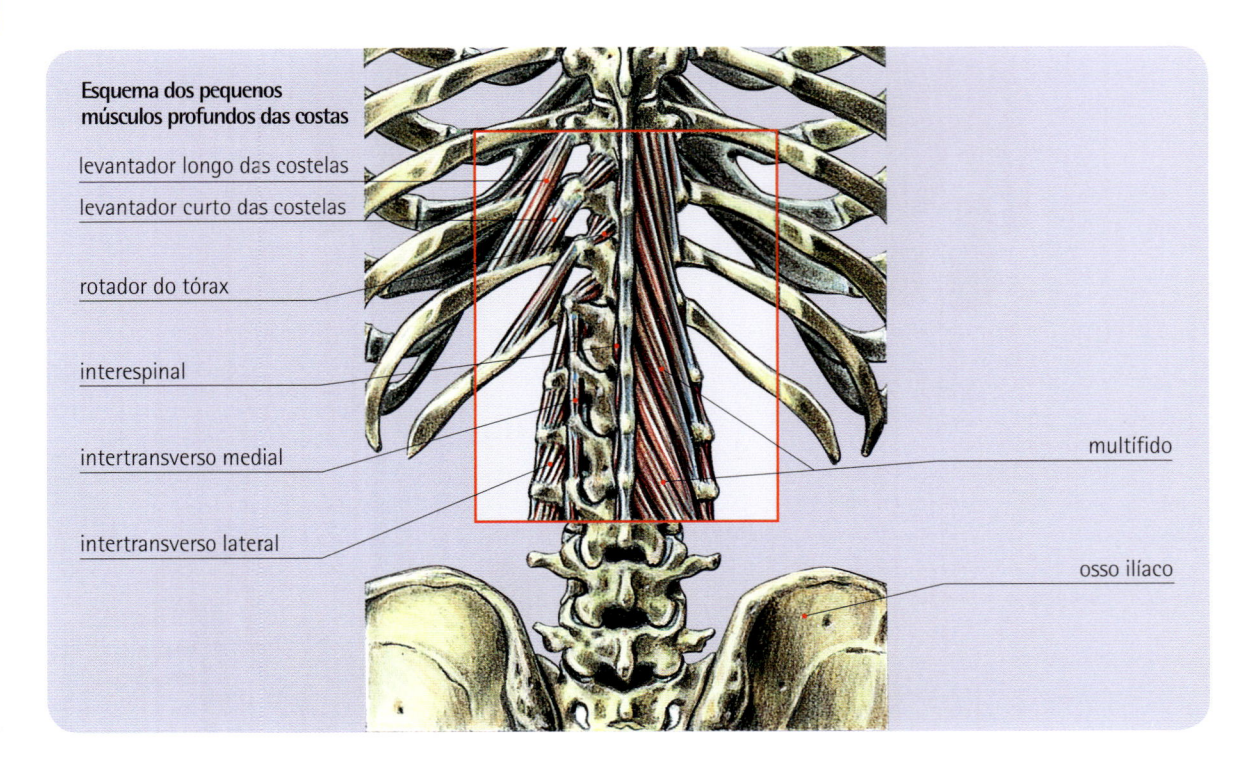

Esquema dos pequenos músculos profundos das costas

levantador longo das costelas
levantador curto das costelas
rotador do tórax
interespinal
intertransverso medial
intertransverso lateral
multífido
osso ilíaco

Tenha um caderno de treinamento

É importante ter um caderno de treinamento, o qual deve ser dividido de maneira que cada dia de treino da semana corresponda a uma parte do caderno.

Por exemplo, se você treina três vezes por semana, o caderno será dividido em três partes. Dessa maneira, você encontrará diretamente seus desempenhos durante o último treinamento para os grupos musculares que irá retrabalhar.

Uma parte deve ser reservada para o horário de início do treinamento. Abaixo dela, anote o horário do final. Dessa forma, você saberá exatamente quanto tempo treinou. A medida do tempo é um fator importante, pois se você repousar mais entre as séries, o seu desempenho aumentará, mas isso não refletirá necessariamente um ganho de força. Para poder comparar bem dois treinamentos, é necessário que eles tenham aproximadamente a mesma duração.

Seu caderno deve ser o mais preciso possível sem que, no entanto, seja chato mantê-lo. Eis um exemplo de apresentação:

Dessa maneira, sabemos qual músculo foi trabalhado (bíceps) com qual exercício (flexão dos abtebraços com halteres). Em seguida, vemos a carga. Por convenção, escrevemos a carga do haltere levantada por um único membro superior. Poderíamos ter escrito 20 kg, o que corresponderia ao peso total representado pelo haltere da direita + haltere da esquerda. Cabe a você decidir a sua convenção de escrita. O importante é sempre seguir a regra fixada no início e não escrever 10 kg em um dia e 20 kg no outro.

A seguir, vem o número de repetições. Aqui, 15 na primeira série. É comum sermos mais fortes de um lado que de outro. Nesse caso, se você executar 15 repetições com o membro superior direito e 14 com o esquerdo, anote da seguinte maneira para saber na próxima vez:

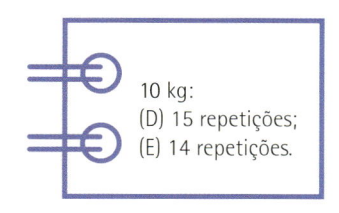

10 kg:
(D) 15 repetições;
(E) 14 repetições.

Conclua a linha com a duração total do treinamento dos bíceps para poder comparar bem o desempenho ao longo das semanas. Ao pegarmos cada vez mais pesado, temos a tendência lamentável de alongar os períodos de repouso. Anotando a duração do treinamento dos bíceps, você evitará a tentação de aumentar esse tempo.

Aja dessa maneira para todos os músculos e todos os exercícios. Dessa forma, você saberá exatamente quais são seus objetivos para o treinamento seguinte.

Bíceps:
Flexão dos antebraços
com halteres:
10 kg: 15 repetições;
12 kg: 12 repetições;
14 kg: 8 repetições;
16 kg: 3 repetições.
Tempo: 8 minutos.

Analise seus treinamentos

Após cada treinamento, você deve analisar a sua sessão perguntando-se:

> O que deu certo?
> O que deu errado?
> Por que isso deu errado?
> Como fazer para que isso dê certo na próxima sessão?

Se considerarmos o nosso exemplo anterior, eis uma análise padrão que você deverá fazer para cada músculo antes do treinamento seguinte:

> Comece com um pouco mais de peso, pois a primeira série corre o risco de ser muito leve (ultrapassaria as 15 repetições).
> Esse aumento de carga deve ser feito também na segunda e na terceira séries.
> Na terceira série, o músculo começa a apresentar fadiga, pois quatro repetições em vez de três foram perdidas por um aumento de 2 kg na carga. Portanto, será necessário se esforçar para superar essa fadiga.
> Para a última série, a perda de força se acentuou com uma queda de cinco repetições por conta de 2 kg de carga a mais. Por essa razão, iremos diminuir o ritmo de aumento de peso para poder realizar mais repetições sem pegar mais leve que na última vez. A nova sessão fica da seguinte maneira:

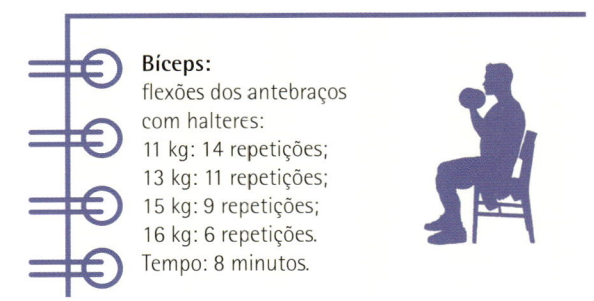

Bíceps:
flexões dos antebraços com halteres:
11 kg: 14 repetições;
13 kg: 11 repetições;
15 kg: 9 repetições;
16 kg: 6 repetições.
Tempo: 8 minutos.

O objetivo para a sessão seguinte será aumentar o peso em 1 kg na última série sem diminuir o número de repetições. Em três treinamentos, torna-se fácil avaliar a progressão:

! Se esse estado de contração é bem-vindo na musculação, não é necessariamente o caso nas outras atividades esportivas.

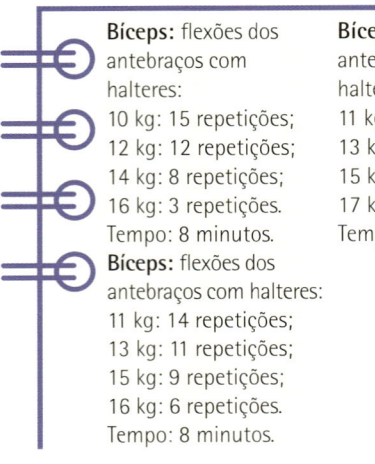

Bíceps: flexões dos antebraços com halteres:
10 kg: 15 repetições;
12 kg: 12 repetições;
14 kg: 8 repetições;
16 kg: 3 repetições.
Tempo: 8 minutos.

Bíceps: flexões dos antebraços com halteres:
11 kg: 14 repetições;
13 kg: 11 repetições;
15 kg: 9 repetições;
16 kg: 6 repetições.
Tempo: 8 minutos.

Bíceps: flexões dos antebraços com halteres:
11 kg: 15 repetições;
13 kg: 12 repetições;
15 kg: 10 repetições;
17 kg: 6 repetições.
Tempo: 8 minutos.

É a tendência que aparece ao longo de um mês, mais que de uma sessão a outra, que o ajudará a modular o programa. Se as cifras aumentarem de maneira regular, tudo vai bem! Se o aumento se tornar mais lento, será necessário reagir:
> seja mudando de exercícios;
> seja aumentando o tempo de repouso entre os treinamentos.

Em caso de regressão durável da força, uma diminuição da carga de trabalho e um aumento dos dias de repouso se impõem.

Somente um caderno de treinamento bem mantido poderá quantificar muito precisamente a evolução do seu desempenho ao longo do tempo. Não confie na memória. Evidentemente, você poderá lembrar-se de seu desempenho do treinamento anterior. No entanto, como irá se lembrar do que realizou há um mês? Além disso, se você mudar de exercícios, como se lembrará com precisão de seus desempenhos anteriores quando reiniciar o treinamento 1 ou 2 meses mais tarde? O caderno de treinamento demonstrará que é a melhor testemunha de seu progresso, além de ser um aliado importante para a confecção de seus futuros planos de treinamento.

Não hesite em se filmar

Para se dar conta da boa ou má execução de seus movimentos, não hesite em filmar a si mesmo!

Se possível, faça isso sob vários ângulos diferentes. Frequentemente nos surpreendemos ao nos ver treinando, pois o resultado no que diz respeito aos movimentos nem sempre é aquele que imaginávamos. Graças a esse *feedback*, é possível se autocorrigir imediatamente e, por consequência, melhorar. Aliás, é comum os esportistas de alto nível utilizarem os filmes.

Técnicas de intensificação

O princípio da sobrecarga

Todo o fundamento da musculação repousa sobre a técnica de sobrecarga (ou *overload*). É necessário sobrecarregar o músculo de maneira não habitual para forçá-lo a reagir e a se reforçar. Por exemplo, se você puder executar 10 flexões de membros superiores sem esforço, o fato de se limitar a esse número não produzirá qualquer adaptação.

Quando você se esforçar e realizar 11 ou mesmo 12 flexões, seus músculos serão obrigados a fornecer uma tensão à qual eles não estão habituados. Eles reagirão a essa sobrecarga aumentando sua força e seu volume. Nos dias seguintes se tornará fácil executar essas 11 ou 12 flexões. Para continuar a progredir, será necessário aumentar novamente a intensidade do esforço. O método de *overload* mais simples é executar mais repetições com mais carga. No entanto, existem outras técnicas de intensificação que permitem progredir de outra forma que não seja o aumento de peso ou de repetições. São essas técnicas que veremos agora.

Volume ou intensidade?

Muitos confundem o volume de trabalho com sua intensidade. É necessário perceber que se trata de duas noções antinômicas. Quanto mais você forçar intensamente durante cada série, menos será capaz de executá-las. O objetivo do aumento da intensidade é executar o máximo de esforço muscular possível executando o mínimo de séries possível. Ao contrário, quanto menos intensos forem os seus esforços, mais você será capaz de encadear as séries. Durante certos treinamentos, a atenção é dada à intensidade. Durante outras sessões, é o volume que será privilegiado. Contudo, não devemos focar a atenção sobre os dois no mesmo treinamento, porque isto será uma porta aberta para um *overtraining* rápido.

> Existe um grande número de técnicas de intensificação do treinamento. Não se trata de utilizar todas simultaneamente ou em cada treinamento. Todas elas apresentam vantagens e desvantagens. O principal problema é que, quanto mais intenso for o seu treinamento, maior será o tempo necessário para a sua recuperação. Portanto, é necessário escolher judiciosamente as técnicas de intensificação em função de seus objetivos e de suas prioridades. E, como para todas as boas coisas, não devemos abusar!

Teoria do *inroad*

A teoria do *inroad* (usurpação da força) coloca como preceito que para progredir é necessário que cada sessão usurpe o máximo possível da força do músculo.

Para ilustrar esse conceito, tomemos como exemplo um músculo que pode elevar no máximo uma carga de 100 kg. Se você treinar esse músculo com 70 kg até a exaustão (ver esse conceito na p. 42), o seu *inroad* será de aproximadamente 30 kg (100 – 70 = 30 kg de força temporariamente perdida). Quando a usurpação da força é de 30 kg, significa que restam ainda 70 kg de força no seu músculo. Se, em vez de interromper a sua série, você pegar um peso de 50 kg e continuar o exercício, na nova exaustão você terá um *inroad* de 50 kg. Portanto, você estará mais próximo do esgotamento muscular que com um peso de 70 kg. Muitas técnicas de intensificação têm como objetivo aumentar o *inroad* no final da série, isto é, esgotar por completo a força do músculo (temporariamente, é claro).

> Quanto mais pronunciado for o seu *inroad* no final do treinamento, maior será o tempo necessário para a recuperação entre duas sessões de um mesmo músculo. Ao contrário, com um *inroad* mais leve, o tempo de repouso necessário será mais curto.
> O que é necessário compreender bem é que não é preciso criar um *inroad* gigantesco em cada treinamento. Certas sessões serão mais pesadas que outras. Como regra geral, buscamos um *inroad* forte durante uma sessão, ao passo que, na seguinte, buscamos um mais leve.

Teoria da força absoluta

A teoria da força absoluta se opõe de alguma maneira à teoria do *inroad*. Ela coloca como preceito que mais do que a intensidade, o que desencadeia a progressão é a manipulação de pesos.

Essa oposição entre a busca do *inroad* e a teoria da força absoluta é visível sobretudo quando aumentamos a carga gradualmente em pirâmide. Quanto mais séries você executar sem forçar, mais poderá subir na pirâmide e permanecer relativamente repousado quando atingir o seu máximo. Ao contrário, se você forçar o máximo possível desde a primeira série, irá se cansar muito rapidamente e não poderá se aproximar de seus pesos máximos.

Com frequência, uma redução da intensidade em cada série (*inroad* menor) é percebida como preguiça. No entanto, isso constitui um meio de poder realizar mais séries. O inconveniente de um trabalho muito pesado, próximo do seu máximo, é que se trata da estratégia que mais irá esmagar as articulações e martirizar os tendões. Portanto, não se deve utilizá-la em cada treinamento. Ao contrário, a busca do *inroad* permite permanecer bem longe das cargas extremas, o que é preferível para as articulações.

Por outro lado, essas duas abordagens são traumatizantes para o músculo. Por essa razão, é necessário combiná-las com sessões que estressarão menos as articulações e os músculos, isto é, um trabalho mais leve, em séries mais longas mas menos pesadas. Estaremos, portanto, frente ao seguinte ciclo de encadeamento:

Primeiro treinamento: muito pesado, próximo do máximo para poucas repetições.

Segunda sessão para esse mesmo músculo: peso leve em séries longas, sem buscar um *inroad* muito pronunciado. Trata-se de um treinamento de recuperação.

Terceira sessão: buscamos o *inroad* com cargas pesadas, mas não extremas.

Quarta sessão: retomamos o treinamento de recuperação da segunda sessão.

Quinta sessão: retoma-se o ciclo do começo.

Esse ciclo apresenta a vantagem de trabalhar os músculos na paleta mais ampla possível de estimulação do crescimento e da força.

Existem duas maneiras de praticar esses ciclos.

1. Ciclos sincronizados: todos os músculos do dia são treinados com a mesma fase do ciclo: dia mais pesado ou mais leve, etc.

2. Ciclos dessincronizados: certos músculos do dia são trabalhados de forma pesada, outros de forma leve ou em *inroad* profundo. A vantagem dessa abordagem é facilitar as sessões. Com os ciclos sincronizados, as sessões pesadas ou em *inroad* serão extremamente cansativas. Os dias leves serão mais fáceis. Essa alternância pode constituir uma estratégia. No entanto, a dessincronização permite evitar sessões muito duras. Em vez de todos, somente 1 ou 2 músculos serão treinados de forma muito pesada em uma única sessão. Os músculos submetidos a um trabalho leve permitirão respirar um pouco. A dosagem do esforço é mais constante e menos extrema, o que é preferível.

Eis um exemplo de treinamento em ciclo dessincronizado para uma sessão:

> Peitorais: muito pesado   > Ombros: em *inroad*
> Costas: leve   > Bíceps: muito pesado   > Tríceps: leve

Na sessão seguinte, os papéis são invertidos:

> Costas: muito pesado   > Ombros: leve   > Peitorais: leve
> Tríceps: em *inroad*   > Bíceps: leve

- -

Devemos treinar até a exaustão?

Falamos de exaustão quando, durante uma série, o músculo não é mais capaz de mover a carga selecionada.

Alguns preferem parar a série 1 ou 2 repetições antes da exaustão. Essa estratégia permite fatigar menos o músculo (*inroad* menor); dessa maneira, podem-se executar mais séries e, idealmente, trabalhar mais pesado graças a uma pirâmide mais longa. Essa abordagem também é válida para os esportistas que não desejam esgotar seus músculos de maneira durável para poderem treinar intensamente em sua disciplina.

Outra estratégia consiste em forçar pelo menos a última série até a exaustão, meio-termo entre o volume e a intensidade. Você também pode forçar todas as séries até a exaustão (*inroad* significativo). Essa técnica esgota o músculo com mais rapidez. Você terá, portanto, menos séries a realizar. O treinamento é mais intenso, mais curto e menos volumoso. Por outro lado, quanto mais você buscar a exaustão, maior será o tempo de repouso necessário entre dois treinamentos para um mesmo músculo.

Além da exaustão

Você também pode ir além da exaustão. Para isso, quatro técnicas podem ser utilizadas:

> *cheating*;
> repetições forçadas;
> decrescentes;
> repouso/pausa.

Cheating (repetições trucadas)

Quando chegamos à exaustão, não quer dizer que o músculo não tem mais nenhuma força, mas sim que ele não tem força suficiente para levantar o peso em questão.

Se você executa flexões para o bíceps com 10 kg, as primeiras repetições parecem leves porque ele pode levantar pesos maiores do que esse. No entanto, ao longo das repetições, o músculo perde a sua capacidade de se contrair por causa da fadiga. Quando o bíceps tiver apenas 10 kg de força, você ainda consegue mexer o membro superior, mas com dificuldade. Quando você tiver apenas 9 kg de força, será impossível continuar a série.

Por outro lado, ao dar um impulso ao peso inclinando um pouco o tronco para trás, torna-se possível terminar uma repetição que seria impossível de maneira estrita.

! Podemos nos enganar apenas no final da série. O objetivo disso é tornar o exercício ● mais complicado executando mais repetições (além do que seria possível sem nos enganar). Não devemos torná-lo mais fácil dando um impulso ao haltere quando o músculo não tem necessidade. Também não se trata de se entortar em todos os sentidos para elevar pesos mais pesados que o seu máximo. Como infringir as regras aumenta o risco de lesão, somente devemos fazê-lo com parcimônia e prudência.

Repetições forçadas

O parceiro sustenta o haltere ▼

Flexões de membros superiores decrescentes

Após atingir a exaustão, apoie-se sobre os joelhos ▶

Repetições forçadas

As repetições forçadas têm o mesmo papel que as repetições trucadas. Elas permitem continuar um exercício com um determinado peso quando o músculo não tem mais capacidade.

Por exemplo, durante as flexões dos antebraços, você pode utilizar o membro superior livre para sustentar um pouco o haltere, levando a carga ao nível de força de seu bíceps. Quando o seu músculo tem apenas 9 kg de força e o haltere pesa 10 kg, seu membro superior livre sustentará o peso na razão de cerca de 1 kg. Na repetição seguinte, se seu bíceps tiver apenas 7 kg de força, você elevará 3 kg com o outro membro superior.

Falamos de técnica de intrusão no futuro, pois a repetição forçada mostra ao músculo o tipo de tensão que ele deverá gerar no futuro para que ele faça por si mesmo a repetição suplementar.

As repetições forçadas apresentam uma dupla vantagem em relação às trucadas:

1 A execução do movimento não se degrada, a tensão permanece no músculo-alvo.

2 Os riscos de lesões são mínimos.

Por outro lado, o ideal para as repetições forçadas é evidentemente ter um parceiro. No entanto, como acabamos de ver, você pode utilizar o membro superior livre se estiver treinando de modo unilateral (ver esse conceito na p. 50).

Decrescentes

A técnica das decrescentes permite continuar uma série quando você tiver atingido a exaustão sem ter infringido a regra ou ter precisado de repetições forçadas. Com as decrescentes, retira-se a carga, o que permite continuar o exercício.

No nosso exemplo de flexões, até a exaustão, você coloca o haltere de 10 kg no chão e retira 2 kg antes de reiniciar imediatamente. Quando reatinge a exaustão, retira mais 2 kg e continua a série.

Existem outras maneiras de fazer o treinamento com repetições decrescentes. Por exemplo, nas flexões de membros superiores, quando você tiver atingido a exaustão, apoie-se sobre os joelhos, o que facilitará o exercício e lhe permitirá continuar o movimento. Na tração na barra fixa, apoie um membro inferior (e, a seguir, os dois) contra o solo ou uma cadeira para diminuir o peso do seu corpo. No agachamento ou no levantamento terra, começa-se o exercício com um haltere em cada mão. Após atingir a fadiga, elimina-se um haltere. Na nova exaustão, pode-se terminar com as mãos vazias. Em geral, realizam-se duas "eliminações" por série. A amplitude da eliminação dependerá do seu *inroad*. Algumas pessoas são capazes de gerar um *inroad* muito forte após uma única série e terão necessidade de diminuir a carga de modo significativo. Em si, é uma boa notícia, pois um *inroad* muito grande torna as técnicas que permitem ir além da exaustão pouco necessárias.

Agachamento decrescente

▲ Comece com dois
halteres

◀ Após atingir a
exaustão, termine com
um haltere

Exemplo de repouso/pausa

Interrompa o movimento
por 10 a 15 segundos ▶

Por outro lado, se, ao retirar muito pouco peso, você conseguir continuar a sua série, é porque seu *inroad* é naturalmente fraco. Em geral, esse é o caso dos iniciantes. O *inroad* aumentará com a experiência. Nesse caso específico, é importante treinar além da exaustão.

Repouso/pausa

Quando você atingir a exaustão, interrompa o movimento durante 10 a 15 segundos para dar ao músculo um pouco de repouso.

O objetivo é obter 1 a 2 repetições suplementares. O repouso/pausa é comumente utilizado com cargas muito pesadas. Você executa um maxi ou duplo antes de interromper brevemente o movimento para respirar. Em seguida, tente uma repetição e assim por diante até a pausa não permitir mais que você recupere força suficiente para realizar uma repetição suplementar.

Essa técnica também pode ser utilizada pelos iniciantes que apresentam dificuldade quanto à tração na barra fixa. Se você conseguir suspender-se apenas 1 ou 2 vezes até a exaustão, faça uma pausa de 10 a 20 segundos e tente mais uma repetição. A pausa rapidamente se tornará supérflua e você será capaz de encadear as repetições.

Quando você executa séries muito longas, é frequente utilizar o repouso/pausa, sem se dar conta de fato, a fim de recuperar o fôlego e encadear ainda mais repetições.

O repouso/pausa assemelha-se um pouco ao *stop and go* (ver p. 48), mas o seu objetivo é totalmente distinto. A interrupção do movimento no primeiro caso é mais longa e, quando possível, não é feita imediatamente antes da fase de contração.

Negativas

As negativas também são denominadas esforço excêntrico. Trata-se da parte do exercício durante a qual baixamos a carga ou o corpo. O esforço "negativo" opõe-se ao "positivo", o qual consiste em levantar a carga ou o peso do corpo.

Por exemplo, quando você sobre degraus, o que você faz é, essencialmente, trabalhar as coxas de modo "positivo". Por outro lado, quando desce esses mesmos degraus, os seus músculos trabalham sobretudo de forma "negativa". Eles somente freiam ou amortecem o corpo. Imagine que duas pessoas estão frente a uma escada muito alta. Uma deve descer e a outra subir. É muito mais cansativo subir. Por outro lado, é muito mais perigoso descer, porque você irá aumentar a velocidade ao longo dos degraus. Os seus músculos, trabalhando de modo negativo, irão frear o seu corpo, impedindo que você pegue muita velocidade e caia.

O que é surpreendente no esforço excêntrico é que, nos dias seguintes, é a pessoa que desceu a escada que sofrerá mais de fadiga acompanhada de dor muscular. De fato, embora o esforço negativo pareça mais fácil para o músculo, ele também é o mais traumatizante para as fibras. A soma dos pequenos estiramentos que o músculo produz para frear o seu corpo lesará as células musculares. O corpo é obrigado a reagir a esse traumatismo aumentando sua força e desenvolvendo seu volume. É por essa razão que pesquisas científicas mostram sem ambiguidade que o trabalho negativo é mais produtivo que o positivo para o ganho de massa e força. Continuando com o nosso exemplo da escada, a pessoa que a desce todos os dias durante um mês acabará tendo coxas mais volumosas que aquela que somente a sobe.

Conclusão

A parte negativa de um exercício representa um aspecto particular para a progressão. É necessário prestar bastante atenção a ela para garantir um desenvolvimento muscular ideal.

Existem quatro maneiras diferentes, mas complementares, de explorar essa propriedade fisiológica do músculo:

1 Como frear a descida
   em cada repetição?
Análise para os esportistas

Quando você aborda a fase negativa de um exercício de musculação, tem a opção de:
> deixar o peso cair sem tentar segurá-lo;

> ou, ao contrário, frear a queda com a força de seus músculos.

O exemplo típico do primeiro caso é o halterofilismo. Praticamente, não há esforço negativo nos movimentos dessa atividade. Os halterofilistas elevam a barra. Quando ela se encontra totalmente elevada, eles a largam sem tentar alentecê-la.

No entanto, na maioria dos esportes, existe uma fase negativa. O exemplo típico são as descidas em esqui. Contrariamente ao senso comum, os músculos dos esquiadores não trabalham de maneira estática. Suas coxas amortecem constantemente as asperezas da pista. O trabalho negativo é, portanto, particularmente importante nesse caso.

Os esportistas devem analisar o papel da força negativa em sua disciplina. Quanto mais importante ela for para o seu desempenho, mais eles devem trabalhá-la na musculação.

2 Influência na busca da massa muscular

Para as pessoas que buscam massa muscular, a fase negativa é mais importante que a positiva. O abaixamento da carga deve, portanto, ser sistematicamente freado.

No entanto, essa frenagem da fase negativa deve ser realizada de forma gradual. Por exemplo, em uma série de 8 repetições, retenha apenas brevemente as 3 primeiras. Por ser mais fácil frear um peso que levantá-lo, seria muito simples (e portanto ineficaz) agir adiantadamente sobre a fase negativa. Por outro lado, quanto mais o seu músculo fatigar ao longo das repetições, mais você deverá frear na fase negativa. As últimas repetições devem ser abaixadas o mais lentamente possível.

> **NOTA**
> É necessário sempre terminar seu movimento em uma fase negativa. Por exemplo, nas flexões de membros superiores, temos uma tendência natural a terminar com os membros estendidos. Em vez disso, você deve interromper o exercício quando estiver alongado ao solo e não conseguir mais subir. A fase negativa que o faz permanecer colado ao solo terá sido muito lenta e terá retido todas as suas forças.

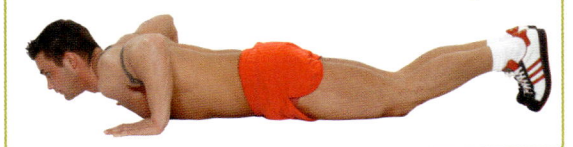

! O erro que deve ser evitado é bloquear o peso 5 ou 10 segundos no alto do movimento antes de deixá-lo cair em seguida por falta de força. Frear não quer dizer parar o peso. Deixe a carga estirar o seu músculo freando-a cada vez mais ao longo das repetições.

3 Acentuar a resistência na descida

A força negativa do músculo é maior que sua força positiva. Se você puder levantar 20 kg com um membro superior, provavelmente poderá reter 30 kg. Dessa maneira, a série ideal deveria conter uma fase negativa com mais peso que a fase positiva, a fim de obter um máximo de resultados. Existem três maneiras de dissociar o peso da fase negativa daquele da fase positiva. Utilize uma delas pelo menos em 1 de cada 2 ou 3 treinamentos.

1. Ter um parceiro: a maneira mais simples é ter um parceiro que forçará sobre o peso ou sobre o seu corpo a fim de acentuar a carga durante a fase de retorno do movimento. Infelizmente, é raro termos um parceiro. Contudo, podemos nos exercitar sem ele!

2. Com a mão livre: o treinamento unilateral (ver p. 50) permite conservar uma mão livre, a qual geralmente pode ser utilizada para acentuar a carga do membro superior que trabalha durante a fase negativa. Por exemplo, na flexão dos antebraços para os bíceps, você eleva o haltere normalmente. No momento de elevar o peso, você empurra o haltere para adicionar o equivalente de 5 a 10 kg.

3. Com uma faixa elástica: como explicamos no parágrafo sobre a escolha do material, as faixas elásticas possuem propriedades de resistência únicas. Quando você puxa um elástico, ele acumula energia (ou força) elástica. Quando você o libera, ele volta à sua forma violentamente. Na musculação, o elástico produzirá uma aceleração da fase negativa que nenhum outro equipamento pode fornecer. A grande vantagem das faixas é acumular progressivamente uma quantidade enorme de força, a qual será restituída de modo brutal na fase negativa. Os músculos deverão produzir um esforço mais intenso que com os pesos tradicionais para frear a impetuosidade do elástico. Desse desafio resultará uma progressão mais rápida da força, da potência e da massa muscular que com os pesos tradicionais.

É por essa razão que, há cerca de dez anos, cada vez mais equipes esportivas profissionais norte-americanas (em particular jogadores de futebol americano) fixam faixas elásticas aos pesos que levantam.

NOTA

Uma parte da força da faixa elástica se acumula nos músculos, que também atuam como elásticos, durante a fase negativa. Essa força oriunda do exterior será restituída por nossos músculos para levantar o peso. Em outras palavras, não apenas a fase negativa é acentuada graças aos elásticos: estes permitem que os músculos se tornem imediatamente mais fortes para elevar mais peso. Portanto, existe um duplo benefício que explica a popularidade desse método nos esportes de força nos Estados Unidos.

4 Negativas puras

Para poder forçar ao máximo na fase negativa, a fase positiva é eliminada. O movimento consiste apenas em lutar contra a gravidade com a carga mais pesada possível. Essa técnica é particularmente adequada quando você não tem força para a tração na barra fixa, por exemplo. Nesse caso, sempre temos força para frear a descida. O objetivo é alentecer essa descida o máximo possível e o máximo de vezes possível. Toda a magia das negativas puras é permitir a aquisição rápida de força suficiente para que você se eleve sozinho. Em geral, duas semanas de exercício negativo puro na barra fixa permitem que uma pessoa incapaz de se suspender 1 ou 2 vezes sozinha consiga fazê-lo.

Outra técnica consiste em levantar a carga com os dois membros superiores, mas abaixá-la com apenas um. Por exemplo, na flexão de membros superiores, eleve o corpo com os dois membros superiores. Quando eles estiverem estendidos, transfira o peso de seu corpo para um único membro e execute a fase negativa pura. Certifique-se de já estar em um certo nível antes de executar essa variante. Se você não conseguir frear, sobretudo no fim, irá executar apenas uma negativa parcial, isto é, descerá apenas 10 ou 20 cm antes de subir com os dois membros. Rapidamente, seu ganho de força permitirá que você desça até embaixo sem problema.

Muitos movimentos (mas nem todos, infelizmente) se prestam às negativas puras. Utilize essa estratégia pelo menos uma vez por mês.

5 Negativas pós-exaustão

Você pode adotar uma estratégia um pouco diferente para ir além da exaustão. Por exemplo, execute o máximo possível de flexões de membros superiores. Após atingir a exaustão, coloque-se em pé com a ajuda dos membros inferiores para poder reposicionar-se com os braços estendidos. Daí, freie a descida. Uma vez em baixo, reposicione-se, levantando-se com os membros superiores, e, a seguir, reinicie com uma fase negativa pura. Essa mesma estratégia pode ser utilizada na barra fixa, a qual você empurra contra o solo ou contra uma cadeira para subir até a posição de contração.

Stop and go

Essa técnica consiste na execução de uma pausa de 1 segundo entre a fase negativa do exercício e a contração.

Por exemplo, ao realizar flexões de membros superiores, permanecemos alongados contra o solo durante um segundo, relaxando os músculos, antes de dar um impulso muscular que desencadeará a contração. O objetivo dessa pausa é eliminar o acúmulo de energia elástica que ocorreu durante a fase negativa do movimento.

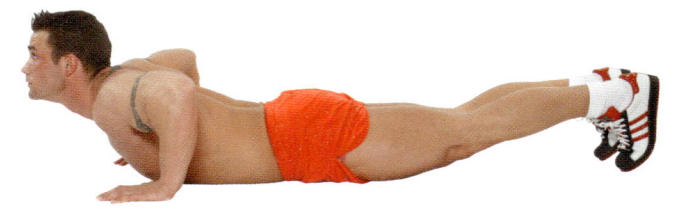

Essa estratégia apresenta três aplicações práticas:

1 Ela é útil nas disciplinas que exigem uma força de arranque significativa (p. ex., corridas de fundo). Nesse caso, os músculos devem se contrair com a maior força possível sem terem sido previamente estirados. Portanto, eles estão relativamente fracos e exigimos que eles fiquem imediatamente potentes. Trata-se de uma qualidade física que pode ser desenvolvida graças ao *stop and go*.

2 O *stop and go* altera a estrutura do recrutamento muscular. Por exemplo, ao executar flexões de membros superiores normalmente, você pode sentir bem os peitorais, mas nem tanto os tríceps. Realizando uma pausa um pouco antes da fase de contração, você tem a chance de alterar essa condição. Muitas pessoas sentirão um trabalho muscular diferente, o qual pode ser mais orientado para o tríceps, por exemplo. Portanto, se um exercício por você realizado não atinge corretamente um músculo que ele supostamente deveria trabalhar, dê-lhe uma segunda chance tentando no modo *stop and go*.

3 Certas articulações frágeis não suportam muito bem a pressão tendínea gerada no momento em que o movimento passa de uma fase excêntrica para uma fase concêntrica. Essa transição pode ser suavizada pela pausa que o *stop and go* exige.

Absolutamente todos os exercícios podem ser realizados no modo *stop and go*. Essa variante produzirá efeitos benéficos com certos movimentos, mas não com todos. Cabe a você testá-la para determinar quais são os exercícios que, no seu caso, prestam-se melhor a essa pausa.

Queimação

Quando o ácido lático se acumula nos músculos durante uma série, falamos de queimação.

Essa queimação indica que é difícil para o músculo aguentar a intensidade do esforço que lhe é imposto. Trata-se de um sinal de sobrecarga muscular.

Assim como a dor, a queimação constitui um obstáculo ao desempenho. Nosso objetivo é reverter esse obstáculo e transformá-lo em uma força. Em vez de evitar essa queimação, nós a buscaremos, pois ela indica uma estimulação que forçará o músculo a se desenvolver.

Após termos gerado a queimação, o jogo consiste em tentar suportá-la o máximo possível antes de desistir.

Em geral, a queimação se manifesta após cerca de 12 repetições intensas. A busca da queimação, portanto, é uma estratégia que utilizaremos nos dias "leves". A tensão contínua, as superséries (ver p. 51) ou as decrescentes são bons meios para testar a sua vontade frente à queimação.

Tensão contínua

Um dos meios de aumentar a dificuldade de um exercício sem aumentar o peso utilizado consiste em manter uma tensão contínua no músculo. Isso significa que, em nenhuma parte no movimento, deixamos o músculo repousar ou "recuperar o fôlego".

Por exemplo, durante a execução de flexões de braços, em que estes estão estendidos, é a ossatura que suporta o peso do corpo, e não os músculos. Nessa posição, eles podem recuperar um pouco de seus esforços.

O princípio de tensão contínua impõe a eliminação dessa fase na qual os membros estão estendidos. Em qualquer momento durante a realização de flexões, mantemos os membros superiores mais ou menos flexionados. Uma queimação intensa ocorrerá rapidamente no músculo por causa da asfixia intracelular criada. De fato, mantendo constantemente os músculos sob tensão, bloqueamos a irrigação sanguínea. Pela falta de oxigênio, os músculos emitem muito poluente (ácido lático) quando sintetizam energia.

O mesmo princípio se aplica para os músculos escapulares, dorsais, bíceps ou tríceps: jamais estendemos os membros superiores durante os exercícios. Para as coxas, jamais estendemos completamente os membros inferiores no alto. O ideal é utilizar um misto: tensão contínua, repouso/pausa. Inicia-se o movimento com tensão contínua; quando a dor se torna insuportável, fazemos uma pausa (membros estendidos) para que uma parte do ácido lático possa esvair. O exercício pode então continuar por 1 ou 2 repetições suplementares.

▲ Comece a sua série sem estender os membros superiores.

▲ No fim da série, repouse com os braços estendidos para realizar algumas repetições suplementares.

Unilateralismo

A maioria dos exercícios de musculação é realizada bilateralmente, isto é, contraindo-se os músculos da direita em paralelo com seus correspondentes da esquerda.

Contudo, essa simetria de movimento não ocorre em nossos gestos cotidianos. A exemplo da marcha ou da corrida, a maioria de nossos movimentos é unilateral, isto é, contraímos somente os músculos de um lado por vez. O homem é um animal unilateral. Em oposição, podemos citar o coelho, que avança utilizando duas patas simultaneamente. O homem avança um membro inferior por vez graças a um trabalho muscular unilateral.

Nossa tendência natural ao unilateralismo explica porque a força é cerca de 10% mais significativa quando trabalhamos de forma unilateral em vez de bilateral. Concretamente, se nas flexões dos antebraços para o bíceps levanta-se um máximo de 50 kg com os dois membros superiores de cada vez, unilateralmente, a soma dos dois membros (o que podemos levantar com os membros superiores direito e esquerdo) não será 50 kg, mas aproximadamente 55 kg.

Ocorre uma perda de eficácia nervosa durante o trabalho bilateral. Um modo de se dar conta é executando flexões dos antebraços com halteres. Comece o exercício contraindo os dois membros superiores ao mesmo tempo. Após atingir a exaustão, você poderá provavelmente executar 1 ou 2 repetições suplementares se contrair o bíceps direito enquanto o membro superior esquerdo permanece estendido. Esse ganho de força é fornecido pelo aumento da eficácia nervosa quando contraímos apenas um lado por vez.

No entanto, nem sempre é fácil colocar em ação o unilateralismo. Por exemplo, é difícil executar flexões ou trações apenas com um membro superior por vez, mas, para cada músculo, é possível encontrar exercícios que fazem trabalhar unilateralmente. Trata-se de uma particularidade que serão especificadas para cada exercício na segunda parte desta obra.

Existem duas variantes do unilateralismo:

1 O unilateralismo em alternância

No nosso exemplo das flexões dos antebraços, contraímos o bíceps direito. Somente quando o membro superior direito volta à posição inicial é que esquerdo inicia seu esforço.

A vantagem dessa técnica é que o membro superior direito repousa durante o esforço do esquerdo antes de reiniciar. O inconveniente é que o sinal nervoso deve fazer constantemente a transição entre a direita e a esquerda, o que não é ideal. Entretanto, alguns esportes obrigam esse cruzamento (p. ex., corrida ou nado *crawl*). Se for o caso em sua disciplina, essa particularidade deve estar presente em seus movimentos de musculação a fim de preparar bem o sistema nervoso para essa dificuldade. Caso contrário, você está livre para optar pela segunda variante.

Bilateral ▲ ▲

▲ Unilateralismo em alternância ▲

2 Unilateralismo puro

Nesta versão, somente um lado do corpo trabalha. Você executa toda a série com os músculos da direita.

Unilateralismo puro ▶

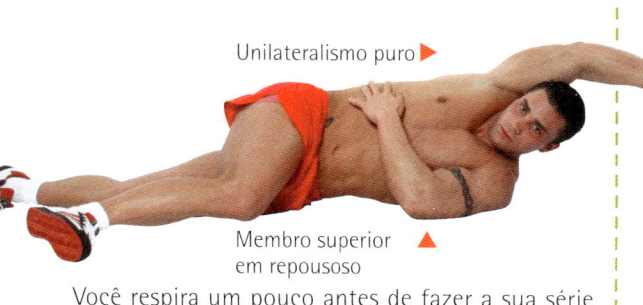

Membro superior ▲
em repousoso

Você respira um pouco antes de fazer a sua série com os músculos da esquerda. Mais uma vez, é feito um pequeno repouso antes de passar novamente para a série da direita. É nessa configuração que o sistema nervoso pode exprimir sua plena potência. A contração, bem como a concentração sobre os músculos que trabalham, estará no seu máximo. Os esportistas cuja disciplina obriga a um tal trabalho (p. ex., lançamento de peso) deverão utilizar muito essa técnica. O unilateralismo puro frequentemente apresenta a vantagem única de permitir que você execute repetições negativas acentuadas e/ou repetições forçadas com o membro superior livre.

O inconveniente dessa técnica é aumentar a duração da sessão, pois, na realidade, duplicamos o número de séries que devem ser realizadas.

Superséries

As superséries consistem no encadeamento de dois exercícios distintos sem período de repouso.

Superséries:

Tríceps ▶

◀ Bíceps

Existem duas grandes categorias de supersérie:

1 As superséries para músculos antagonistas

É o encadeamento de um exercício para um músculo seguido por outro movimento para o músculo antagonista. A supersérie mais popular consiste na combinação de um exercício para os bíceps com outro para os tríceps.

As outras superséries antagonistas são:
> peitorais/dorsais;
> anteriores dos ombros/posteriores dos ombros;
> abdominais/lombares;
> anteriores das coxas/isquiotibiais.

A principal vantagem dessa estratégia é o ganho de tempo que ela permite. De fato, não há mais necessidade de repousar entre as séries. Os bíceps recuperam-se enquanto os tríceps trabalham. Estes repousarão enquanto você trabalha aqueles. Além da força, a sua resistência irá melhorar.

2 As superséries para um mesmo músculo

Por exemplo, encadeamos dois exercícios para os bíceps. Aqui, o objetivo é aumentar a intensidade do esforço. Essas superséries agem um pouco como uma decrescente, mas mudando de exercício. O segundo movimento nos faz manipular menos peso que o primeiro, o que permite continuar a série além da exaustão.

Existem três formas de supersérie para um mesmo músculo:

1. Forma clássica: a supersérie é composta por dois exercícios básicos ou por dois exercícios de isolamento. O objetivo é apenas encadear dois exercícios para ir além da exaustão.

A sofisticação das duas outras variantes de superséries explica porque elas são mais populares que as superséries clássicas.

2. A supersérie pré-fadiga: aqui, o encadeamento de exercícios é muito peculiar. É necessário começar com um movimento de isolamento seguido por um exercício básico. O objetivo é pré-fatigar o músculo-alvo com o exercício de isolamento. Durante o exercício básico, o músculo-alvo continua a trabalhar, apesar da fadiga, graças ao suporte dos outros grupos musculares.

Pré-fadiga: extensão de membros inferiores + agachamento

Supersérie clássica: supino com halteres + flexões

A justificativa teórica da pré-fadiga estipula que, na maioria dos movimentos básicos, não é o músculo-alvo que fatiga em primeiro lugar, mas os outros pequenos músculos anexos. Assim, quando executamos flexões de membros superiores, não é tanto a fadiga dos peitorais que nos faz interromper o exercício, e sim o esgotamento dos tríceps. Por causa dessa falta de força nos membros superiores, os peitorais não tiveram tempo de trabalhar bem. Ao fatigar os primeiros, os tríceps limitam nossa capacidade de estimular os peitorais. É por essa razão que iremos pré-fatigar, ou pré-trabalhar, os peitorais de maneira isolada antes de executar flexões de membros superiores.

Pré-fadiga: desenvolvimento deitado com halteres + flexões

Esse princípio não se aplica somente aos peitorais, mas também a todos os grandes grupos musculares. Por exemplo, para os músculos do ombro, é necessário encadear elevações laterais com halteres antes de realizar supinos com halteres. As elevações fatigam o deltoide, o qual será sustentado em seu trabalho no banco por uma parte do peitoral maior e do tríceps.

Dessa forma, a pré-fadiga pode ajudar a sentir melhor um músculo que temos dificuldade de trabalhar. Quando tivermos dificuldade para sentir os peitorais ao realizarmos flexões de membros superiores, um exercício prévio de isolamento permite "queimar" um pouco os músculos torácicos. Assim, imediatamente, nós os sentiremos melhor durante as flexões de membros superiores.

❗ Isso é teórico. Infelizmente, a pré-fadiga pode se revelar contraproducente. No exemplo dos ● ombros, com frequência ocorre que todo o trabalho no banco seja realizado pelos tríceps, porque os deltoides estão tão fatigados por causa das elevações que eles não têm mais forças para intervir no movimento básico. Isso explica porque, em vez de sentir melhor o ombro, a pré-fadiga faz com que tudo fique centrado no tríceps.

Eis outros exemplos de superséries de pré-fadiga:

Costas (interior e espessura): elevações em posição inclinada para a frente + remo
P. 104 — P. 134

Costas (largura): *pull over* + trações na barra fixa
P. 136 — P. 131

Peitorais : afastamento + flexões
P. 118 — P. 113

Ombros: elevações laterais + supino
P. 100 — P. 93

Bíceps: *curls* + trações na barra fixa com mãos em supinação
P. 64 — P. 72

Tríceps: *kickback* + flexões de membros superiores com as mãos aproximadas
P. 82 — P. 76

Anteriores da coxa: extensão dos membros inferiores + agachamentos
P. 166 — P. 149

Isquiotibiais: *leg curls* + levantamento terra com membros inferiores estendidos
P. 174 — P. 171

3. A supersérie pós-fadiga: a lógica da pós-fadiga é exatamente oposta à da pré-fadiga. O objetivo é trabalhar ao máximo o músculo-alvo graças a um exercício básico. Após atingir a exaustão, passamos para um exercício de isolamento mais fácil, o que permite ao músculo-alvo dar tudo o que lhe resta. No exemplo para os ombros, forçamos com tudo que temos no supino com halteres. Azar se a fadiga dos tríceps contribui para que interrompamos o movimento, pois iremos dar o máximo no exercício de isolamento que visa unicamente o deltoide.

A pós-fadiga permite garantir que esgotamos bem o músculo-alvo. As superséries pós-fadiga são exatamente o inverso daquilo que anunciamos para a pré-fadiga:

Pós-fadiga : desenvolvimento com halteres
+
elevações laterais

Costas (interior e espessura):
remo + elevações em posição inclinada para a frente
P. 134 — P. 104

Costas (largura): trações na barra fixa + pull over
P. 131 — P. 136

Peitorais: flexões + afastamento
P. 113 — P. 118

Ombros: supino + elevações laterais
P. 93 — P. 100

Bíceps: trações na barra fixa + curls
P. 72 — P. 64

Tríceps : flexões + kickback
P. 76 — P. 82

Anteriores das coxas: agachamentos + extensão dos membros inferiores
P. 149 — P. 166

Isquiotibiais: levantamento terra com membros inferiores estendidos + leg curls
P. 171 — P. 174

1 Arremesso completo

2 Elevação de membros inferiores para os abdominais

3 Agachamentos

5 Agachamento sentado para as suras

4 Flexões abdominais laterais

Circuitos

Eles são utilizados sobretudo pelos esportistas que buscam força funcional ou pelos indivíduos que desejam manter-se nos planos muscular e cardiovascular. Os circuitos permitem um treinamento breve, pois não tem tempo de repouso.

Na musculação clássica, o treinamento dos músculos é segmentado de modo bem artificial. Fazemos várias séries de um exercício para um grupo muscular (p. ex., peitorais) antes de passar para um novo músculo (p. ex., dorsais). O corpo não é feito para trabalhar assim. Na maioria dos esportes, todos os nossos músculos trabalham em conjunto.

Se em certas disciplinas repetimos sempre o mesmo movimento (corrida, natação, etc.), em outras é necessário encadear movimentos muito diferentes.

Por exemplo, no rúgbi, corremos para frente, para trás, lateralmente, empurramos com os braços, etc.

É para esses esportes que solicitam constantemente mudanças de movimentos que os circuitos são mais adequados. De fato, as mudanças contínuas de exercícios do circuito são mais próximas do que é exigido na prática que uma sessão de musculação clássica.

Além disso, o circuito trabalha muito mais a resistência em paralelo com a força que o trabalho em séries. Os circuitos, portanto, são indicados para os esportes que exigem força/resistência. Por outro lado, eles não apresentam vantagens (salvo o ganho de tempo) quando a massa muscular pura é o objetivo número um. Circuitos serão detalhados na terceira parte do livro.

Como respirar durante o esforço?

A respiração influenciará o desempenho.

> Os músculos expressam sua plena potência somente quando a respiração está bloqueada.
> Eles são um pouco mais fracos quando expiramos.
> Eles são mais fracos durante a inspiração.

Essas reações fisiológicas são perfeitamente ilustradas com a estratégia adotada pelos campeões de braço de ferro. Eles esperam que seu adversário inspire para bloquear a sua respiração e liberar toda a sua força com o objetivo de triunfar. Em outras palavras, eles mobilizam toda a sua potência bloqueando a respiração no momento em que o adversário está mais fraco porque está inspirando.

Será necessário explorar melhor essas particularidades. Em geral, os livros de musculação recomendam não bloquear a respiração. Isso porque eles são redigidos por pessoas que jamais treinaram intensamente. O bloqueio da respiração é um reflexo natural. A força, o tempo de reação, a precisão do gesto e a concentração melhoram um pouco durante ele. Uma outra vantagem do bloqueio é que ele torna a coluna vertebral rígida. Por essa razão, é compreensível que ele proteja as costas quando a coluna é submetida a uma grande pressão.

Um estudo realizado com corredores de fundo de elite mostra que todos os campeões bloqueiam a respiração no momento da arrancada. Quando os pesquisadores lhes formularam a questão, 91% deles responderam que bloqueavam conscientemente a respiração. Quando os cientistas verificaram o comportamento dos 9% restantes, eles descobriram que esses corredores também bloqueavam a respiração, mesmo não tendo consciência de que o faziam.

Problemas ligados ao bloqueio

Se a potência muscular aumenta, existem contudo dois problemas inerentes ao bloqueio.

1. O risco cardíaco

Quando bloqueamos a respiração, executamos a chamada manobra de Valsalva. A apneia colocará uma certa pressão sobre o nosso coração, a qual indivíduos com boa saúde suportam perfeitamente. Por outro lado, aos indivíduos com distúrbios cardíacos, o bloqueio não é recomendado, pois é potencialmente perigoso. É por

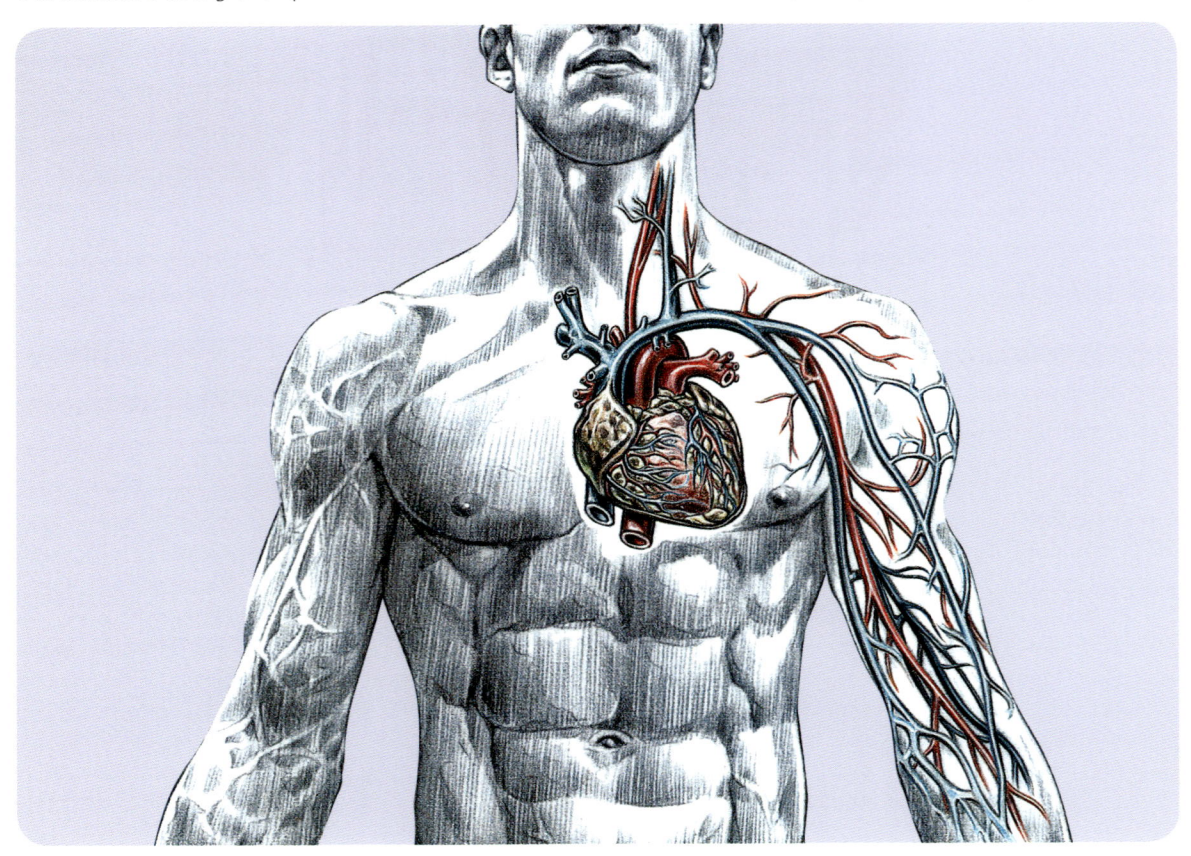

essa razão que é necessário obter o sinal verde de seu cardiologista antes de iniciar qualquer programa de musculação. Ele lhe dirá precisamente se você está ou não apto a bloquear sua respiração.

2. Uma fadiga mais rápida

Quando bloqueamos a respiração, nos asfixiamos mais rapidamente, porque isso ocorre no momento em que o músculo exerce sua plena potência. Quanto mais longo for o período de bloqueio durante cada repetição, mais rapidamente a fadiga se instalará.

Respiração durante um trabalho pesado

Quanto mais você trabalhar com cargas pesadas, mais será necessário explorar as propriedades do bloqueio para otimizar o seu desempenho. O que é necessário fazer para evitar os problemas que acabamos de descrever é praticar

o bloqueio o mais brevemente possível. Esse curto instante deve corresponder exatamente ao momento no qual o movimento é mais difícil. Por exemplo, quando trabalhamos os bíceps levando as mãos em direção aos ombros, é no momento em que os antebraços estão paralelos ao solo que o exercício é mais laborioso. Antes e depois desse ângulo, o movimento é mais fácil. Seria contraproducente bloquear a respiração durante todo o levantamento do peso. Basta fazê-lo durante a fração de segundo na qual os antebraços ultrapassam a paralela. Ao contrário, o que não deve ser feito sobretudo é inspirar nesse momento preciso. No pior dos casos, expire!

Inspire o máximo que você puder entre as repetições ou durante a fase mais fácil do movimento (descida da carga). Contrariamente à inspiração, que deve ser forçada, a expiração deve ser natural no momento em que a pressão muscular está um pouco reduzida. No entanto, a dificuldade para respirar durante uma série pesada explica a falta de ar resultante desse tipo de esforço.

Portanto, a boa respiração na musculação é uma técnica que se aprende. Ela é claramente menos simples do que parece. Você levará um tempo antes de dominá-la bem, mas ela se revelará um fator de progressão importante.

Respiração durante um trabalho leve de resistência

Quando o trabalho é leve e longo, é necessário respirar o máximo possível para não se asfixiar. Nesse caso, é preferível evitar o bloqueio da respiração, apesar da tentação natural de fazê-lo. Expire durante a fase mais difícil do exercício (levantamento da carga ou do corpo) e inspire durante a fase mais fácil (descida da carga).

Respiração durante a pliometria

Quanto à pliometria, o bloqueio deve ser realizado no momento do contato com o solo para obter a rigidez dos músculos e, assim, um melhor rebote. Em geral, o corpo se encarregará de induzir o bloqueio razoavelmente bem sem que você tenha de intervir. O que o treinamento irá lhe fornecer é um bloqueio mais curto e, portanto, menos asfixiante, ainda que mais bem sincronizado com o esforço muscular máximo.

Respiração durante o alongamento

Durante os exercícios de alongamento, a lógica da respiração é invertida. Para alongar, é necessário relaxar os músculos; bloquear a respiração durante um alongamento provoca sua rigidez. É necessário, por outro lado, inspirar pra que eles percam o máximo de sua tonicidade.

Respiração entre as séries

Durante os períodos de repouso, é preciso prestar atenção para respirar bem. Não provoque hiperventilação a ponto de sentir tontura. O ideal é ir respirar tranquilamente em uma janela.

Conclusão

Em matéria de respiração, não devemos ser dogmáticos. A eficácia deve vir antes de tudo.

PARTE 2

Exercícios

59

REFORCE OS MEMBROS SUPERIORES

O membro superior é dividido em três grandes grupos musculares.

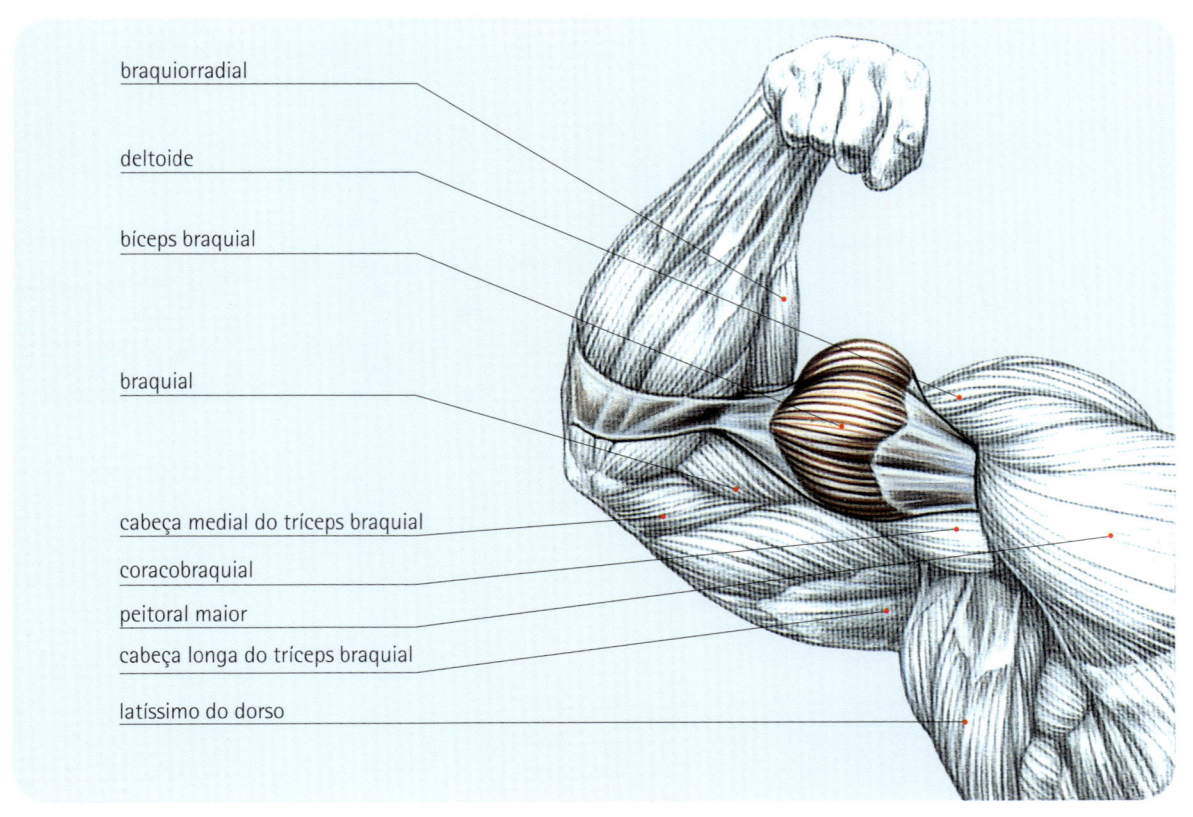

- braquiorradial
- deltoide
- bíceps braquial
- braquial
- cabeça medial do tríceps braquial
- coracobraquial
- peitoral maior
- cabeça longa do tríceps braquial
- latíssimo do dorso

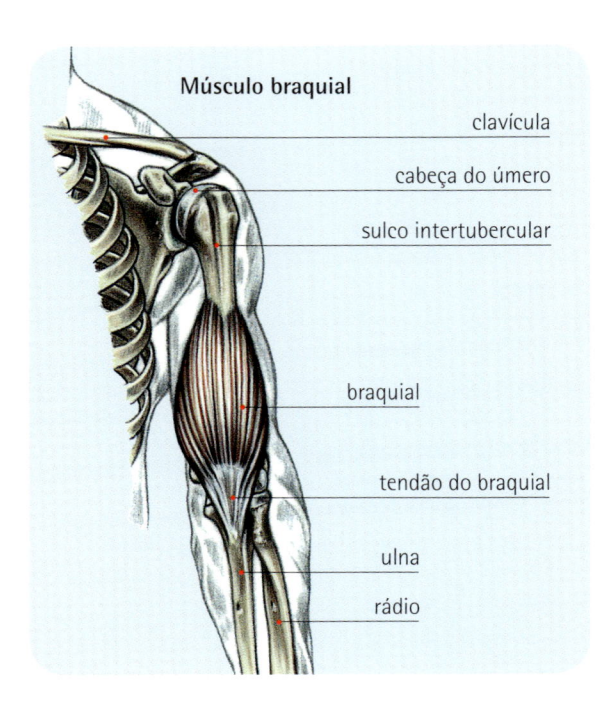

Músculo braquial

- clavícula
- cabeça do úmero
- sulco intertubercular
- braquial
- tendão do braquial
- ulna
- rádio

O bíceps

❙ Papel do bíceps

Os membros superiores e, em particular, os bíceps são os porta-bandeiras de um físico musculoso. Geralmente, é o primeiro músculo que desejamos desenvolver. Além desse aspecto puramente estético, o papel do bíceps é flexionar o antebraço, levando-o dessa forma sobre o braço.

Para desenvolver rapidamente braços potentes, é importante perceber que o bíceps não está sozinho, mas ligado a dois outro músculos:

> **O braquial:** localizado sob o bíceps. De certa forma, ele é um segundo bíceps. Potencialmente, o braquial pode se tornar tão grande quanto este, apesar de ser raro isso ocorrer de fato. Mas, em si, essa é uma boa notícia, porque significa que existem centímetros fáceis de se ganhar trabalhando especificamente o braquial. Seu difícil desenvolvimento é explicado pela dificuldade natural de trabalhá-lo nos exercícios de musculação, já que ele não costuma ser utilizado no cotidiano.

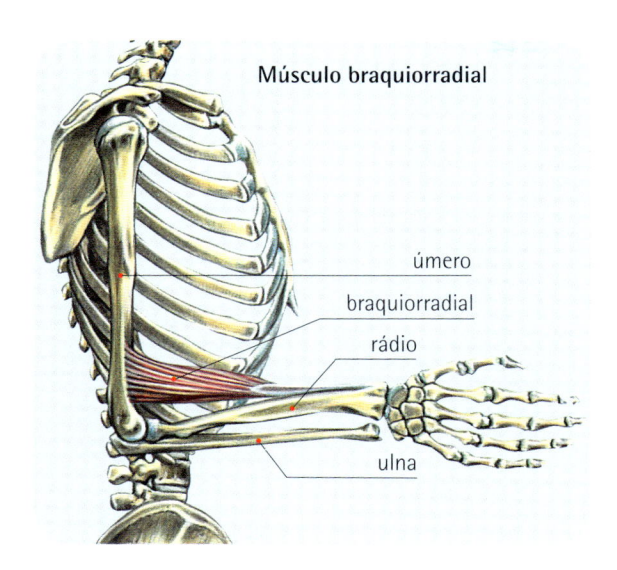

Músculo braquiorradial

úmero
braquiorradial
rádio
ulna

Das duas cabeças (partes do músculo) que compõem o bíceps, a cabeça longa (localizada no exterior) é a mais visível. A cabeça curta (parte interna do bíceps) tende a ser mascarada pelo torso. A primeira é, assim, a parte cujo desenvolvimento deve ser privilegiado para criar rapidamente a ilusão de possuir um bíceps muito grande.

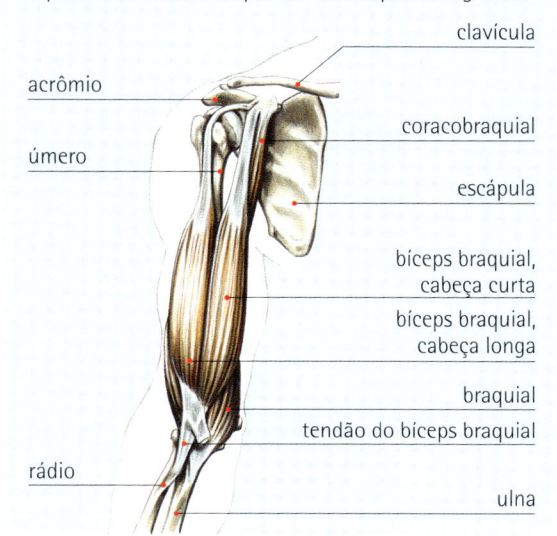

clavícula
acrômio
coracobraquial
úmero
escápula
bíceps braquial, cabeça curta
bíceps braquial, cabeça longa
braquial
tendão do bíceps braquial
rádio
ulna

> **O braquiorradial:** tecnicamente, ele é um músculo do antebraço. No entanto, é ele que confere ao braço uma boa parte de sua espessura. Sem ele, podemos ter braços grossos, mas que não impressionam. Mesmo se ele não adiciona um só centímetro ao diâmetro do braço, um braquiorradial musculoso dá a ilusão de um braço potente.

Somente o desenvolvimento harmonioso desses três músculos conferirá uma aparência maciça aos seus "bíceps".

As três posições da mão

A mão pode ser colocada basicamente em três posições diferentes.

1 A posição neutra

O polegar é direcionado para cima. É nessa posição que o membro superior é mais forte. No entanto, o bíceps não fica idealmente posicionado para expressar toda a sua potência. São principalmente o braquiorradial e o braquial que conferem força ao membro superior.

2 A supinação

O dedo mínimo é direcionado para o interior e o polegar, para o exterior. Trata-se da melhor posição para trabalhar o bíceps.

3 A pronação

O polegar é direcionado para o interior e o dedo mínimo, para o exterior. É a posição mais fraca para o membro superior. O trabalho é basicamente realizado pelo braquiorradial porque o bíceps não pode intervir muito.

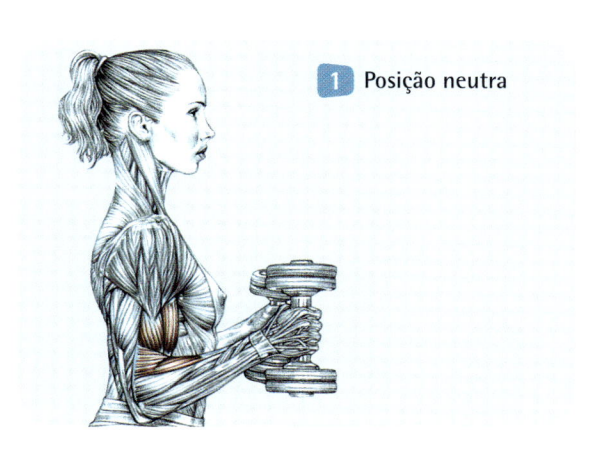

1 Posição neutra

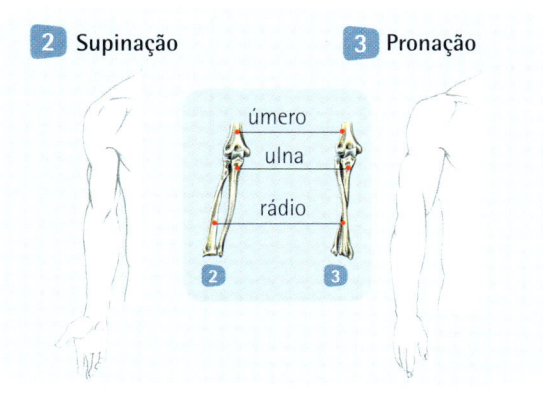

2 Supinação   **3** Pronação

úmero
ulna
rádio

2   **3**

Exemplo de manutenção do comprimento durante um exercício: o *leg curl* em posição sentada para os isquiotibiais.

Relação comprimento/tensão do músculo: o segredo da força

A força de um músculo é muito desigual e varia de acordo com o seu comprimento. Quanto mais o músculo for estirado (alongado), mais ele perde a capacidade de gerar força. Do mesmo modo, quanto mais o músculo é contraído, mais ele perde força. É entre essas duas posições extremas que ele pode produzir mais tensão. Falemos então do comprimento ideal do músculo. Essa relação entre o comprimento do músculo e sua capacidade de gerar força é indicada pelo termo da relação comprimento/tensão do músculo.

Essa relação não tem grande interesse no que diz respeito aos músculos monoarticulares. De fato, não é possível utilizá-la porque, quando contraímos um músculo monoarticular, ele se contrai independentemente do que ocorra.

Por outro lado, é muito importante explorar a relação comprimento/tensão durante o treinamento dos músculos pluriarticulares, os quais podem ser:

> encurtados em suas duas extremidades. Nesse caso, o músculo será relativamente fraco.

> encurtados em uma extremidade enquanto a outra é alongada. Nessas condições, os músculos pluriarticulares podem expressar sua plena potência. De fato, sendo estirados de um lado e contraídos do outro, eles mantêm um comprimento próximo do ideal, isto é, o comprimento no qual geram mais força.

É o que ocorre, por exemplo, com o bíceps durante a tração na barra fixa: ele se contrai na altura de sua fixação sobre o antebraço, e se alonga na altura de sua fixação no ombro.

Contraindo os músculos, começamos a nos inclinar para a frente, alongando a região dos glúteos.

Continuamos a nos inclinar. Resultado: levamos os pés sob o corpo, enquanto o comprimento dos isquiotibiais não muda muito.

Em geral, os exercícios básicos exploram essa propriedade fisiológica dos músculos biarticulares. É por isso que eles são mais eficazes que os exercícios de isolamento, que somente podem encurtar o músculo. De fato, os músculos se desenvolvem mais facilmente quando os levamos até um comprimento próximo de seu "ideal".

▌Aplicações no esporte

Na corrida, os músculos da locomoção são essencialmente pluriarticulares (isquiotibiais, sura e reto da coxa). Se eles fossem monoarticulares, nós não correríamos rapidamente, nem durante muito tempo. Portanto, a natureza sabe o que faz.

Por exemplo, os isquiotibiais são estirados na altura dos glúteos e encurtados na altura do joelho quando a coxa é impelida para a frente. Quando o membro inferior volta para trás, a contração dos isquiotibiais ocorre na altura dos glúteos e o alongamento, na altura do joelho. Conservando permanentemente um comprimento próximo do ideal, é possível nos movermos eficazmente.

A relação comprimento/tensão dos músculos pluriarticulares é uma propriedade que devemos explorar totalmente para obter resultados mais rápidos em termos de ganho de força e massa. É necessário verificar se cada músculo é ou não é pluriarticular. Para trabalhar cada um deles, é necessário saber se estamos diante de um exercício básico (que explora melhor essa relação) ou de um exercício de isolamento (que nos impede de tirar vantagem dela). São indicações importantes que forneceremos em cada ficha de exercício.

O bíceps é um exemplo emblemático dessa particularidade fisiológica.

Eu tenho um braço mais grosso que o outro!
É normal não ser perfeitamente simétrico. Ninguém é. Portanto, não é necessário se inquietar além da conta.

Falando em centímetros
Braços impressionantes começam com 40 cm de diâmetro. Os muito impressionantes medem 45 a 47 cm. Além disso, eles são realmente muito grossos, mas essas medidas fora das normas são muitos difíceis de serem obtidas, a não ser que a pessoa seja muito grande.

/// *Curls* em supinação

Os *curls* em supinação visam particularmente ao bíceps, mas também trabalham mais ou menos o braquial e o braquiorradial. Trata-se de um exercício de isolamento, e não de um exercício básico, porque uma única articulação (o cotovelo) entra em jogo. O trabalho unilateral é desejável se o objetivo número 1 for a obtenção de um bíceps grande.

! Se você se enganar muito, balançando o tronco para a frente e para trás a fim de pegar mais peso, ou se realizar algumas repetições suplementares, você corre o risco de lesionar as costas. Para aprender a executar o movimento de maneira estrita, você pode começar o exercício com as costas apoiadas em uma parede.

1 Segure o haltere com uma mão, mantendo-a em posição neutra. Executando uma rotação do punho para levar o polegar em direção ao exterior, flexione o membro superior com a força do bíceps. Eleve o haltere o mais alto possível. Para conseguir fazer isto, você pode levantar levemente o cotovelo. No entanto, não exagere esse deslocamento (aqui, o nosso modelo eleva muito o cotovelo, mas é somente para que você possa ver a contração do bíceps). Mantenha a posição de contração durante um segundo, apertando o antebraço o máximo possível contra o bíceps. Desça lentamente até a posição inicial.

2 3 Você também pode optar por levantar os dois halteres de uma vez ou um após o outro. É com esta última versão que terá mais força.

PONTOS A OBSERVAR

Você pode rotacionar o punho em cada repetição ou manter a mão em supinação. Adote a posição que lhe parecer mais natural para o seu membro superior. Se você optar por manter a mão em supinação, jamais estenda totalmente o membro superior, sobretudo com cargas maiores, pois corre risco de lacerar o bíceps. Esse problema não ocorrerá se você adotar a pegada neutra em posição de estiramento.

COMENTÁRIOS

Se você utiliza halteres carregáveis, coloque os pesos de maneira um pouco fora do centro da barra. Coloque as cargas o mais próximo possível da extremidade do haltere, do lado do dedo mínimo. Assim, você não correrá o risco de acertar a coxa ou o torso com a barra.

(**Variantes**)

1 Você pode realizar este exercício sentado ou em pé. Uma estratégia é começar o exercício sentado para executar um movimento bem estrito. Após atingir a exaustão, fique em pé para obter algumas repetições suplementares, infringindo um pouco a regra.

deltoide, feixes anteriores

tríceps braquial, cabeça lateral

braquial

braquiorradial

bíceps braquial

braquial

Três modos de realizar flexões dos antebraços com haltere:
1 predominância do trabalho do bíceps
2 trabalho intenso do braquiorradial
3 trabalho predominante do bíceps e do braquial

2 No lugar do haltere, você pode utilizar um elástico. Você terá então a opção de executar os *curls* em pé ou deitado no solo (o que comprime menos as costas e obriga a realizar um movimento mais estrito).

3 Como com um haltere, você poderá executar os *curls* dos dois membros superiores ou de apenas um. O ideal é usar um haltere e um elástico.

VANTAGENS

Ocorre um bom isolamento do bíceps. O haltere dá uma liberdade de movimento ao punho, o que evita lesões que ocorrem frequentemente com uma barra longa. A amplitude de movimento é também maior do que com uma barra reta.

A tentação de se enganar neste exercício é mais forte do que em qualquer outro. Isso pode se voltar contra você, impedindo que trabalhe bem o bíceps. Como todos os outros *curls*, o *curl* em supinação explora a relação comprimento/tensão.

DESVANTAGENS

/// Hammer curls

Este exercício de isolamento visa mais particularmente ao braquial e ao braquiorradial, mas menos ao bíceps que os *curls* em supinação. O trabalho unilateral é possível, principalmente quando o seu objetivo número um é adquirir braços grossos.

! Atenção às suas costas e aos seus punhos, ● principalmente quando você tentar utilizar cargas muito pesadas.

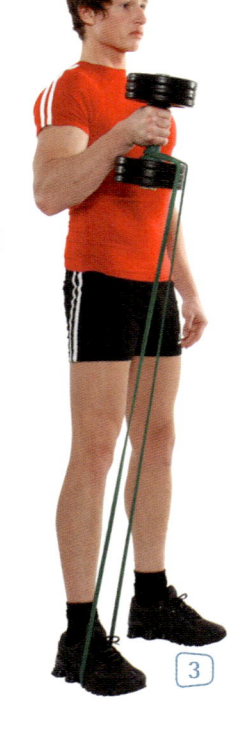

1 Segure o haltere com a mão, em posição neutra (polegar para cima, isto é, pegada martelo – daí o nome do exercício).

Flexione o braço, mantendo sempre o polegar direcionado para cima. Levante o haltere o mais alto possível. Para conseguir isto, você pode levantar o cotovelo ligeiramente, sem, contudo, exagerar esse deslocamento. Mantenha a posição de contração durante um segundo, cerrando o antebraço o mais fortemente possível contra o bíceps. Desça levemente até a posição inicial.

OBSERVAÇÕES

A necessidade de executar este exercício será ditada pelo tamanho do seu braquial, o qual, se for igual ao do seu bíceps, faz com que este exercício seja totalmente inútil. Se, ao contrário, como é frequentemente o caso, o seu braquial for muito menos desenvolvido em comparação com o seu bíceps, a realização de *hammer curls* faz sentido. Eles podem mesmo substituir os *curls* clássicos até que o seu braquial tenha se desenvolvido.

Variantes

1 Você pode realizar este exercício sentado ou em pé. Uma estratégia é começar o exercício sentado. Após atingir a exaustão, fique em pé para obter algumas repetições suplementares, infringindo um pouco a regra.

2 Você também tem a opção de levantar dois halteres de uma vez ou um após o outro. É com esta última versão que você terá mais força.

3 No lugar do haltere, você pode utilizar um elástico ou, idealmente, um haltere e um elástico. Caso opte pela primeira opção, o exercício pode ser realizado em pé ou deitado ao solo. Com esta última variação, as costas são menos comprimidas e o movimento é mais estrito.

OS MEMBROS SUPERIORES

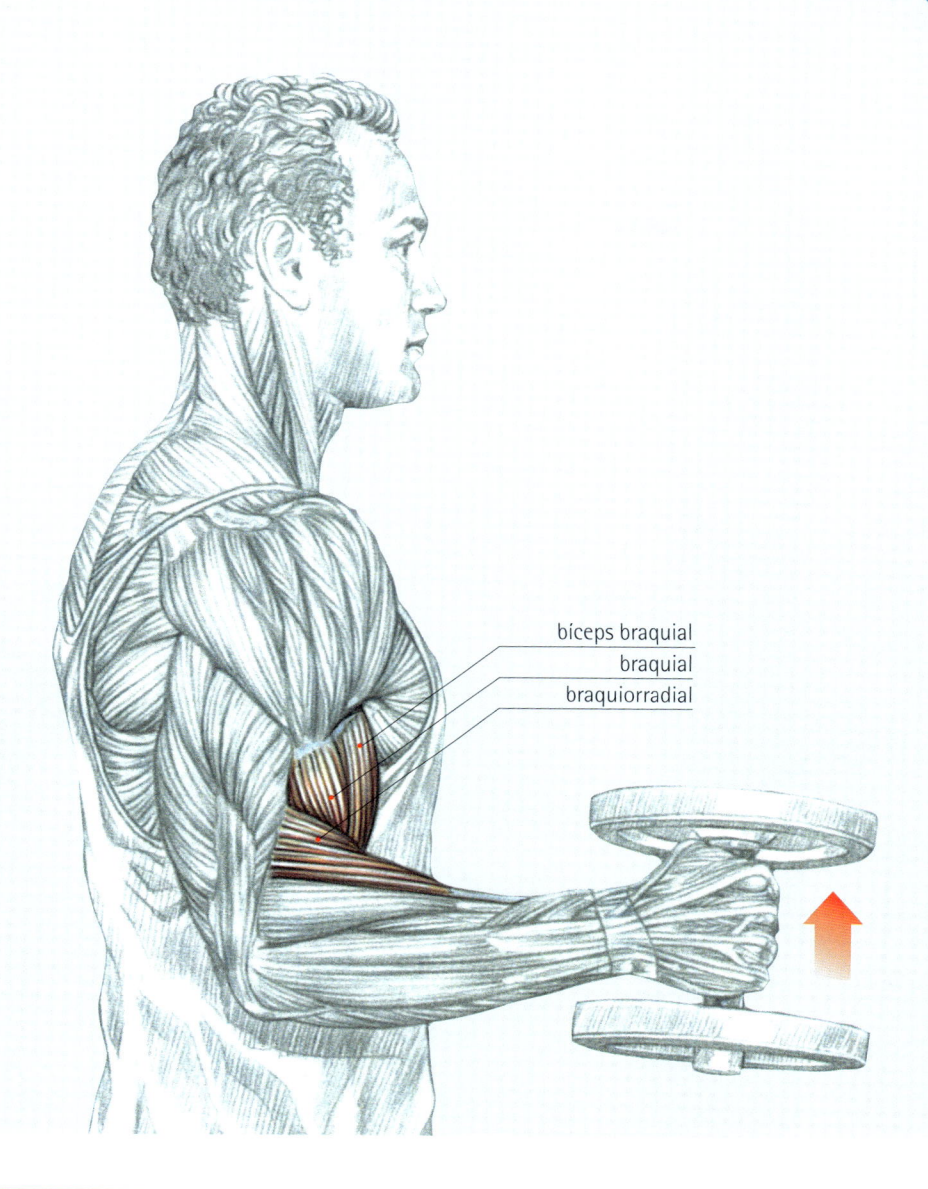

biceps braquial
braquial
braquiorradial

PONTOS A OBSERVAR

Graças à posição neutra, o membro superior é mais forte que em supinação. Portanto, é normal poder forçar mais nos *hammer curls* que nos *curls* clássicos. Apenas é necessário cuidar para não reduzir muito a amplitude do movimento pelo fato de utilizar um peso muito pesado.

COMENTÁRIOS

Se você for um iniciante, execute *curls* normais ou *hammer curls*, mas nunca os dois na mesma sessão de treinamento. O ideal é alternar uma sessão de *hammer* com uma sessão de *curls* clássicos. A relação entre os dois será ditada pelo desenvolvimento respectivo do bíceps e do braquial. Uma outra alternativa é ir até a exaustão com *curls* clássicos e terminar em supersérie com *hammer curls* executados ou não de modo decrescente.

VANTAGENS

O reforço do antebraço produzido pelos *hammer curls* ajuda a prevenir dores que ocorrem frequentemente na musculação pelo fato dos antebraços serem muito fracos. Como em todos os *curls* praticados unilateralmente, você pode utilizar a sua mão inativa para atingir algumas repetições forçadas.

- -

Os *hammer curls* não são necessariamente úteis em um programa de musculação, pois os *curls* clássicos e os exercícios para as costas supostamente já trabalham o braquial.

DESVANTAGENS

/// Reverse curls

Este exercício de isolamento visa principalmente ao braquiorradial; em um menor grau, ao braquial e, um pouco, ao bíceps. O trabalho unilateral é possível, mas não essencial.

! Atenção ao punho. Conserve sempre o polegar um pouco mais alto que o dedo mínimo para evitar uma torção muito grande do antebraço.

1 Segure o haltere com uma mão, mantendo-a em supinação (os polegares devem estar posicionados um em direção ao outro). Flexione o braço mantendo sempre o polegar um pouco mais alto que o dedo mínimo. Levante o haltere o máximo possível. Ao contrário dos outros *curls*, não eleve o cotovelo durante este exercício, para conservar bem a contração sobre o braquiorradial.

2 Mantenha a posição de contração durante um segundo cerrando o antebraço o mais fortemente possível contra o bíceps. Desça lentamente até a posição inicial.

PONTOS A OBSERVAR

O membro superior fica em uma posição relativamente fraca. Por isso, é claramente necessário trabalhar de modo mais leve nos *reverse curls* do que em outras formas de *curls*.

COMENTÁRIOS

Você pode iniciar o exercício com *reverse curls*. Após atingir a exaustão, gire um pouco o punho para continuar o exercício com *hammer curls*.

OBSERVAÇÕES

A necessidade de realizar o exercício será ditada pela massa do braquiorradial. Se ele já estiver bem desenvolvido graças a outros *curls*, esse movimento é inútil.

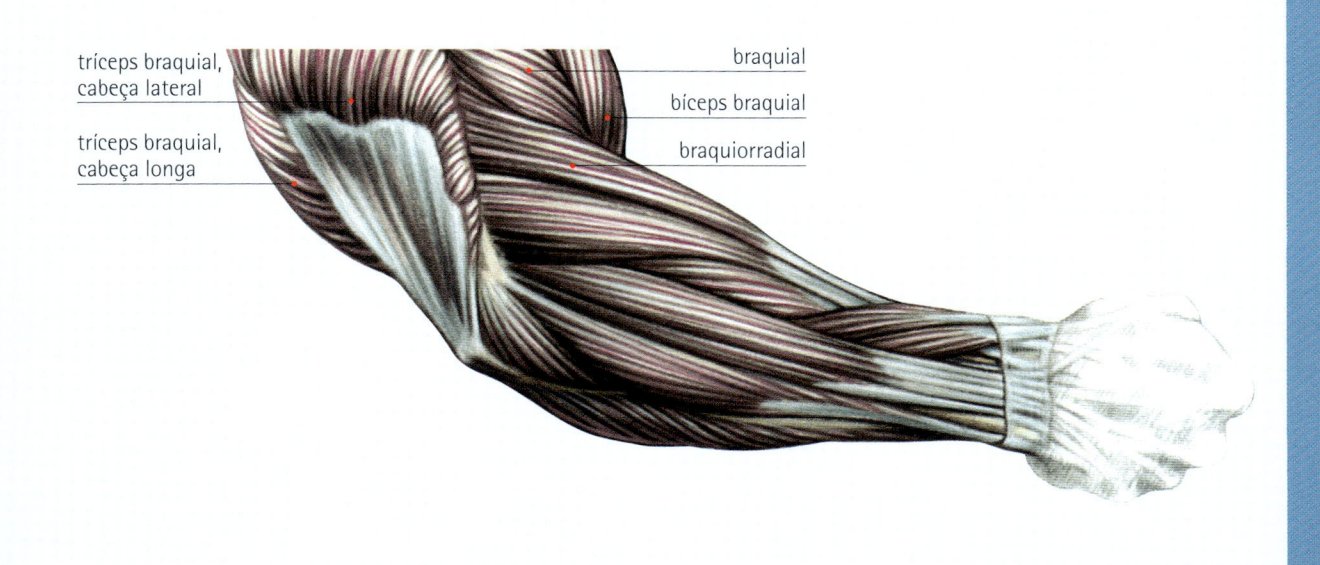

tríceps braquial, cabeça lateral

braquial

bíceps braquial

tríceps braquial, cabeça longa

braquiorradial

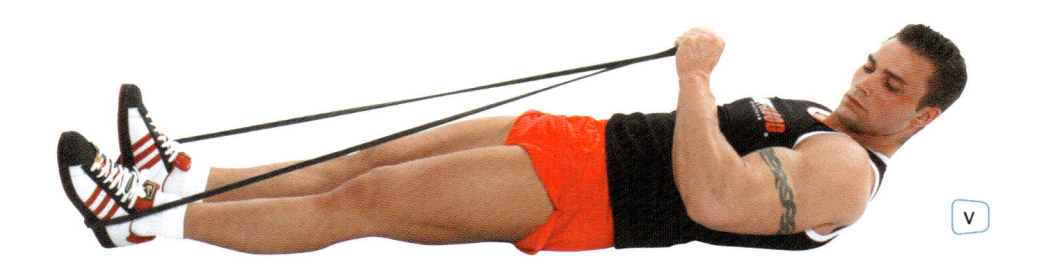

[V]

(Variantes)

[V] Você pode executar este exercício sentado ou em pé. Comece sentado. Quando atingir a exaustão, levante-se para obter algumas repetições suplementares, infringindo um pouco a regra.

Você também pode utilizar uma faixa elástica, menos traumatizante para os punhos que os halteres. Com o elástico, você pode realizar o exercício em pé ou deitado sobre o solo, de modo uni ou bilateral.

VANTAGENS

A torção do punho é nitidamente menor com os halteres do que com uma barra longa, impedindo as lesões que podem ser desencadeadas com o uso da barra neste exercício.

O ideal é que este movimento seja supérfluo. Teoricamente, o trabalho dos bíceps e das costas permite que você consiga um bom desenvolvimento do braquiorradial.

DESVANTAGENS

/// *Curls* concentrados

Este exercício de isolamento trabalha um pouco melhor o braquial e um pouco menos o bíceps do que os *curls* clássicos. Ele isola principalmente o interior do bíceps. É realizado apenas de modo unilateral.

1 Sentado, segure o haltere com uma mão, mantendo-a em supinação (polegar direcionado para o exterior). Apoie o tríceps contra o interior da coxa. Flexione o braço com a força do bíceps. Levante o haltere o mais alto possível, sem elevar o cotovelo. Mantenha a posição de contração durante um segundo, cerrando o antebraço o mais fortemente possível contra o bíceps. Desça lentamente até a posição inicial.

Variante

v Você pode adotar uma pegada em supinação ou uma pegada martelo (polegar direcionado para cima). Neste último caso, o trabalho do braquial é ainda mais intenso.

Para se posicionar de modo a apoiar o braço sobre a coxa, as costas ficam encurvadas, e, portanto, vulneráveis. Para protegê-las, apoie a sua mão livre sobre uma coxa, retirando a pressão sobre a coluna vertebral.

PONTOS A OBSERVAR

Este exercício trabalha supostamente o ápice do bíceps, conferindo-lhe uma forma mais redonda. Isto é explicado pelo empenho um pouco maior do braquial. Ao empurrar o bíceps para cima, o braquial tende a alterar ligeiramente a forma do primeiro.

COMENTÁRIOS

Comece a sua série com *curls* concentrados (pegada em supinação ou neutra). Após atingir a exaustão, passe para os *curls* normais para obter algumas repetições suplementares.

VANTAGENS

Ao trabalharem um pouco mais o braquial que os *curls* clássicos, os *curls* concentrados ajudam a equilibrar o desenvolvimento do braquial em relação ao bíceps.

- - - - - - - - - - - -

Este exercício não é o melhor para o ganho de massa muscular. Ele é popular sobretudo porque é relativamente fácil de ser executado. Seu caráter unilateral faz com que haja certa perda de tempo.

DESVANTAGENS

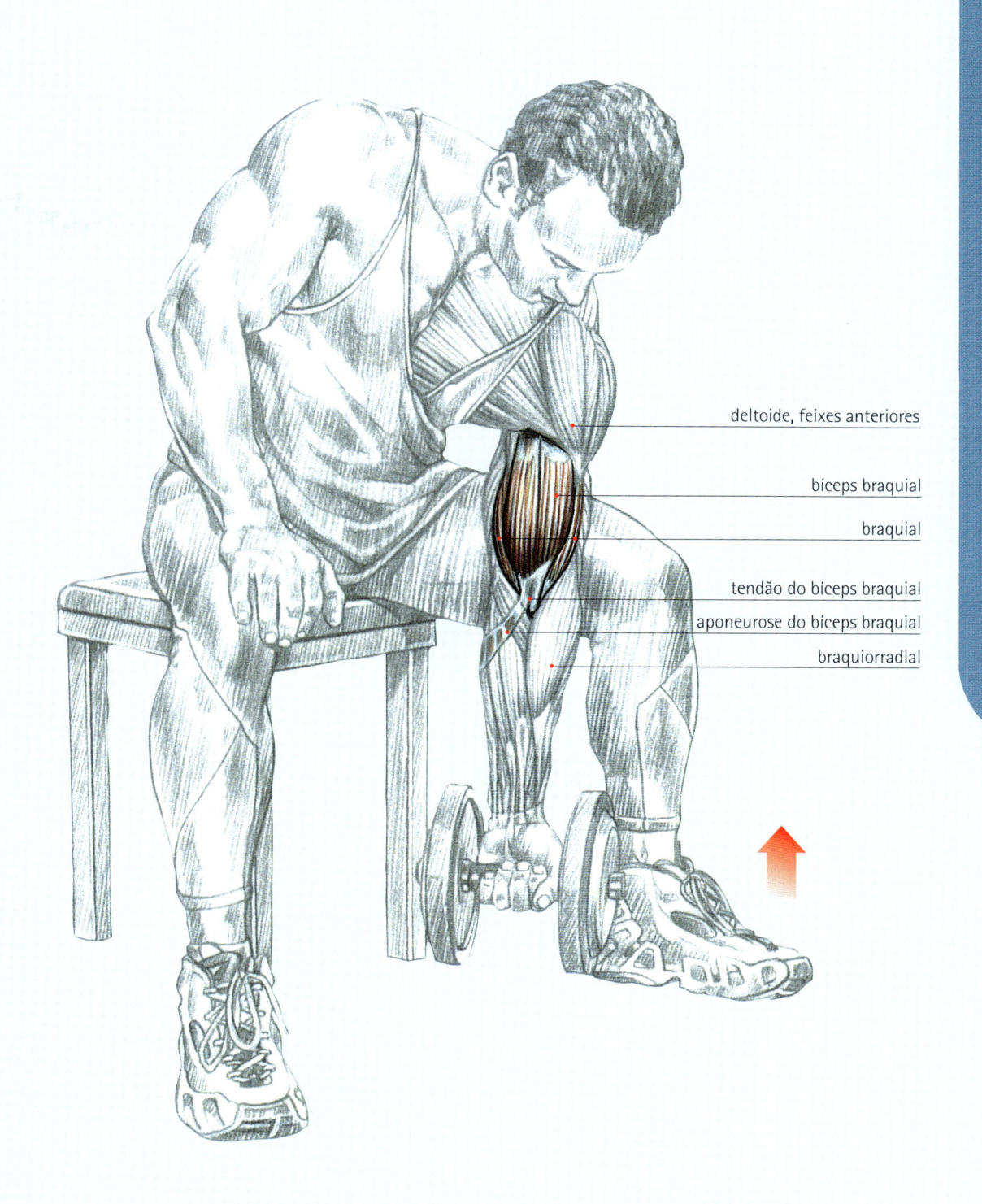

deltoide, feixes anteriores

bíceps braquial

braquial

tendão do bíceps braquial

aponeurose do bíceps braquial

braquiorradial

/// Tração na barra fixa

Este exercício visa não apenas ao bíceps, mas também aos músculos das costas.
Trata-se do único exercício básico clássico para os bíceps. O trabalho unilateral é quase impossível, exceto para indivíduos muito leves.

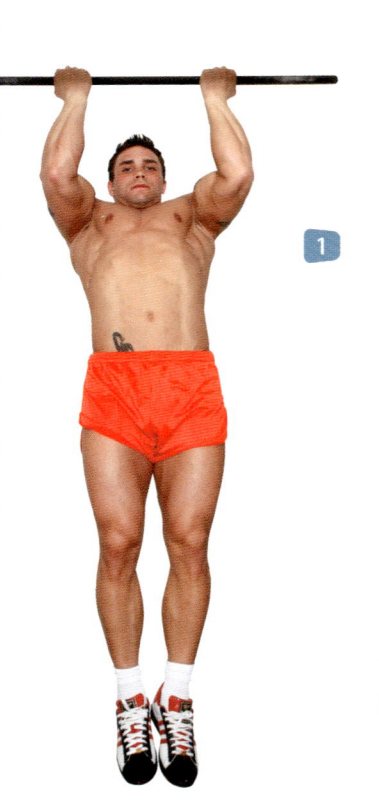

PONTOS A OBSERVAR

Contrariamente aos exercícios para as costas em que tentamos trabalhar o mínimo possível os bíceps, aqui o objetivo é empregá-los ao máximo. Por outro lado, buscamos menos a contração das costas. Para isso, faça um leve movimento de báscula e leve o seu pescoço o mais perto possível da barra.

1 Segure a barra fixa com as mãos em supinação (dedos mínimos orientados um em direção ao outro). O afastamento das mãos deve corresponder aproximadamente à largura de suas clavículas. Se isso não tracionar os punhos, você pode realizar uma pegada um pouco mais estreita, o que fará o bíceps trabalhar mais.

2 Suspenda-se com a força dos bíceps. Não há necessidade de tocar a barra. O ápice do movimento é atingido quando os bíceps estiverem bem contraídos. Mantenha a posição durante um segundo antes de descer lentamente.

Variante

v Para trabalhar o braquiorradial, você pode adotar uma pegada em pronação (um polegar orientado em direção ao outro). O trabalho do bíceps é assim reduzido e sua força diminuirá.

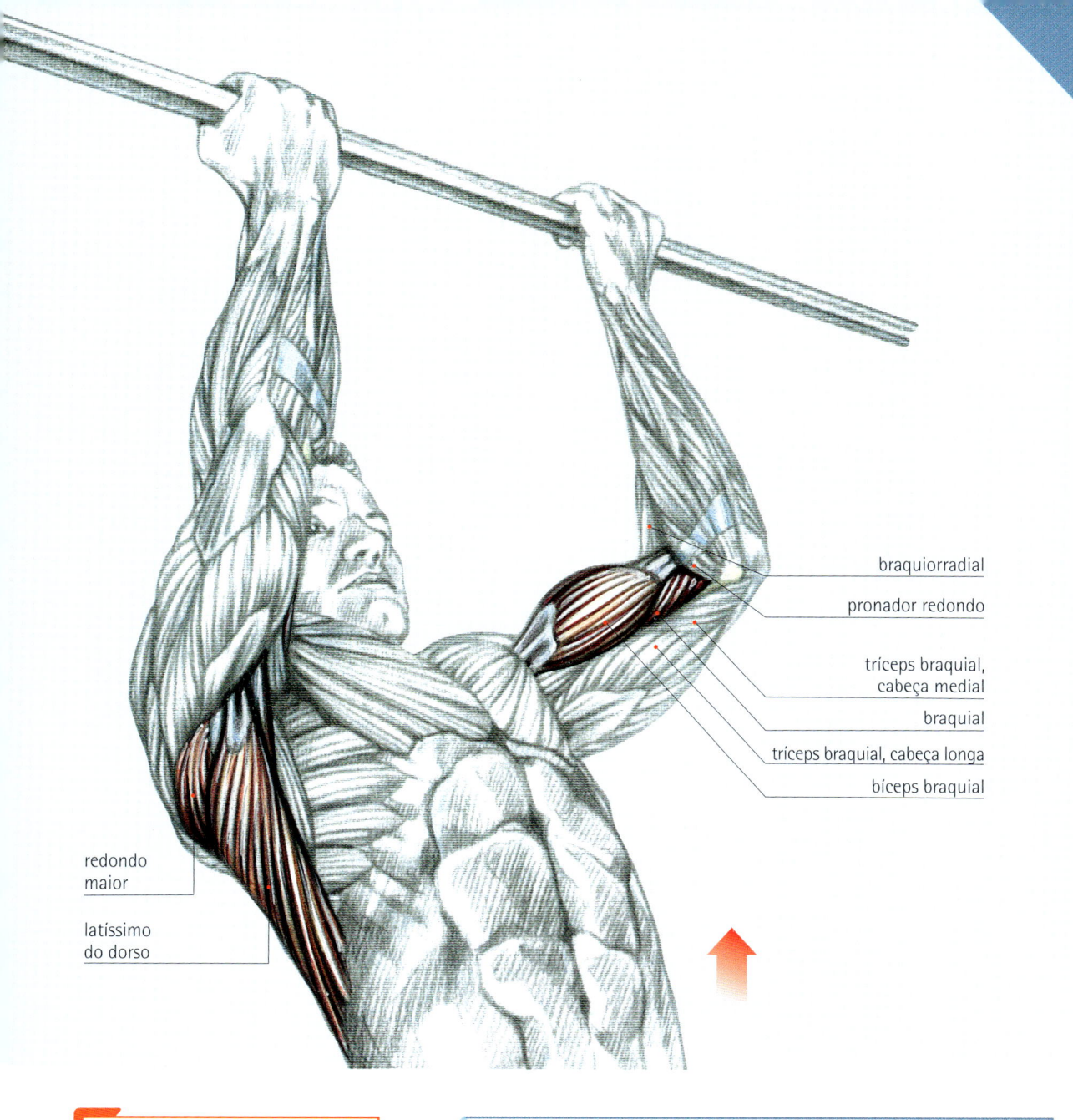

braquiorradial

pronador redondo

tríceps braquial, cabeça medial

braquial

tríceps braquial, cabeça longa

bíceps braquial

redondo maior

latíssimo do dorso

COMENTÁRIOS

As trações permitem trabalhar simultaneamente costas + membros superiores, o que faz ganhar tempo no treinamento.

! Como em todos os exercícios de tração, jamais estenda completamente os membros inferiores com as mãos em supinação (dedos mínimos orientados um em direção ao outro), o que colocaria o bíceps em uma posição suscetível à dor.

VANTAGENS

A tração é o único exercício básico clássico para o bíceps. Ele o alonga na altura do ombro, enquanto o contrai na altura do cotovelo. As trações exploram perfeitamente a relação comprimento/tensão, o que faz delas excelentes movimentos para aumentar de modo rápido o volume dos braços.

Infelizmente, nem todos são capazes de realizar tração. Neste caso, deixe que seus pés toquem o solo para aliviar o seu peso ou realize apenas a descida do movimento (unicamente a parte negativa), com o auxílio de uma cadeira para subir.

DESVANTAGENS

/// Stretch curls

Este exercício de isolamento visa particularmente ao exterior do bíceps, graças ao alongamento do braço que ele proporciona. A cabeça exterior do bíceps é a parte mais visível. Portanto, é ela que deverá ser desenvolvida prioritariamente. Este exercício pode ser realizado apenas de modo unilateral.

PONTOS A OBSERVAR

O alongamento do bíceps neste exercício provoca uma queimação rápida e única. Para explorar essa propriedade, execute pelo menos 12 repetições. Após a queimação ser produzida, tente conservá-la durante o maior tempo possível.

COMENTÁRIOS

Você também pode combinar o elástico com um haltere para uma maior eficácia.

Se você fixar um elástico em um ponto fixo situado a meia-altura, obterá um alongamento ainda mais pronunciado do bíceps.

VANTAGENS

O alongamento do ombro permitido por este exercício é único. Ao alongarmos bem o bíceps na sua parte alta enquanto o contraímos na sua parte baixa, aproveitamos mais a relação comprimento/tensão do que com as outras formas de *curls*. Isso explica a grande eficácia deste exercício.

O trabalho unilateral obrigatório faz com que haja certa perda de tempo, principalmente para as pessoas que têm mais pressa.

DESVANTAGENS

1 Em pé, com o pé direito atrás, pise sobre o elástico a fim de tensioná-lo como lhe for mais adequado para produzir a resistência conveniente. Segure-o com a mão direita. Com a força do bíceps, leve o antebraço sobre o braço mantendo a mão em supinação (dedo mínimo em direção ao corpo). Levante o cotovelo apenas ligeiramente para obter a melhor contração possível. Mantenha a posição de contração durante um segundo antes de retornar à posição inicial. Após terminar o trabalho com o membro superior direito, passe para o esquerdo e assim por diante, com um mínimo de repouso.

Como em todos os exercícios para o bíceps, jamais estenda completamente os membros superiores na posição de alongamento, para não colocar o bíceps em uma posição suscetível de provocar um arranque. Permaneça ereto para não estirar o ombro excessivamente.

/// Alongamentos do bíceps

OS MEMBROS SUPERIORES

(Variante)

v Para trabalhar um pouco mais o braquial, você pode utilizar a pegada martelo (polegar direcionado para cima) em vez da supinação. Você também pode iniciar sua série em supinação e, após atingir a exaustão, rodar o punho para ficar em posição neutra. Continue o exercício dessa maneira, pronto para relaxar um pouco o elástico com o seu pé, a fim de diminuir a resistência e obter o máximo possível de repetições suplementares.

1 Para alongar bem o bíceps, coloque a mão sobre o encosto de uma cadeira. Vire muito lentamente as suas costas. Execute uma rotação do punho de cima para baixo e de baixo para cima, para alongar bem as duas cabeças que compõem o bíceps. Não faça movimentos bruscos, porque o seu músculo ficará em uma posição muito vulnerável.

O tríceps

▌Papel do tríceps

O tríceps é o músculo antagonista do bíceps e do braquial. Ele traciona o braço, ao qual conferirá muita massa. O ideal é que ele seja um pouco maior que o conjunto bíceps + braquial. Infelizmente, é muitas vezes pouco desenvolvido. No entanto, se você trabalhá-lo regularmente, conseguirá adicionar alguns centímetros ao diâmetro de seu braço.

Das três partes que compõem o tríceps, a cabeça lateral (localizada mais exteriormente) é a mais visível. As duas outras cabeças tendem a ser encobertas pelo tronco. Portanto, a cabeça lateral é a parte cujo desenvolvimento deve ser privilegiado para criar rapidamente a ilusão de um braço volumoso.

! **Ainda que de modo não intencional, a porção longa do tríceps é empregada em todos os exercícios para as costas. Das três partes do tríceps, ela é a única pluriarticular. Por isso, a cabeça longa não apenas traciona o braço, mas também contribui para levá-lo em direção ao corpo, em sinergia com os músculos das costas. Portanto, é necessário aquecer bem o cotovelo antes de trabalhar os dorsais, para evitar as lesões tão frequentes nesse ponto.**

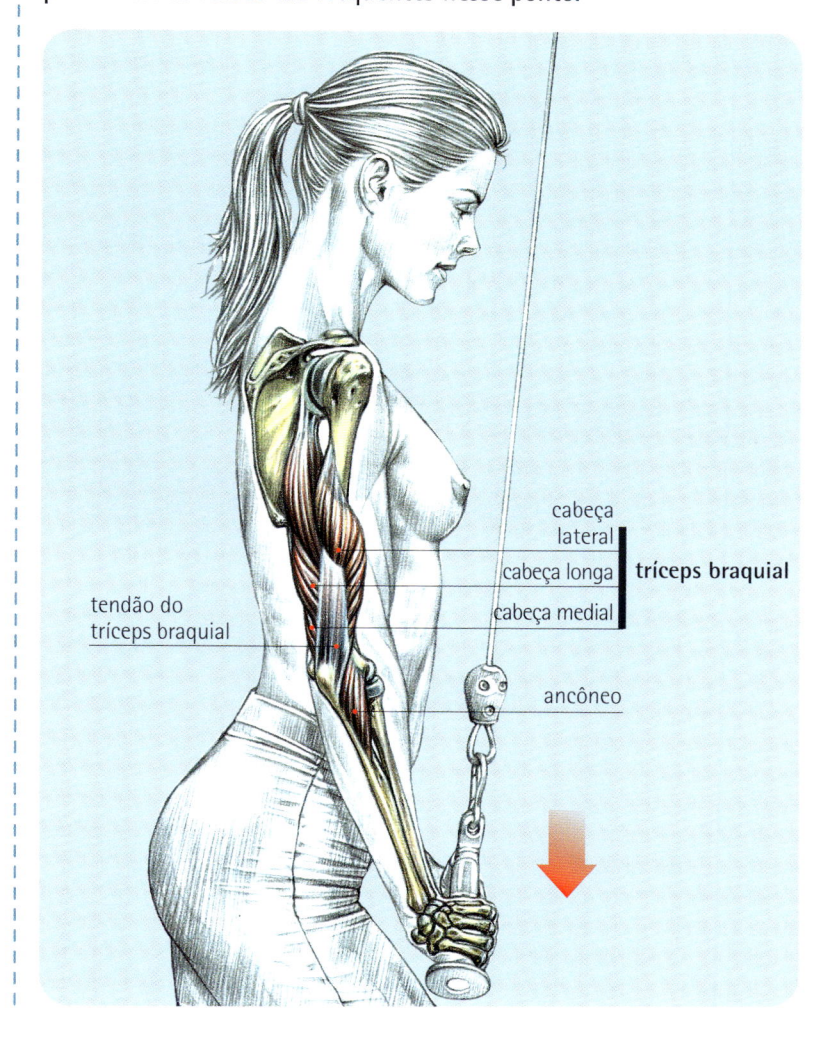

cabeça lateral
cabeça longa — tríceps braquial
cabeça medial
tendão do tríceps braquial
ancôneo

/// Flexões de membros superiores com as mãos aproximadas

Este exercício básico visa aos tríceps, aos músculos dos ombros e aos peitorais. É preferível que apenas os indivíduos extremamente leves trabalhem no modo unilateral.

1 Fique alongado com as mãos no solo, afastadas na largura das clavículas. Se nenhuma tração aparecer nos punhos, você pode posicionar as mãos mais próximas uma da outra.

2 Desça lentamente. Chegando ao solo, suba utilizando ao máximo a força de seus tríceps.

PONTOS A OBSERVAR

Para visar melhor o exterior do tríceps, oriente ligeiramente as duas mãos uma em direção à outra. Uma outra possibilidade é variar o ângulo formado entre o tronco e os membros superiores. Procure a posição na qual você sente melhor os tríceps, entre um posicionamento das mãos no eixo dos ombros ou no eixo dos peitorais.

COMENTÁRIOS

Quanto mais estreito for o posicionamento das suas mãos, mais você trabalhará os tríceps. Por outro lado, o emprego mínimo dos peitorais explica por que você ficará mais fraco com esse posicionamento mais estreito.

Variantes

Para aumentar a resistência, utilize uma faixa elástica passada nas costas e presa nas mãos.

1 Passe apenas uma alça nas costas para começar.

2 Quando tiver adquirido força, você poderá passar as duas alças nas costas.

OS MEMBROS SUPERIORES

76

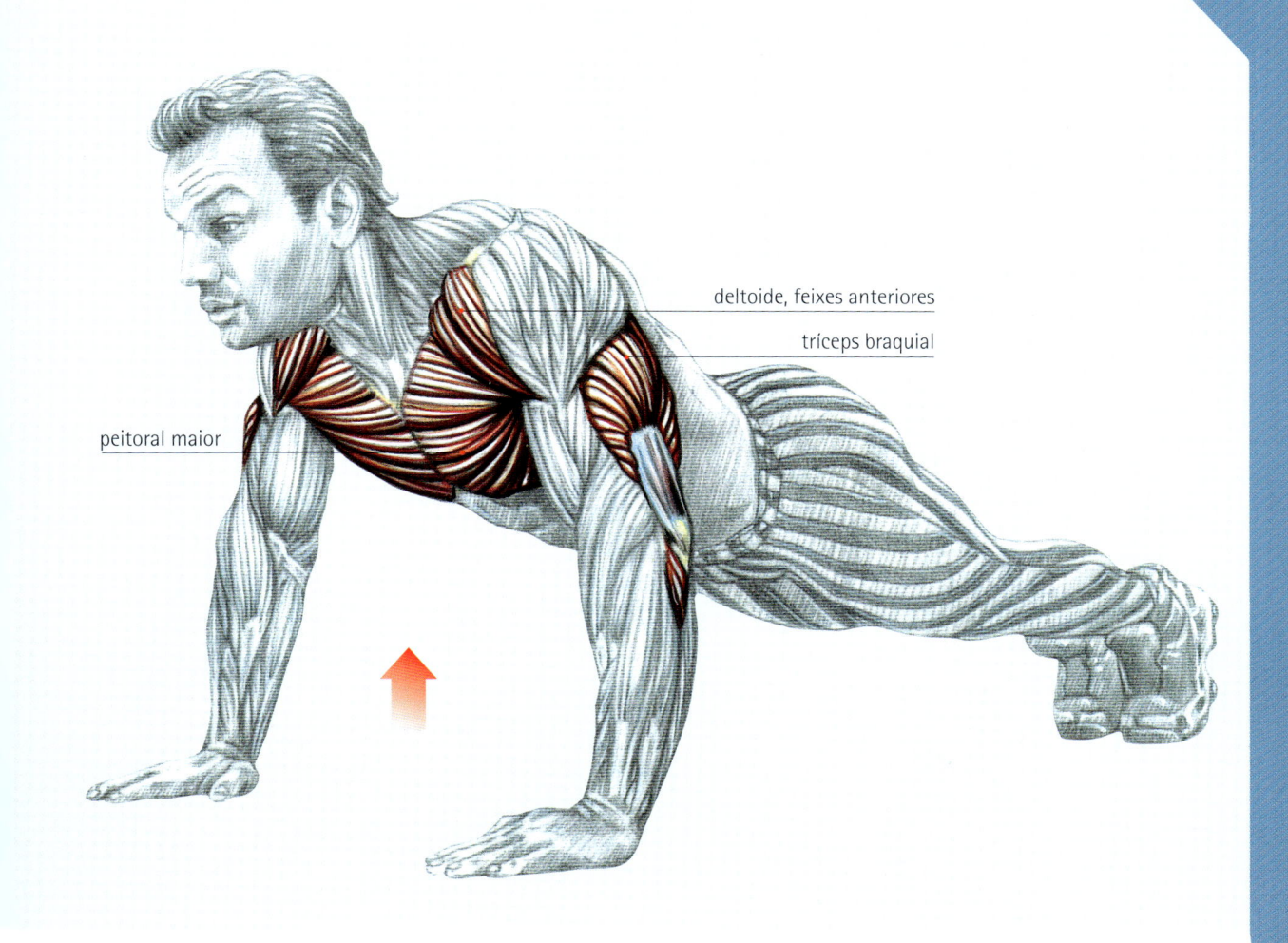

peitoral maior

deltoide, feixes anteriores

tríceps braquial

! Nem todos os punhos são feitos para executar flexões de membros superiores. Para não martirizá-los muito, você pode colocar um livro grande no solo a fim de facilitar a pegada. Em lojas de produtos esportivos, existem alças especiais disponíveis para a flexão de membros superiores. Elas aumentam a amplitude do exercício e impedem a torção não natural e muito grande à qual os punhos são submetidos.

VANTAGENS

É fácil variar a resistência. Se o peso do seu corpo for muito grande, comece executando flexões de membros superiores com apoio sobre os joelhos, e não sobre os pés, para ganhar força. Do mesmo modo, no fim da série, se você não tiver mais força para executar flexões clássicas, continue o exercício apoiado sobre os joelhos para conseguir mais repetições. Essas flexões são um dos únicos exercícios para os tríceps que exploram a relação comprimento/tensão da cabeça longa.

O trabalho com o tríceps nem sempre é infalível. Além disso, as flexões de membros superiores não correspondem necessariamente à anatomia de todo mundo. Se você possuir membros superiores longos, terá mais dificuldade, sem ter a mínima garantia de resultados.

DESVANTAGENS

/// Extensões com halteres, em posição sentada ou em pé

Este exercício de isolamento visa aos tríceps.
É possível trabalhar no modo unilateral.

! No modo bilateral, corre-se o risco de curvar as costas ou bater o haltere na cabeça.

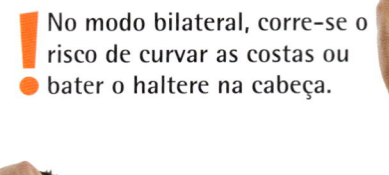

1 Sentado ou em pé, segure um haltere com as duas ou com uma mão (para o trabalho bilateral ou unilateral, respectivamente).

2 Passe o haltere atrás da cabeça com os cotovelos e os dedos mínimos orientados em direção ao teto. Com a força do tríceps, estenda os membros superiores antes de abaixá-los.

(Variantes)

1 O exercício também pode ser realizado com um elástico, que você segura em uma extremidade com as mãos e na outra com os pés. Graças ao elástico, você pode variar as pegadas, podendo ir da pronação à supinação, passando por uma pegada neutra.

2 No modo bilateral, é preferível permanecer em tensão contínua, isto é, não estender totalmente os membros superiores. No modo unilateral, por sua vez, é possível estender o membro superior para contrair bem o tríceps.

PONTOS A OBSERVAR

A amplitude de movimento no modo unilateral é muito maior que no modo bilateral, pois o alongamento é melhor e a contração, mais pronunciada.

COMENTÁRIOS

Não confunda este exercício com o *pull over*. Em qualquer momento, os membros superiores permanecem mais ou menos perpendiculares ao solo.

VANTAGENS

Este exercício produz um bom alongamento, único entre os exercícios para o tríceps.

– – – – – – – – – – – – – – – – – –

Os cotovelos são muito solicitados. Por isso, é necessário executar um movimento bem controlado para não traumatizá-los de maneira excessiva. Este movimento não explora bem a relação comprimento/tensão do tríceps.

DESVANTAGENS

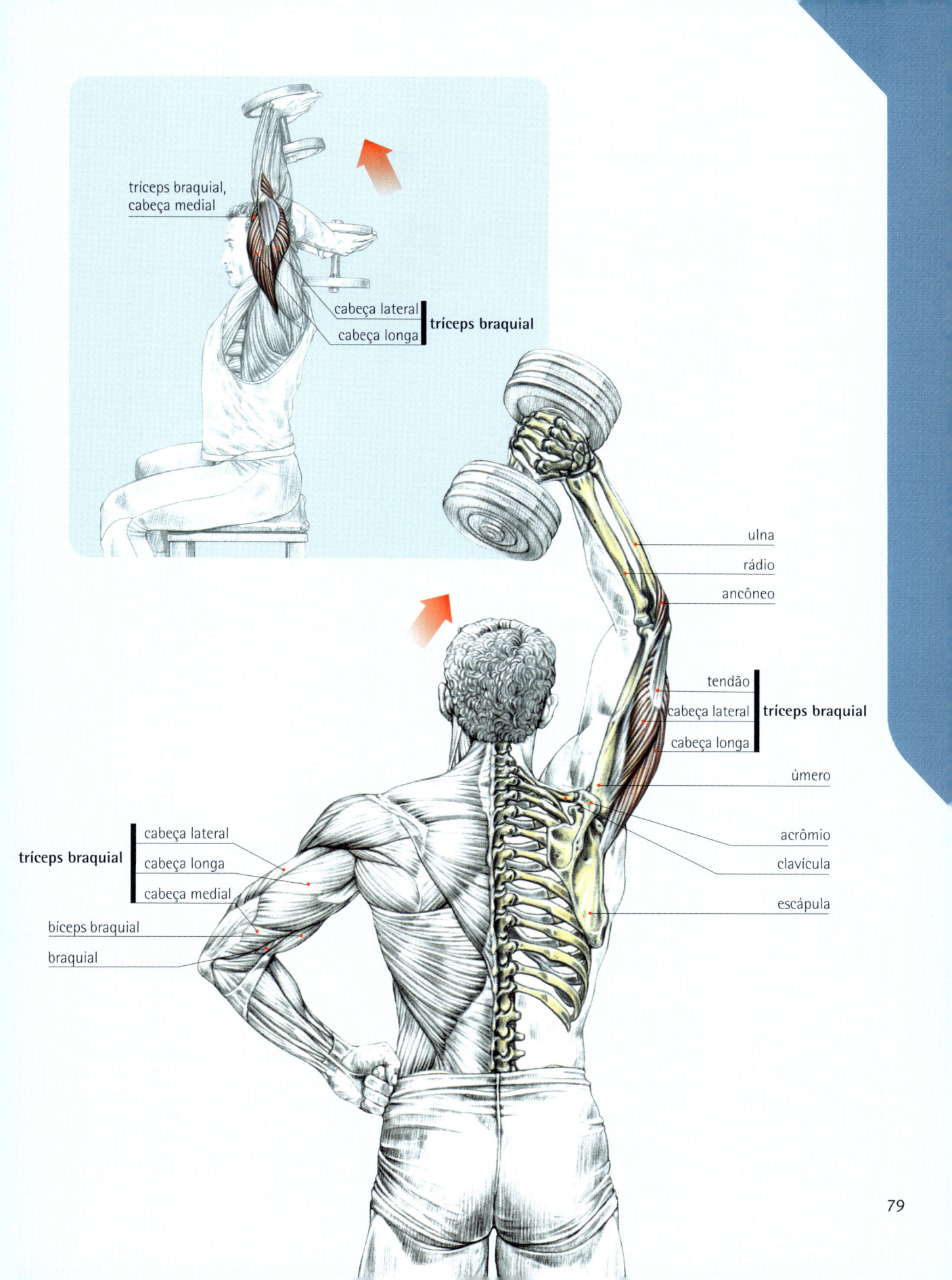

tríceps braquial,
cabeça medial

cabeça lateral
cabeça longa **tríceps braquial**

ulna

rádio

ancôneo

tendão
cabeça lateral **tríceps braquial**
cabeça longa

úmero

acrômio

clavícula

escápula

tríceps braquial
cabeça lateral
cabeça longa
cabeça medial

bíceps braquial

braquial

/// Extensões do tríceps em decúbito

Este exercício de isolamento visa ao tríceps. É possível trabalhar no modo unilateral.

1 Deite-se no chão e segure os halteres.

! **Atenção para não bater com o haltere na cabeça,** ● **principalmente quando a exaustão prejudicar o bom controle do exercício.**

2 Desça-os lentamente atrás da cabeça com as mãos em pegada neutra (dedos mínimos em direção ao teto). Alongue os tríceps ao máximo sem, no entanto, deslocar os membros superiores. Os cotovelos devem permanecer orientados em direção ao teto. Com a força do tríceps, levante a carga. Contraia durante um segundo antes de descer.

PONTOS A OBSERVAR

É possível levar o haltere atrás da cabeça ou na altura da orelha. Escolha o nível de chegada em função do que lhe parecer mais natural para os cotovelos.

COMENTÁRIOS

Não confunda este exercício com o *pull over*. Em todos os momentos, os membros superiores permanecem mais ou menos perpendiculares ao solo.

Variante

v Mesmo se executar este exercício no modo bilateral, você pode utilizar um ou dois halteres. Para aprender o movimento, aconselhamos que seja utilizado apenas um haltere, que você segurará com ambas as mãos, como no exercício anterior. Desse modo, você poderá controlar melhor o peso.

OS MEMBROS SUPERIORES

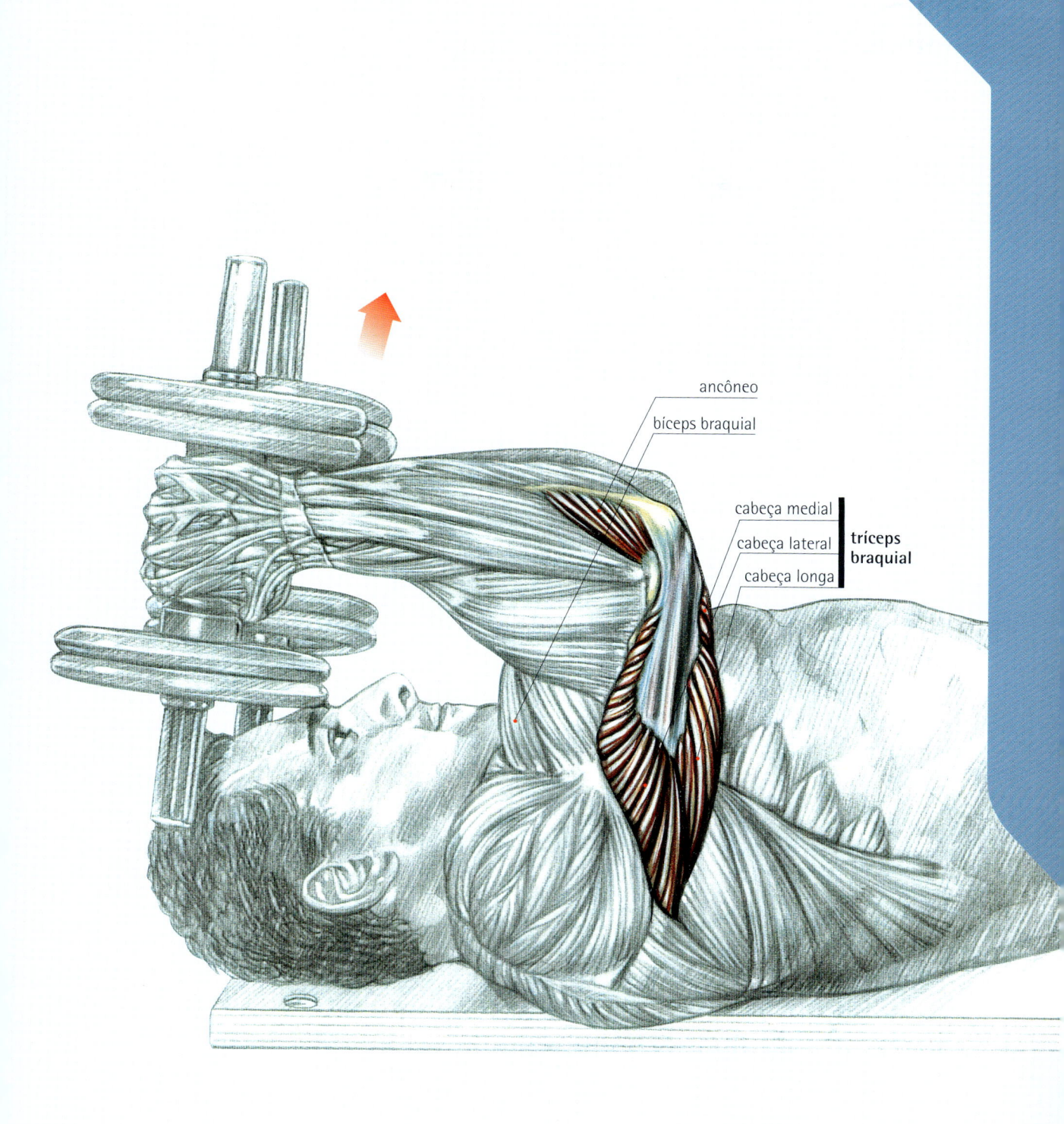

ancôneo

bíceps braquial

cabeça medial
cabeça lateral
cabeça longa

tríceps
braquial

/// Kickback

Este exercício de isolamento visa ao tríceps. É possível trabalhar no modo unilateral.

1

2

1 Inclinado para a frente, segure os halteres com as mãos em pegada neutra (polegar orientado em direção ao solo). Os membros superiores devem permanecer colados ao corpo e paralelos ao solo.

2 Desça os halteres para que os antebraços fiquem perpendiculares ao solo. Com a força do tríceps, estenda os membros superiores. Permaneça contraído durante um segundo, com os membros estendidos, antes de descer.

PONTOS A OBSERVAR

Permaneça contraindo ao máximo os tríceps durante o maior período possível, quando os membros superiores estiverem estendidos. De fato, ao contrário dos outros exercícios para o tríceps, é preciso muita tensão muscular para conservar os membros superiores estendidos neste movimento. Tire o máximo de benefício dessa originalidade.

COMENTÁRIOS

Ao rodar ligeiramente o dedo mínimo em direção ao exterior, na posição de contração, é possível visar melhor ao exterior do tríceps.

v

(Variante)

v Você pode manter o cotovelo para trás ou elevá-lo um pouco em direção ao teto. Esta última opção ajuda determinados indivíduos a sentirem melhor o trabalho do tríceps. É preferível realizá-la de modo unilateral para ter maior estabilidade.

! No modo bilateral, a coluna lombar será solicitada, ao passo que, no unilateral, o membro superior inativo apoia-se sobre a coxa, sustentando a coluna.

OS MEMBROS SUPERIORES

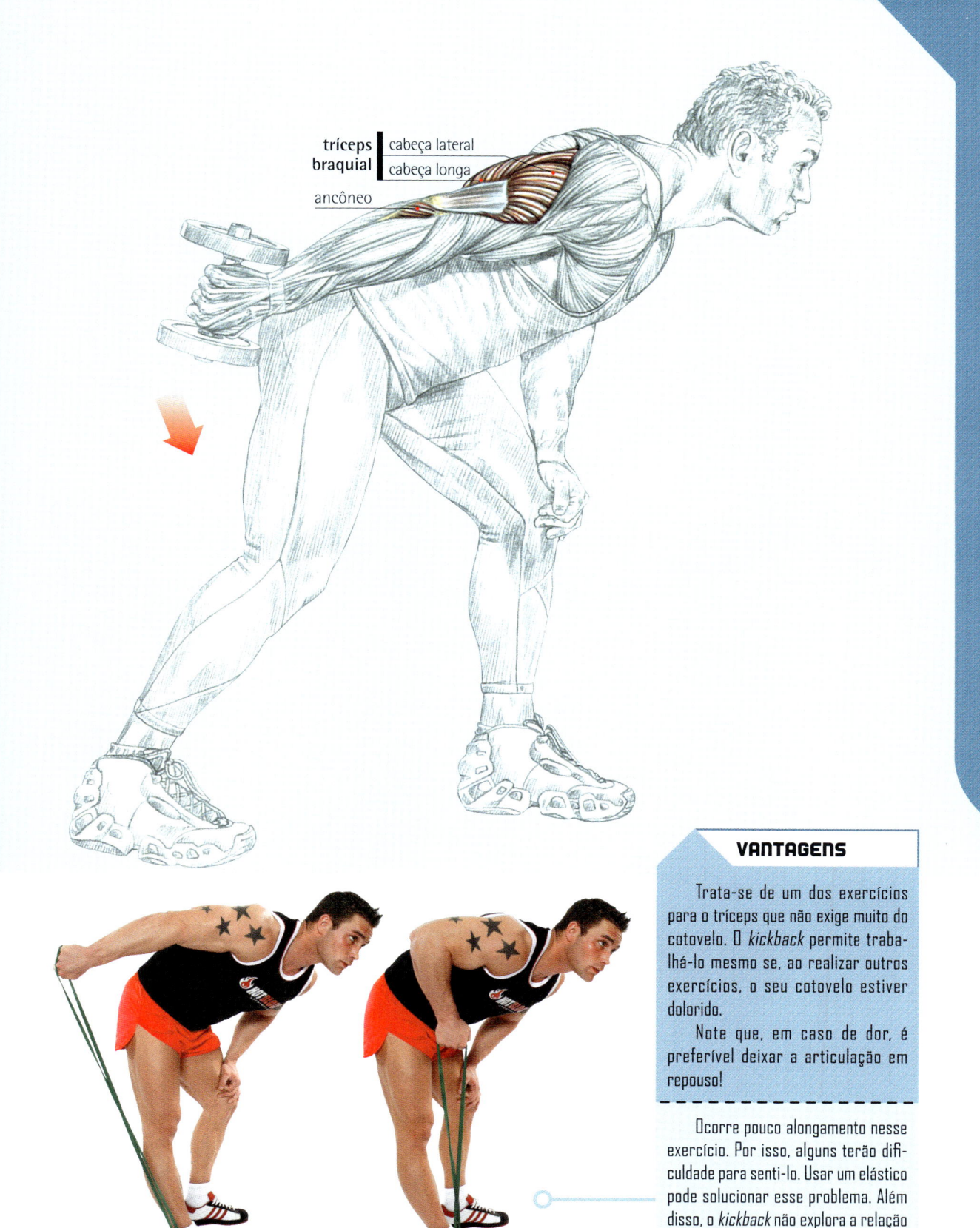

tríceps braquial
cabeça lateral
cabeça longa

ancôneo

/// Reverse dips

Este exercício básico visa ao tríceps, aos peitorais e aos músculos do ombro.
Não se pode trabalhar no modo unilateral.

PONTOS A OBSERVAR

Mantenha a cabeça bem ereta e os olhos levemente voltados para o teto quando forçar os tríceps para se levantar.

COMENTÁRIOS

Quando este exercício se tornar muito fácil, coloque uma cadeira na frente para apoiar os pés. Dessa maneira, uma parte maior do seu peso corporal será colocada sobre os seus tríceps. Uma sequência possível é começar com os pés sobre uma cadeira e, após atingir a exaustão, terminar o exercício com os pés apoiados no chão para obter o máximo de repetições.

1 Fique de costas para a cama ou uma cadeira. Coloque as mãos sobre a borda com os punhos em pronação (polegares orientados um para o outro). Estenda os membros inferiores para a frente.

2 Flexione os membros superiores para descer em direção ao solo e, em seguida, suba com a força dos tríceps. É inútil ter uma amplitude de movimento muito grande. Cerca de 50 centímetros já são suficientes.

! Atenção para se manter bem estável, principalmente se seus ● pés também estiverem elevados. Se você largar a cadeira, corre o risco de se machucar.

Com o objetivo de aumentar ainda mais a resistência, coloque um peso sobre suas coxas.

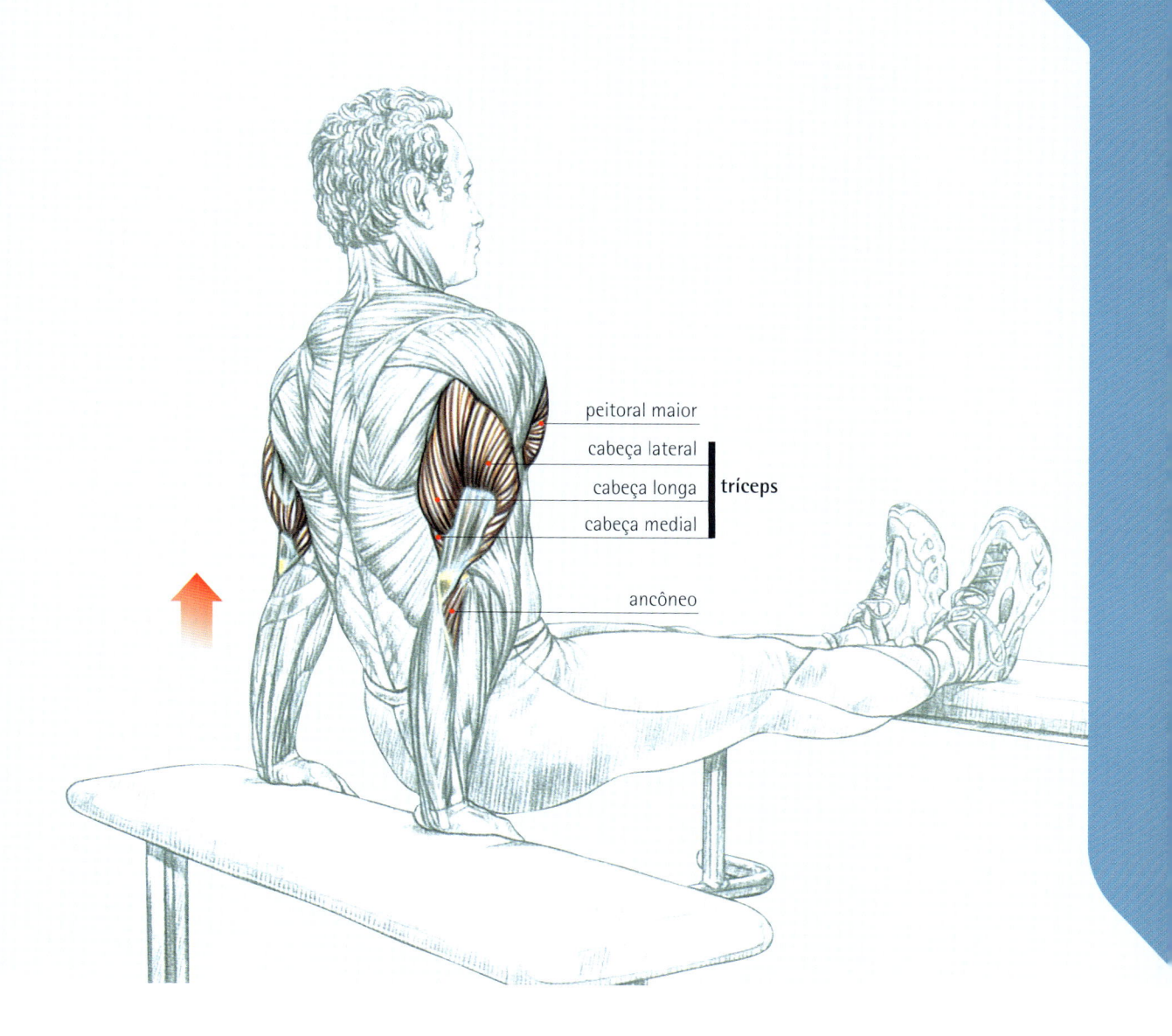

peitoral maior
cabeça lateral
cabeça longa **tríceps**
cabeça medial

ancôneo

Variante

[v] Varie o afastamento das mãos a fim de encontrar a medida mais apropriada para trabalhar os tríceps. Mantendo os membros inferiores flexionados, o exercício é muito mais fácil. Uma sequência possível para os iniciantes é começar com os membros inferiores estendidos. Após atingir a exaustão, flexione-os para obter repetições suplementares.

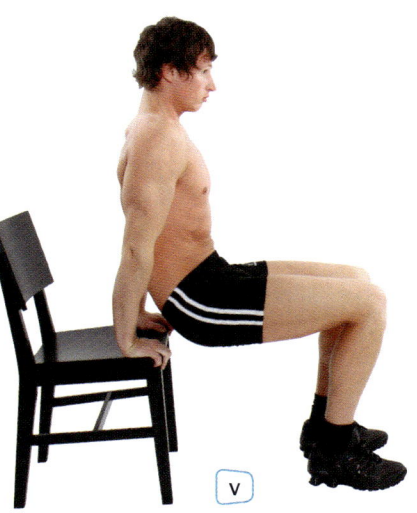

[v]

/// *Pushdown* com elástico

Este exercício de isolamento visa ao tríceps. É possível trabalhar no modo unilateral.

Posição neutra ▶

▲ Pronação

1 Fixe a faixa elástica na barra fixa. Se você não tiver uma desta, coloque uma alça do elástico no alto de uma porta. De joelhos, com os membros superiores a 90°, segure a faixa com as mãos em pegada neutra (polegares orientados para cima) ou em pronação (polegares orientados um em direção ao outro). Você também pode adotar uma pegada intermediária entre a pronação e a pegada neutra. Opte por aquela que lhe permitir a melhor contração do tríceps.

2 Puxe a faixa para estender os membros superiores. Mantenha a contração durante um segundo antes de retornar à posição inicial.

VANTAGENS

O trabalho com faixa elástica é menos traumatizante para o cotovelo do que o exercício com as mãos livres ou com halteres.

É difícil mensurar a resistência exata com uma faixa elástica. A relação comprimento/tensão não é tão bem explorada quando se realiza o exercício com a faixa elástica na frente do corpo, mas se torna um pouco melhor na variante descrita abaixo.

DESVANTAGENS

Variante

v Se a faixa elástica for fixada em uma barra fixa, você pode ficar de costas para ela. Incline-se para a frente com os bíceps ao longo da cabeça. Dessa maneira, o alongamento do tríceps será melhor.

PONTOS A OBSERVAR

É preferível um movimento lento que permita sentir bem o trabalho do tríceps, pelo menos no início. De fato, como se exige pouco do tríceps na vida cotidiana, muitos iniciantes têm dificuldade de sentir esse músculo trabalhando.

COMENTÁRIOS

Você pode afastar mais ou menos as mãos durante a contração. Mas não se trata de mudar de posição a toda hora a fim de encontrar a mais apropriada, pois é muito raro que todas as pegadas apresentem a mesma eficácia.

/// Exercícios pliométricos

1 O principal exercício pliométrico para o tríceps consiste na execução de flexões contra a parede ou no solo. Inicie com a primeira versão a fim de se habituar. Fique em pé diante de uma parede e afaste as mãos na medida correspondente à largura das clavículas.

2 Deixe o corpo ir em direção à parede. No último instante, utilize os membros superiores para retornar e evitar o choque.

Quanto mais você se afastar da parede, maior será a dificuldade.

PONTOS A OBSERVAR

Quanto mais você intervier com os membros superiores flexionados, mais difícil será o exercício. O mais fácil seria mantê-los estendidos, mas o exercício seria inútil e perigoso. Por isso, é necessário conservá-los sempre mais ou menos flexionados.

COMENTÁRIOS

Como em todos os exercícios pliométricos, o tempo de contato deve ser mínimo. Para isso, após as mãos tocarem a parede ou o solo, o rebote deve ser imediato.

VANTAGENS

Este exercício confere potência para todos os esportes nos quais é necessário empurrar um adversário ou um objeto (p. ex., rúgbi, artes marciais, lançamentos).

- - - - - - - - - - - -

Evite bater a cabeça no solo por ter subestimado sua força.

DESVANTAGENS

! Este exercício solicita bastante as articulações do cotovelo e do ombro.

(Variantes)

Após ficar à vontade na variante em pé, próximo da parede, distancie-se cada vez mais. Quando se sentir pronto, passe para a versão na posição deitada, executando primeiramente o exercício apoiado sobre os joelhos e, em seguida, na posição normal.

/// Alongamento do tríceps

1 Eleve o membro superior de modo que o bíceps fique colado na cabeça. Puxando uma faixa elástica com a mão esquerda, flexione o membro superior direito ao máximo. O ideal é que a sua mão direita toque o ombro esquerdo.

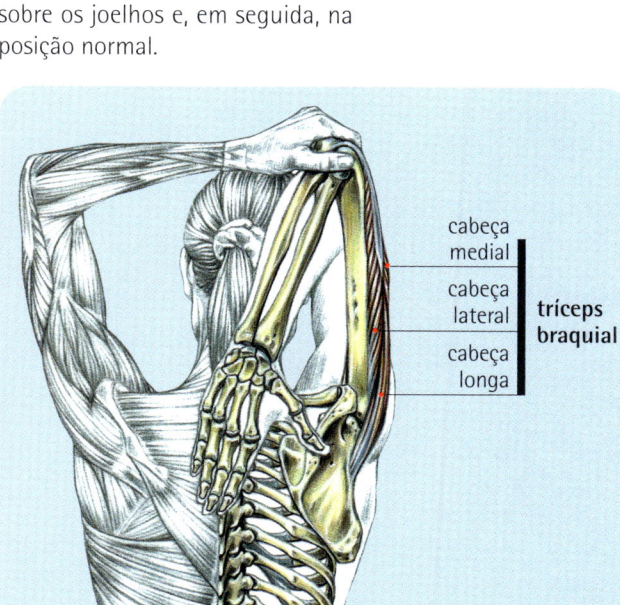

cabeça medial

cabeça lateral — tríceps braquial

cabeça longa

O antebraço

❚ Papel do antebraço

Muitos músculos do antebraço são pluriarticulares. Por isso, eles intervirão:

➤ na mão, fechando-a e abrindo-a;
➤ no punho, elevando e abaixando a mão;
➤ no cotovelo, elevando e abaixando o antebraço.

Os antebraços participam de todos os movimentos de musculação para os membros superiores e o tronco (salvo nos abdominais). Sua força pode revelar-se um fator limitante em muitos exercícios. Se eles forem fracos, será necessário reforçá-los. Em oposição à sua onipresença na sala de musculação, antebraços potentes revelam-se inúteis em várias disciplinas esportivas. O volume de trabalho deve, portanto, ser avaliado em função de suas necessidades, sabendo-se que um treinamento direto do antebraço não é obrigatório.

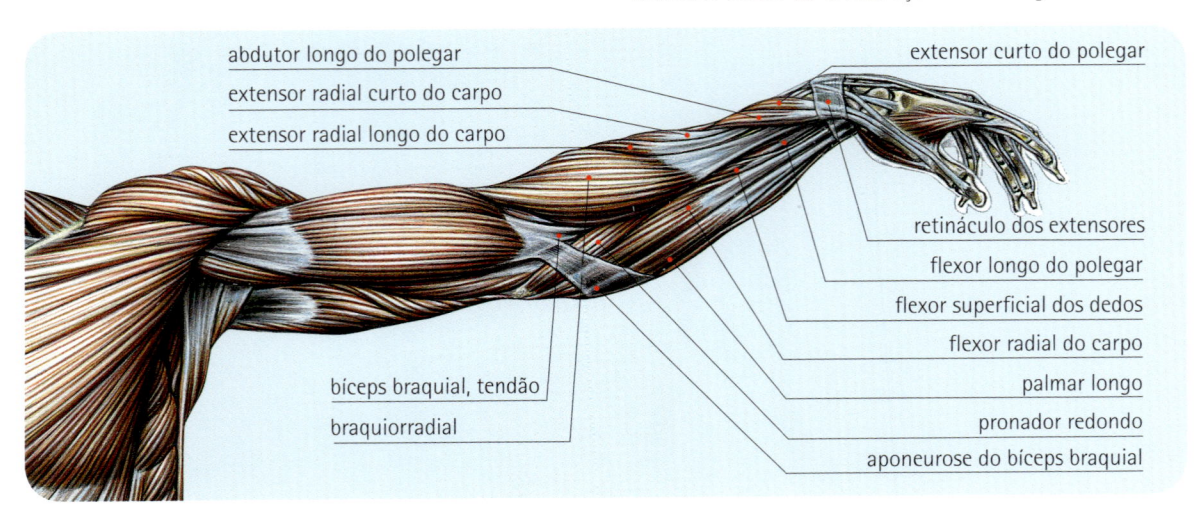

- abdutor longo do polegar
- extensor radial curto do carpo
- extensor radial longo do carpo
- extensor curto do polegar
- retináculo dos extensores
- flexor longo do polegar
- flexor superficial dos dedos
- flexor radial do carpo
- palmar longo
- pronador redondo
- aponeurose do bíceps braquial
- bíceps braquial, tendão
- braquiorradial

/// Wrist curls

Este exercício de isolamento visa à parte interna do antebraço. Pode-se trabalhar no modo unilateral, mas, para evitar perda de tempo, isso não é necessariamente desejável.

1 Sentado, segure o haltere em ambas as extremidades com as mãos em supinação (polegares orientados para o exterior). Coloque os antebraços sobre as coxas e deixe as mãos pendentes.

2 Com a força dos antebraços, eleve o haltere o mais alto possível. Mantenha a contração durante um segundo antes de descer lentamente.

3 Quanto mais os membros superiores estiverem flexionados, maior será a sua força neste exercício.

OS MEMBROS SUPERIORES

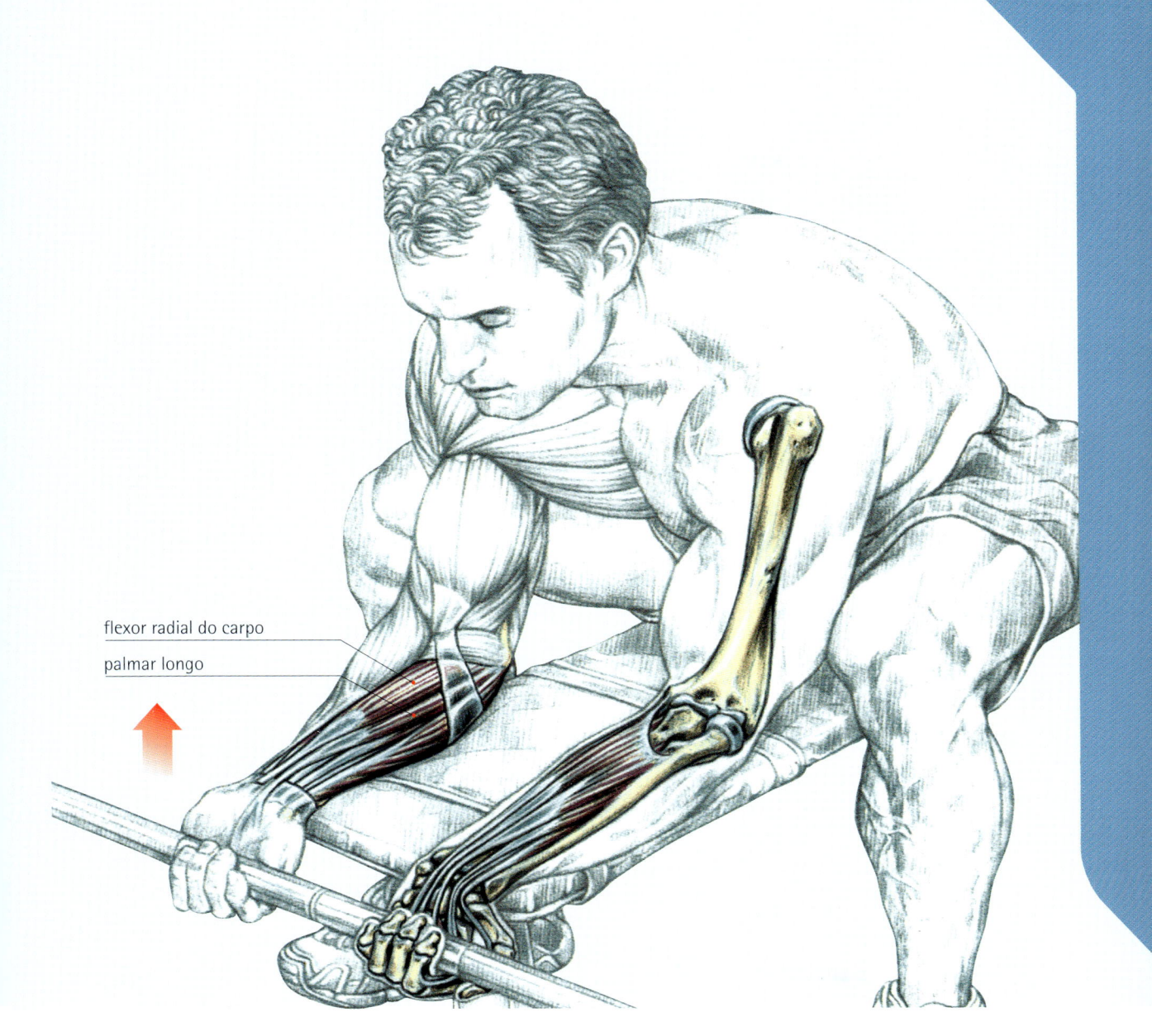

flexor radial do carpo

palmar longo

! As articulações dos punhos são frágeis, mas muito utilizadas. Por isso, é preferível executar mais repetições com uma carga **●** leve (de 15 a 25 vezes) do que poucas repetições com uma carga muito pesada.

(Variante)

O trabalho no modo unilateral é possível, mas perigoso porque o punho se torna mais flexível. Ele é colocado em uma situação um pouco precária na posição de alongamento. Portanto, não produza uma amplitude muito grande na parte baixa do exercício.

VANTAGENS

Os *wrist curls* podem lhe dar mais força para o trabalho dos bíceps e dos dorsais.

- - - - - - - - - - - - - - - -

Os *wrist curls* respondem a uma necessidade já satisfeita pelos exercícios para os bíceps e costas.

DESVANTAGENS

PONTOS A OBSERVAR

Este não é um exercício de potência para ser realizado de maneira explosiva. Os músculos do antebraço foram concebidos para sustentar um esforço prolongado. Execute este exercício lentamente.

COMENTÁRIOS

Os *wrist curls* não são necessariamente um exercício útil. Eles são supérfluos para a maioria dos iniciantes, a menos que o seu esporte exija antebraços potentes ou que eles sejam realmente muito fracos.

/// *Wrist extensions*

Este exercício de isolamento visa à parte externa do antebraço.
É possível, mas não necessariamente desejável, trabalhar no modo unilateral.

1 Sentado, segure o haltere em ambas as extremidades com as mãos em pronação (polegares orientados um em direção ao outro). Coloque os antebraços sobre as coxas, com as mãos pendentes.

2 Com a força dos antebraços, eleve o haltere o mais alto possível. Mantenha a contração durante um segundo antes de descer lentamente.

Variante

v Comece o exercício com os membros superiores flexionados a cerca de 90°. À exaustão, contraia-os para atingir mais repetições, pois, quanto mais eles estiverem contraídos, mais força você terá.

VANTAGENS

Os exercícios para o bíceps, tríceps e dorsais solicitam muito os músculos flexores do punho (músculos dos *wrist curls*). Por outro lado, fica evidente que se exige menos dos músculos extensores (que trabalham nos *wrists extensions*). Pode ocorrer um desequilíbrio entre os flexores e os extensores, correndo-se o risco de haver uma lesão por causa desse desequilíbrio entre músculos antagonistas. Assim, os *wrists extensions* são um exercício mais útil que os *wrist curls*, porque contribuem para restabelecer o equilíbrio de desenvolvimento.

De qualquer forma, os *wrists curls* podem representar uma perda de tempo e de energia em um programa para iniciantes. São utilizados junto aos *reverse curls*.

DESVANTAGENS

PONTOS A OBSERVAR

O posicionamento das mãos sobre a barra deve ser o mais natural possível. Se você sentir uma tração na altura do punho, não hesite em pegar o haltere um pouco de través, orientando os seus polegares ligeiramente em sua direção em vez de deixar um de frente para o outro.

COMENTÁRIOS

Uma supersérie pré-exaustão permite ganhar tempo. Inicie com *wrist curls*; após atingir a exaustão, fique em pé e prossiga com *reverse curls* para exaurir bem os músculos.

OS MEMBROS SUPERIORES

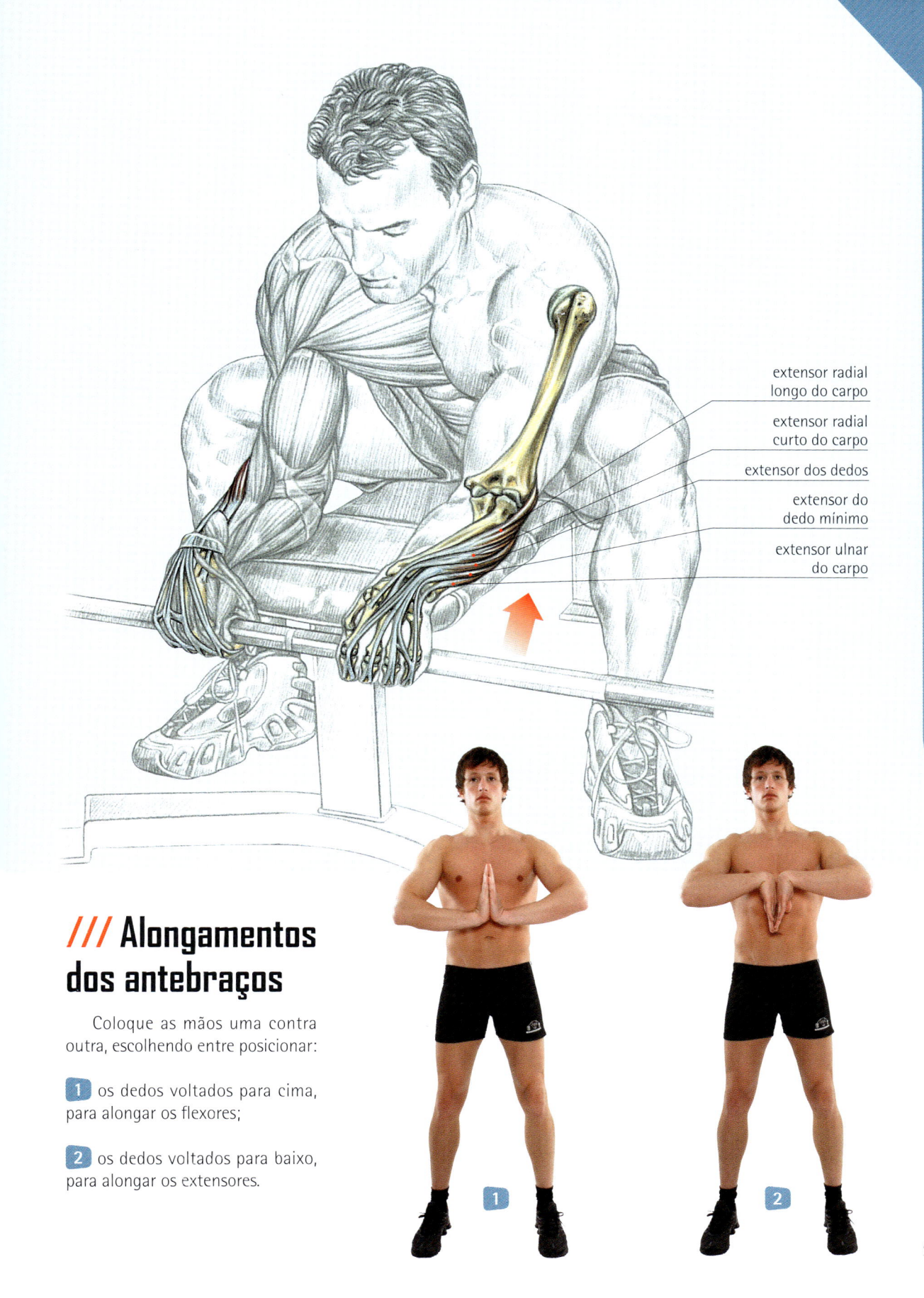

extensor radial longo do carpo

extensor radial curto do carpo

extensor dos dedos

extensor do dedo mínimo

extensor ulnar do carpo

/// Alongamentos dos antebraços

Coloque as mãos uma contra outra, escolhendo entre posicionar:

1 os dedos voltados para cima, para alongar os flexores;

2 os dedos voltados para baixo, para alongar os extensores.

ALARGUE OS OMBROS

▌Papel do deltoide

O deltoide é um músculo monoarticular que faz mover o membro superior em todos os sentidos. Esteticamente, são os ombros que delimitam a nossa envergadura. Assim, seu desenvolvimento é muito importante.

De modo simplificado, o deltoide é dividido em três partes:

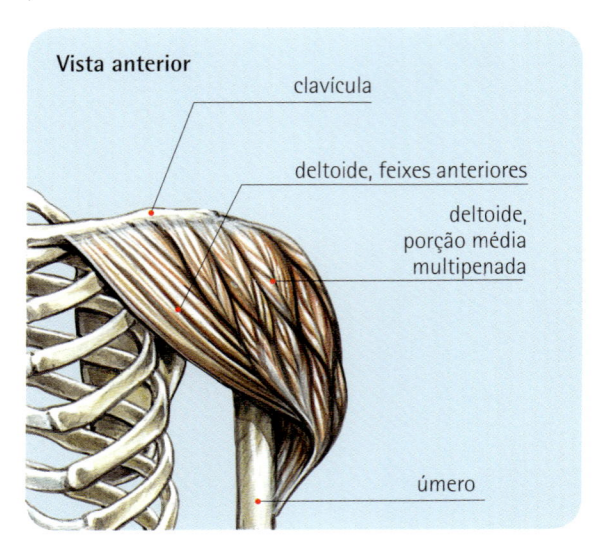

Vista anterior

clavícula

deltoide, feixes anteriores

deltoide, porção média multipenada

úmero

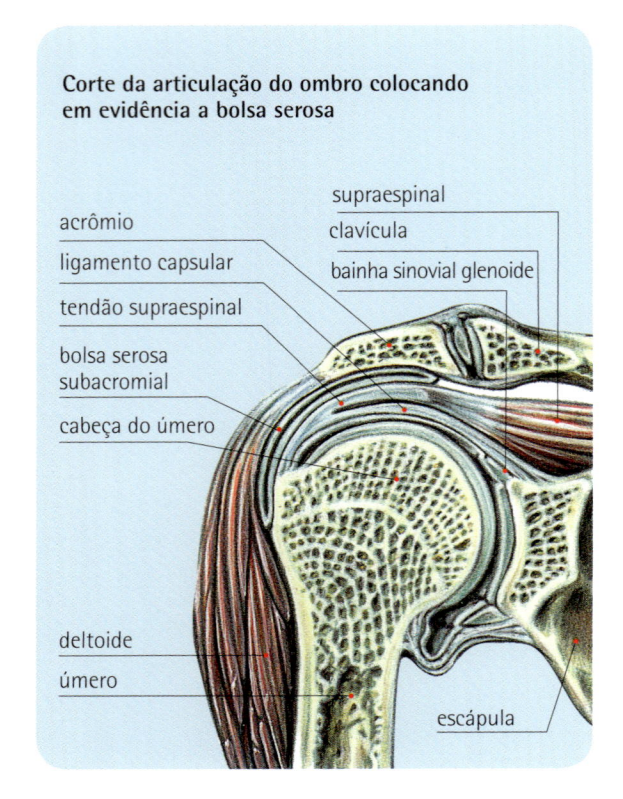

Corte da articulação do ombro colocando em evidência a bolsa serosa

acrômio

ligamento capsular

tendão supraespinal

bolsa serosa subacromial

cabeça do úmero

supraespinal

clavícula

bainha sinovial glenoide

deltoide

úmero

escápula

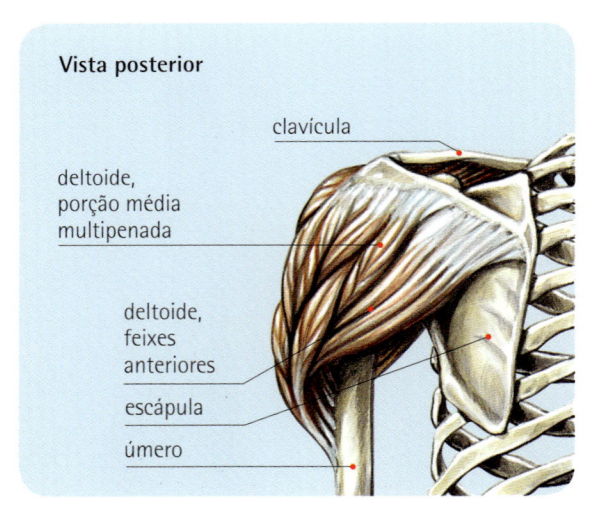

Vista posterior

clavícula

deltoide, porção média multipenada

deltoide, feixes anteriores

escápula

úmero

1. A parte anterior do ombro. Esta parte eleva o membro superior para a frente. A seção anterior é recrutada em paralelo com os peitorais. Se você trabalhar intensamente o tórax, não é necessário treinar a porção anterior do ombro, principalmente porque se trata da zona do deltoide que se desenvolve de modo mais fácil. Além do ganho de tempo, o fato de não trabalhar especificamente a porção anterior do ombro, além dos peitorais, poupa as articulações do deltoide e do cotovelo de traumatismos.

2. A parte lateral do ombro. Esta parte eleva o membro superior lateralmente. Trata-se de um gesto que não é muito corrente nem no esporte, nem na vida cotidiana. O meio do ombro tem principalmente um papel estético, dando seu contorno e sua largura ao torso. É por isso que a parte lateral do deltoide é tão apreciada.

3. A parte posterior do ombro. Ela traciona o membro superior para trás. É a seção mais negligenciada e menos desenvolvida. Ocorre um desequilíbrio entre a porção anterior (supertreinada) e a porção posterior do deltoide (subtreinada). Estudos científicos mensuraram esse desequilíbrio. Em relação a indivíduos sedentários, os esportistas de bom nível apresentaram:

> uma massa da parte anterior do ombro em média 250% mais volumosa;
> uma parte lateral 150% mais volumosa;
> uma parte posterior do ombro somente 10 a 15% mais desenvolvida.

Tracionada por uma porção anterior do deltoide forte e não contrabalançada por uma parte posterior tão potente, a articulação do ombro se desloca para a frente, dando a impressão de uma postura curvada. Além do aspecto estético, a articulação do ombro não se encontra onde deveria estar, o que abre caminho para várias patologias.

Nesta obra, iremos nos esforçar para prevenir esse desequilíbrio tão comum:

> alertando contra um trabalho excessivo da parte anterior do ombro;

> focando a importância do desenvolvimento da parte posterior do ombro.

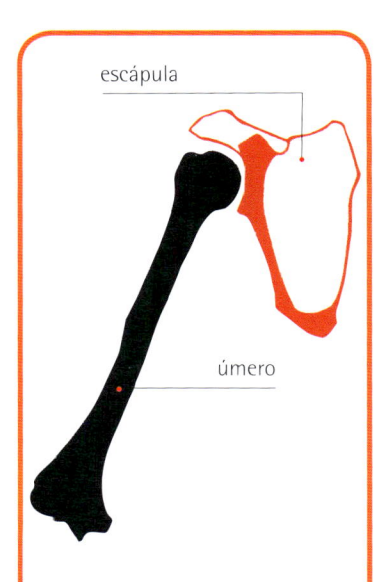

escápula

úmero

! Pela grande liberdade de ação do membro superior, a articulação do ombro é relativamente pouco estável e, consequentemente, frágil. Ela costuma sediar um número alto de lesões. Trata-se de um fator limitante que será necessário levar em conta em todos os treinamentos para os ombros, mais ainda tendo em vista que os exercícios para os peitorais, dorsais e músculos dos membros superiores já exigem muito dessa articulação.

/// Supino com halteres

Este exercício básico visa particularmente à parte anterior do deltoide, ao tríceps e à porção alta dos peitorais.
Pode-se trabalhar no modo unilateral.

Pegada neutra ▶

1 Sentado ou em pé, leve os halteres até o nível da cabeça. Oriente as mãos do modo que lhe parecer mais natural. Em geral, o polegar fica mais ou menos direcionado para a cabeça, mas você também pode orientá-lo para trás ou para o exterior.

2 Nesta posição, empurre os halteres para cima, aproximando um do outro, sem, no entanto, estender os membros superiores. Em seguida, retorne à posição inicial.

▲ Pegada em pronação

Pegada neutra

Pegada em pronação

!● Quando os membros superiores com uma carga estão estendidos acima da cabeça, ficamos em uma posição vulnerável. Se o peso levá-lo para trás, pode ocorrer uma lesão grave. Assegure-se de permanecer bem estável e de controlar o peso a todo momento.

Temos uma tendência natural a curvar as costas neste exercício, sobretudo na posição em pé. A báscula do tronco para trás permite executar uma parte do exercício com a porção alta dos peitorais. Consequentemente, ocorre um ganho de força, mas um menor trabalho do ombro. Também existe risco de lesão das costas.

PONTOS A OBSERVAR

Você não é obrigado a descer os halteres ao máximo. Muitos preferem parar as mãos na altura das orelhas. Além desse ponto, podem ocorrer trações na altura da articulação do ombro. O seu nível de descida dependerá, portanto, da sua flexibilidade e também da largura da sua clavícula. Quanto menos esses parâmetros forem desenvolvidos, menos você deve descer.

COMENTÁRIOS

Com a maioria dos halteres carregáveis, às vezes é possível descentralizar um pouco os pesos para que a barra não bata na cabeça. Para isso, coloque a carga o mais próximo possível do interior do haltere.

(Variantes)

1 É possível realizar este exercício em posição sentada ou em pé. Na musculação com objetivo estético, a posição sentada é preferível, a fim de ficar mais bem estabilizado. No entanto, em vários esportes (particularmente os de contato), os ombros e os membros superiores devem ter o hábito de trabalhar ao mesmo tempo que as coxas. Neste caso, será necessário realizar os exercícios para os ombros em pé, para treinar os músculos do alto a trabalharem sincronicamente com os músculos de baixo.

◄ Unilateral alternado

◄ Unilateral simples

2 Em esportes como o lançamento de peso, é preferível o trabalho no modo unilateral. Nos outros casos, o bilateral é mais aconselhado.

Muitos músculos são solicitados de uma só vez neste exercício, sobretudo quando executado em pé.

Os exercícios da parte anterior dos ombros, exceto se houver uma fraqueza nesse ponto, não são obrigatórios, principalmente se você executa muitos exercícios para os peitorais. Neste caso, é preferível se concentrar nas partes laterais e posteriores do deltoide em vez das anteriores.

DESVANTAGENS

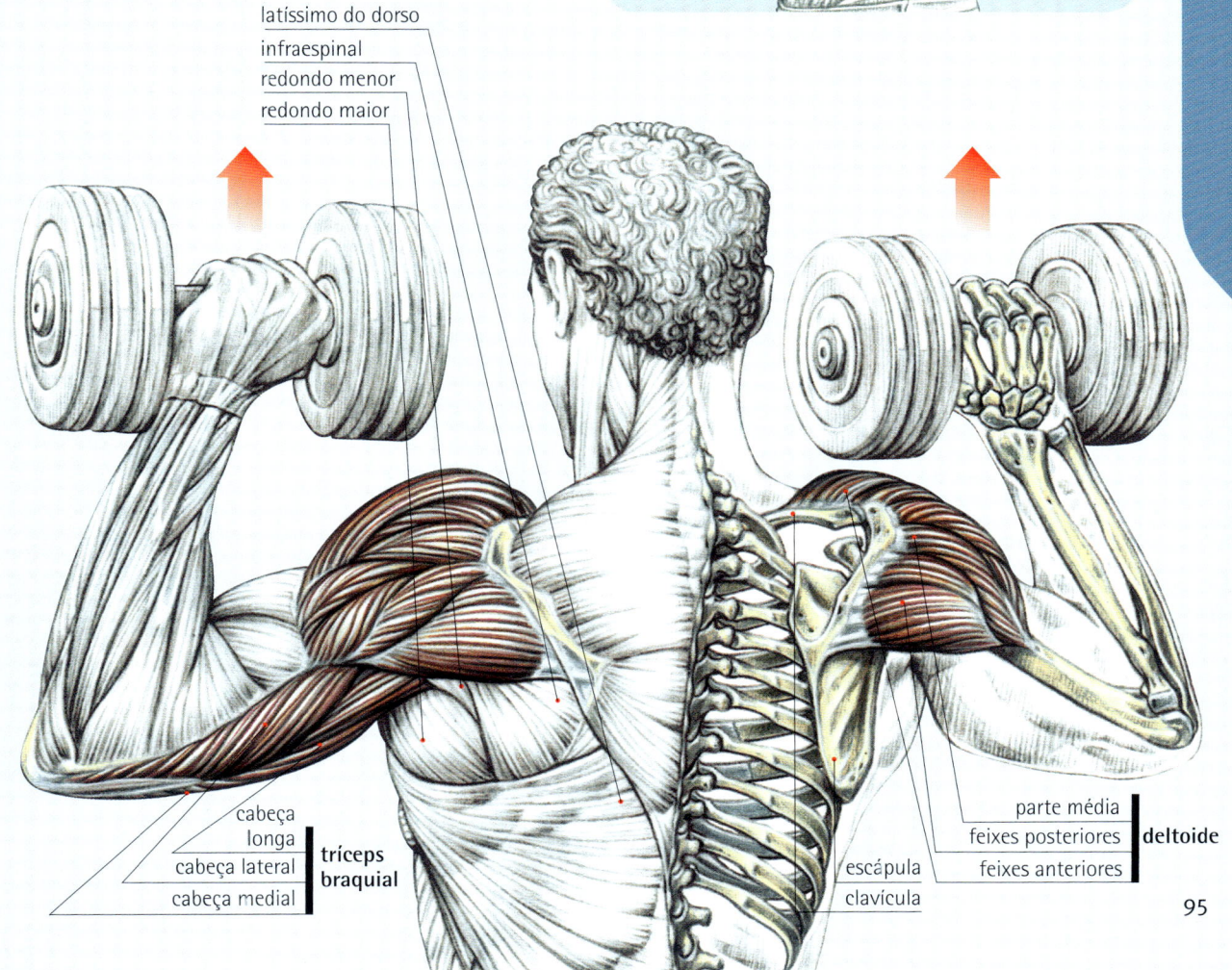

latíssimo do dorso
infraespinal
redondo menor
redondo maior

cabeça longa
cabeça lateral
cabeça medial

tríceps braquial

parte média
feixes posteriores
feixes anteriores

deltoide

escápula
clavícula

95

/// Elevações frontais

Este exercício de isolamento visa à parte anterior do deltoide e à porção alta dos peitorais. Pode-se trabalhar no modo unilateral.

1 Permaneça em pé, segurando 1 ou 2 halteres. Você pode optar por uma pegada clássica em pronação (um polegar orientado em direção ao outro) ou por uma pegada neutra (polegares direcionados para cima). Escolha a que lhe parecer mais agradável.

2 Com a força dos ombros, eleve os membros superiores para levá-lo ao menos à altura dos olhos.

3 Se você se sentir à vontade, pode levantá-los um pouco mais alto (ligeiramente acima da cabeça). Quanto mais alto elevá-los, menor deverá ser o peso. A sensação de contração do músculo deve guiá-lo para determinar qual nível de elevação dos membros superiores é mais apropriado, sabendo que não existe uma regra aplicável para todo mundo.

PONTOS A OBSERVAR

É fácil dar um impulso com um movimento do tronco de frente para trás. No entanto, prefira permanecer bem ereto a fim de isolar o trabalho da parte anterior do ombro. Para não infringir a regra, você pode executar o exercício com as costas apoiadas em uma parede.

COMENTÁRIOS

Como em todos os exercícios de isolamento para os ombros, as séries decrescentes são mais adequadas. Por exemplo, você pode começar com dois halteres e, após atingir a exaustão, utilizar apenas um.

! Para um trabalho mais pesado, temos a tendência de curvar as costas. É melhor inclinar-se ligeiramente para a frente e manter as costas bem retas. Evidentemente, você deverá utilizar cargas menos pesadas, mas o isolamento será melhor e o risco de lesão, menor.

> **Variantes**

1 Você tem a opção de elevar os dois membros ao mesmo tempo ou alterná-los em cada repetição. Esta última versão permite um trabalho um pouco mais pesado. Você também pode utilizar apenas um haltere, que segurará com as duas mãos em pegada neutra (polegares direcionados para cima). Esta versão, sem dúvida, é preferível para os iniciantes, pois, em um primeiro momento, é a mais simples de dominar.

2 Pode-se utilizar uma faixa elástica, sozinha ou com um haltere, nas diferentes posições de mãos descritas.

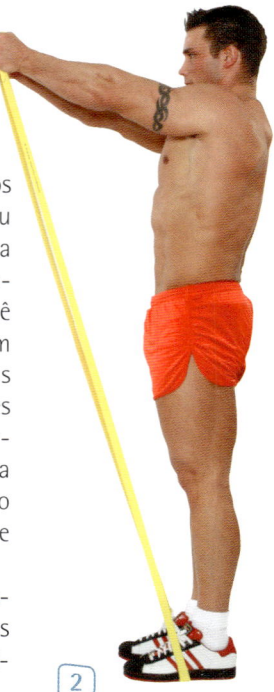

VANTAGENS

Existe um bom isolamento da parte anterior do ombro sem interferência do tríceps, cuja força pode limitar o trabalho do deltoide nos exercícios de supino.

Se você fizer flexões para os peitorais + supino para os ombros, é inútil adicionar elevações frontais no seu programa. Por outro lado, se você não puder realizar supino para os ombros por causa de dores no cotovelo, as elevações frontais poderão substituir os exercícios básicos.

DESVANTAGENS

trapézio

peitoral maior, feixe clavicular

deltoide
- feixes anteriores
- porção média

/// Remo em pé

Este exercício básico recruta tanto a parte anterior quanto a parte exterior do deltoide. Os bíceps e os trapézios também são solicitados. Pode-se, ainda que não seja desejável, trabalhar no modo unilateral.

1 Em pé, segure os halteres com uma pegada em pronação (um polegar orientado em direção ao outro).

2 3 Eleve os membros superiores, flexionando-os. Certifique-se de que a carga permanece a todo momento o mais próximo possível do corpo.

! Para reduzir a torção dos punhos, deixe que os halteres tomem a direção que desejarem. Contudo, evite este exercício se ele lhe parecer estranho.

PONTOS A OBSERVAR

Não é obrigatório elevar os halteres até a cabeça. Muitos preferem levá-los somente até a altura dos peitorais.

COMENTÁRIOS

Você pode afastar mais ou menos uma mão da outra. Quanto mais afastadas elas ficarem, maior o trabalho dos deltoides; quanto mais próximas, os trapézios serão mais fortemente recrutados.

VANTAGENS

Trata-se do único exercício básico para os ombros que não depende dos tríceps. Se você sentir que esses músculos limitam a sua força nos exercícios para os ombros, pode aproveitar o remo em pé. Uma supersérie possível consiste na combinação do supino com haltere e o remo (nesta ordem ou na ordem inversa, o que for mais conveniente).

Nem todo mundo é feito para praticar este exercício sem perigo. Algumas articulações do ombro e do punho não o suportam. Portanto, não force a natureza se você se enquadrar neste caso!

DESVANTAGENS

OS OMBROS

98

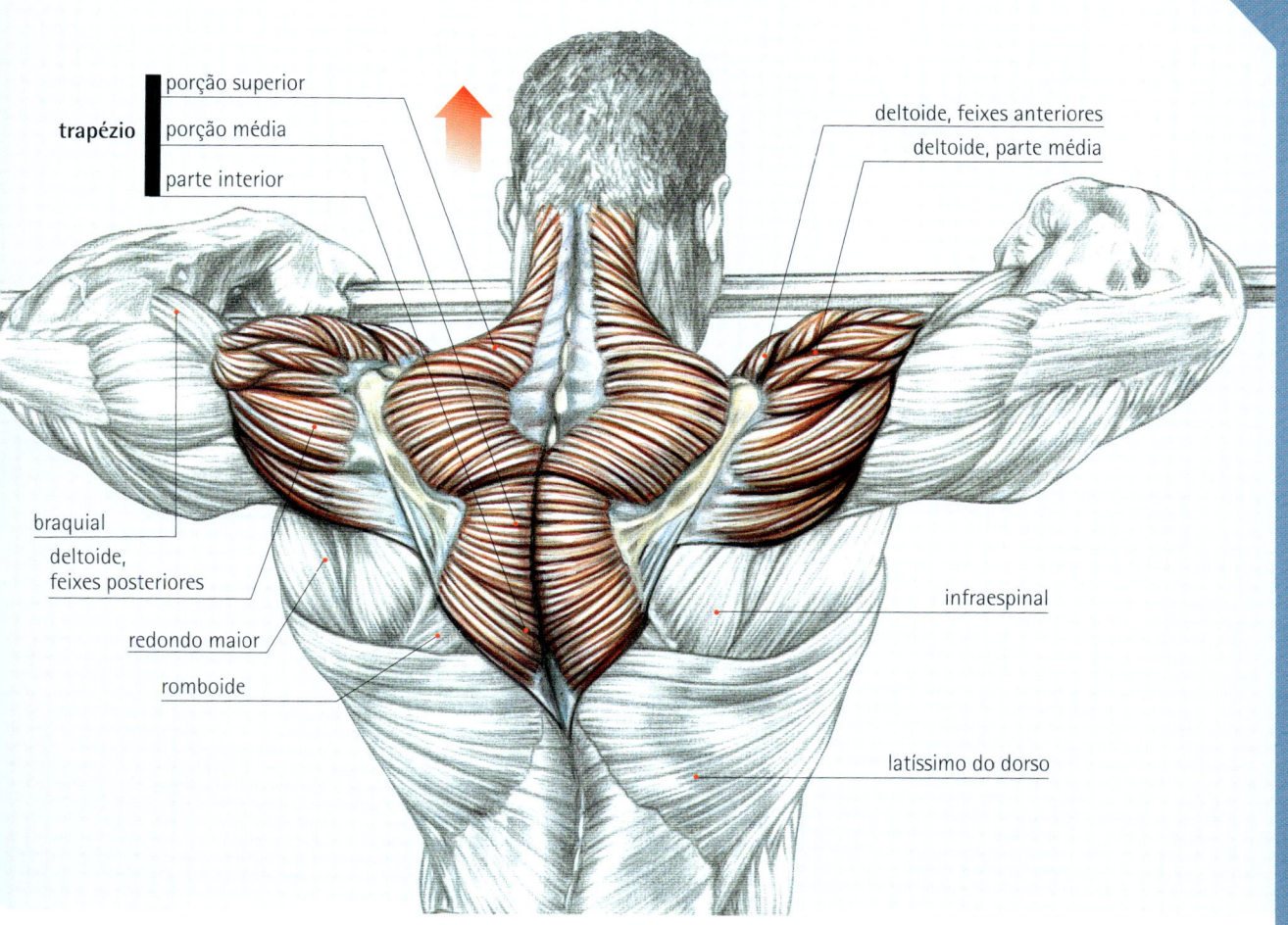

trapézio
- porção superior
- porção média
- parte interior

deltoide, feixes anteriores

deltoide, parte média

braquial

deltoide, feixes posteriores

redondo maior

romboide

infraespinal

latíssimo do dorso

Variantes

1 Uma faixa elástica presa pelos seus pés poderá substituir os halteres. O ideal é combinar halteres + faixa elástica.

2 Apenas com a faixa elástica, você pode realizar o exercício deitado no solo, o que é melhor por reduzir a pressão sobre a coluna vertebral.

/// Elevações laterais

Este exercício visa particularmente à parte lateral do ombro. É o exercício de isolamento número um para alargar a sua silhueta.

❗ Quanto mais você infringir a regra para elevar os membros superiores, maior o risco de curvar as costas.

1

2

1 Se você sentir bem o exercício, pode trabalhar os dois membros superiores de uma vez. Segure o fator de resistência (halteres ou elástico) com pegada neutra (polegares direcionados para a frente). Posicione as mãos na parte lateral das coxas.

2 Eleve os membros superiores o mais reto possível, mantendo-os no eixo do corpo. Quanto mais você os flexionar, mais fácil será o exercício, mas menos ele melhorará a largura dos ombros. Durante todo o movimento, o polegar deve estar posicionado abaixo do dedo mínimo para localizar o esforço sobre a lateral do deltoide.

PONTOS A OBSERVAR

Você pode realizar este exercício sentado ou em pé. Sentado, o movimento geralmente é mais estrito que em pé. Uma sequência possível consiste em começar sentado. Após atingir a exaustão, fique em pé para obter algumas repetições suplementares permitidas por um leve ganho de impulso.

COMENTÁRIOS

Ao menos nas primeiras repetições, deve-se parar o movimento com os membros superiores bem paralelos ao solo. Se a parada não for precisa, é porque o movimento foi realizado com muito impulso. Você está trabalhando muito pesado.

VANTAGENS

Como o isolamento do deltoide é quase perfeito, você facilmente pode executar séries decrescentes para trabalhar o músculo a fundo. Você não será incomodado pelos tríceps ou por um outro músculo que fatigaria antes dos deltoides.

- - - - - - - - - - - - - - - - - - -

Para desafiar a gravidade, temos uma forte tendência a infringir a regra neste exercício, o que é contraproducente. A característica do isolamento deste movimento não permite a utilização de cargas maiores.

DESVANTAGENS

ASTÚCIA

Quando os ombros queimam, o simples fato de manter os membros superiores ao longo do corpo entre as séries prolonga a dor, impedindo a recuperação. Para eliminar mais rapidamente o ácido lático dos ombros, suspenda-se em uma barra fixa. A gravidade eliminará rapidamente esses resíduos metabólicos dos ombros. Você pode também prosseguir as elevações laterais com a tração na barra fixa para as costas. Essa supersérie de músculos antagonistas é muito benéfico, porque favorece a recuperação do deltoide.

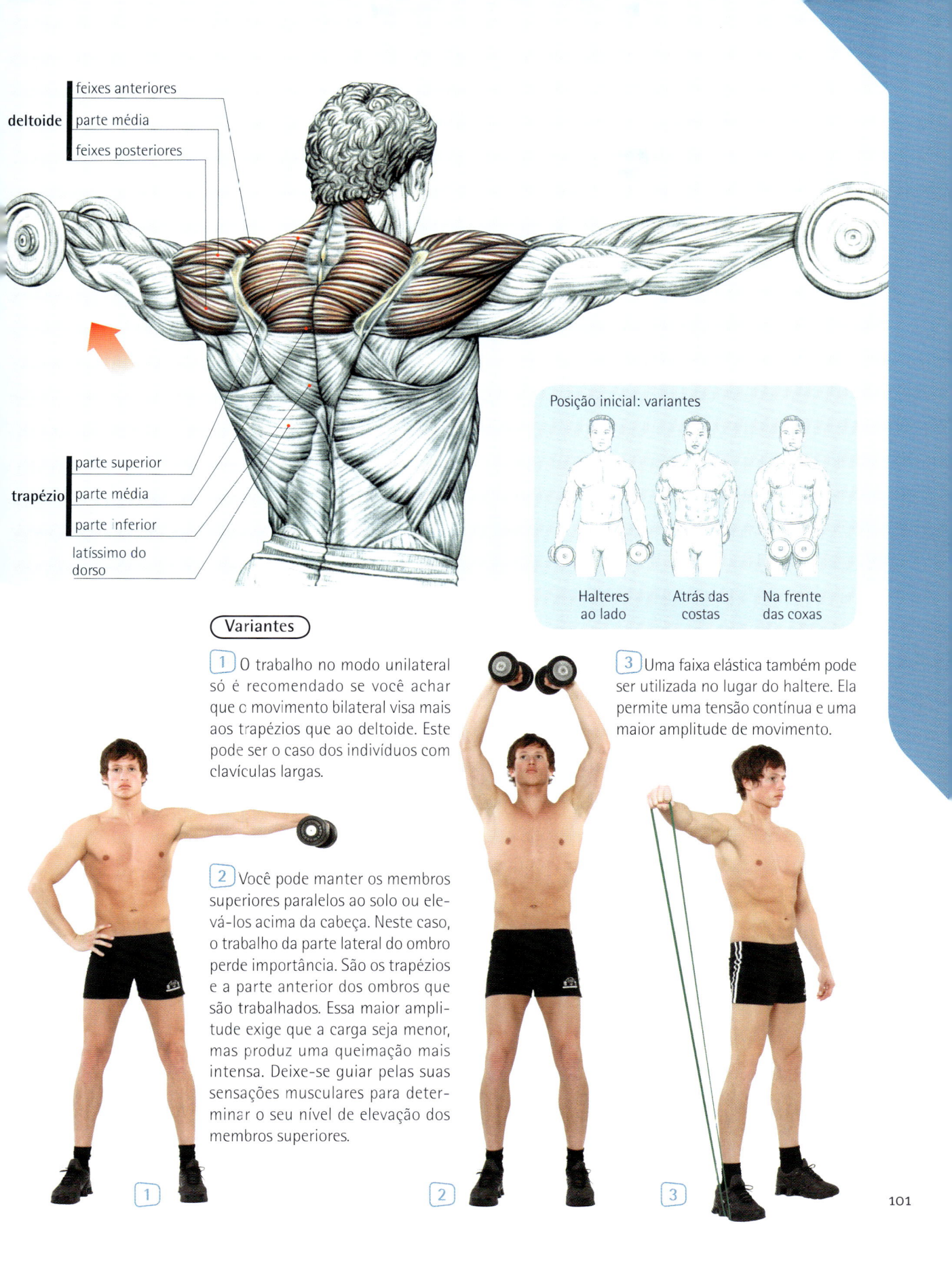

deltoide
- feixes anteriores
- parte média
- feixes posteriores

trapézio
- parte superior
- parte média
- parte inferior
- latíssimo do dorso

Posição inicial: variantes

Halteres ao lado

Atrás das costas

Na frente das coxas

(Variantes)

[1] O trabalho no modo unilateral só é recomendado se você achar que o movimento bilateral visa mais aos trapézios que ao deltoide. Este pode ser o caso dos indivíduos com clavículas largas.

[2] Você pode manter os membros superiores paralelos ao solo ou elevá-los acima da cabeça. Neste caso, o trabalho da parte lateral do ombro perde importância. São os trapézios e a parte anterior dos ombros que são trabalhados. Essa maior amplitude exige que a carga seja menor, mas produz uma queimação mais intensa. Deixe-se guiar pelas suas sensações musculares para determinar o seu nível de elevação dos membros superiores.

[3] Uma faixa elástica também pode ser utilizada no lugar do haltere. Ela permite uma tensão contínua e uma maior amplitude de movimento.

[1]

[2]

[3]

101

/// Elevações laterais em decúbito

Este exercício de isolamento visa à parte lateral ou à parte posterior do deltoide, dependendo da versão que você adotar. É obrigatório trabalhar no modo unilateral.

Para a parte lateral do ombro:

[1] Deitado lateralmente no solo ou em uma cama, sustente o tronco com o antebraço. Segure o haltere com a outra mão enquanto seu membro superior se encontra alongado sobre o corpo.

[2] Eleve a carga com a mão em posição neutra (polegar direcionado para a frente), mantendo o membro superior bem estendido. Pare antes que ele fique perpendicular ao solo. O exercício executado dessa maneira é mais difícil do que na versão em pé.

Para a parte posterior do ombro:

[1] Deitado lateralmente, de preferência sobre uma cama, segure o haltere com a mão livre e mantenha o membro superior alongado à sua frente. O interesse da cama é poder se colocar perto da borda de modo que a mão fique pendente no vazio, o que aumentará a amplitude do movimento.

[2] Eleve a carga com a mão em posição neutra (polegar para baixo), conservando o membro superior bem estendido. Interrompa o movimento antes que o membro superior fique perpendicular ao solo. Dessa forma, o exercício isola melhor a parte posterior do ombro do que as elevações inclinadas (ver exercício seguinte, p. 104), porque você não poderá se enganar oscilando o tronco. O alongamento é bem melhor e ocasiona a exaustão acompanhada de dor muscular nos dias seguintes.

VANTAGENS

Se você tiver dificuldade para sentir o ombro trabalhar, particularmente na parte posterior, deve tentar este exercício. Após várias semanas, ele contribuirá para lhe ensinar a sentir e isolar melhor essas porções do deltoide tão difíceis de serem recrutadas.

DESVANTAGENS

O aspecto unilateral obrigatório faz perder tempo.

PONTOS A OBSERVAR

O objetivo aqui não é trabalhar de modo muito pesado. A posição deitada permite um movimento de isolamento bem estrito. É imprescindível manter o membro superior estendido durante a maior parte do exercício. Após atingir a exaustão, você poderá flexioná-lo um pouco para obter algumas repetições suplementares.

COMENTÁRIOS

As séries decrescentes são muito adequadas para este exercício.

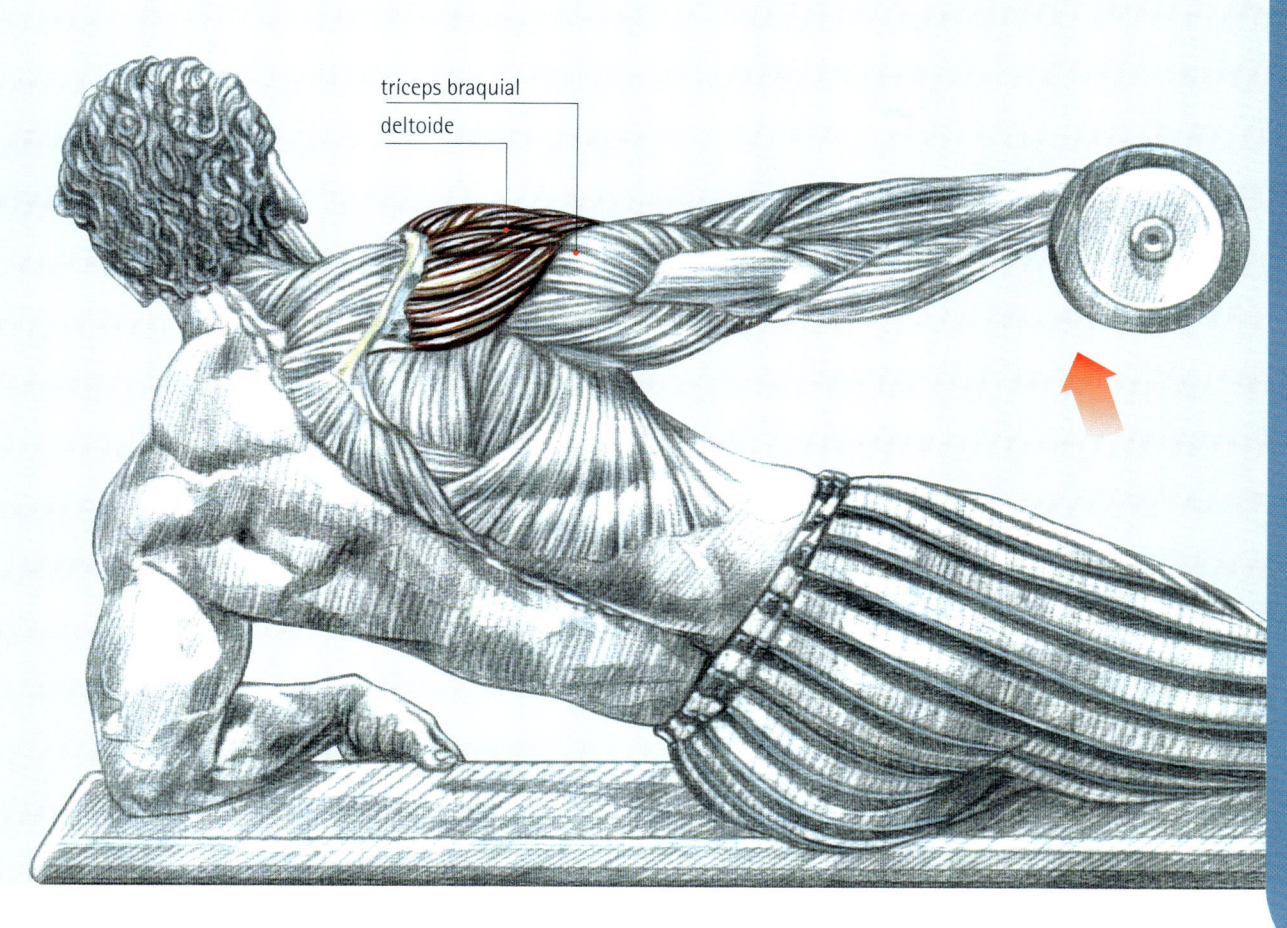

tríceps braquial
deltoide

Variantes

1 O ideal é executar a supersérie seguinte. Inicie na versão deitada.

2 Após atingir a exaustão, eleve-se para terminar em pé ou inclinado. Dessa maneira, será possível obter mais repetições e esgotar o músculo ao máximo.

! **Se você deitar sobre uma cama, o colchão não deve ser muito mole para permitir que você conserve as costas retas.**

1

2

/// Elevações em posição inclinada para a frente

Este exercício de isolamento visa à parte posterior do ombro, mas também solicita os trapézios e uma parte das costas. É possível, mas não necessariamente desejável, trabalhar no modo unilateral.

1 Incline-se para a frente, de modo que o tronco forme um ângulo de aproximadamente 90° em relação ao solo. Segure os halteres com as mãos em pronação (um polegar orientado em direção ao outro).

2 Eleve os membros superiores lateralmente o mais alto possível, mantendo-os bem estendidos. Mantenha a posição de contração durante 1 ou 2 segundos antes de descer.

! O fato de você estar inclinado para a frente coloca suas costas em uma posição muito vulnerável. Para aliviar o trabalho dos lombares, apoie a caixa torácica contra as coxas. Durante todo o exercício, mantenha a região lombar bem reta.

VANTAGENS

É o exercício-chave para a parte posterior do ombro, ainda que difícil de realizar com frequência. Use e abuse das séries decrescentes, pois nunca somos muito musculosos nessa região.

- - - - - - - - - - - - - - - - - - -

A posição inclinada torna mais difícil o trabalho do músculo quando começamos a forçar. O estômago não deve estar cheio.

DESVANTAGENS

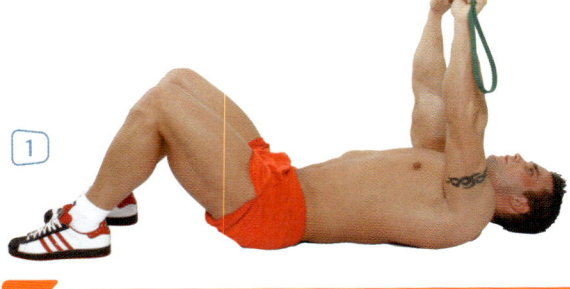

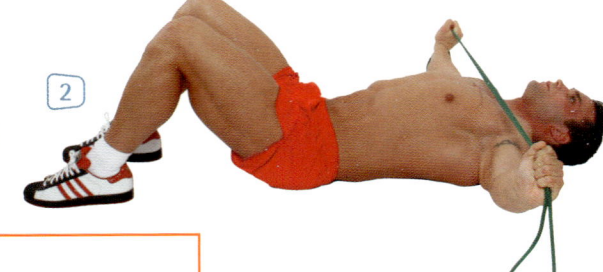

PONTOS A OBSERVAR

Eleve bem os membros superiores, em forma de cruz. É mais fácil elevá-los muito para trás. Essa posição permite trabalhar de modo mais pesado, mas isola menos a parte posterior do ombro. Mantenha a cabeça bem reta e olhe para a frente, ligeiramente para o alto, para manter as costas eretas.

Se você deseja executar o exercício unilateralmente, opte pelo descrito na página 102.

COMENTÁRIOS

Como já vimos na introdução deste capítulo, a parte posterior do ombro é muitas vezes negligenciada. Se não é obrigatório trabalhar a parte anterior do ombro em cada seção para o deltoide, é imprescindível trabalhar a parte posterior. Se você treinar as costas em um dia e os ombros no outro, pode realizar algumas séries de elevações, inclinado, apenas após os dorsais, a fim de criar um hábito muscular.

(Variante)

1 Em decúbito dorsal, segure uma faixa elástica com os membros superiores estendidos à sua frente (mãos em pronação: um polegar em direção ao outro).

2 Com a força da parte posterior dos ombros, abaixe os membros superiores em cruz até o solo. Esta versão é interessante pois não se coloca nenhuma pressão sobre a coluna vertebral.

OS OMBROS

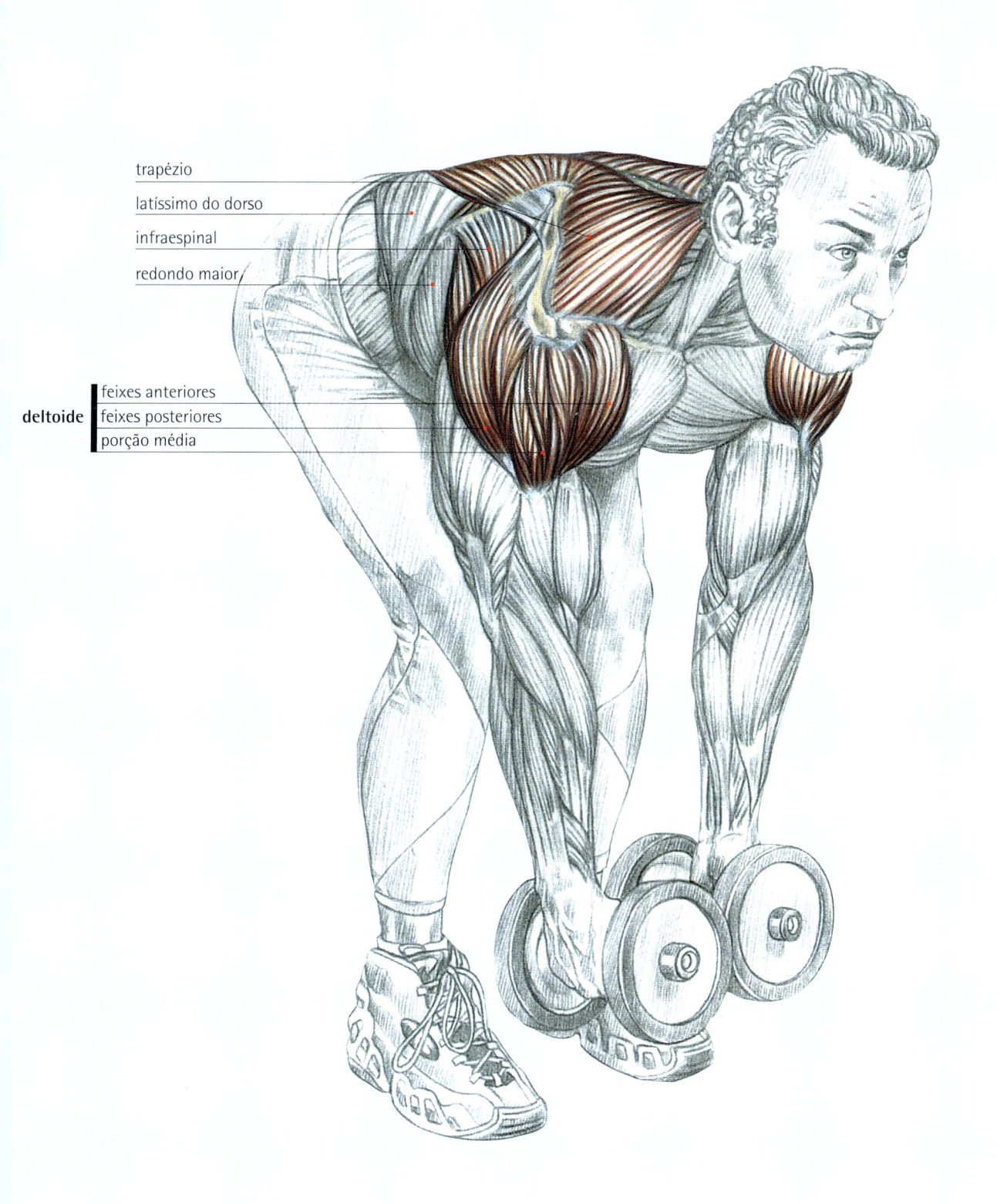

trapézio

latíssimo do dorso

infraespinal

redondo maior

deltoide
feixes anteriores
feixes posteriores
porção média

/// Alongamentos para os ombros

Para a parte anterior do ombro:

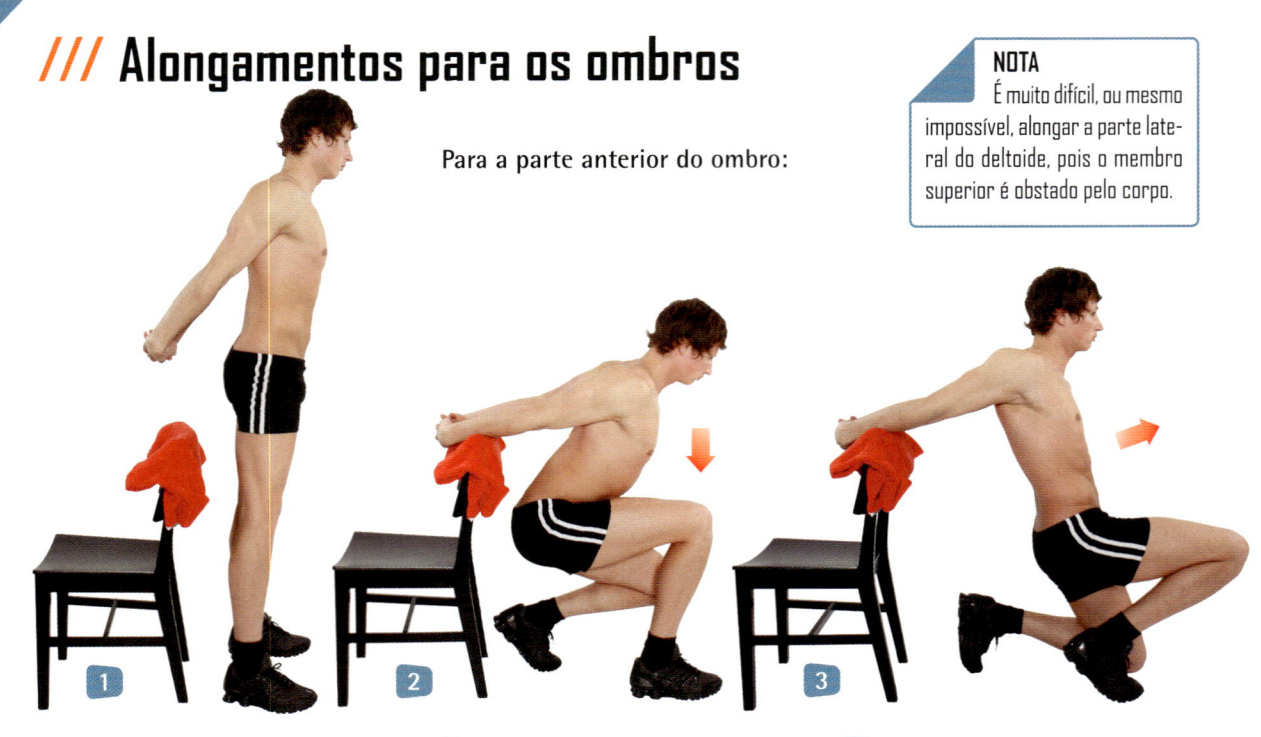

1 Em pé, com as mãos cruzadas atrás das costas, posicione-se sobre o encosto de uma cadeira colocada atrás de você. Você pode segurar o encosto dessa cadeira com um pé para que ela não balance.

2 Incline-se para a frente ao abaixar, o que elevará seus membros superiores.

3 Quanto mais você avançar, mais intenso será o alongamento. Você pode colocar uma toalha entre as mãos e a cadeira, para não machucar os punhos.

Para a parte posterior do ombro:

1 Com os membros inferiores estendidos, os pés paralelos e as mãos cruzadas atrás dos glúteos, incline o tronco para a frente, subindo os dois membros superiores estendidos acima dos ombros. Flexione ligeiramente os joelhos e suba estendendo as costas.

1 Posicione-se em pé, com os membros inferiores afastados e as mãos colocadas nas extremidades de um bastão.

Execute um círculo, segurando o bastão, com os membros superiores estendidos acima da cabeça.

1 Em pé, com o braço esquerdo flexionado a 90° e elevado na direção dos olhos, e a mão sobre o ombro direito, segure o cotovelo esquerdo com a mão direita. Leve o braço esquerdo o máximo possível até o pescoço. Mantenha a posição e, depois, faça com o outro braço.

Quando você tiver adquirido flexibilidade, poderá apoiar o cotovelo em uma parede e deixar seu peso executar o alongamento.

OS OMBROS

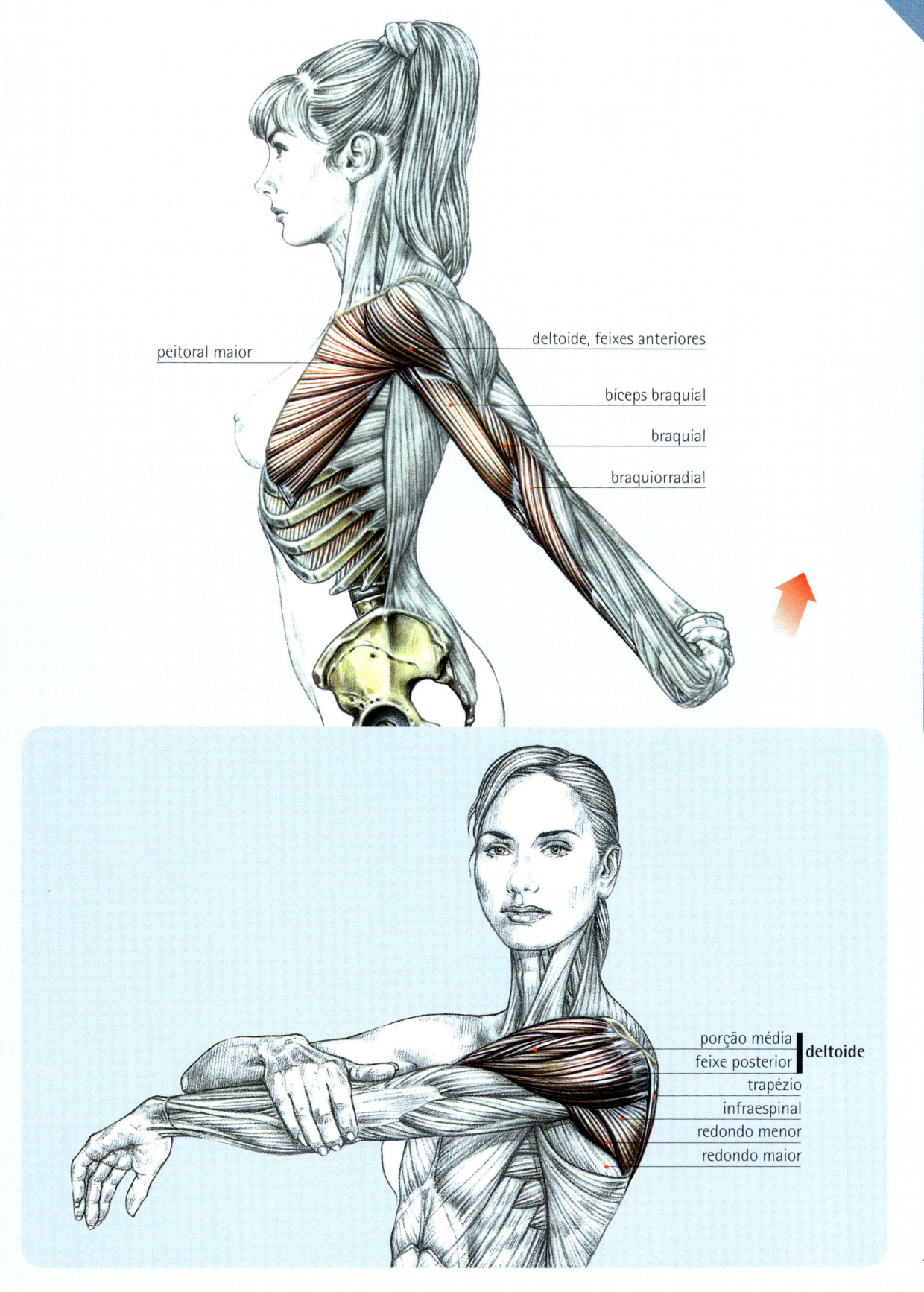

peitoral maior

deltoide, feixes anteriores

bíceps braquial

braquial

braquiorradial

porção média | **deltoide**
feixe posterior
trapézio
infraespinal
redondo menor
redondo maior

O infraespinal

❙ Papel do infraespinal

O infraespinal é um dos quatro músculos que formam o que chamamos de manguito rotador. Trata-se de quatro músculos (infraespinal, supraespinal, redondo menor e subescapular) que envolvem a articulação do ombro para mantê-la no lugar. Quando movimentamos o ombro, a articulação tem apenas um objetivo: desencaixar.

Dessa maneira, compreendemos o papel de manutenção que têm os músculos que compõem o manguito rotador. Esse manguito é submetido a uma dura prova em quase todos os exercícios de musculação do tronco. O mesmo ocorre nos esportes que exigem intervenção dos membros superiores, como natação e lançamentos.

É fácil perceber que essa exigência extrema facilmente conduz a lesões desses músculos estabilizadores do ombro. Elas são muito frequentes pelo fato de esses quatro músculos protetores serem bem pequenos. Dos quatro, o infraespinal é o mais utilizado e o mais frágil. É por isso que é necessário reforçá-lo, trabalhando-o de maneira específica.

Esse trabalho pode ser executado de duas maneiras:

1. No aquecimento. Todas as sessões de tronco começam por 2 a 3 séries leves para o infraespinal. Esse aquecimento evitará que ele esteja frio no momento das séries pesadas. Além disso, esse trabalho regular também produzirá um reforço considerável que evitará lesões.

2. No final da sessão. Caso esse trabalho de aquecimento não seja suficiente, ou caso você sinta que o seu ombro está instável, é necessário um treinamento mais intenso. Em geral, somente nos damos conta de que um trabalho do infraespinal é necessário quando o ombro já está dolorido. Mas antes perceber tarde do que nunca. Neste caso, execute de 3 a 5 séries para o infraespinal no final de treinamentos para os músculos do tronco. Essa especialização não dispensa as séries de aquecimento do infraespinal.

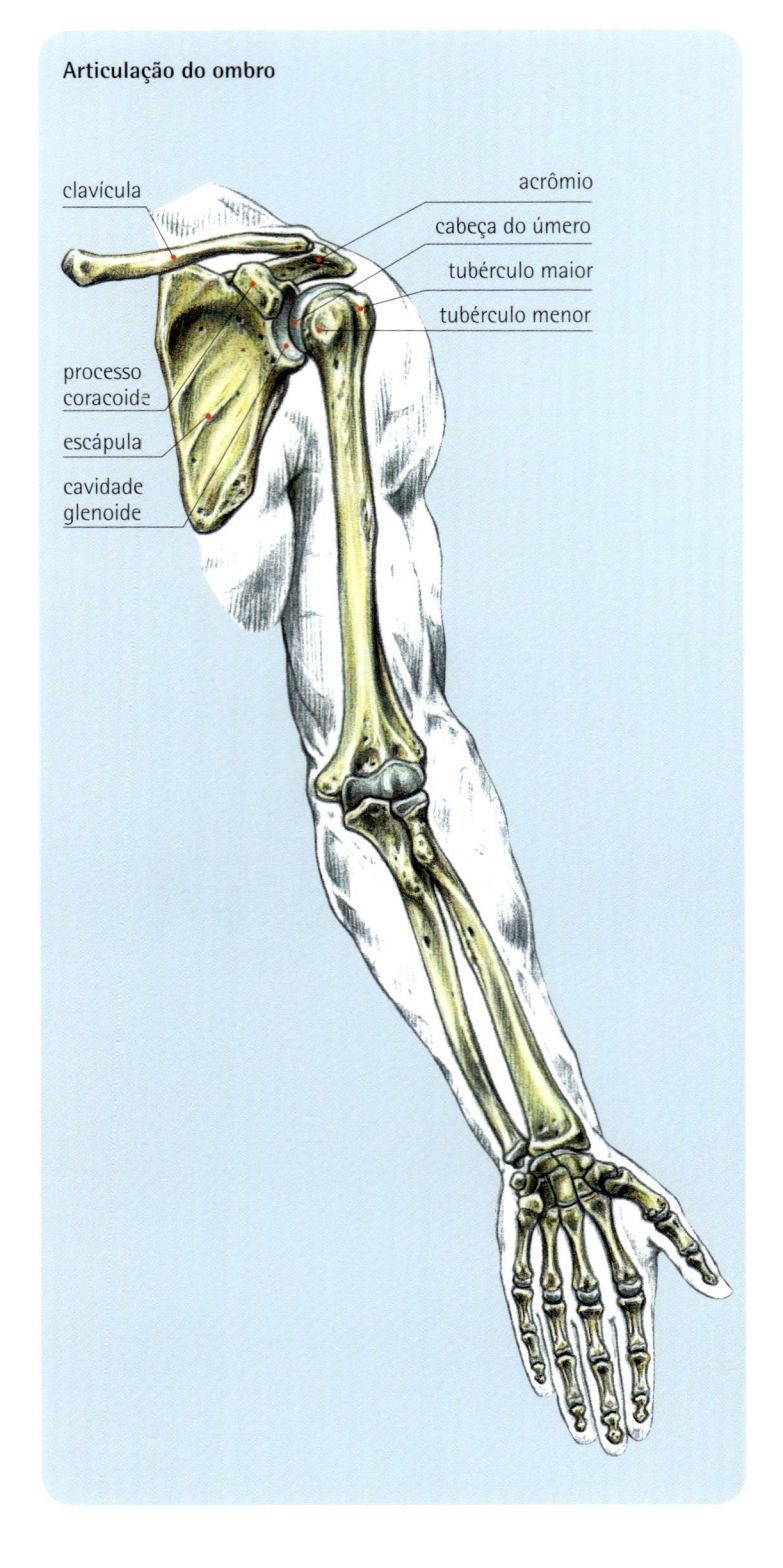

Articulação do ombro

clavícula

acrômio

cabeça do úmero

tubérculo maior

tubérculo menor

processo coracoide

escápula

cavidade glenoide

Músculos do manguito rotador, vista posterior

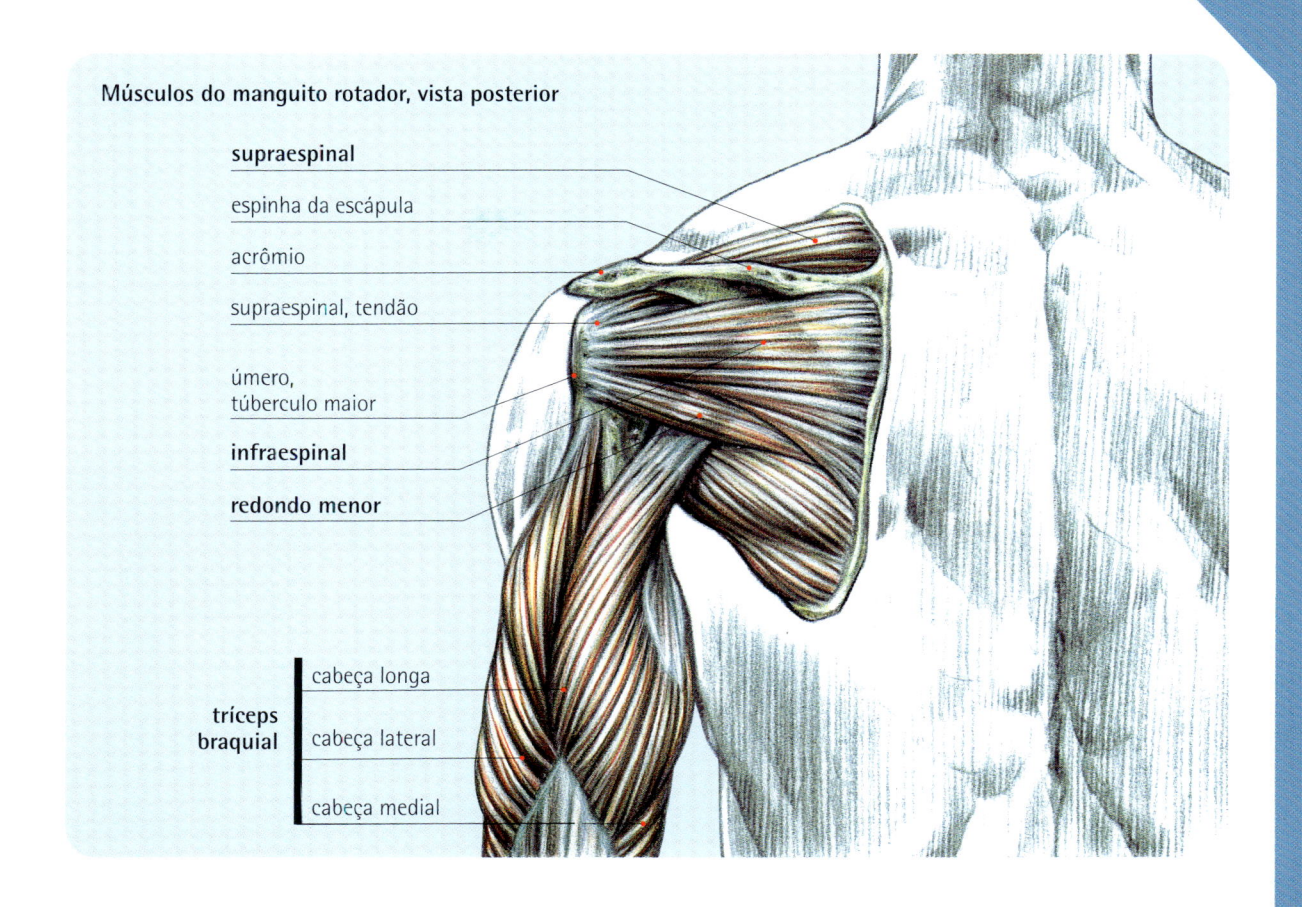

- supraespinal
- espinha da escápula
- acrômio
- supraespinal, tendão
- úmero, túberculo maior
- **infraespinal**
- **redondo menor**
- **tríceps braquial**
  - cabeça longa
  - cabeça lateral
  - cabeça medial

Músculos do manguito rotador, vista anterior

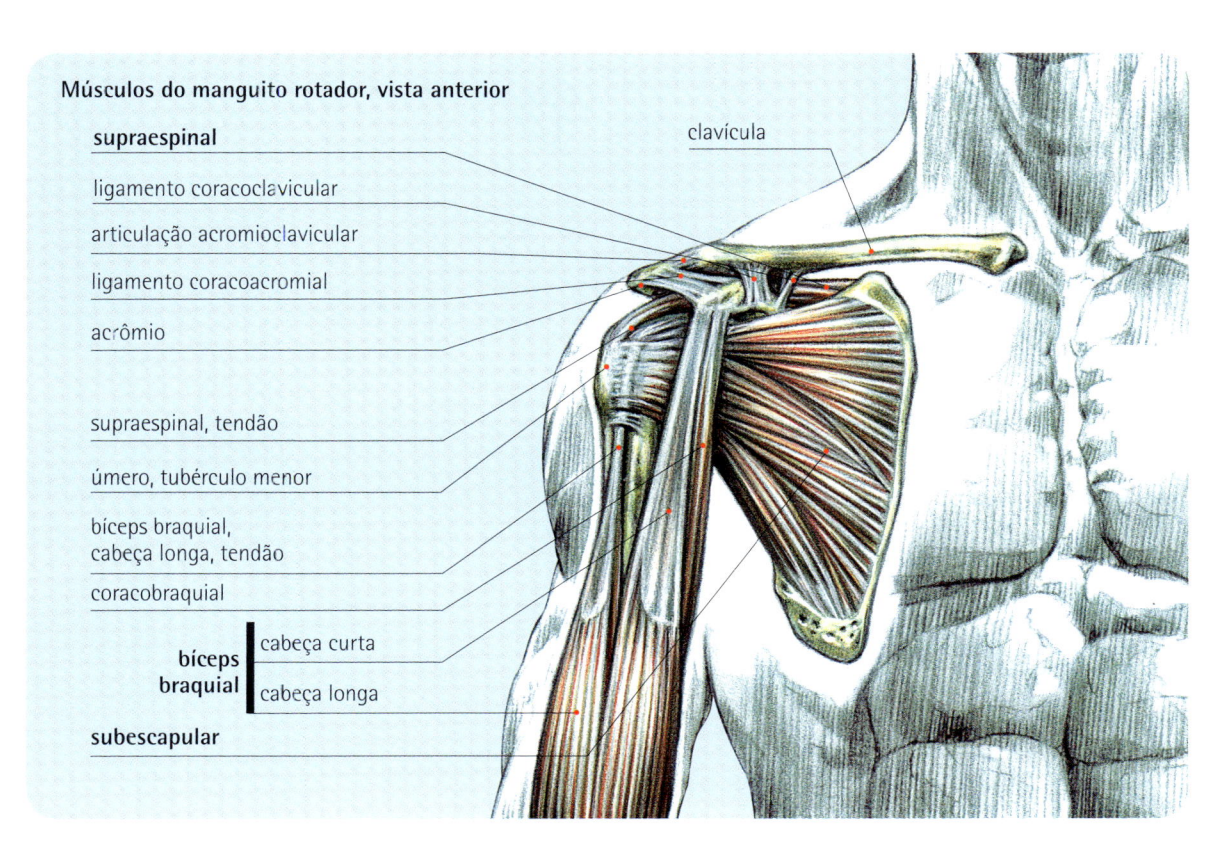

- **supraespinal**
- ligamento coracoclavicular
- articulação acromioclavicular
- ligamento coracoacromial
- acrômio
- supraespinal, tendão
- úmero, tubérculo menor
- bíceps braquial, cabeça longa, tendão
- coracobraquial
- **bíceps braquial**
  - cabeça curta
  - cabeça longa
- **subescapular**
- clavícula

/// Rotações do "caroneiro" com haltere

Estes exercícios de isolamento visam ao infraespinal. É obrigatório trabalhar no modo unilateral.

! Se você descer o membro superior de maneira violenta na posição de alongamento, corre o risco de lacerar o infraespinal. Execute este exercício somente de modo lento e bem controlado para evitar lesões.

1 Em decúbito lateral esquerdo, no solo ou em uma cama, flexione o membro superior direito a 90°, mantendo a parte interna do bíceps em contato com o tronco.

2 Com o haltere na mão em pegada neutra (polegar direcionado para a cabeça), execute uma rotação do antebraço, como se você pedisse carona. Interrompa o movimento um pouco antes do antebraço ficar perpendicular ao solo. Em seguida, desça lentamente.

Variante

v Você pode modificar a orientação da mão para observar se sente melhor o exercício em supinação (dedo mínimo orientado para o tronco) ou em pronação (polegar orientado para o tronco).

PONTOS A OBSERVAR

Você não deve trabalhar de modo pesado em nenhuma situação. Cuide para realizar corretamente o exercício e sentir bem o infraespinal trabalhar, o que está longe de ser fácil.

COMENTÁRIOS

Um volume grande de trabalho (número elevado de séries e sessões) deve compensar a fraca intensidade deste exercício.

/// Alongamentos do infraespinal

Para flexibilizar o infraespinal, utilize o exercício de alongamento em posição sentada para os dorsais descrito na página 137.

/// Rotações do "caroneiro" com faixa elástica

PONTOS A OBSERVAR

Ao relaxar progressivamente a tensão sobre a faixa (aproximan-do-se de seu ponto de fixação), você pode executar uma série decrescente com facilidade.

COMENTÁRIOS

O elástico garante uma tensão contínua no músculo. Dessa maneira, é mais fácil sentir o infraespinal trabalhar.

1 Em pé, com os pés levemente afastados, flexione o membro superior esquerdo a 90°, conservando a parte interna do bíceps em contato com o tronco. Segure uma faixa elástica fixada firmemente à meia altura no seu lado direito. Utilize uma pegada neutra (polegar orientado para cima).

2 Execute uma rotação do antebraço como se você estivesse pedindo carona. Insufle a caixa torácica para poder ir o mais longe possível à esquerda. Essa insuflação permitirá também uma melhor contração do infraespinal. Mantenha a posição de contração durante 1 ou 2 segundos antes de expirar e levar o antebraço para a direita. Interrompa o alongamento assim que você sentir que o cotovelo irá subir. Execute pelo menos 12 repetições.

O uso de uma resistência elástica é evidentemente menos traumático que o de um haltere. Os riscos de lesão são menores. No entanto, evite qualquer alongamento brusco e muito intenso.

▼ Pronação

▼ Supinação

VANTAGENS

Este exercício é o mais eficaz para aquecer e reforçar o infraespinal.

É difícil avaliar a resistência produzida pela faixa elástica. Essa falta de critério dificulta a progressão.

DESVANTAGENS

(Variantes)

v Tente mudar a orientação da mão para observar se você sente melhor o exercício em supinação (polegar orientado para o exterior) ou em pronação (polegar orientado para o tronco).

Muitas vezes, vemos este exercício ser realizado com haltere. Infelizmente, assim ele se torna de todo inútil, porque a resistência deve vir lateralmente, e não de cima para baixo, como ocorre com um peso.

DEFINA OS PEITORAIS

▮ Papel dos peitorais

Os músculos peitorais permitem projetar os membros superiores para a frente quando eles precisam vencer uma resistência (p. ex., se você tiver de empurrar um adversário que vier em sua direção).

Assim, os peitorais são muito utilizados em esportes de combate, de contato e de lançamento. Atuando como uma armadura, eles são uma espécie de "músculos de combate".

Esteticamente, eles são muito desejados, pois o seu desenvolvimento é sinal de virilidade e potência entre os homens.

Os peitorais são muito pouco utilizados na vida cotidiana. É por isso que eles são frequentemente sub-desenvolvidos e que temos dificuldade para senti-los trabalhando quando iniciamos a musculação.

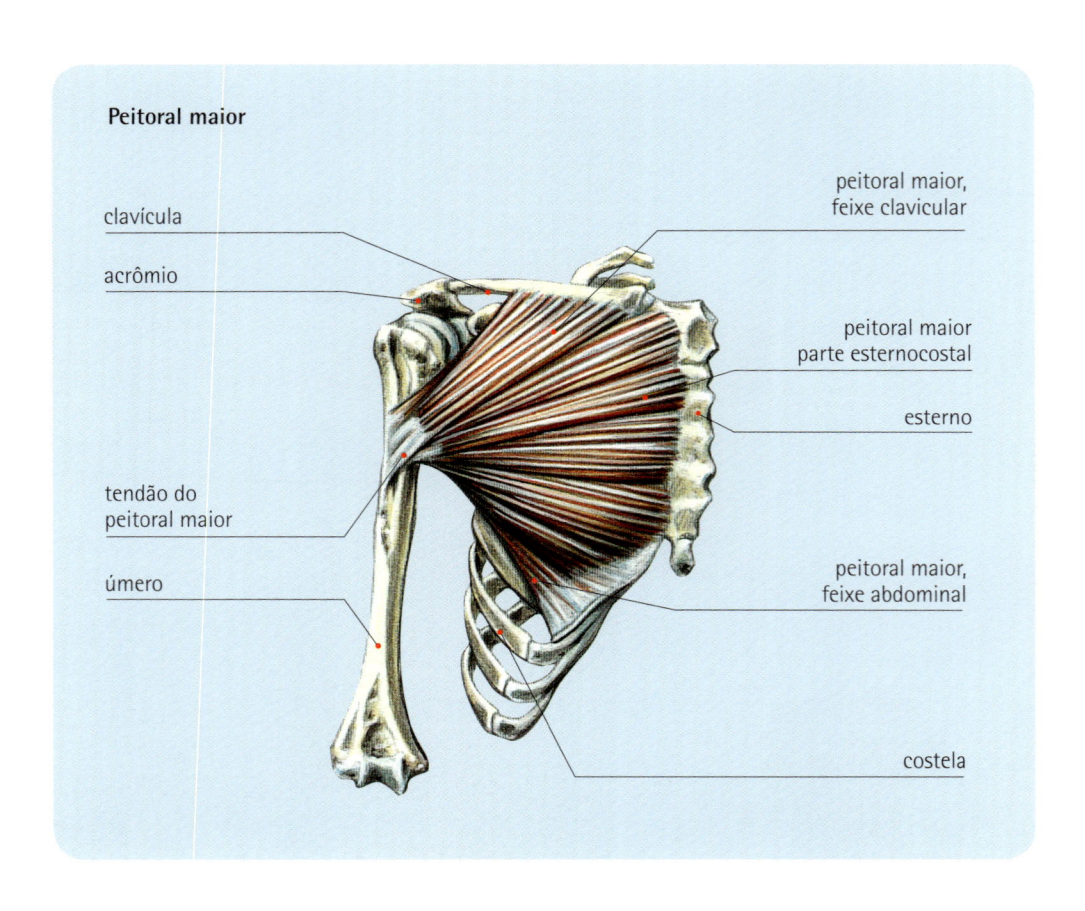

Peitoral maior

clavícula

acrômio

peitoral maior, feixe clavicular

peitoral maior parte esternocostal

esterno

tendão do peitoral maior

úmero

peitoral maior, feixe abdominal

costela

/// Flexões de membros superiores

Este exercício básico visa aos peitorais, aos músculos dos ombros e aos tríceps.
Apenas para pessoas extremamente leves é permitido trabalhar no modo unilateral.

1 Alongue-se com a face voltada para o solo e com as mãos no chão, cujo afastamento deve corresponder mais ou menos à largura dos ombros.

2 Estenda os membros superiores para subir o corpo utilizando ao máximo a força dos peitorais. Uma vez com os membros estendidos, desça lentamente.

◄ Mãos afastadas no mínimo na largura dos ombros

PONTOS A OBSERVAR

1. Pegada larga: quanto mais você afastar as mãos, mais alongará os peitorais. Nem todos os tendões gostam desse alongamento, em particular se os antebraços forem longos. No entanto, depois que os membros superiores forem estendidos, a contração encurtará menos os músculos peitorais.

2. Pegada estreita: por outro lado, quanto mais você aproximar as mãos, menos pronunciado será o alongamento. Portanto, ele será menos perigoso para o tendão do peitoral maior. O encurtamento dos peitorais após os membros superiores serem estendidos será mais visível. O único "risco" é que os tríceps, mais solicitados na pegada estreita, roubem uma parte do esforço dos peitorais.

Selecione a orientação das mãos que lhe parecer mais natural.

a Para o trabalho dos peitorais, as mãos geralmente ficam orientadas para a frente ou para o exterior.

b Uma orientação interna privilegia o recrutamento dos tríceps.

c Escolha também o afastamento dos pés que lhe propicia o máximo de conforto.

◄ Pegada larga com pés juntos

◄ Pegada estreita com pés afastados

É fácil variar a resistência. Se o seu peso corporal for muito alto, comece realizando flexões de membros superiores apoiado sobre os joelhos, e não sobre os pés, para ganhar força. Igualmente, no final da série, se você não tiver mais força para realizar as flexões clássicas, continue o exercício apoiado sobre os joelhos para obter mais repetições.

Nem sempre fica evidente se os peitorais foram bem visados com as flexões de membros superiores. Além disso, elas não são necessariamente adequadas à anatomia de todo mundo. Se você possui membros superiores longos, terá muita dificuldade, sem a mínima garantia de resultados. As flexões de membros superiores não são um fim em si. A musculação não deve se tornar a seita de executantes de flexões, nem um circo em busca de todas as variantes de flexões, uma mais extravagante que outra. Somente o trabalho eficaz deve ser buscado.

DESVANTAGENS

OS PEITORAIS

Variantes

1 Para aumentar a resistência, utilize uma faixa elástica que você passará nas costas e segurará com as mãos. Passe apenas uma alça nas costas para começar.

O ângulo formado entre o tronco e os membros superiores pode variar. Procure qual a posição mais confortável entre um posicionamento das mãos no eixo dos ombros ou no eixo dos peitorais.

2 Quando você tiver adquirido força, poderá passar as duas alças nas costas.

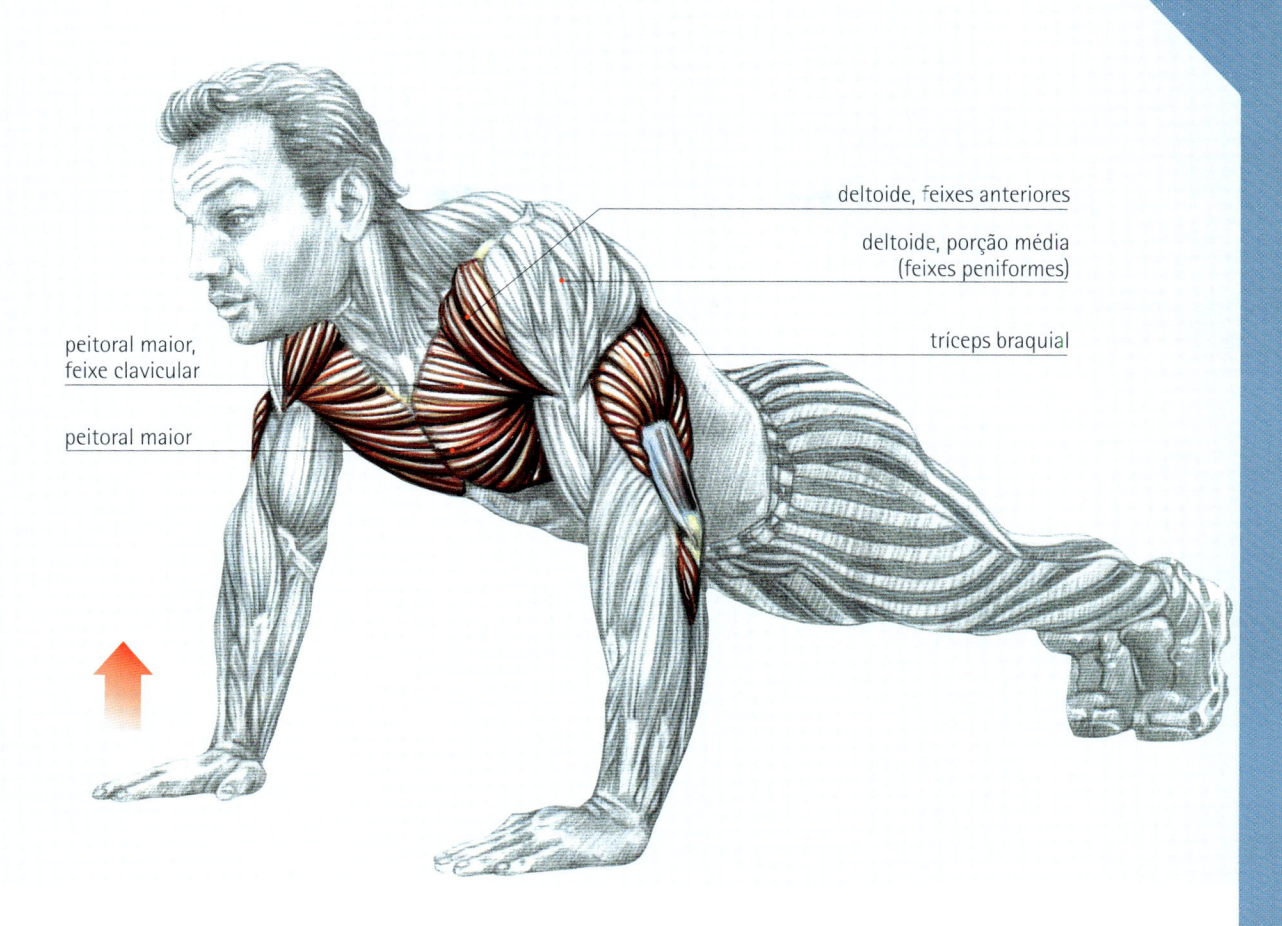

deltoide, feixes anteriores

deltoide, porção média
(feixes peniformes)

tríceps braquial

peitoral maior,
feixe clavicular

peitoral maior

COMENTÁRIOS

As flexões de membros superiores descrevem um arco circular: o seu corpo não se eleva paralelamente ao solo. A cabeça se desloca muito mais que os membros inferiores. Se você não gostar dessa rotação, pode colocar livros grossos sob as coxas ou os joelhos. O exercício ficará mais fácil (quanto mais próximos os livros ficarem do tronco), e também mais natural para as articulações e os músculos. Se você não sentir bem o trabalho muscular com flexões de membros superiores clássicas, esta versão elevada certamente vai ajudá-lo.

Nem todos os punhos são feitos para serem flexionados a 90°. Para não martirizá-los em vão, você pode colocar livros grossos no solo. Também existem alças especiais, disponíveis em lojas de material esportivo. Elas aumentam a amplitude do exercício, impedindo uma torção muito grande e não natural do punho.
É claro que curvar as costas facilita o exercício, mas comprime inutilmente a coluna vertebral.

DICA

Um meio de ganhar força rapidamente nos exercícios básicos para os peitorais é executar uma série de bíceps sem forçar muito, entre duas séries de flexões de membros superiores ou de supino em posição deitada. Um trabalho moderado dos bíceps acelera a recuperação dos tríceps, impedindo sua exaustão prematura.

/// Supino em decúbito com halteres

Este exercício básico visa aos peitorais, aos músculos dos ombros e aos tríceps. O trabalho unilateral é permitido, mas não necessariamente útil para um iniciante, pois o exercício se torna bem instável.

◄ Pronação

▲ Costas bem paralelas ao solo e nádegas elevadas

1

▼ Haltere na altura da porção alta dos peitorais (ombros)

▲ Cotovelos afastados

2

❚ Preste atenção quando for levantar os halteres do solo até ● a posição inicial do exercício. Coloque os halteres sobre as coxas, com os membros superiores flexionados, para conseguir executar o movimento de báscula com as costas bem protegidas. Do mesmo modo, ao repousar os halteres no solo, jamais estenda os membros superiores para se livrar das cargas, pois você poderá lacerar o bíceps.

1 Em decúbito dorsal no solo ou na beira da cama, segure dois halteres e leve-os à altura dos ombros, com as mãos em pronação (um polegar em direção ao outro). Estenda os membros superiores com a força dos peitorais. Os halteres devem tocar-se no alto do movimento.

2 Desça a carga flexionando os membros superiores e afastando os halteres. O seu ponto de chegada pode estar localizado entre a porção alta dos peitorais (na altura dos ombros) e a porção baixa (na altura dos mamilos). Em um primeiro momento, esse ponto de queda deve ser determinado em função do que lhe parecer mais natural. Em um segundo momento, ele será selecionado de acordo com os seus objetivos. Começando na porção alta dos peitorais, você trabalhará mais a parte superior do peitoral maior; começando sobre a porção baixa, visará mais a parte baixa do músculo.

Variantes

1 A orientação das mãos e dos cotovelos pode variar. Mantendo os cotovelos ao longo do corpo e as mãos em pegada neutra (polegares direcionados para a cabeça), o peitoral maior é menos alongado e o ombro trabalha mais.

Afastando ao máximo os cotovelos do corpo e adotando a pegada em pronação (um polegar orientado em direção ao outro), os peitorais ficam muito alongados na parte baixa do movimento. O risco de lacerar o peitoral maior é mais alto. Cabe a você variar esses parâmetros para determinar qual é a posição que lhe permite o melhor trabalho muscular.

Supino inclinado

Pegada ► neutra

1

2

◄ Nádegas sobre os pés

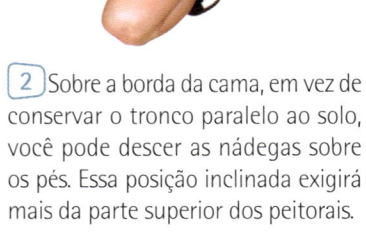

2 Sobre a borda da cama, em vez de conservar o tronco paralelo ao solo, você pode descer as nádegas sobre os pés. Essa posição inclinada exigirá mais da parte superior dos peitorais.

3 O supino para peitorais também pode ser realizado em pé, com uma faixa elástica que você deverá passar nas costas e segurar com as mãos. Tracione a faixa com um ou os dois membros superiores. Esta variação é muito útil nos esportes de combate, como o boxe.

OS PEITORAIS

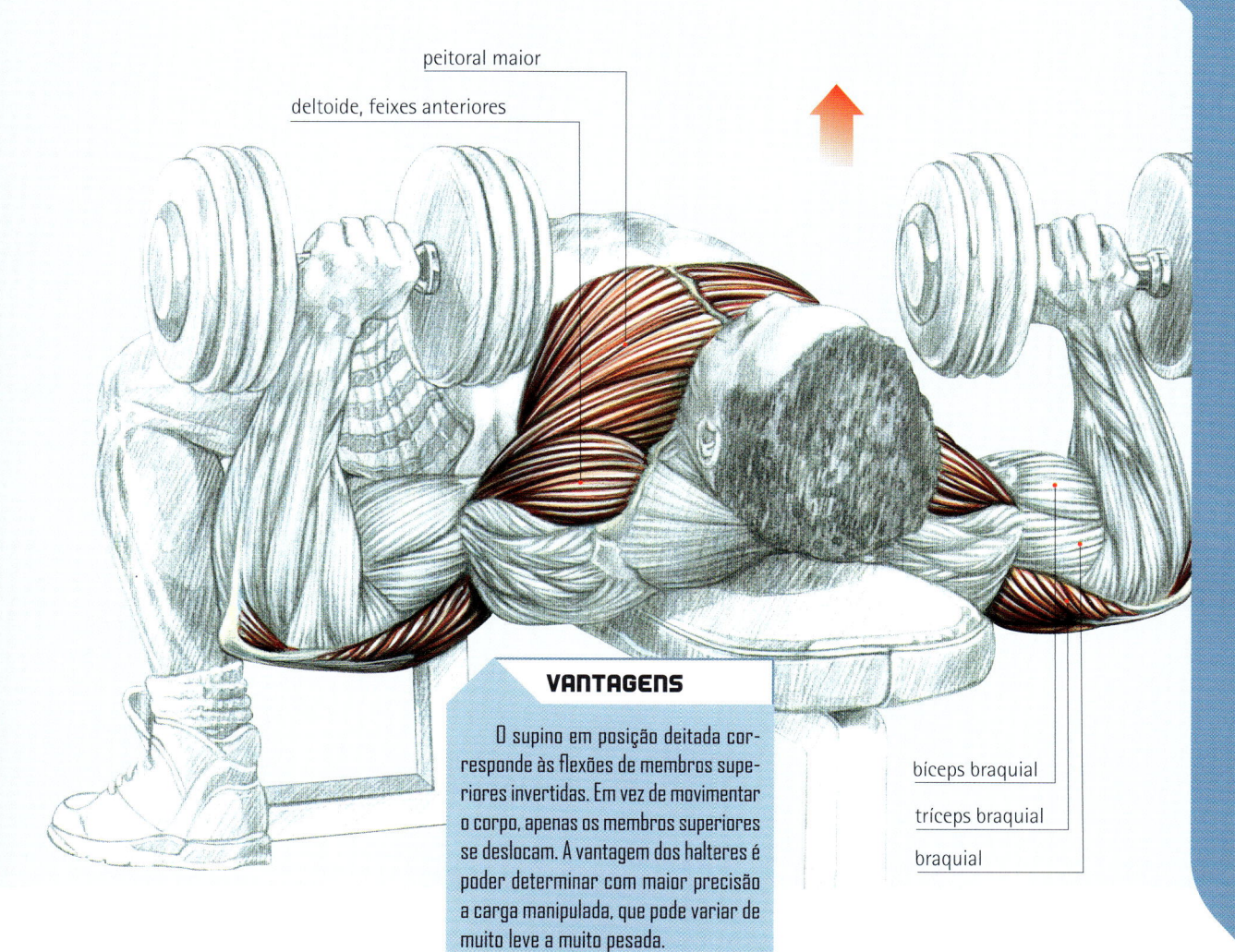

peitoral maior

deltoide, feixes anteriores

bíceps braquial

tríceps braquial

braquial

O supino em posição deitada corresponde às flexões de membros superiores invertidas. Em vez de movimentar o corpo, apenas os membros superiores se deslocam. A vantagem dos halteres é poder determinar com maior precisão a carga manipulada, que pode variar de muito leve a muito pesada.

A independência de movimento dos membros superiores exige a aquisição de um melhor controle muscular. Trata-se de um domínio difícil de ser adquirido por alguns iniciantes. Não observamos essa dificuldade de execução com as flexões de membros superiores. Em um primeiro momento, estas serão mais fáceis de realizar que o supino deitado. Aliás, a independência dos membros superiores corresponde melhor à necessidade do atleta em diversos esportes. Graças à dificuldade de dominar o movimento, o supino em posição deitada é melhor para os esportistas do que as flexões de membros superiores.

DESVANTAGENS

PONTOS A OBSERVAR

Quando praticado sobre o solo, este exercício tem sua amplitude limitada. Sobre a borda de uma cama, ele é mais confortável e permite uma amplitude de movimento completa. Ele exige um certo aprendizado antes de ser dominado por completo. Por isso, comece trabalhando levemente para se habituar bem ao movimento.

COMENTÁRIOS

Sobre a borda da cama, estabilize-se bem com os membros inferiores. O fato de tomar o impulso a partir das coxas lhe dará força. Certifique-se também de que a cama não irá mover-se nem balançar quando você estiver se alongando.

/// Afastamento em decúbito com halteres

Este exercício de isolamento visa aos peitorais e aos músculos dos ombros. O trabalho no modo unilateral, apesar de possível, não é desejável.

Pegada neutra ▲

1

▲ Nádegas altas

Nunca estenda os membros superiores para colocar os halteres no solo, pois você poderá lacerar um bíceps. Do mesmo modo, durante o exercício, nunca os estenda totalmente.

Membros superiores em cruz ▶

2

1 Em decúbito dorsal ou sobre a borda da cama, segure dois halteres e leve-os até a altura dos ombros, com as mãos em pegada neutra (polegares direcionados para cima). Estenda os membros superiores à sua frente como se você realizasse o supino com halteres.

2 Uma vez nesta posição, desça os membros superiores em cruz, conservando-os semiestendidos. Quando eles estiverem no mesmo alinhamento, aproxime os halteres, servindo-se da força dos peitorais. Desça a carga afastando-a, sem flexionar muito os membros.

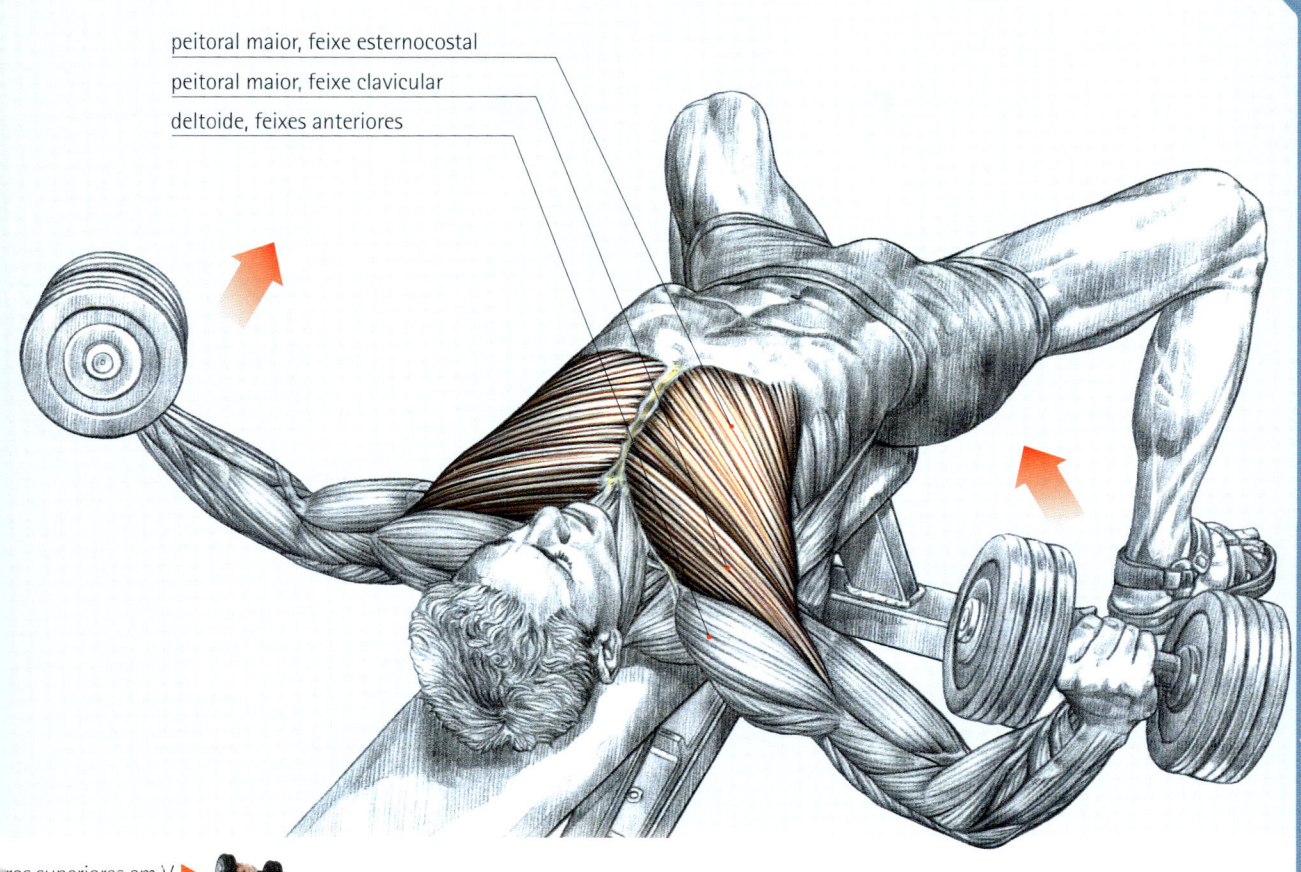

peitoral maior, feixe esternocostal
peitoral maior, feixe clavicular
deltoide, feixes anteriores

...ros superiores em V ▶

[1]

Nádegas
para o solo

[2]

Em uma segunda versão, quanto mais você aproximar as mãos, mais irá rodar os polegares um em direção ao outro. Dessa forma, a contração será mais intensa na parte alta dos peitorais e nos ombros.

[1] Existe outra variante. Em vez de abaixar os membros superiores em cruz, é possível abaixá-los em V, isto é, bem mais em direção à cabeça. Isso torna o exercício híbrido, entre o afastameto deitado e o *pull over*. Alguns o sentirão bem mais quando executado dessa maneira. Por outro lado, é necessário trabalhar de modo muito mais leve, pois o movimento é mais difícil e o risco de laceração, maior.

[2] Sobre a borda da cama, em vez de manter o tronco paralelo ao solo, você pode descer as nádegas em direção ao solo. Essa posição inclinada exige mais da parte alta dos peitorais.

(**Variantes**)

Você pode executar uma rotação do punho para contrair melhor os peitorais. Em uma primeira versão, quanto mais você aproximar as mãos, mas irá rodar os dedos mínimos um em direção ao outro. Dessa maneira, a contração será mais intensa na parte inferior dos peitorais.

/// *Pull over* com os membros superiores estendidos

Este exercício de isolamento visa particularmente aos peitorais e, em menor grau, aos dorsais e aos tríceps. O trabalho no modo unilateral é permitido, mas não desejável.

◀ Pegada neutra

1 Posicione-se em decúbito dorsal no solo ou em uma cama (o que é preferível). Neste último caso, a cabeça deve ficar na borda da cama, para que os membros superiores fiquem pendentes. Isso proporcionará uma melhor amplitude de movimento e um melhor alongamento. Com um haltere, que você segurará com as mãos em pegada neutra (polegares direcionados para o solo), estenda os membros superiores acima da cabeça.

2 Mantendo os membros superiores estendidos, desça-os atrás da cabeça. Quando eles estiverem no prolongamento do corpo, eleve-os com a força dos peitorais. Interrompa o movimento quando o haltere chegar acima dos olhos e, em seguida, desça-os.

(**Variantes**)

v Em vez de utilizar apenas um haltere, você pode segurar um em cada mão. Neste caso, o exercício se torna claramente mais difícil, porque exige um controle muscular muito maior para deslocar as duas cargas em paralelo. Uma sequência possível consiste em iniciar com o *pull over* com dois halteres. Após atingir a exaustão, transforme o movimento em afastamento em posição deitada para obter mais repetições e um alongamento muscular dos peitorais diferente.

No modo decrescente, você pode iniciar com o *pull over* com dois halteres. Após atingir a exaustão, largue um deles e continue o exercício apenas com o outro.

! O *pull over* com halteres coloca a articulação do ombro em uma situação relativamente precária. Por isso, não devemos trabalhar de modo pesado. Aumente o número de repetições mais do que a carga. Certifique-se também de que os pesos estão bem fixados, pois eles não devem se soltar quando passarem sobre a sua cabeça.

VANTAGENS

Este exercício alonga tanto os peitorais quanto os músculos dos ombros, dois grupos que tendem a perder flexibilidade por causa da musculação.

Algumas pessoas não sentirão os peitorais trabalharem durante a execução deste exercício. Para elas, os dorsais é que vão fornecer a maior parte do esforço.

DESVANTAGENS

PONTOS A OBSERVAR

Você pode flexionar levemente os membros superiores para facilitar o alongamento, mas se os flexionar de maneira muito forte, o esforço será cada vez mais dos dorsais e menos dos peitorais.

COMENTÁRIOS

O *pull over* pode ser utilizado para abrir a caixa torácica. No entanto, existem exercícios de alongamento mais eficazes para isso.

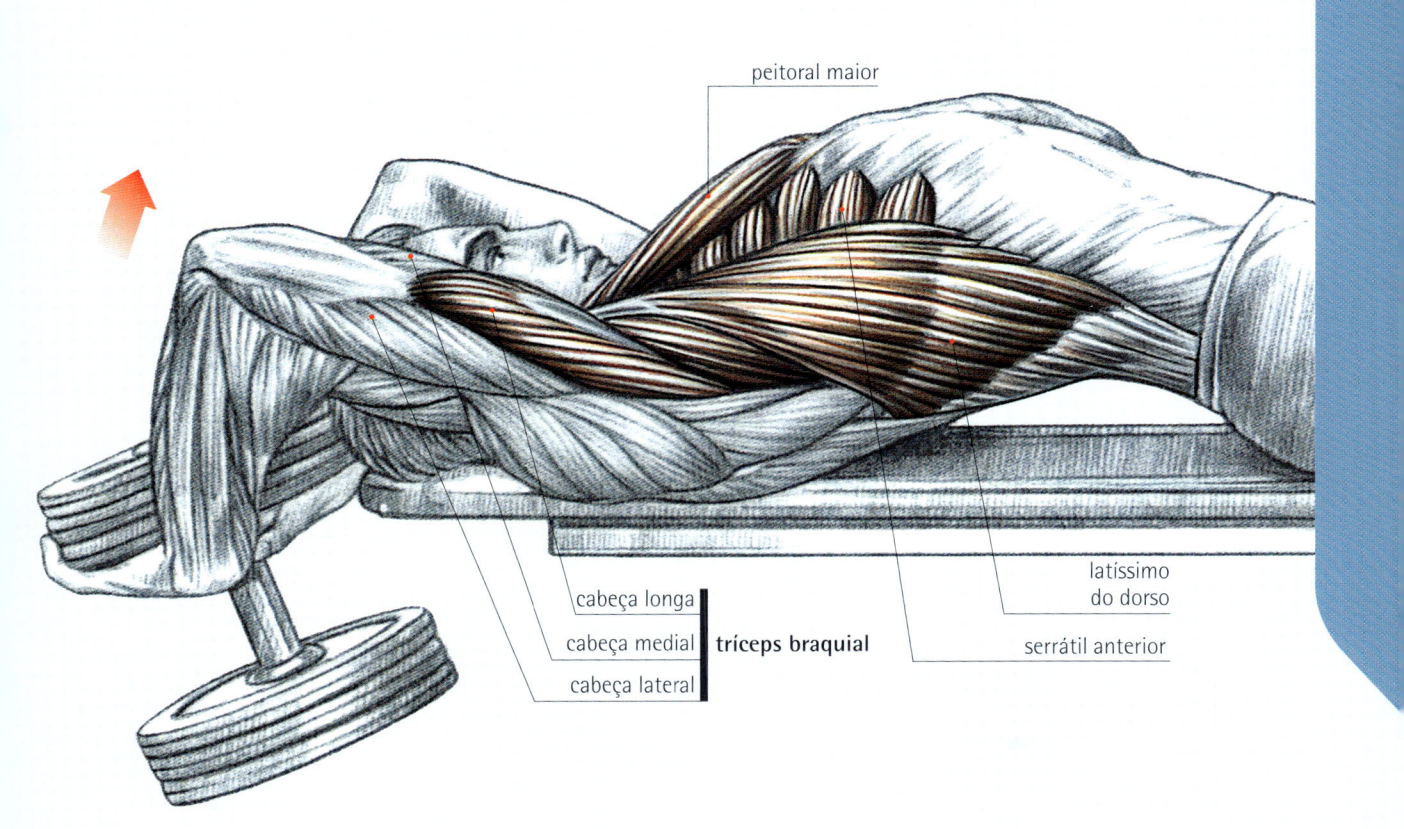

peitoral maior

cabeça longa
cabeça medial | **tríceps braquial**
cabeça lateral

latíssimo
do dorso

serrátil anterior

/// Crossover com faixa elástica

Este exercício de isolamento visa aos peitorais e aos músculos dos ombros.
É desejável trabalhar no modo unilateral.

1 Fixe a faixa elástica a meia altura em um ponto fixo (p. ex., em uma barra fixa ou maçaneta de porta). Dê à faixa a tensão desejada, controlando o seu comprimento. Em pé, segure a outra extremidade da faixa com a mão direita em pegada neutra (polegar direcionado para a frente ou para cima, de acordo com a posição do membro superior).

2 Mantendo o membro superior quase estendido, leve-o em direção ao tronco com a força dos peitorais. Mantenha a posição de contração durante um segundo antes de retornar à posição inicial. Quando você tiver terminado o movimento do membro superior direito, passe imediatamente para o do esquerdo e assim por diante.

> ### PONTOS A OBSERVAR
> Execute o exercício lentamente, com tensão contínua, para visar bem aos peitorais. O exercício torna-se mais fácil se você flexionar o membro superior. É por isso que você precisa mantê-lo quase estendido. Quando atingir a exaustão, é ainda possível flexioná-lo um pouco para obter algumas repetições suplementares.

OS PEITORAIS

Jamais estenda completamente o membro superior durante o exercício, pois você pode lacerar o bíceps. Também não o flexione bastante, pois você o sentirá muito menos.

(Variantes)

[v] Você também pode levar o membro superior em direção ao ventre ou na altura da cabeça (ou em algum local entre esses dois pontos) para modificar o ângulo de trabalho dos peitorais. De fato, os peitorais são músculos que necessitam de um trabalho sob diferentes ângulos.

Em vez de bloquear a faixa com um ponto fixo, pise sobre o elástico com o pé direito para trabalhar esse mesmo lado. Com o membro superior estendido, eleve a mão até a altura dos olhos.

COMENTÁRIOS

Se você tiver dificuldade em sentir o trabalho dos peitorais nos movimentos básicos, este exercício pode fazer você aprender a sentir a sua contração. Após duas ou três semanas de trabalho com elástico, você obterá melhores sensações nos outros exercícios para os peitorais.

VANTAGENS

Este exercício assemelha-se muito ao afastamento em posição deitada, mas aqui a faixa oferece resistência durante todo o trabalho, e não somente na metade, como no caso dos halteres.

- - - - - - - - - - - - - - - - -

O caráter unilateral obrigatório do exercício acarreta alguma perda de tempo.

DESVANTAGENS

/// Exercícios pliométricos

▲ Membros superiores flexionados

1

Pés mais afastados ▶

Afastamento das mãos na largura dos ombros ▼

O principal exercício pliométrico para os peitorais consiste na execução de flexões de membros superiores em uma parede ou no chão. O afastamento das mãos corresponde à largura dos ombros. Inicie na versão em pé, apoiado em uma parede, para se familiarizar com o exercício.

1 Em pé, frente a uma parede, deixe o seu corpo ir contra ela.

2 No último momento, utilize os membros superiores para retornar e evitar o choque. Quanto mais você se distanciar da parede, maior será a dificuldade.

PONTOS A OBSERVAR

Quanto mais você intervier com os membros superiores flexionados, mais difícil será o exercício. O mais fácil seria mantê-los estendidos, mas o exercício seria inútil e perigoso. Portanto, é necessário manter sempre os membros superiores mais ou menos flexionados.

COMENTÁRIOS

Como em todos os exercícios pliométricos, o tempo de contato deve ser mínimo. Assim, depois que as mãos tocarem a parede ou o solo, o rebote deve ser imediato.

Variantes

Após ficar à vontade em pé, próximo à parede, distancie-se cada vez mais. Quando você se sentir pronto, passe para a versão na posição deitada, primeiro executando o exercício apoiado sobre os joelhos e, depois, normalmente.

! Este exercício exige bastante das articulações dos
● cotovelos e dos ombros.

VANTAGENS

Este movimento oferece potência para todos os esportes em que há necessidade de empurrar para a frente um adversário ou um objeto (p. ex., rúgbi, artes marciais, voleibol, basquetebol ou lançamentos).

Não machuque a cabeça por superestimar a sua força.

DESVANTAGENS

/// Alongamento para os peitorais

1 Em pé, ao lado do batente de uma porta, apoie-se nele com o seu membro superior direito flexionado a 90°. Mantenha-se desse modo com o apoio da mão e do cotovelo. Incline-se para a frente, dando um pequeno passo adiante.

Após terminar o alongamento do peitoral maior direito, passe para o membro superior esquerdo. No entanto, é possível alongar os dois membros superiores de uma vez, mas, neste caso, a amplitude do alongamento será nitidamente menor. Alongue os dois membros superiores ao mesmo tempo durante o primeiro mês de treinamento. Em seguida, opte pela versão unilateral.

/// Alongamento para a caixa torácica

1 Mantenha-se em pé atrás de um ponto fixo situado na altura dos peitorais (móvel ou batente). Coloque as duas mãos nesse ponto com um polegar orientado em direção ao outro, praticamente se tocando. Servindo-se desse ponto, force sobre os membros superiores e inspire, insuflando ao máximo a caixa torácica. Você deve observar que ela se abre. Encolha bem as escápulas, levando uma em direção à outra.

2 Em seguida, expire o ar para desinsuflar a caixa torácica. Repita essa manobra respiratória várias vezes. Você perceberá rapidamente que é cada vez mais fácil insuflar o tórax, porque você terá aumentado a flexibilidade e a mobilidade das costelas.

Ao contrário do *pull over*, durante o qual é difícil insuflar tão bem a caixa torácica, nenhuma tensão perigosa é aplicada na altura dos ombros.

Este exercício é útil para melhorar o posicionamento do seu tronco durante os exercícios para os peitorais e os dorsais. Ele também é útil para aumentar a sua resistência, graças ao trabalho dos músculos respiratórios. Veja a página 218 para mais explicações sobre este assunto.

Inspire ▶

◀ Expire

O pescoço

❙ Papel dos músculos do pescoço

Os músculos do pescoço têm um papel triplo:

1 Por certo, eles servem para garantir a mobilidade do pescoço: permitem rodar a cabeça de um lado para o outro e de cima para baixo. No entanto, por essa tamanha mobilidade e por causa do grande peso do crânio, as vértebras cervicais são submetidas a uma dura prova em vários esportes.

2 O segundo papel dos músculos do pescoço, portanto, é proteger a integridade das vértebras cervicais em caso de choque. É por isso que o trabalho desses músculos é importante para o esportista.

3 No plano estético, um pescoço grosso sempre impressiona. Podemos perceber isso em campeões de boxe, por exemplo. Chegamos ao terceiro papel do pescoço, que é intimidar os adversários graças a um diâmetro anormal.

Um programa completo para o pescoço deve incluir um exercício que trabalhe os músculos localizados:
> atrás do pescoço (músculos extensores);
> na frente do pescoço (músculos flexores);
> nas laterais do pescoço (músculos rotadores).

Reservamos o melhor exercício para cada uma dessa três regiões.

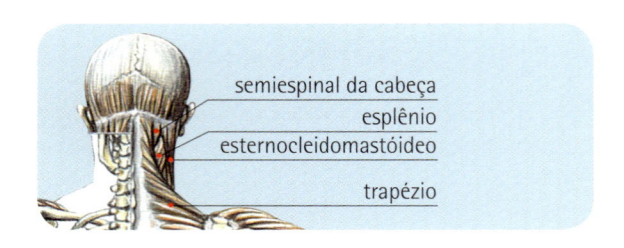

semiespinal da cabeça
esplênio
esternocleidomastóideo
trapézio

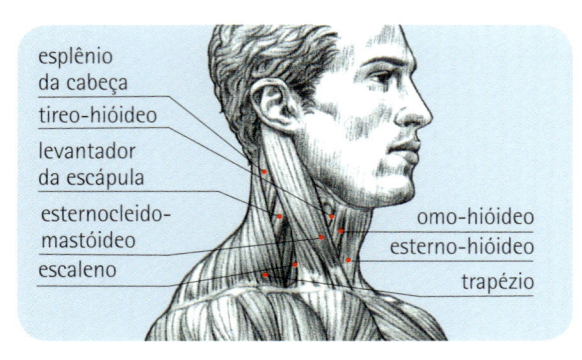

esplênio da cabeça
tireo-hióideo
levantador da escápula
esternocleido-mastóideo
escaleno
omo-hióideo
esterno-hióideo
trapézio

❗ O tamanho das vértebras cervicais é muito pequeno e sua mobilidade, muito grande. Por isso, é muito fácil elas serem lesadas. O papel da musculação é reforçar os músculos do pescoço para que eles protejam as vértebras cervicais durante o contato com os adversários. No entanto, não devemos perder de vista que podemos muito bem lesar as vértebras cervicais com os próprios exercícios de musculação. Para não ir de encontro ao objetivo estabelecido, os exercícios para o pescoço devem ser executados de maneira controlada e, de preferência, em séries longas, a fim de não achatar as vértebras cervicais, que procuramos, ao contrário, preservar.

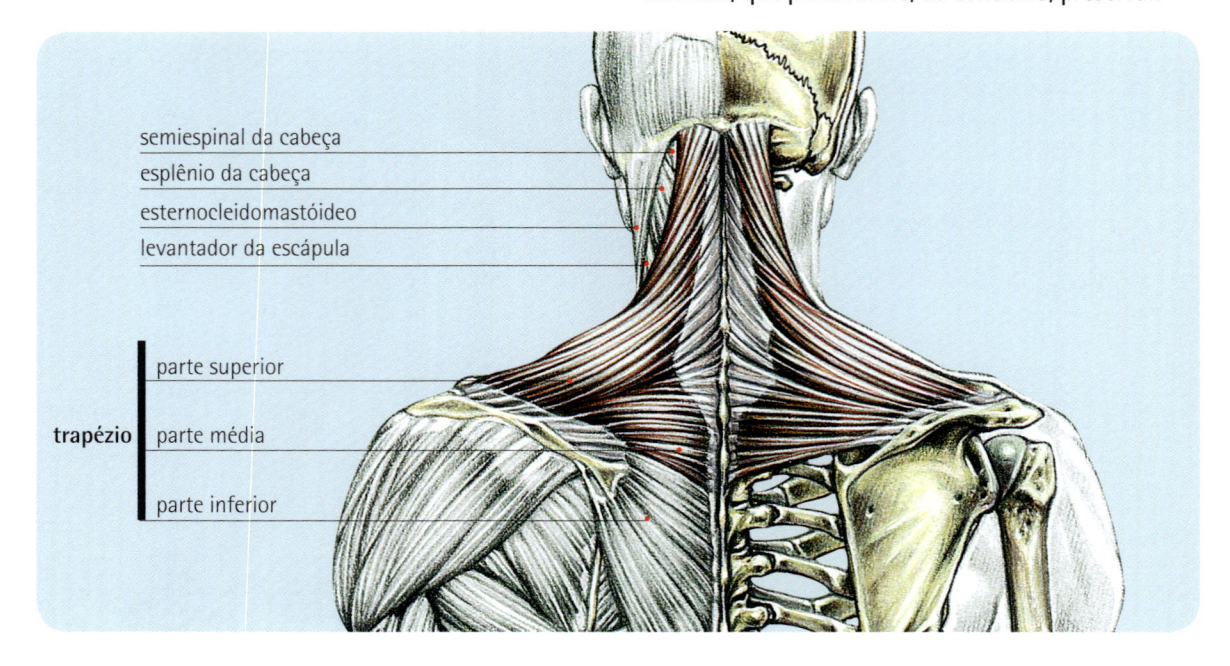

semiespinal da cabeça
esplênio da cabeça
esternocleidomastóideo
levantador da escápula

trapézio
parte superior
parte média
parte inferior

/// Extensões da nuca

Este exercício de isolamento visa aos músculos da parte posterior do pescoço. Não é possível trabalhar no modo unilateral.

1 Em pé ou sentado, cruze os dedos e coloque as mãos atrás da cabeça. São elas que irão oferecer a resistência neste exercício.

2 Com a força do pescoço, force as mãos para trás o mais distante possível. Mantenha a posição de contração durante 3 ou 4 segundos. Leve devagar a cabeça para a frente com a força das mãos, resistindo com o pescoço.

> **Variante**
>
> Para evitar qualquer movimento em um pescoço já dolorido, este exercício pode ser realizado de maneira isométrica (estática). Deitado em uma cama, afunde a cabeça o mais profundamente possível no colchão. Mantenha a posição durante 10 segundos antes de relaxar por alguns segundos. Repita até sentir exaustão.

! Em nenhum momento deve-se exercer uma pressão das mãos em direção ao solo, o que pode achatar as vértebras cervicais.

PONTOS A OBSERVAR
Não desça muito na posição de alongamento. É preferível que o queixo não vá muito além da paralela com o solo.

COMENTÁRIOS
É preferível trabalhar o pescoço no final da sessão, pois, se ele estiver em exaustão, isso pode ser um entrave para o bom treinamento dos outros músculos. Os esportistas preferirão treinar o pescoço em pé em vez de sentados, porque é nessa posição que seus músculos da nuca são mobilizados.

VANTAGENS
Este movimento com as mãos livres trabalha o pescoço sem achatar as vértebras cervicais, como geralmente ocorre com os aparelhos de musculação para a nuca.

Mover o pescoço dessa maneira pode causar tontura. É por isso que o exercício deve ser executado bem lentamente, com tensão contínua. Tente executar o exercício com os olhos fechados, para ver se o problema melhora.

DESVANTAGENS

/// Flexões do pescoço

Este exercício de isolamento visa aos músculos da parte anterior do pescoço. Não é possível trabalhar no modo unilateral.

! Atenção: não eleve muito a cabeça para não forçar as vértebras cervicais.

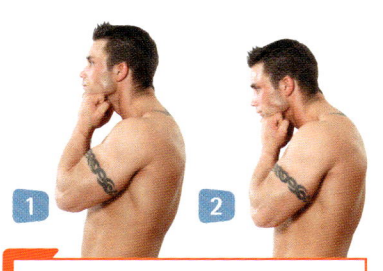

PONTOS A OBSERVAR
Não suba muito na posição de alongamento. É preferível que o queixo não suba muito além da paralela com o solo.

1 Em pé ou sentado, cerre os punhos e coloque-os sob o queixo.

2 Com a força do pescoço, empurre os punhos para a frente o mais longe possível. Mantenha a contração durante 3 a 4 segundos. Leve a cabeça para trás devagar com a força dos punhos, resistindo com o pescoço.

> **Variante**
>
> Para evitar qualquer movimento, este exercício pode ser realizado isometricamente. Cole os punhos entre o tronco e o pescoço. Aperte o mais forte possível. Mantenha a posição por 10 segundos antes de relaxar por mais algum tempo. Repita até a exaustão.

VANTAGENS
Este movimento com as mãos livres trabalha o pescoço, descomprimindo as cervicais, o que é bom no final da sessão, principalmente se você acabou de trabalhar os trapézios.

É difícil avaliar a resistência que colocamos sobre os músculos. Por isso, a progressão será mais difícil.

DESVANTAGENS

COMENTÁRIOS
Depois das flexões de pescoço, você pode seguir com as extensões da nuca, em superséries sem repouso.

/// Extensões laterais

Este exercício de isolamento visa aos músculos laterais do pescoço. O trabalho no modo unilateral é obrigatório.

! O trabalho lateral é, sem dúvida, o mais perigoso para o pescoço. Contente-se com uma amplitude de movimento bem pequena.
Se for alongar o pescoço, seja prudente.

1 Em pé ou sentado, coloque a palma da mão direita acima da orelha direita.

2 Com a força do pescoço, empurre a mão o mais baixo possível para o lado direito. Mantenha a posição de contração durante 3 ou 4 segundos. Leve lentamente a cabeça de volta à posição ereta, empurrando a mão e resistindo com o pescoço. Após trabalhar o lado direito, passe imediatamente para o lado esquerdo.

Variantes

Este exercício pode ser realizado em decúbito lateral, utilizando unicamente o peso da cabeça. Ele também pode ser executado de maneira isométrica, mantendo-se a posição de contração em séries de 10 segundos, sem movimentar a cabeça. Faça então uma pequena pausa e repita até a exaustão.

VANTAGENS

Este exercício trabalha os músculos protetores do pescoço, normalmente difíceis de trabalhar.

- -

Qualquer movimento em falso pode lesionar as vértebras cervicais. Portanto, fique muito concentrado durante toda a duração deste exercício.

DESVANTAGENS

PONTOS A OBSERVAR
Não abuse da amplitude do pescoço, sobretudo em posição de alongamento.

COMENTÁRIOS
Trabalhe bem lentamente, com tensão contínua, quase de maneira isométrica.

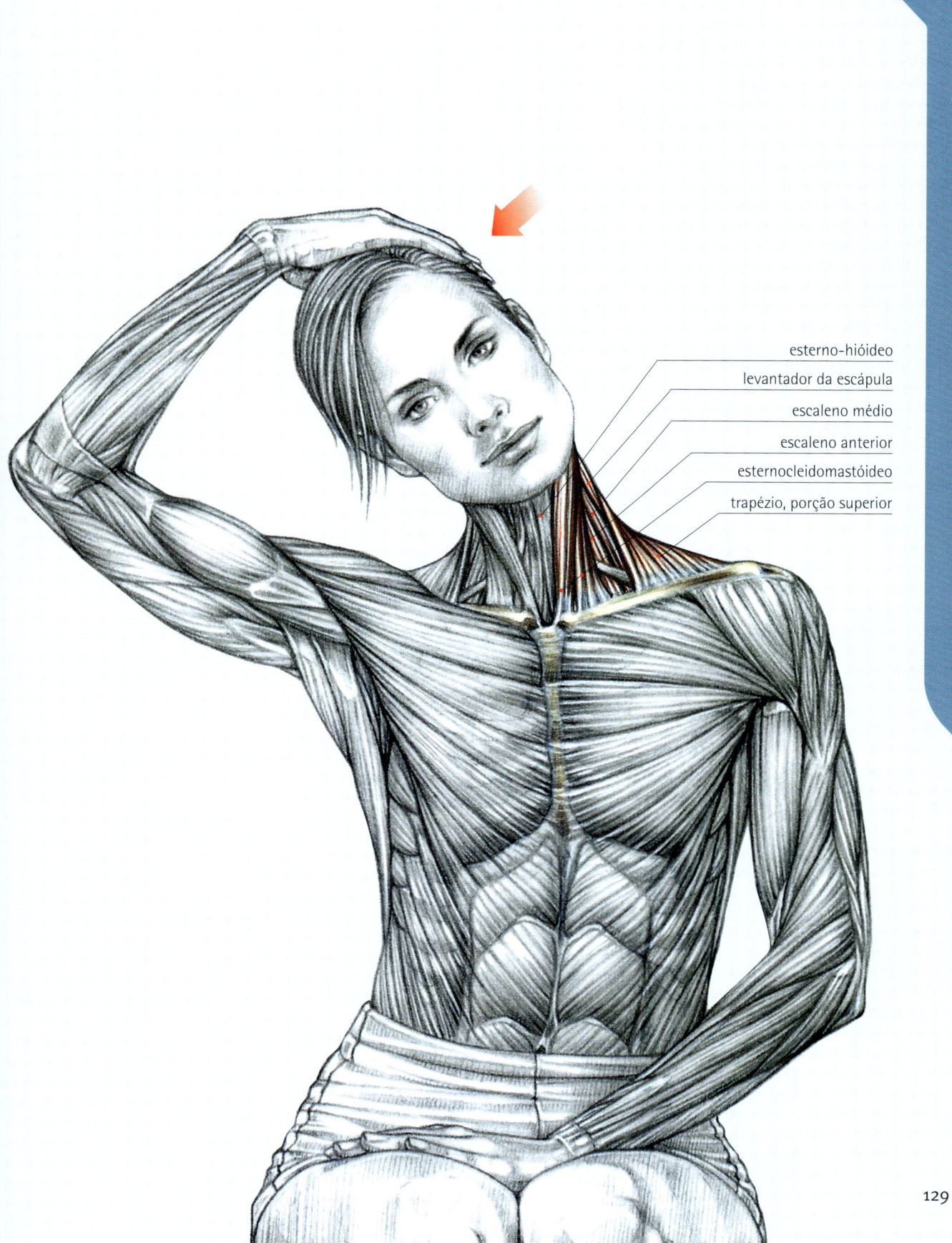

esterno-hióideo

levantador da escápula

escaleno médio

escaleno anterior

esternocleidomastóideo

trapézio, porção superior

MODELE AS COSTAS
Os dorsais

▌Papel dos dorsais

Os dorsais são músculos que recobrem praticamente todo o conjunto das costas. São eles que conferem ao tronco a sua forma em V. No plano anatômico, levam os membros superiores para trás.

Nessa tarefa, os dorsais são auxiliados pela parte posterior do ombro, pelos bíceps e pela cabeça longa do tríceps. O trabalho dos dorsais é oposto ao realizado pelos peitorais e pela parte anterior do ombro. Portanto, são músculos antagonistas.

Trabalho de aquecimento para os cotovelos

! **Antes de trabalhar as costas, assegure-se de ter aquecido bem os cotovelos, trabalhando um pouco os tríceps. Como acabamos de ver, estes músculos participam ativamente de todos os exercícios para as costas. Um cotovelo frio durante um exercício pesado dos dorsais não vai necessariamente ficar dolorido, mas, quando você trabalhar o tríceps de modo pesado, a dor poderá se manifestar. É por isso que não percebemos quando ferimos o cotovelo treinando os dorsais, tampouco quando trabalhamos diretamente os tríceps.**

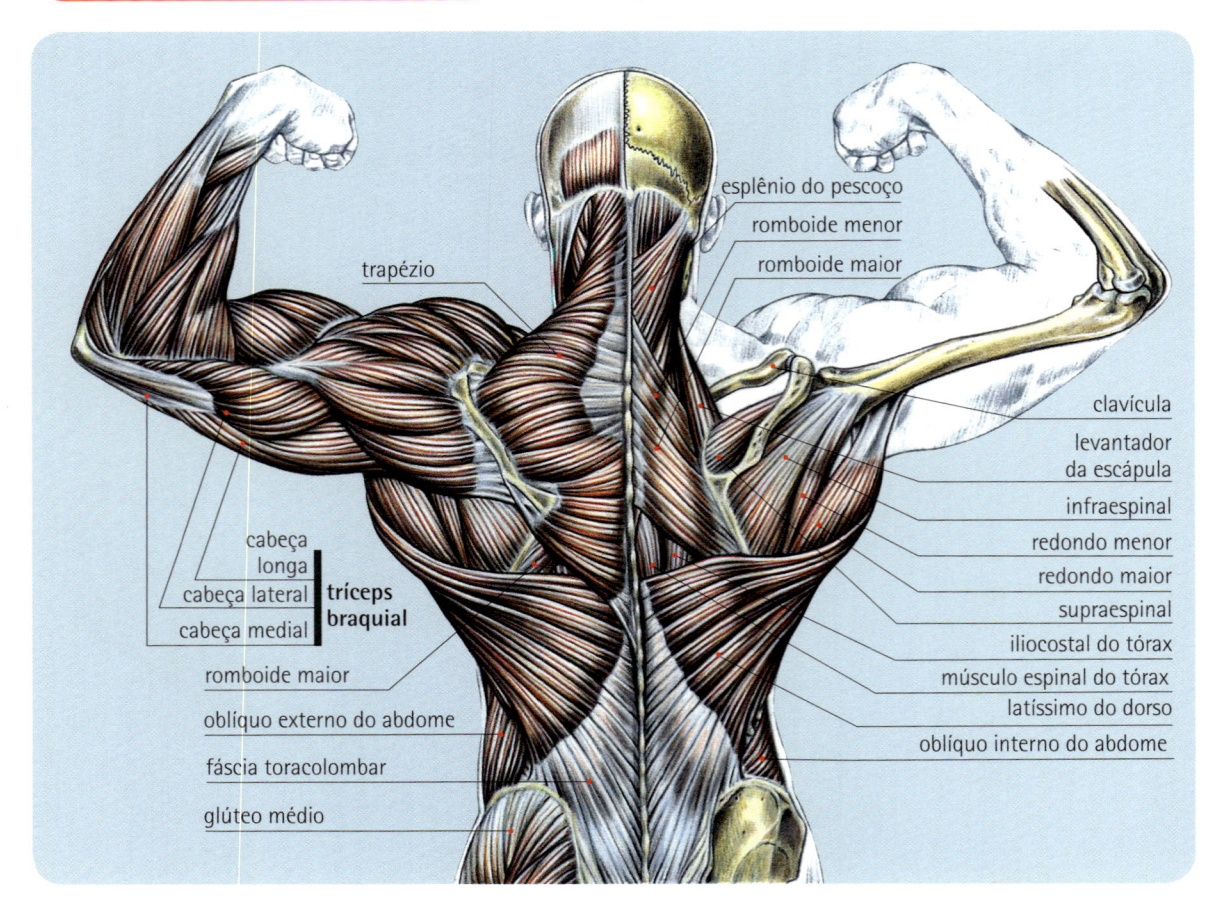

- trapézio
- esplênio do pescoço
- romboide menor
- romboide maior
- cabeça longa
- cabeça lateral — **tríceps braquial**
- cabeça medial
- romboide maior
- oblíquo externo do abdome
- fáscia toracolombar
- glúteo médio
- clavícula
- levantador da escápula
- infraespinal
- redondo menor
- redondo maior
- supraespinal
- iliocostal do tórax
- músculo espinal do tórax
- latíssimo do dorso
- oblíquo interno do abdome

/// Trações na barra fixa

Este exercício básico visa aos músculos das costas e também aos bíceps, a uma parte dos tríceps e aos músculos dos antebraços. O trabalho no modo unilateral é quase impossível, salvo para os indivíduos muito leves.

▼ Supinação

1 Segure a barra fixa com as mãos em supinação (um dedo mínimo orientado em direção ao outro). O afastamento das mãos deve corresponder pelo menos à largura dos ombros. Eleve os membros inferiores para trás, a fim de que as suras formem um ângulo de 90° com as coxas. Cruze as pernas para que o pé direito empurre o tornozelo esquerdo.

PONTOS A OBSERVAR

Certifique-se de que a sua preensão na barra é boa. Para consegui-la, coloque o polegar sobre o indicador (e sobre o dedo médio se os seus dedos forem grandes), apoiando-os enquanto eles se fixam na barra.

Durante todo o exercício, mantenha o corpo bem rígido contraindo os glúteos e empurrando o pé direito contra o tornozelo esquerdo. Essa rigidez evitará qualquer balanço intempestivo.

2 Tracione o seu corpo com a força das costas para subir a frente até o nível da barra. Se você tiver força, suba o queixo até a barra com a cabeça inclinada para trás. Se você for realmente muito forte, suba até o pescoço, sempre com a cabeça inclinada para trás. Mantenha a posição de contração durante um segundo antes de descer lentamente. Não estenda os membros superiores para permanecer com tensão contínua e evitar lesões.

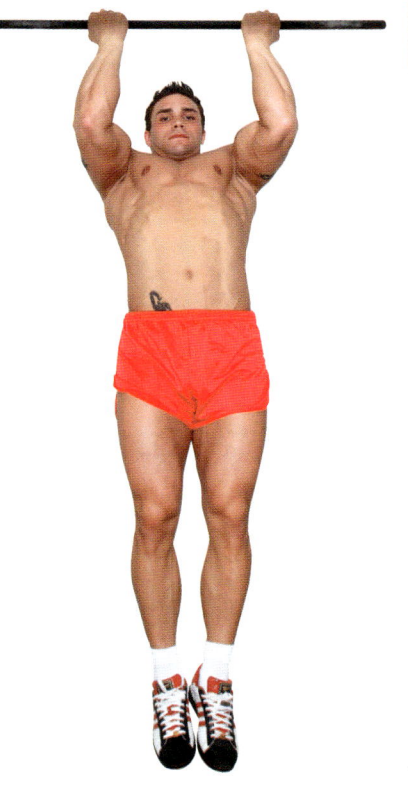

Pegada larga
Mãos em pronação

Pegada estreita
Mãos em supinação

1

2

AS COSTAS

Variantes

1 Varie o afastamento das mãos a fim de encontrar a posição mais adequada. Você também pode manter as mãos em pronação (um polegar orientado em direção ao outro) para mudar o ângulo de ataque. Neste caso, a pegada deve ser um pouco mais larga.

Você tem a opção de levar a barra na frente ou atrás da nuca. Esta última versão é mais difícil e mais traumatizante para a articulação do ombro.

2 Pode-se adotar uma pegada estreita com a mão em supinação (um dedo mínimo em direção ao outro), como usado para trabalhar os bíceps. Assim, o exercício ficará mais fácil, mas recrutará mais os bíceps que com uma pegada um pouco mais larga. Esse modo pode ser adotado com proveito pelos iniciantes que não conseguem suspender-se de outra maneira.

Se mesmo com a pegada estreita em supinação você não conseguir executar uma repetição, já descrevemos um método em "negativo" somente nas técnicas de intensificação (primeira parte do livro, p. 48) que permite ganhar força rapidamente.

! **Como em todos os exercícios de tração, evite estender completamente os membros superiores. Isso coloca os ombros e os bíceps em uma posição vulnerável, capaz de acarretar lacerações. Se você estender os membros superiores para repousar entre duas repetições, não reinicie com um movimento brusco, a fim de não lesionar os ligamentos do ombro colocados em uma situação precária quando você está com os membros superiores estendidos em suspensão. O ideal, na barra fixa, é permanecer em tensão contínua durante o alongamento do exercício.**

peitoral maior

redondo maior

latíssimo do dorso

3 Outra estratégia consiste em colocar a barra fixa a aproximadamente um metro do solo, para que seus pés se apoiem no chão. Isso diminuirá consideravelmente o seu peso corporal, facilitando assim o exercício. O ângulo de tração particular desse movimento é de fato um híbrido entre as trações e o remo.

Se a sua barra não tiver altura regulável, você pode utilizar uma cadeira como sustentação para os membros inferiores.

◄ Os pés repousam no solo

3

/// Remo

Este exercício básico visa aos músculos das costas e aos bíceps. O trabalho no modo unilateral é muito popular para este exercício. Ele permite aumentar de modo significativo a amplitude do movimento.

Inclinação do tronco a 120°

1 Incline-se à frente, para que o tronco forme um ângulo de 90 a 120° em relação ao solo. Segure dois halteres com as mãos em pegada neutra (polegares para a frente).

2 Puxe os membros superiores ao longo do corpo, flexionando-os para levar os cotovelos o mais alto possível. Mantenha a posição de contração durante 1 a 2 segundos, apertando bem as escápulas uma contra a outra antes de descer.

! A versão bilateral apresenta risco para as costas, principalmente com cargas pesadas. Um meio de reduzir esse risco consiste em procurar não se inclinar a 90°. Você pode elevar o tronco um pouco para formar um ângulo de 120° em relação ao solo. Frequentemente, é mais fácil sentir os músculos trabalharem dessa maneira. Além disso, você ficará mais forte nessa posição menos perigosa.

Variante

1 **2** Para a versão unilateral, a mão que não trabalha faz força sobre uma coxa ou uma cadeira, a fim de sustentar a porção inferior das costas. Aproveite o fato de o alongamento e, principalmente, a contração serem bem melhores no modo unilateral que no bilateral. Portanto, procure exagerar bem a amplitude de movimento quando você trabalhar apenas um membro superior por vez.

PONTOS A OBSERVAR

Via de regra, é preciso puxar os halteres até aproximadamente a altura do umbigo. No entanto, alguns gostarão de levá-los um pouco mais alto (em direção aos peitorais) e outros, um pouco mais baixo (em direção às coxas). Do mesmo modo, alguns gostam de manter os polegares levemente orientados para o interior e outros, para o exterior. Cabe a você encontrar a posição que lhe permita executar o melhor trabalho muscular.

VANTAGENS

O remo trabalha sobretudo os músculos do interior das costas, particularmente a porção baixa dos trapézios (ver p. 138). O aumento da largura das costas que ele produz é menor que o produzido pelos exercícios na barra fixa. É por isso que se diz que ele trabalha sobretudo a "espessura" das costas. O remo e a barra fixa são, portanto, exercícios complementares para os dorsais.

A posição inclinada para a frente não favorece o trabalho intenso porque tende a travar a respiração. Essa posição precária também não é muito favorável para a coluna vertebral.

DESVANTAGENS

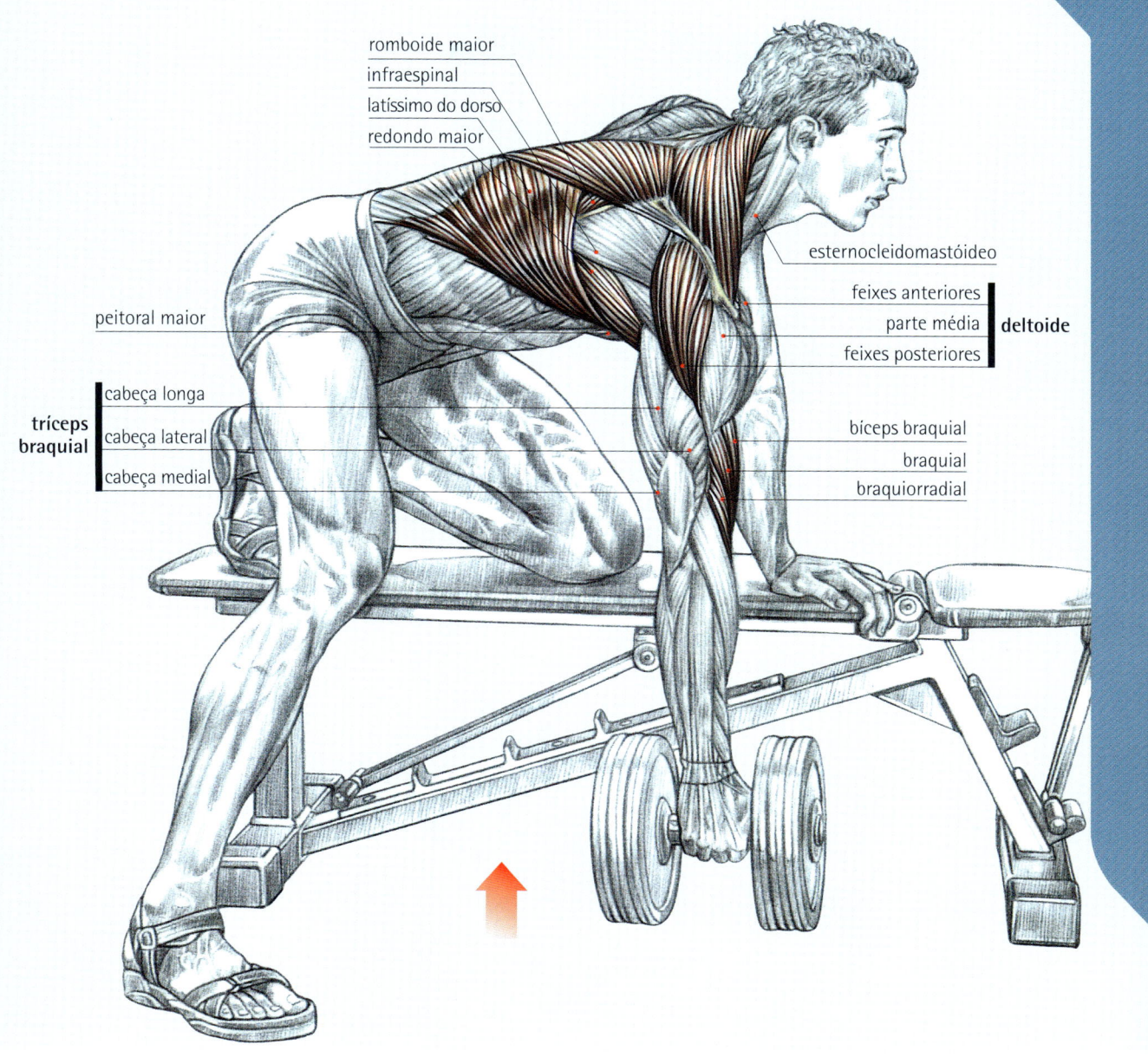

rombóide maior
infraespinal
latíssimo do dorso
redondo maior

esternocleidomastóideo

feixes anteriores
parte média
feixes posteriores **deltoide**

peitoral maior

tríceps braquial
cabeça longa
cabeça lateral
cabeça medial

bíceps braquial
braquial
braquiorradial

3 As faixas elásticas podem contribuir para o remo. Fixe uma extremidade da faixa no haltere e pise sobre a outra extremidade para segurá-la.

Você também pode executar o remo sentado com elástico. Bloqueie uma alça da faixa com os pés e segure a outra com as mãos (pegada em supinação ou em pronação). Puxe com a força das costas para levar as mãos contra o tronco.

> **COMENTÁRIOS**
> Mantenha a cabeça bem alta, sobretudo na fase de contração. Evite rodá-la da direita para a esquerda, como somos frequentemente tentados a fazer.

▼ Pronação

3

/// *Pull over* com os membros superiores flexionados

Este exercício de isolamento visa aos dorsais e, em menor grau, aos peitorais e aos tríceps. O trabalho no modo unilateral será possível, mas em uma versão um pouco modificada, que será detalhada a seguir.

1 Posicione-se em decúbito dorsal sobre uma cama, com a cabeça na borda do colchão para que os membros superiores fiquem pendentes quando forem estendidos para trás. Isso permitirá uma maior amplitude de movimento e um melhor alongamento do que se o exercício fosse executado no solo. Com um haltere, que você segurará com as duas mãos em pegada neutra (polegares direcionados para o solo) ou em pronação (um polegar orientado em direção ao outro), coloque os membros superiores (flexionados a 90°) acima da cabeça.

2 Mantendo os membros superiores flexionados, desça-os atrás da cabeça. Quando eles tiverem descido o mais baixo possível, eleve-os com a força dos dorsais. Interrompa o movimento quando o haltere chegar acima da sua fronte e, em seguida, desça-o novamente.

▲ Pegada neutra

PONTOS A OBSERVAR

Trata-se de um exercício que trabalha os dorsais em alongamento. Portanto, é necessário tentar levar os membros superiores o máximo possível para baixo sem, no entanto, forçar os ombros. Para permanecer em tensão contínua, não eleve excessivamente o haltere (salvo quando for realizar uma pausa no final da série para ganhar algumas repetições suplementares).

(Variante)

Uma versão unilateral é possível para os indivíduos que não sentem bem os dorsais trabalharem nos exercícios clássicos. Em vez de se colocar em decúbito dorsal, posicione-se em decúbito lateral esquerdo.

1 Com a mão direita em posição neutra (polegar para baixo), passe o braço estendido por cima da cabeça.

2 Procure ir o mais longe possível na direção anterior. Ao contrário do que ocorre no *pull over* bilateral, mantenha o membro superior sempre bem estendido. Não suba o haltere muito alto, para permanecer sempre em tensão contínua. Após terminar a série com a direita, passe imediatamente para o lado esquerdo.

Trata-se mais de um exercício de aprendizado motor que de um movimento para a massa. O objetivo é sentir constantemente o latíssimo do dorso trabalhar. Você aprenderá, assim, a sentir bem a contração desse músculo. Pouco a pouco, essa sensação de boa contração será transferida para outros exercícios para as costas que você não sentia bem anteriormente.

DICA

Nesta versão unilateral, coloque a mão que não estiver trabalhando sobre o latíssimo do dorso que executa o exercício. Esta estratégia o ajudará a sentir melhor a contração muscular.

COMENTÁRIOS

O *pull over* pode ser utilizado para abrir a caixa torácica. No entanto, existem exercícios de alongamento mais eficazes para a expansão torácica (ver o capítulo sobre os peitorais).

AS COSTAS

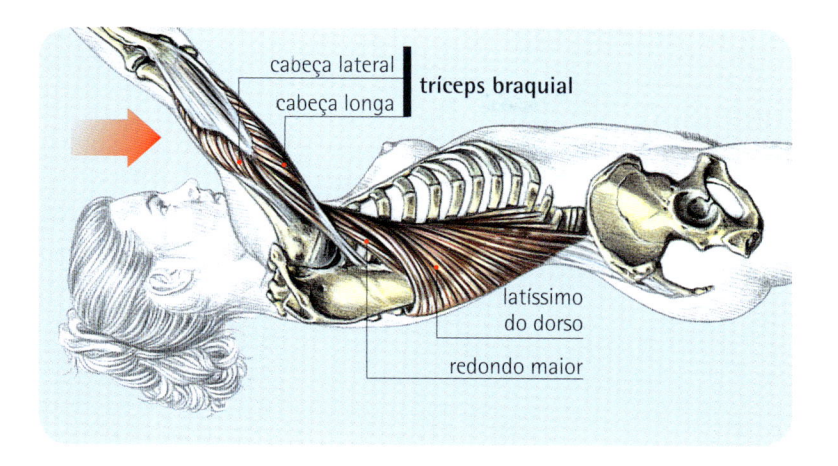

cabeça lateral | tríceps braquial
cabeça longa

latíssimo do dorso

redondo maior

VANTAGENS

Não ocorrerá qualquer interferência por parte dos bíceps durante o *pull over*. Se, nos exercícios de tração na barra fixa ou de remo, você sente tudo nos bíceps e nada nos dorsais, o *pull over* pode ajudá-lo. Assim, você poderá começar todas ou algumas sessões para as costas com o *pull over* para isolar os dorsais antes de passar para os exercícios básicos. Trata-se de uma estratégia pré-exaustão.

Algumas pessoas sentirão fortemente os tríceps trabalharem, o que pode ser incômodo. Neste caso, certifique-se de que você não executou supino para peitorais, músculos dos ombros ou tríceps antes de realizar o *pull over*.

DESVANTAGENS

/// Alongamentos para os dorsais

Estes dois tipos de exercícios alongam diferentes partes dos dorsais. Por isso, eles são complementares e devem ser executados juntos, e não um no lugar do outro.

Na barra fixa

1 Com as mãos em pronação, uma próxima da outra, suspenda-se na barra fixa. Este exercício executado com uma só mão produz um alongamento ainda mais intenso. Nesta versão de alongamento unilateral, estabilize-se mantendo os pés em contato com o solo.

Sentado

1 Sente-se no chão com os membros inferiores semiestendidos e o tronco a 90°. Com a mão direita (polegar para o solo), procure segurar o pé esquerdo. Ajude-se flexionando a perna.

2 Em seguida, estenda a perna lentamente para alongar bem os músculos. Repita com o membro superior esquerdo.

Os trapézios

▌Papel dos trapézios

Os trapézios são divididos em duas grandes partes:

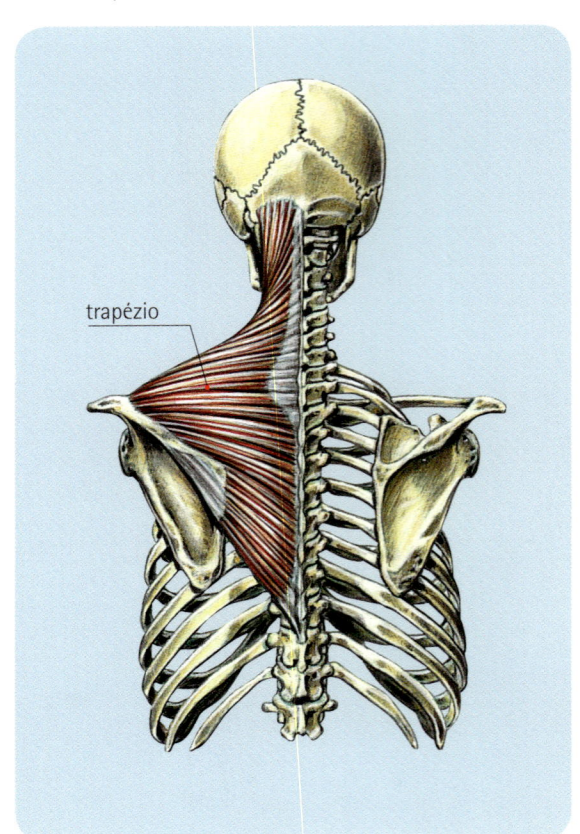

trapézio

1. A porção alta do trapézio eleva os ombros. Os trapézios superiores são úteis nos esportes de contato, de combate ou de lançamento. Além da força que eles produzem, também protegem o pescoço. Esteticamente, os trapézios dão uma aparência impressionante, que podemos adivinhar mesmo sob as roupas. Um pescoço grosso e trapézios imponentes são ideais para amedrontar um adversário. Trata-se de uma combinação clássica no *ultimate fighting* ou no boxe.

Quando levantamos os ombros (*shrugs*, em inglês), é a parte superior do trapézio que trabalha. É nela que nos concentraremos aqui. Um outro exercício para os trapézios é o remo em pé, tal como foi descrito no capítulo sobre os ombros, mas com pegada estreita.

Ação do trapézio

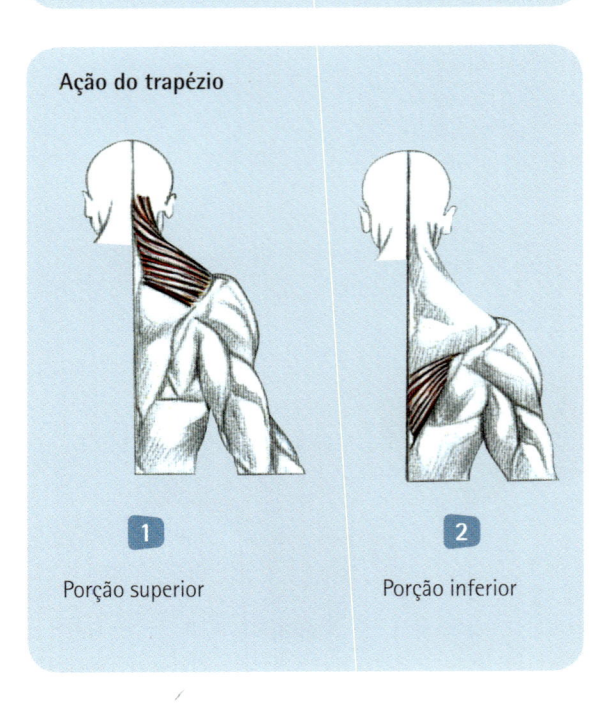

Porção superior   Porção inferior

Pós-exaustão

1 → 2

Pré-exaustão

2 ← 1

Remo

Shrugs

Superséries para a parte alta dos trapézios

Uma **supersérie na pós-exaustão** consiste em iniciar com remo, um haltere contra o outro. Após atingir a exaustão, encadeie imediatamente os *shrugs*.

Uma **supersérie na pré-exaustão** consiste na execução de *shrugs* um pouco antes do remo em pé.

2. A porção baixa do trapézio produz a ação inversa da porção alta, abaixando os membros superiores. É, portanto, antagonista desta. Ela também leva uma escápula em direção à outra. Para o esportista, o interesse da porção baixa do trapézio é sobretudo estabilizar e, consequentemente, proteger a articulação do ombro. Se esse músculo é fraco, isso favorece as lesões do deltoide. Nisso, o desenvolvimento da porção baixa do trapézio é mais importante que o da porção alta. Os principais exercícios que trabalham a porção baixa do trapézio são o remo e as elevações laterais, em posição inclinada para a frente.

Remo

Pós-exaustão

1 → 2

Pré-exaustão

2 ← 1

Elevações laterais

Superséries para a parte baixa dos trapézios

Uma **supersérie na pós-exaustão** consiste em iniciar com o remo. Após atingir a exaustão, prossiga imediatamente com elevações laterais.

Uma **supersérie na pré-exaustão** consiste na execução de elevações laterais um pouco antes do remo.

❗ Estudos científicos mostram um grande desequilíbrio do desenvolvimento entre a porção alta e a porção baixa dos trapézios nos esportistas de força. Em relação ao seu peso corporal, esses atletas são muito mais fortes que os sedentários no que diz respeito à porção alta do trapézio. Mas, em relação à porção baixa, eles não são mais fortes. Trata-se de um desequilíbrio que irá prejudicar o desempenho. Portanto, convém corrigir o mais cedo possível esse desequilíbrio comum, realizando mais exercícios de remo para as costas e elevações laterais.

/// Shrugs

Este exercício de isolamento visa à porção alta dos trapézios. O trabalho no modo unilateral é possível, mas não desejável.

! Por causa de sua proximidade com as vértebras cervicais, a contração repetida das porções altas dos trapézios pode acarretar dor de cabeça, que vai da dor leve à enxaqueca. Por isso, esse exercício deve ser incluído lentamente no treinamento, aumentando-se as cargas de maneira gradual.

1 Em pé, com os membros superiores estendidos ao longo do corpo, segure dois halteres com pegada neutra (polegares direcionados para a frente).

2 Eleve os ombros como se fosse tocar as orelhas. Após elevá-los o mais alto possível, mantenha a contração durante um segundo antes de descê-los o mais baixo possível.

PONTOS A OBSERVAR

Não flexione os membros superiores no início do movimento. Por outro lado, ao final, para poder elevar os ombros ainda um pouco mais alto, você pode puxar levemente com os bíceps.

COMENTÁRIOS

Se não o incomodar, é mais prudente iniciar o treinamento dos peitorais ou dos ombros com um pouco de exercícios para o trapézio. Isto permitirá aquecer a articulação dos ombros e "despertar" o sistema nervoso. No entanto, você não deve sentir que esse aquecimento interfere negativamente na sequência, impedindo, por exemplo, que você faça muito esforço por estar sentindo queimação nos trapézios.

Variantes

1 **2** Um elástico preso pelos pés pode substituir os halteres ou ser utilizado com eles.

3 É possível colocar os halteres na frente ou atrás do corpo para mudar o ângulo de ataque sobre os trapézios.

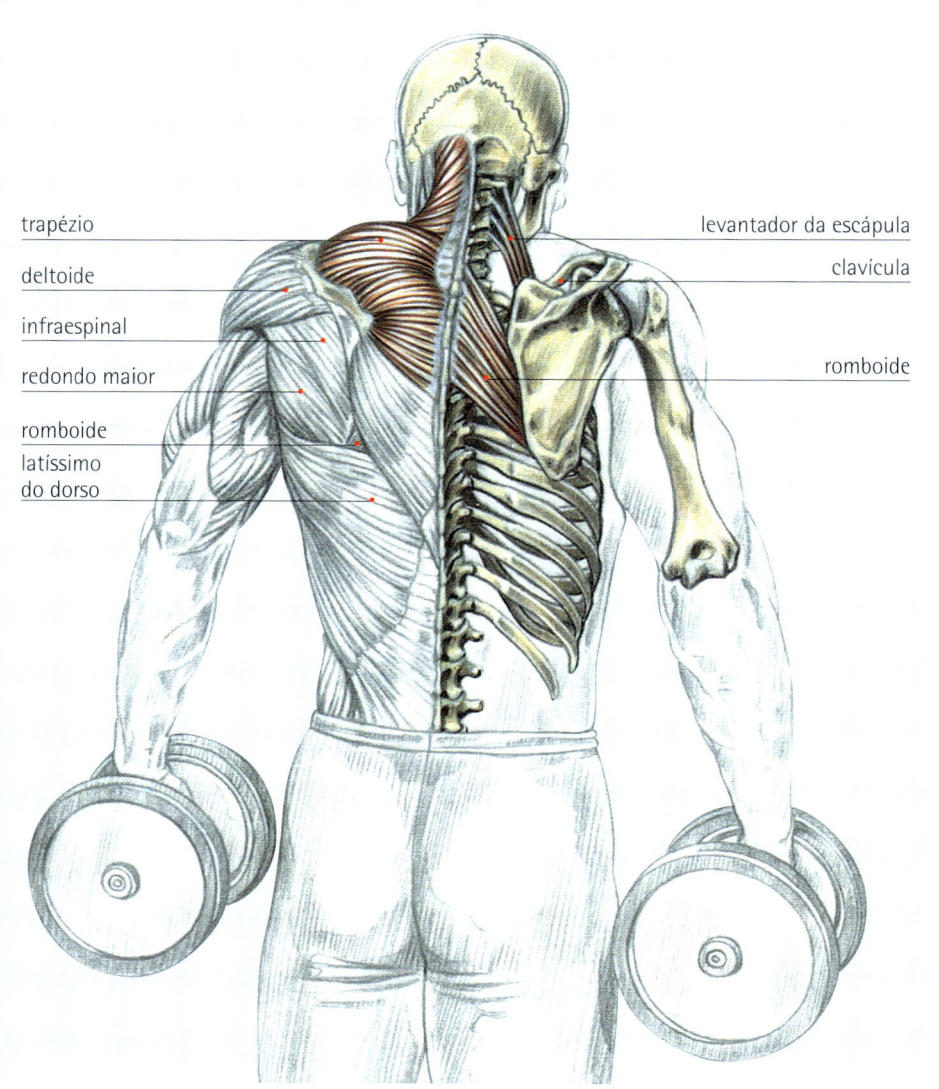

trapézio

deltoide

infraespinal

redondo maior

romboide

latíssimo do dorso

levantador da escápula

clavícula

romboide

3

A sequência seguinte permite esgotar os trapézios em tempo mínimo. Inicie o exercício com os membros superiores levemente atrás do seu corpo e as mãos em pronação (um polegar orientado em direção ao outro). Após atingir a exaustão, leve-os até as laterais do corpo (pegada neutra) para continuar o exercício em uma versão mais fácil. Após sentir exaustão novamente, leve os membros superiores para a frente do seu corpo (pegada em pronação) para obter algumas repetições suplementares, infringindo um pouco a regra. Uma queimação intensa irá se propagar rapidamente em toda a porção alta dos trapézios.

VANTAGENS

O trabalho é executado diretamente sobre os trapézios, sem interferência de outros pequenos músculos que atingiriam a exaustão antes do músculo visado.

- - - - - - - - - - - - - -

A porção alta dos trapézios desenvolve-se facilmente. É a porção baixa desse músculo a mais difícil de ser reforçada, sendo muitas vezes negligenciada. O resultado é um desequilíbrio entre músculos antagonistas. Em vez de se exasperar trabalhando a porção alta, seria melhor despender mais tempo com a porção baixa dos trapézios.

DESVANTAGENS

Os lombares

▍Papel dos lombares

Os músculos lombares têm um papel duplo:

1 Como seu nome indica, esses músculos das costas sustentam a parte inferior da coluna vertebral. Quando são desenvolvidos o bastante, suportam a pressão exercida sobre as costas no lugar da coluna vertebral. Para isso, são úteis em quase todos os esportes. Aos indivíduos que praticam somente a musculação, músculos lombares sólidos permitem executar sem perigo os exercícios básicos que geralmente apresentam tendência a achatar a coluna vertebral.

2 Os lombares também têm como função endireitar o tronco quando nos inclinamos para a frente. Nesta tarefa, eles raramente trabalham sozinhos. Em geral, são acionados ao mesmo tempo que os glúteos e os isquiotibiais.

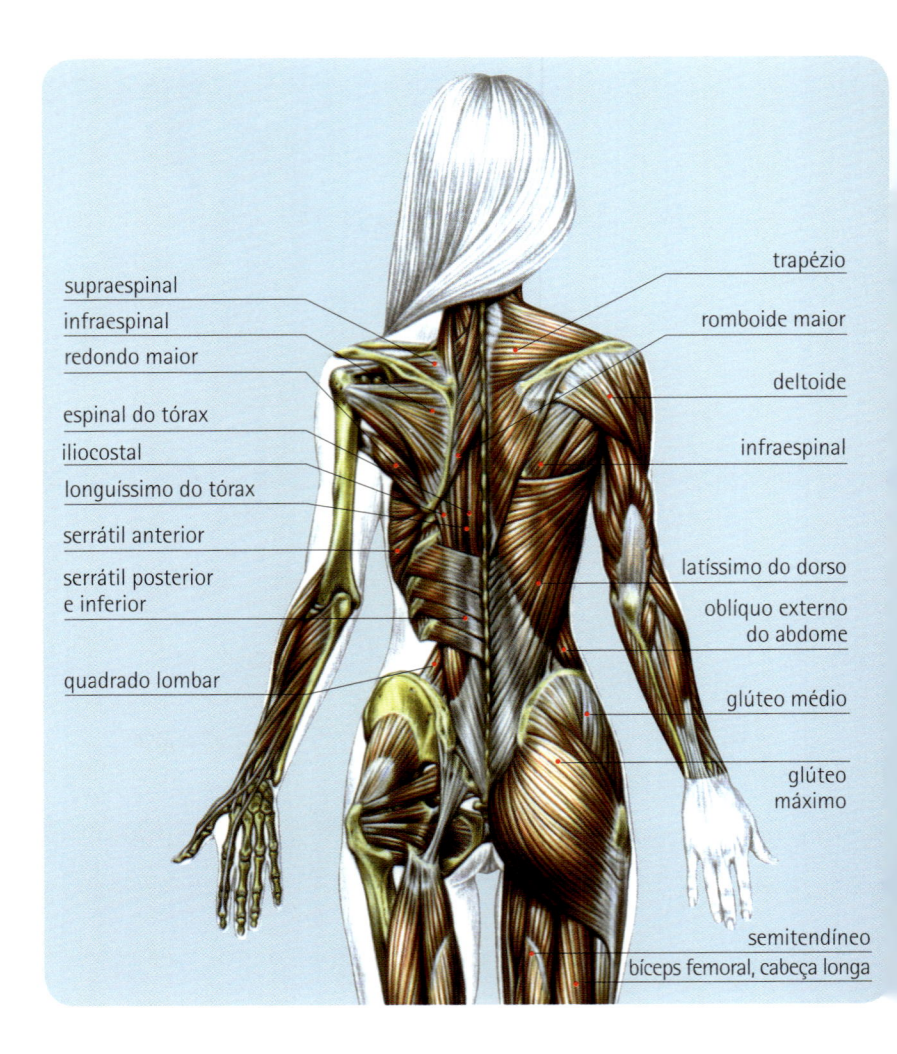

supraespinal
infraespinal
redondo maior
espinal do tórax
iliocostal
longuíssimo do tórax
serrátil anterior
serrátil posterior e inferior
quadrado lombar

trapézio
romboide maior
deltoide
infraespinal
latíssimo do dorso
oblíquo externo do abdome
glúteo médio
glúteo máximo
semitendíneo
bíceps femoral, cabeça longa

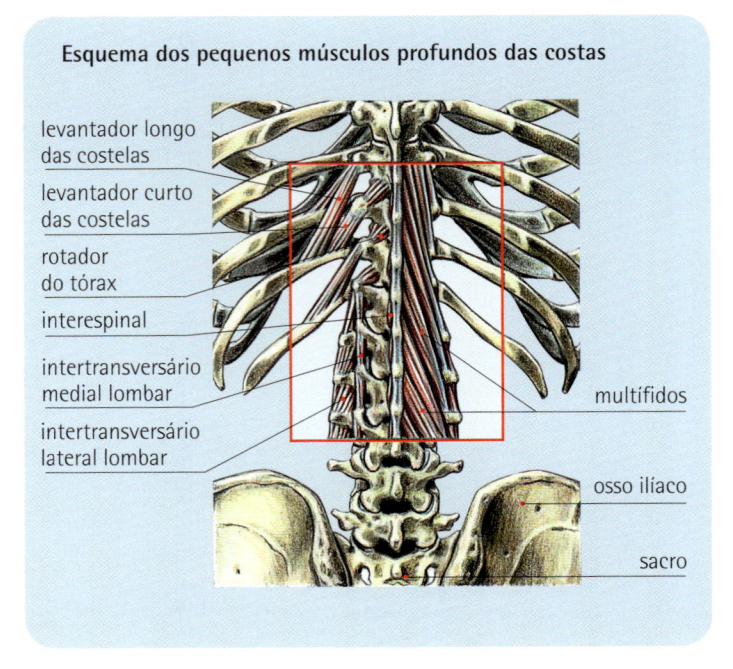

Esquema dos pequenos músculos profundos das costas

levantador longo das costelas
levantador curto das costelas
rotador do tórax
interespinal
intertransversário medial lombar
intertransversário lateral lombar

multífidos
osso ilíaco
sacro

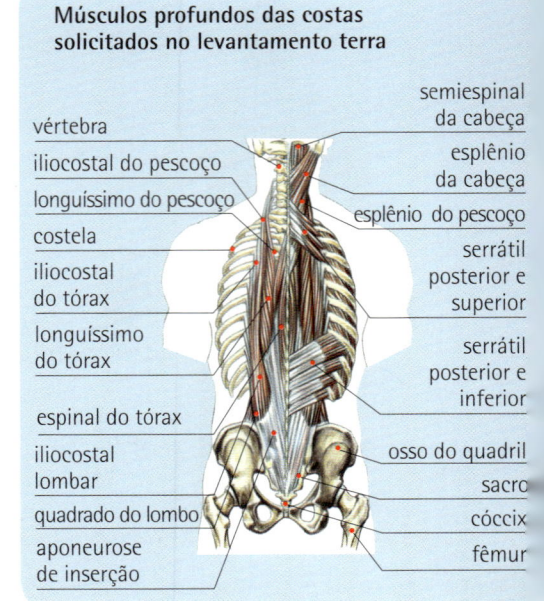

Músculos profundos das costas solicitados no levantamento terra

vértebra
iliocostal do pescoço
longuíssimo do pescoço
costela
iliocostal do tórax
longuíssimo do tórax
espinal do tórax
iliocostal lombar
quadrado do lombo
aponeurose de inserção

semiespinal da cabeça
esplênio da cabeça
esplênio do pescoço
serrátil posterior e superior
serrátil posterior e inferior
osso do quadril
sacro
cóccix
fêmur

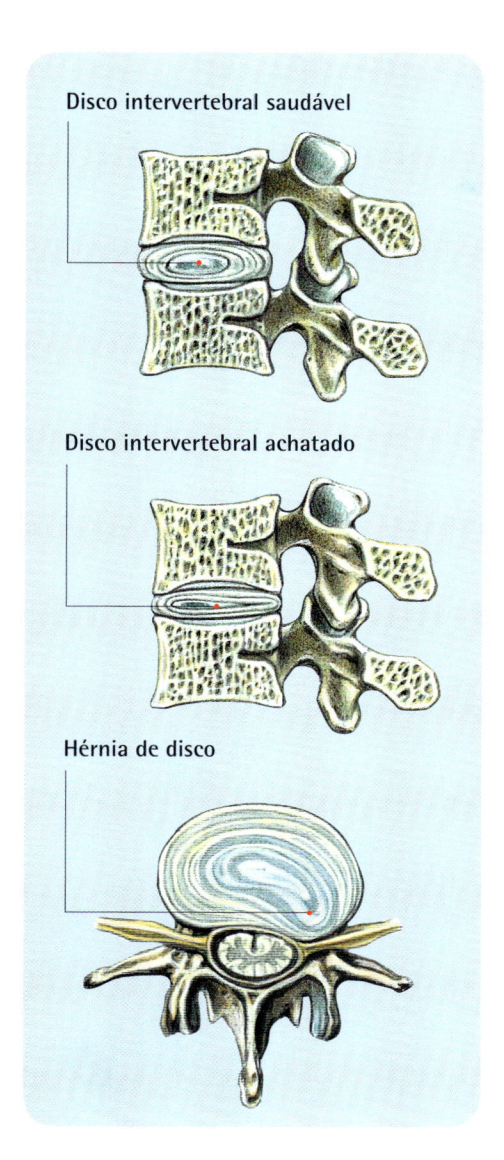

Disco intervertebral saudável

Disco intervertebral achatado

Hérnia de disco

! Na musculação, é mais fácil se ferir do que reforçar as costas. Mesmo uma leve dor nas costas impedirá que você treine na sala de ginástica e também na sua disciplina esportiva. Portanto, é imprescindível prestar muita atenção à coluna vertebral. Ela é muito frágil e não foi concebida para suportar as cargas impostas por um treinamento esportivo intenso. Para desviar a pressão da coluna para os músculos lombares, estes e a cintura abdominal devem obrigatoriamente ser sólidos. Como quanto aos músculos do pescoço, não devemos lesar as costas tentando reforçá-las!

/// Levantamento terra, membros inferiores flexionados

Este exercício básico trabalha não apenas os lombares, mas também os dorsais, os glúteos e os músculos das coxas. É possível trabalhar no modo unilateral, sobre um dos membros inferiores.

1 Com os pés afastados em uma distância aproximadamente igual à da largura das clavículas, agache para pegar dois halteres dispostos no chão, perto dos seus pés. Conserve as costas planas, ligeiramente arqueadas para trás. A pegada deve ser natural. O ideal é adotar a semipronação, isto é, uma posição intermediária entre a pegada neutra (polegares direcionados para a frente) e a pronação (um polegar orientado em direção ao outro).

2 Empurre os membros inferiores e tracione as costas para endireitar o corpo. O movimento dos membros inferiores e das costas também deve ser o mais sincronizado possível. Não se deve empurrar com aqueles antes de tracioná-las.

3 Após ficar em pé, incline-se para a frente, flexionando os membros inferiores, para retornar à posição inicial.

PONTOS A OBSERVAR

Quando os lombares atingirem a exaustão, torna-se cada vez mais difícil manter o leve arqueamento natural das costas. A coluna começará a encurvar. Esse arco circular das costas facilita o exercício e permite o ganho de repetições suplementares. É por isso que pouquíssimas pessoas interrompem o movimento quando sentem que o arqueamento das costas muda.

No entanto, não é boa ideia continuar o exercício quando os discos lombares estão mal posicionados por causa da exaustão. É preferível interromper o movimento quando você sentir que as costas começam a encurvar. Se você deseja continuar o exercício, reduza a carga. Por exemplo, segure com as duas mãos apenas um haltere entre os membros inferiores.

COMENTÁRIOS

Pode ocorrer que você sinta que precisa se abaixar muito para pegar os halteres no chão. Por exemplo, se você possui membros inferiores longos e membros superiores curtos, deverá encurvar as costas para pegar os pesos, o que não é uma boa manobra. Neste caso, você pode colocar os halteres sobre listas telefônicas grossas para reduzir a amplitude do movimento.

! A coluna vertebral será muito sobrecarregada. Há grande risco de achatamento dos discos intervertebrais, sobretudo em caso de mal posicionamento das costas. Como em cada final de sessão, particularmente quando os lombares forem trabalhados, alongue-se durante um bom tempo na barra fixa.

1

2

3

Variantes

1 Em vez de utilizar halteres, você pode utilizar uma faixa elástica, segurando uma extremidade em cada mão e fixando-a com os pés.

2 Também é possível combinar elástico + halteres para um máximo de eficácia. De fato, os halteres produzem mais resistência principalmente no começo do exercício, e menos no final. A combinação dos dois permite obter uma resistência constante durante todo o exercício.

3 Também é possível executar este exercício apoiado sobre um dos membros inferiores.

AS COSTAS

músculos eretores da
espinha, sob a aponeurose

glúteo médio

glúteo máximo

tensor da fáscia lata

adutor magno

bíceps femoral, cabeça longa

semitendíneo

bíceps femoral, cabeça curta

semimembranáceo

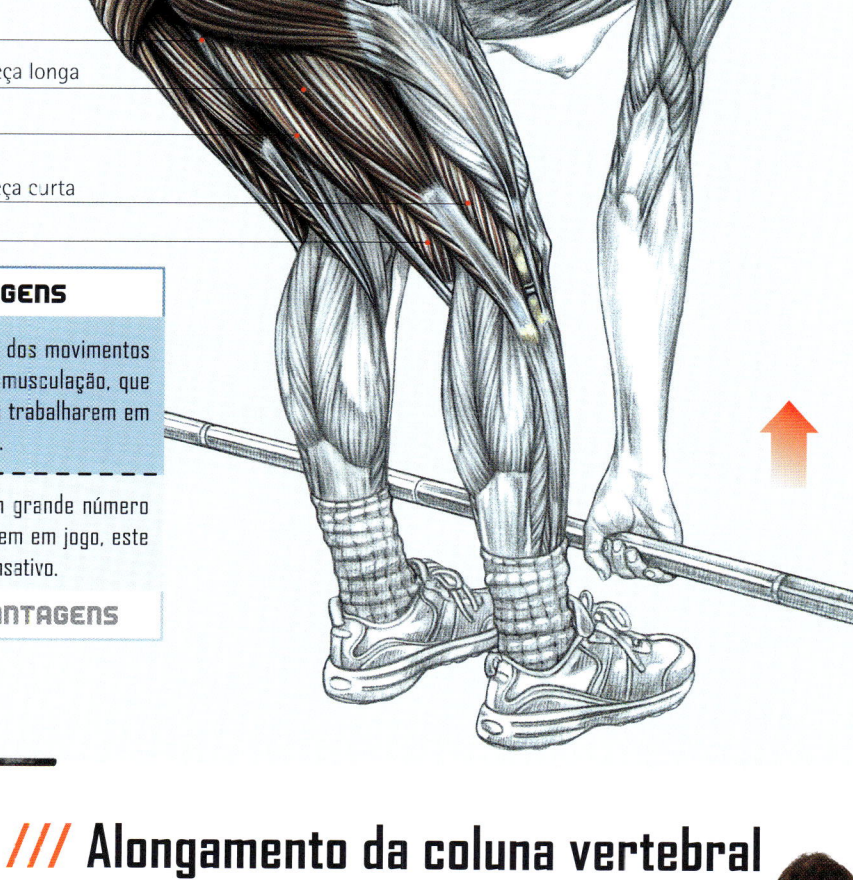

VANTAGENS

Trata-se de um dos movimentos mais completos da musculação, que faz vários músculos trabalharem em um mínimo de tempo.

- - - - - - - - - - - -

Pelo fato de um grande número de músculos entrarem em jogo, este exercício é muito cansativo.

DESVANTAGENS

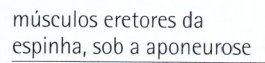

/// Alongamento da coluna vertebral

Suspenda-se na barra fixa, como descrito na página 37, para descomprimir a coluna vertebral.

Por outro lado, não é aconselhável alongar os músculos lombares com exercícios que consistem em se inclinar para a frente, em posição sentada ou em pé, quando você acabou de comprimir os discos intervertebrais. Reserve os alongamentos seguintes para um outro dia.

/// Arranque com halteres

Este exercício básico trabalha os lombares, os dorsais, os glúteos, os músculos das coxas e dos membros superiores. Os ombros também são muito trabalhados na versão em que você eleva os membros superiores acima da cabeça. Esta última variante corresponde ao que é chamado arranque no halterofilismo. Trata-se do movimento mais completo na musculação, pois quase todos os músculos do corpo são colocados em jogo. O trabalho no modo unilateral não é desejável.

1 Agache para pegar os dois halteres dispostos no chão, perto de seus pés. Mantenha as costas planas, levemente arqueadas para trás. A pegada deve ser natural. O ideal é adotar a semipronação.

2 Exerça força sobre os membros inferiores e tracione as costas para endireitar o corpo. O movimento de ambos deve ser o mais sincronizado possível.

3 Quando estiver quase em pé, utilize o impulso para flexionar os membros superiores (mãos quase pronadas) e leve os halteres até a altura dos ombros.

NOTA

Quando mencionarmos arranque parcial, isto significa que o exercício é interrompido quando os halteres atingem a altura dos ombros. O arranque completo indica o movimento executado em toda a sua amplitude, isto é, com os membros superiores estendidos acima da cabeça.

PONTOS A OBSERVAR

Aqueça-se bem antes de pegar cargas pesadas. Esse aquecimento não deve apenas preparar os seus músculos, mas também condicioná-los no que concerne à técnica de execução do movimento.

COMENTÁRIOS

Mantenha a cabeça bem reta, com o olhar orientado levemente para cima. Evite principalmente olhar para a direita ou para a esquerda, o que poderia desequilibrá-lo e favoreceria a lesão das costas.

4 Dessa posição, desça os halteres e incline-se para a frente, flexionando os membros inferiores, para retornar à posição inicial.

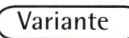

VANTAGENS

O ombro faz grupos musculares trabalharem muito e em tempo mínimo. Ele não apenas treina os músculos, mas também permite a obtenção de uma melhoria da coordenação motora. Em série longa, ele também é excelente para o ganho de força/resistência.

- -

Trata-se de um exercício muito técnico que exige um certo aprendizado e também domínio muscular. Apesar de ele produzir muitos resultados para os esportistas, não o aconselhamos para os indivíduos com menos de 2 a 3 meses de experiência em musculação.

DESVANTAGENS

Variante

v Alternativamente, para um movimento mais completo, mas visando menos as costas, você pode estender os membros superiores acima da cabeça para executar o arranque em sua amplitude total.

FORTALEÇA AS COXAS

Os quadríceps

❚ Papel dos quadríceps

No esporte, as coxas geralmente são mais utilizadas do que os músculos do tronco. Elas servem para correr ou saltar, dois elementos indispensáveis em várias disciplinas. As pesquisas médicas estabeleceram a existência de uma relação direta entre a massa muscular das coxas e a sua capacidade de gerar potência durante uma corrida de fundo a pé ou de bicicleta. Em outras palavras, quanto mais musculosas forem as suas coxas, mais velocidade você terá. Uma mulher com coxas tão musculosas quanto as de um homem correria praticamente tão rápido quanto ele. Podemos compreender, assim, a importância do treinamento da parte inferior do corpo para melhorar os desempenhos que necessitam de rapidez.

No plano estético, coxas grossas são menos procuradas do que um tronco musculoso. Por isso, elas são frequentemente negligenciadas. Contudo, as coxas devem ser bem modeladas, o que podemos obter rapidamente com os exercícios a seguir.

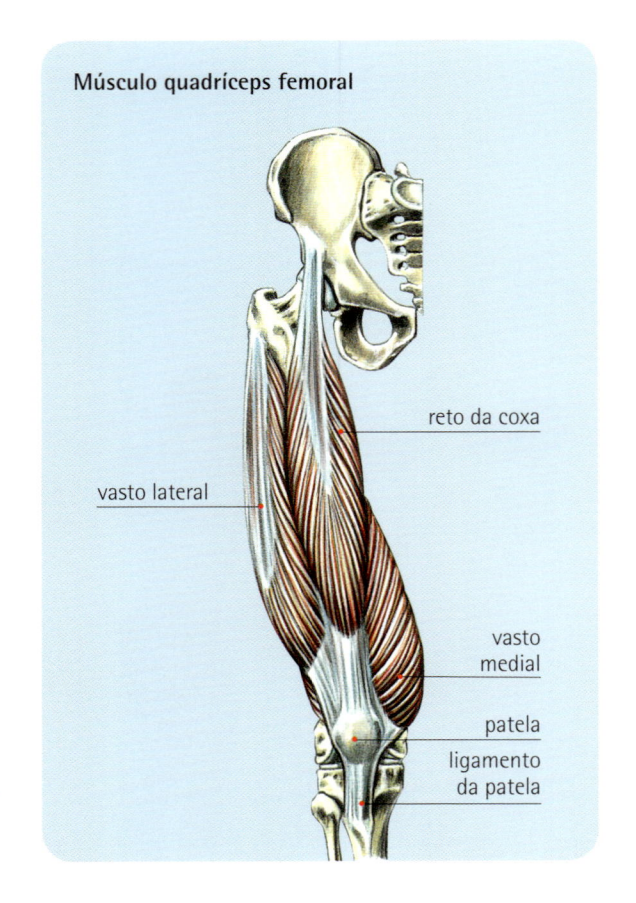

Músculo quadríceps femoral

reto da coxa

vasto lateral

vasto medial

patela

ligamento da patela

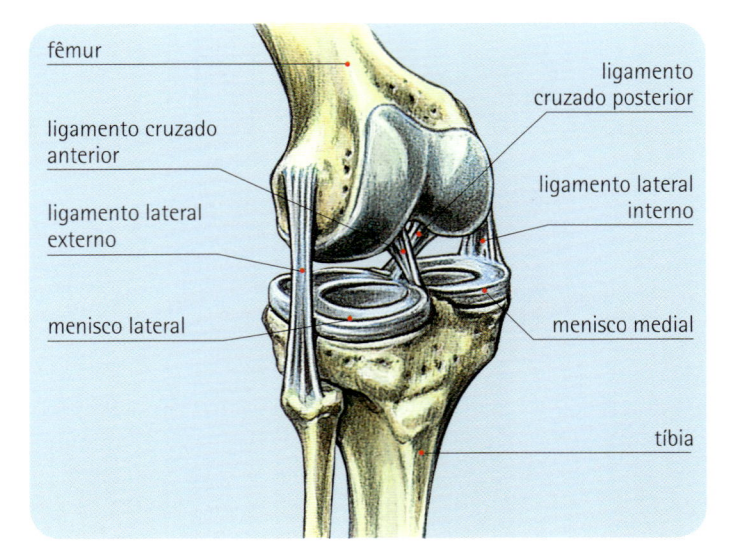

fêmur

ligamento cruzado anterior

ligamento lateral externo

menisco lateral

ligamento cruzado posterior

ligamento lateral interno

menisco medial

tíbia

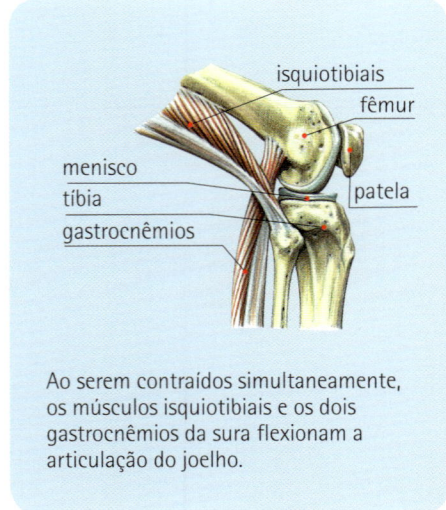

isquiotibiais

fêmur

menisco

tíbia

gastrocnêmios

patela

Ao serem contraídos simultaneamente, os músculos isquiotibiais e os dois gastrocnêmios da sura flexionam a articulação do joelho.

❗ Antes do treinamento das coxas, é importante proteger os joelhos aquecendo todos os músculos que se fixam neles. Muitas vezes, o aquecimento do joelho **●** consiste simplesmente no aquecimento do quadríceps. Está errado!
Para evitar problemas no joelho, é necessário começar pelo aquecimento da parte posterior das coxas, em seguida, dos quadríceps e, finalmente, das suras. Muitas dores pequenas serão eliminadas ou prevenidas com esse simples conselho.

/// Agachamento

O agachamento é um exercício básico que trabalha o **quadríceps, os isquiotibiais, os lombares, os gastrocnêmios e os glúteos.** O modo unilateral é possível sobre um membro inferior, mas não é aconselhável.

1 2 Com os pés afastados a uma distância que corresponde aproximadamente à largura dos ombros, agache para pegar dois halteres que se encontram no chão. Mantenha as costas planas, muito levemente arqueadas para trás. A pegada deve ser natural. O ideal é adotar a semipronação, isto é, uma posição intermediária entre a pegada neutra (polegar direcionado para a frente) e a pronação (um polegar orientado em direção ao outro).

3 Mantendo as costas o mais reto possível, force sobre os membros inferiores até que eles fiquem estendidos. Após ficar em pé, flexione os membros inferiores para retornar à posição inicial. Não desça até o chão, mas apenas até você sentir que começa a inclinar o tronco para a frente. A partir do momento em que é necessário se inclinar muito, o trabalho das coxas diminui e são principalmente os lombares que começam a ser solicitados.

PONTOS A OBSERVAR

Quanto mais você descer, mais pode descolar os calcanhares do chão para manter as costas retas. Com os calcanhares descolados, o trabalho muscular irá concentrar-se nos quadríceps. Por outro lado, se você mantiver os calcanhares no chão, terá mais dificuldade para manter as costas retas e o esforço maior será dos glúteos, isquiotibiais e lombares.

Após atingir a exaustão, se você quiser continuar o exercício, diminua a carga, segurando com ambas as mãos um haltere entre os membros inferiores. Em seguida, você poderá largar esse haltere e continuar o exercício com as mãos vazias.

Variantes

Há muitas variantes no agachamento:

Variação do nível de descida

Quanto mais baixo você descer, mais difícil será o agachamento, porque ele recruta um número crescente de grupos musculares. No entanto, o nível de descida deve levar em conta não somente os músculos que você deseja trabalhar, mas também a sua anatomia. Quanto mais longos forem seus membros inferiores, particularmente na altura do fêmur, mais perigo para as costas uma maior descida representa. Uma relação membros inferiores/tronco desfavorável obriga o indivíduo a se inclinar muito para a frente, criando assim um desequilíbrio na altura das vértebras lombares.

Inclinação do tronco no agachamento em função das diferentes morfologias

1 Fêmur curto   2 Fêmur longo

1 Membros inferiores curtos, tronco longo. Tronco pouco inclinado, menos desequilíbrio.

2 Membros inferiores longos, tronco curto. Tronco muito inclinado, mais desequilíbrio.

O *box squat* ("agachamento sobre caixa")

Para delimitar seu nível de descida, utilize uma cama ou uma cadeira. Não se trata de chegar bruscamente sobre o colchão ou sobre a cadeira para frear. O *box squat* deve ser realizado de maneira controlada, para você chegar suavemente sobre o objeto. A partir daí, existem duas variantes possíveis:

1 Assim que você tocar o objeto, suba imediatamente sem parar. Este trabalho pliométrico modificado auxilia na explosão muscular.

2 Você se senta durante 1 ou 2 segundos sobre o objeto para relaxar os músculos. Esta técnica de *stop and go* trabalha a força de arranque, indispensável para os esportistas que devem começar corridas de fundo a partir de uma posição imóvel.

NOTA

Certas pessoas não gostam do *box squat*, enquanto outras somente sentirão que estão trabalhando bem as coxas quando um objeto delimita a amplitude da descida. Não lute contra a natureza! Opte pela variante na qual você sente melhor o movimento.

1

2

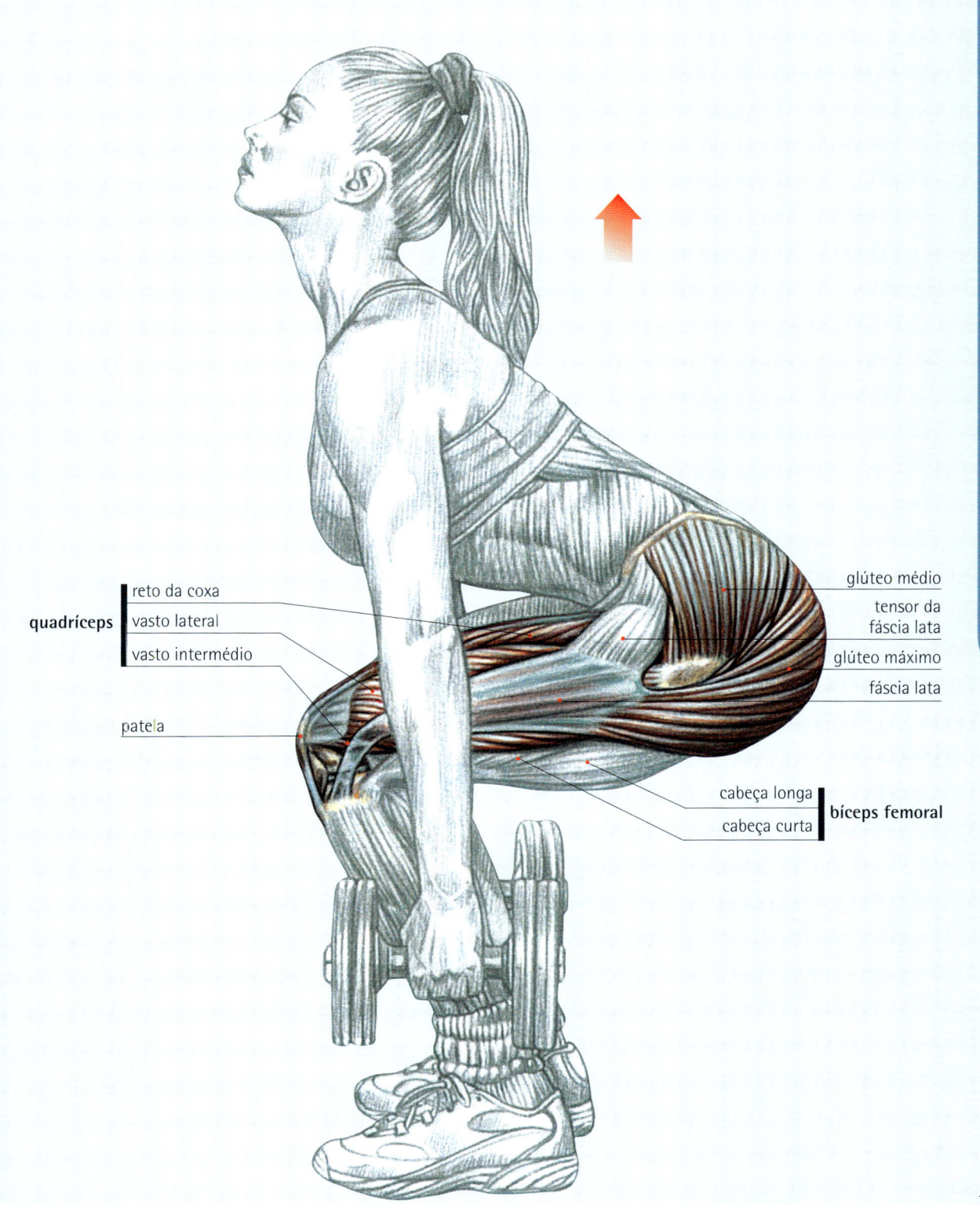

quadríceps
- reto da coxa
- vasto lateral
- vasto intermédio

patela

glúteo médio

tensor da fáscia lata

glúteo máximo

fáscia lata

cabeça longa
cabeça curta — bíceps femoral

Afastamento dos pés

[v] Você pode variar o afastamento dos pés. É preferível manter uma distância igual à largura dos ombros, com os pés ligeiramente orientados para o exterior, para um melhor equilíbrio do trabalho do conjunto da coxa. Para concentrar o esforço sobre os quadríceps, o afastamento dos pés poderá ser mais estreito ou até mesmo muito estreito. Neste caso, os joelhos serão muito mais solicitados. Por outro lado, você poderá afastar bem os pés, o que exigirá mais do interior das coxas, dos isquiotibiais e dos glúteos. Como em todas as variantes, pelo menos em um primeiro momento, opte por aquela que lhe parecer mais natural. Em um segundo momento, você poderá adotar gradualmente uma posição que vise melhor à(s) zona(s) que deseja trabalhar.

Tensão contínua

[1] [2] Quanto mais estendermos os membros inferiores, maior a perda de tensão muscular, pois o exercício se torna mais fácil no ponto alto do movimento. Para remediar esse problema, podemos pisar em uma faixa elástica segurada com as mãos. Assim, quanto mais estendidos estiverem os membros inferiores, maior a resistência criada, o que responde bem à estrutura da força das coxas.

[3] O ideal é combinar halteres + faixas elásticas.

Outra solução consiste em não estender os membros inferiores no ponto alto do movimento a fim de permanecer em tensão contínua. O exercício torna-se assim muito mais difícil, pois os músculos não podem mais repousar no alto do agachamento. Você pode começar o exercício sem estender os membros inferiores. Após atingir a exaustão, estenda-os para poder repousar um pouco e obter mais repetições.

Agachamento largo

Agachamento estreito

Agachamento com faixa elástica

Agachamento com faixa elástica + halteres

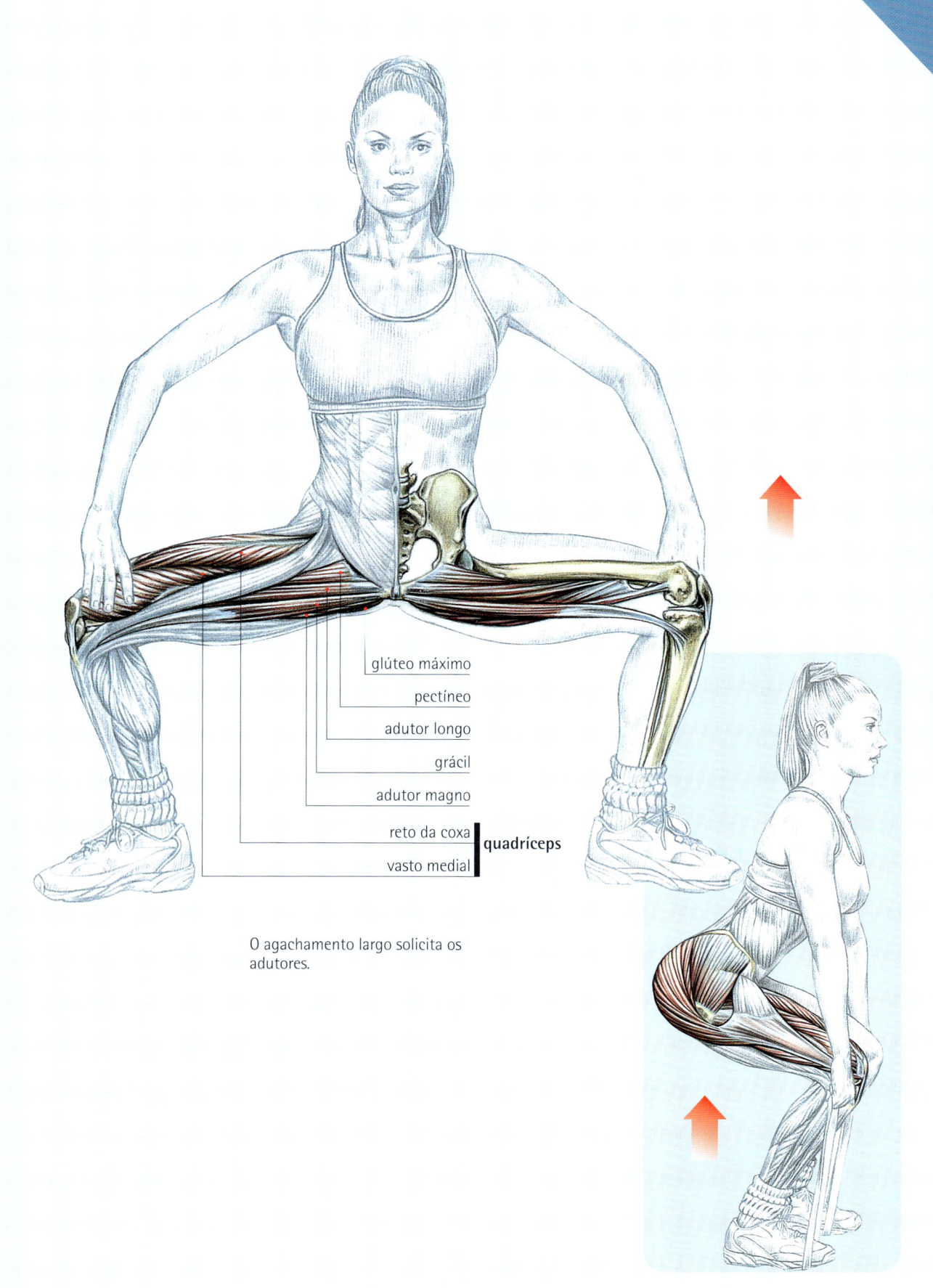

glúteo máximo
pectíneo
adutor longo
grácil
adutor magno
reto da coxa **quadríceps**
vasto medial

O agachamento largo solicita os adutores.

/// Agachamento unilateral

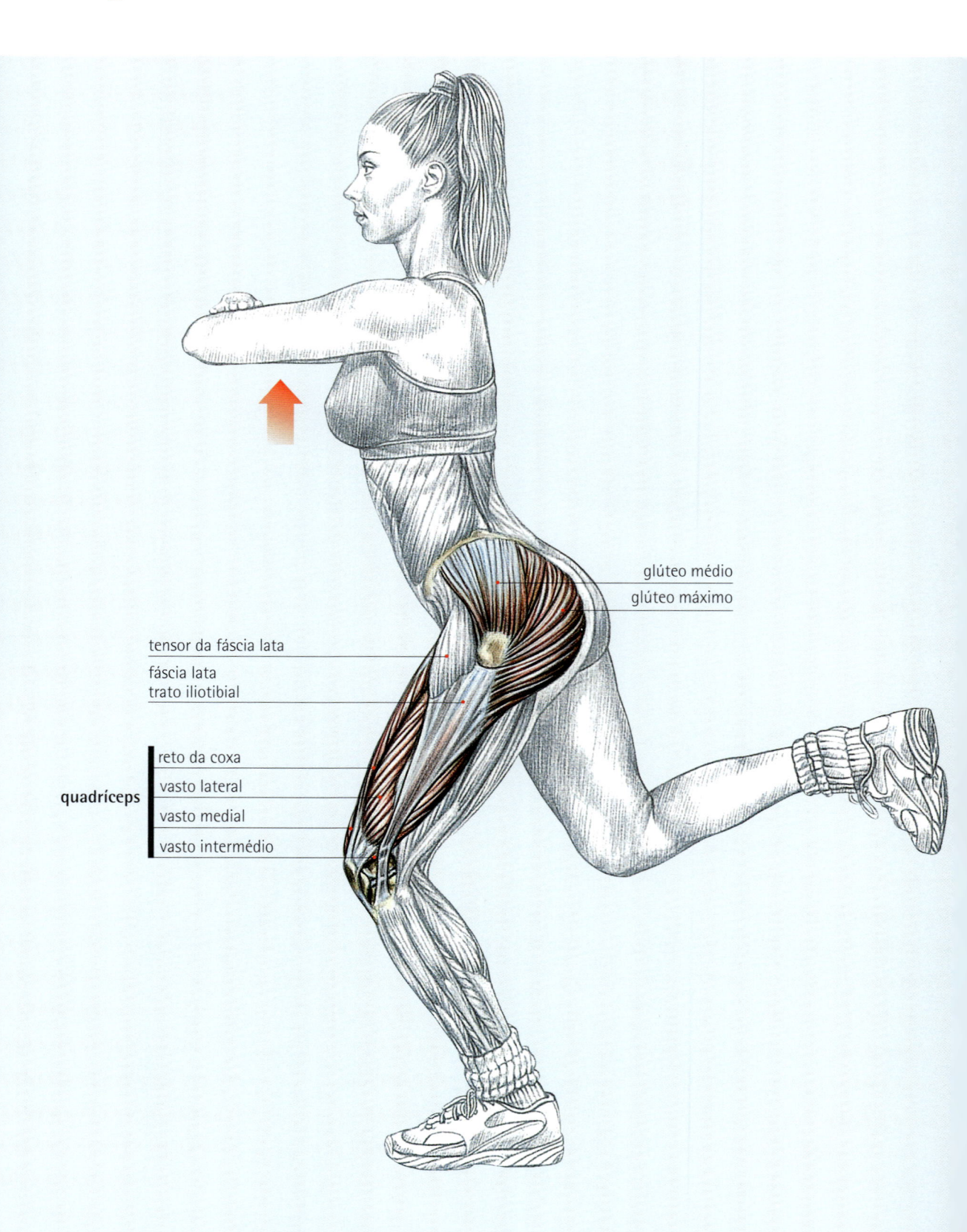

glúteo médio
glúteo máximo
tensor da fáscia lata
fáscia lata
trato iliotibial

quadríceps
reto da coxa
vasto lateral
vasto medial
vasto intermédio

/// Agachamento + arranque

1 2 3

COMENTÁRIOS

Quando você tiver atingido um certo grau de intensidade e força, vai ser cada vez mais problemático executar o agachamento e o levantamento terra na mesma sessão. Como a coluna vertebral é muito solicitada por esses dois movimentos e a exaustão que eles geram é muito grande, o mais indicado é alternar esses dois exercícios. Realize agachamentos em um primeiro treino para as coxas e o levantamento terra na sessão seguinte.

VANTAGENS

O agachamento trabalha toda a parte inferior do corpo em pouquíssimo tempo. A grande dificuldade deste exercício desencadeia uma estimulação metabólica importante para o crescimento de todo o corpo. De fato, mais que qualquer outro movimento, o agachamento libera uma secreção natural de hormônios anabolizantes (testosterona e hormônio de crescimento) quando você força ao máximo suas possibilidades.

É um exercício cansativo, além de arriscado para as costas e os joelhos.

DESVANTAGENS

! Os joelhos, o quadril e a coluna vertebral são muito solicitados pelo agachamento. Não desafie a natureza abaixando-se mais do que a sua morfologia permite. Alguns são feitos para abaixar muito e outros, não!
Respeite suas articulações ou elas o farão pagar muito caro.
É mais prudente não abaixar o bastante do que abaixar demais.
Como no fim de cada sessão em que você trabalha os lombares, alongue-se por bastante tempo na barra fixa.

155

/// Sissy squat

Este exercício de isolamento visa particularmente ao quadríceps. É possível trabalhar no modo unilateral. O *sissy squat* é muito diferente do agachamento clássico. Ele permite trabalhar sem carga, o que preserva as costas e os quadris.

1 Para evitar problemas de equilíbrio, apoie-se em uma cadeira ou em uma parede. Com os pés afastados em uma distância que corresponda aproximadamente à largura dos ombros, incline-se para trás, flexionando e avançando os joelhos. Quanto mais você descer, mais deverá descolar os calcanhares do chão. Mantenha as costas bem retas sem arquear para trás. Primeiramente, desça alguns centímetros assim, antes de voltar a subir. Não suba completamente, para não estender os membros inferiores, e mantenha uma tensão contínua nos quadríceps. Desça cada vez mais a cada repetição.

PONTOS A OBSERVAR

Colocando um apoio sob os calcanhares, o exercício se torna mais fácil. Quanto mais alto for o apoio, mais fácil será o movimento. Recomenda-se aos iniciantes que o executem dessa maneira. Depois, quando já estiverem habituados com o exercício, poderão retirar o apoio se assim desejarem.

COMENTÁRIOS

Trata-se de um exercício executado lentamente com tensão contínua, e não de maneira pesada e explosiva. Ele é muito utilizado na reeducação do tendão da patela (ver p. 252).

VANTAGENS

O *sissy squat* solicita muito a parte central do quadríceps, que é a única cabeça pluriarticular desse músculo. Esta parte do quadríceps, muito negligenciada, é de grande importância para os esportistas que precisam correr ou saltar.

- - - - - - - - - - - - - -

É necessário que os joelhos estejam bem aquecidos antes de começar este exercício. O ideal é que o *sissy squat* não seja o primeiro exercício para as coxas realizado na sessão.

DESVANTAGENS

Variante

v Para aumentar a resistência, você pode segurar, com uma das mãos, uma anilha apoiada sobre os peitorais.

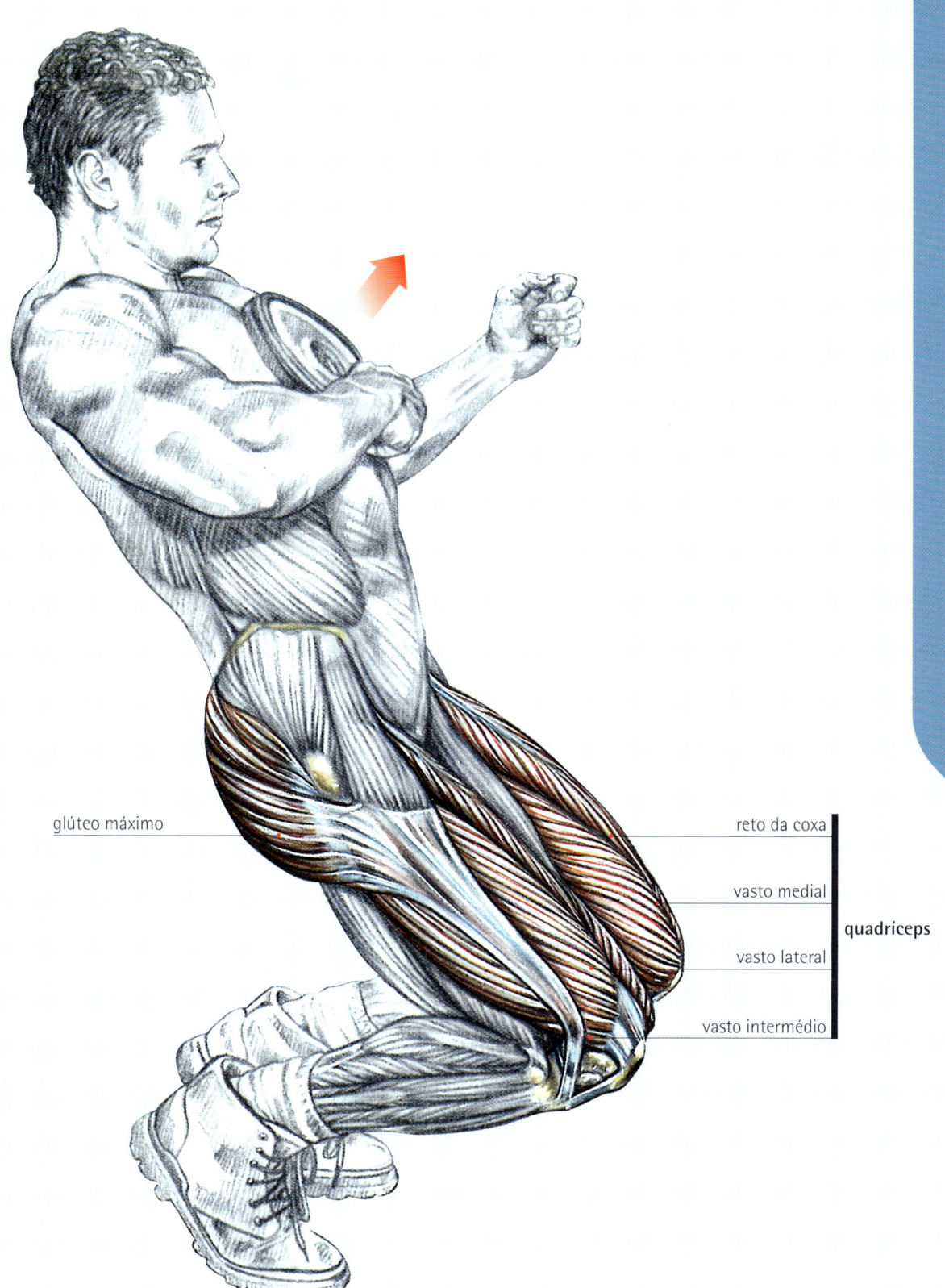

glúteo máximo

reto da coxa

vasto medial

vasto lateral

vasto intermédio

quadríceps

/// Elevação de membros inferiores

Este exercício básico visa particularmente ao reto da coxa, aos abdominais e ao psoas.
É obrigatório trabalhar no modo unilateral. Trata-se de um exercício muito importante para corredores de fundo e saltadores.

DICA
Segurando o peso, tente manter os dedos em contato com o músculo do meio da coxa que está trabalhando, a fim de sentir melhor a contração.

1 Em pé, coloque uma anilha ou um haltere sobre a coxa direita, um pouco acima do joelho. Estabilize essa carga com a mão direita, enquanto a mão esquerda segura o encosto de uma cadeira ou uma parede para assegurar a estabilidade. Você também pode encostar as costas em uma parede.

2 Eleve o membro inferior até que ele fique paralelo ao solo, flexionando o joelho. Mantenha a contração durante um segundo antes de descer a coxa até que ela fique perpendicular ao solo.

Após trabalhar o membro inferior direito, passe para o esquerdo.

Variantes

v Com a mão que sustenta a carga, você pode forçar a coxa durante a descida para intensificar a fase negativa do movimento. Quando a coxa já tiver atingido a exaustão, interrompa as negativas acentuadas para obter algumas repetições suplementares habituais. Após atingir a exaustão, livre-se da carga para continuar o exercício. Se você puder, retome os avanços negativos nesse momento para um máximo de repetições.

! O trabalho do psoas tracionará a coluna vertebral. Mantenha as costas bem retas, evitando qualquer arqueamento dos lombares. Se ouvir ruídos secos na altura das costas, eleve menos a coxa e lentifique o movimento. Se eles persistirem, evite este exercício.

Em vez de utilizar um haltere, você pode fixar um elástico acima do joelho. Bloqueie a outra extremidade do elástico com o pé que está em contato com o chão.

PONTOS A OBSERVAR

Não repouse o pé no chão entre cada repetição. Sem descer a coxa completamente, você permanecerá em tensão contínua. Somente na exaustão você poderá colocar o pé no chão para respirar um segundo e, em seguida, obter algumas repetições suplementares.

COMENTÁRIOS

Se você tiver dificuldade para aquecer os quadríceps antes de exercitar as coxas, algumas séries de elevações de membros inferiores podem ajudá-lo. Aliás, se os joelhos o impedirem de trabalhar bem os quadríceps, esse exercício solicita uma parte desse músculo sem martirizar a patela.

Você também pode utilizar um elástico + um haltere para se beneficiar da sinergia oferecida pelos dois tipos de resistência.

As elevações de membros inferiores isolam o trabalho de uma parte do quadríceps que tem dificuldade para intervir nos agachamentos na maioria das pessoas. Por isso, elas são negligenciadas apesar de serem muito importantes em todos os esportes em que é necessário correr.

O caráter unilateral deste exercício faz perder muito tempo, principalmente quando se trata de um músculo relativamente modesto no que diz respeito ao seu tamanho.

DESVANTAGENS

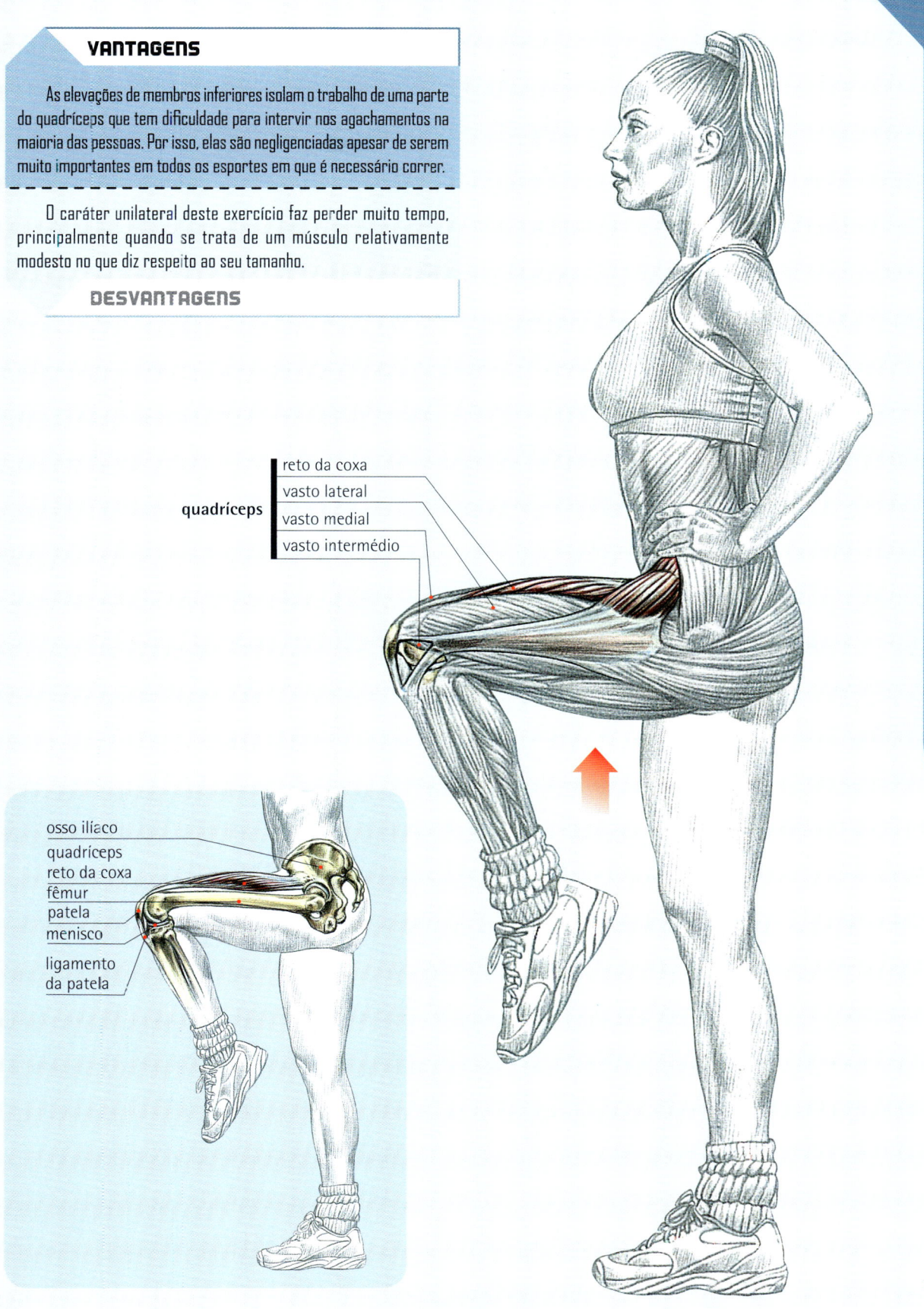

quadríceps
- reto da coxa
- vasto lateral
- vasto medial
- vasto intermédio

osso ilíaco
quadríceps
reto da coxa
fêmur
patela
menisco
ligamento da patela

/// Avanços

Este exercício básico trabalha toda a coxa. Ele corresponde em muitos pontos a um agachamento sobre um membro inferior. É obrigatório trabalhar no modo unilateral.

! Os joelhos e o quadril são
postos duramente à prova
● pelos avanços, enquanto as
costas são poupadas.

1 Em pé, fique com os pés próximos e os membros inferiores estendidos. As mãos são colocadas sobre os quadris ou a coxa. Se você tiver problema de equilíbrio, apoie-se em uma parede ou uma cadeira. Inicie o movimento executando um grande passo para a frente com o membro inferior direito. Os iniciantes podem flexionar um pouco o esquerdo, enquanto os indivíduos treinados podem optar por mantê-lo estendido para tornar o exercício mais difícil.

2 Em seguida, flexione um pouco o joelho do membro inferior que está na frente. Os iniciantes poderão descer apenas 20 cm, enquanto os indivíduos treinados poderão executar o movimento do modo mais amplo possível. Quando o joelho estiver bem flexionado, faça força com o membro inferior para estendê-lo. Inicie uma nova repetição, flexionando o joelho se você optar por manter uma tensão contínua. Você também pode optar por colocar os dois pés juntos (veja as diferentes variantes). Em seguida, execute o mesmo movimento com o membro inferior esquerdo.

DICA
Se você tiver uma mão livre, coloque-a sobre a parte do músculo que você deseja isolar, a fim de sentir melhor a sua contração.

VANTAGENS

Os avanços permitem trabalhar toda a coxa sem comprimir a coluna vertebral. Também representam um ótimo alongamento para todos os músculos dos membros inferiores.

- - - - - - - - - - - - - - - - -

Ao alongarem o psoas, os avanços têm tendência a arquear a região inferior das costas, se esse músculo não for suficientemente flexível. Portanto, preste atenção no arqueamento.

Quanto mais o joelho avançar para a frente em relação ao pé, mais a patela será mobilizada.

DESVANTAGENS

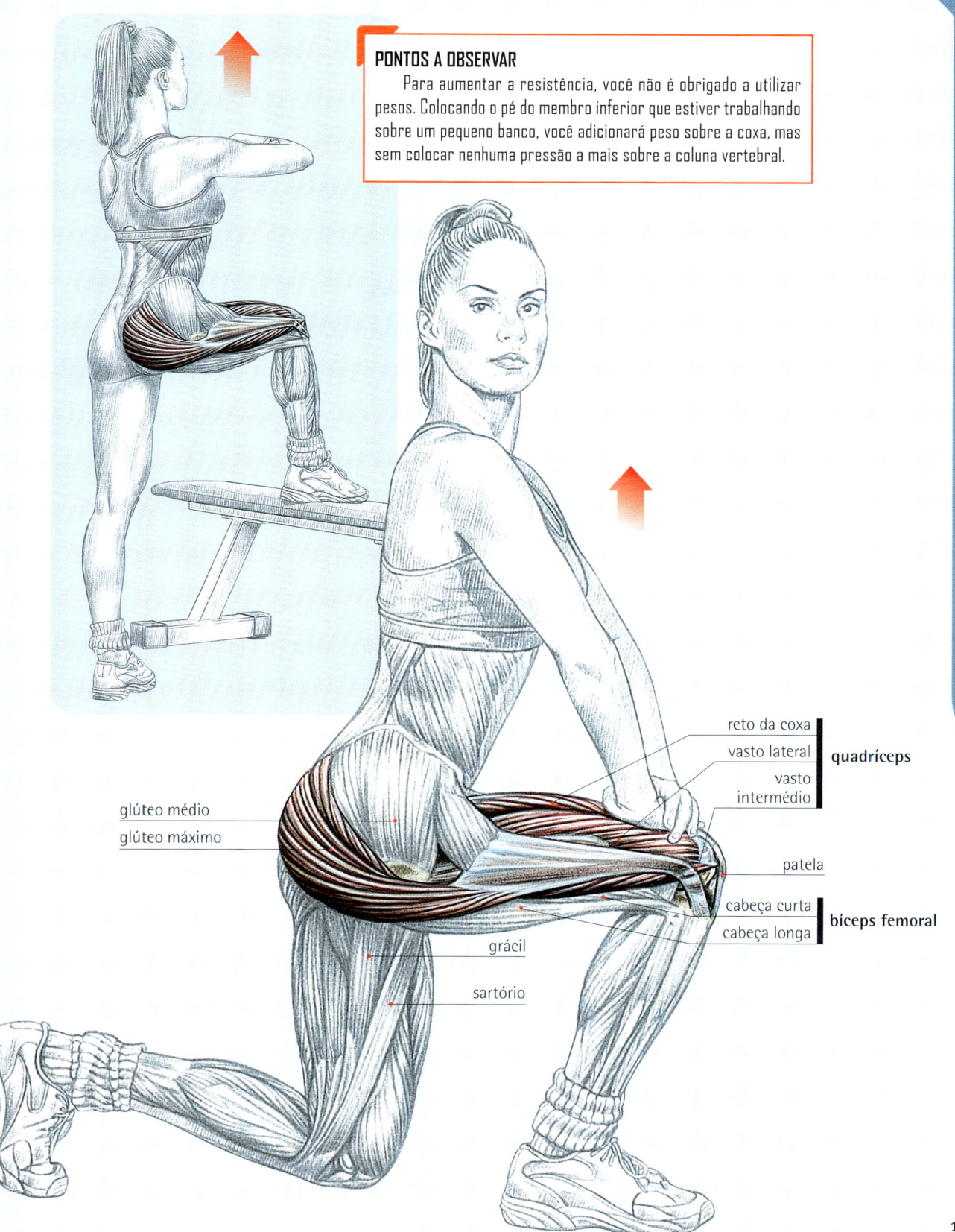

PONTOS A OBSERVAR

Para aumentar a resistência, você não é obrigado a utilizar pesos. Colocando o pé do membro inferior que estiver trabalhando sobre um pequeno banco, você adicionará peso sobre a coxa, mas sem colocar nenhuma pressão a mais sobre a coluna vertebral.

reto da coxa
vasto lateral — **quadríceps**
vasto intermédio

glúteo médio

glúteo máximo

patela

cabeça curta — **bíceps femoral**
cabeça longa

grácil

sartório

▲ Amplitude normal

▲ Grande amplitude

(Variantes)

Existem muitas variantes possíveis:

[v] O primeiro passo que você dá para a frente determina a amplitude do movimento. Ele pode ser maior ou menor. Inicie com um pequeno passo, pois assim o exercício será dominado de modo mais fácil. Para aumentar a dificuldade, amplie progressivamente o tamanho do passo.

Você pode dar um passo para a frente ou para trás, conforme se sentir melhor.

Você pode alternar o trabalho do membro inferior esquerdo com o do direito em cada repetição ou executar a série com um único membro antes de passar para o outro.

Você pode ficar completamente ereto ou permanecer com o pé no chão executando apenas um movimento parcial.

COMENTÁRIOS

Quanto mais amplo for o movimento, maior a contribuição dos músculos isquiotibiais. O mesmo ocorre se você inclinar o tronco para a frente. Um movimento de amplitude mais reduzida visará mais o quadríceps.

[1] Você pode adicionar carga segurando um haltere em cada mão.

[2] Em vez de realizar um avanço para a frente, você pode executá-lo lateralmente. Esses avanços laterais são mais arriscados para o joelho, mas correspondem melhor ao trabalho muscular exigido em certos esportes, como futebol ou artes marciais.

OS MEMBROS INFERIORES

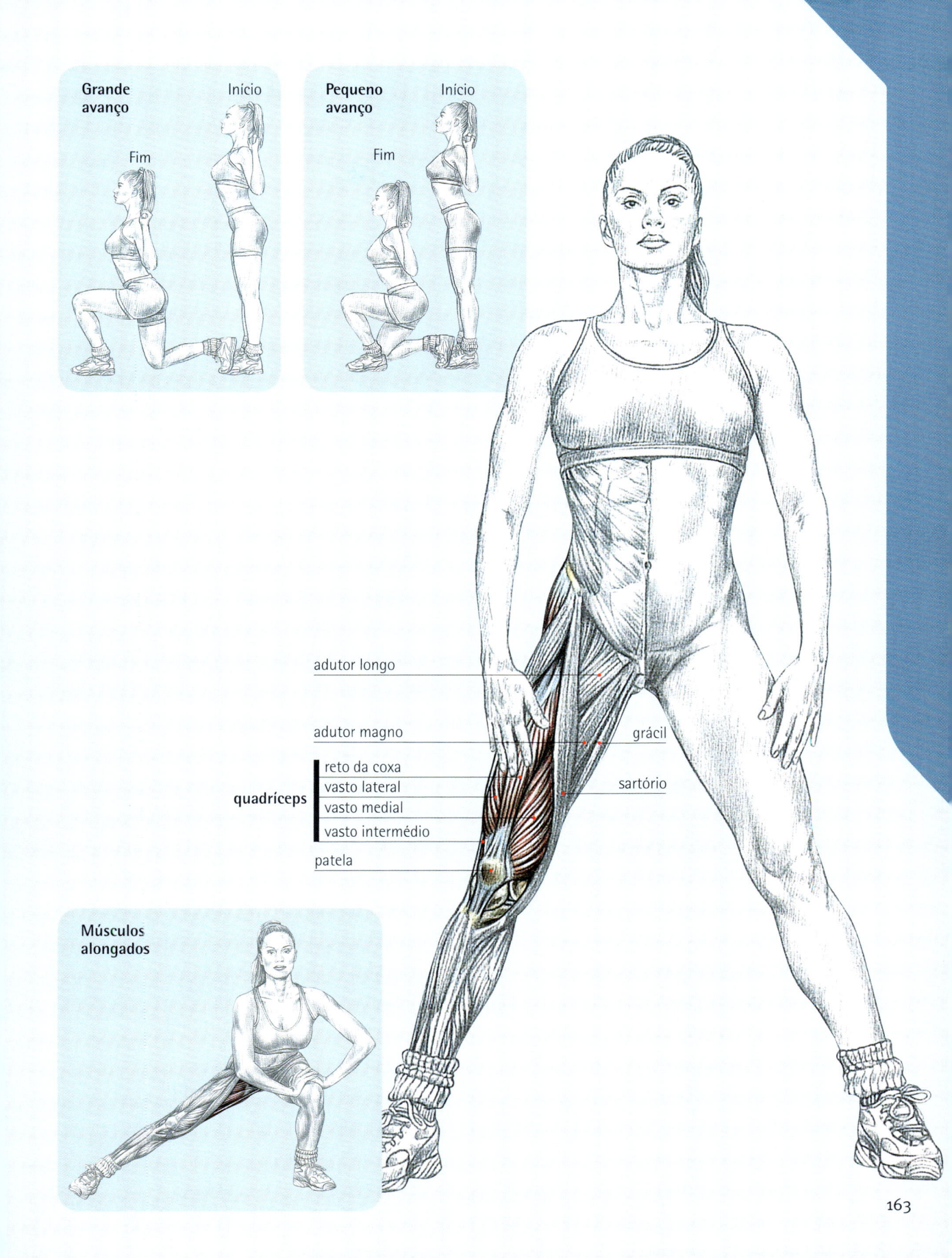

Grande avanço

Início

Fim

Pequeno avanço

Início

Fim

Músculos alongados

adutor longo

adutor magno

grácil

reto da coxa

vasto lateral

quadríceps

vasto medial

sartório

vasto intermédio

patela

Os adutores

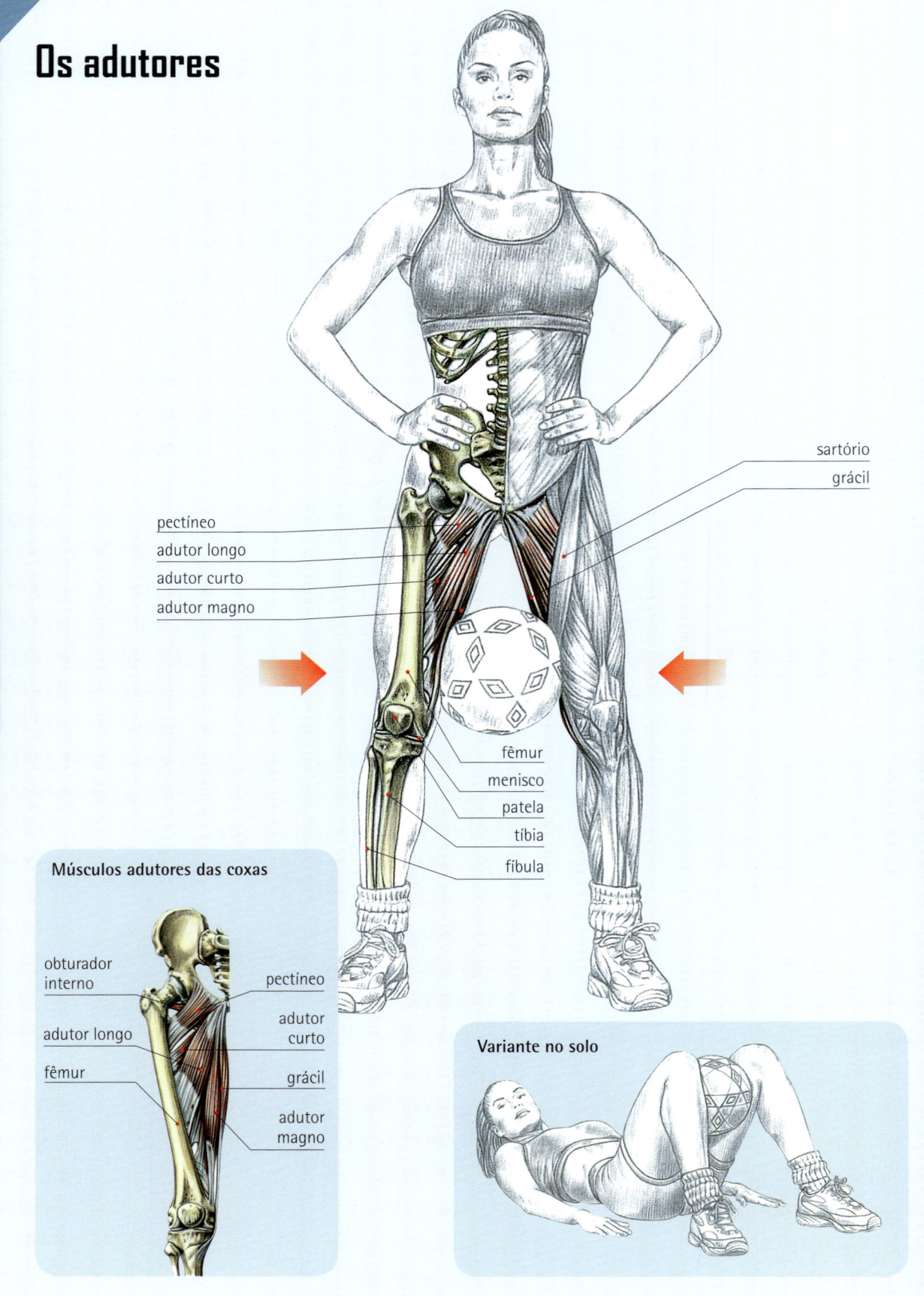

sartório
grácil

pectíneo
adutor longo
adutor curto
adutor magno

fêmur
menisco
patela
tíbia
fíbula

OS MEMBROS INFERIORES

Músculos adutores das coxas

obturador interno
adutor longo
fêmur
pectíneo
adutor curto
grácil
adutor magno

Variante no solo

164

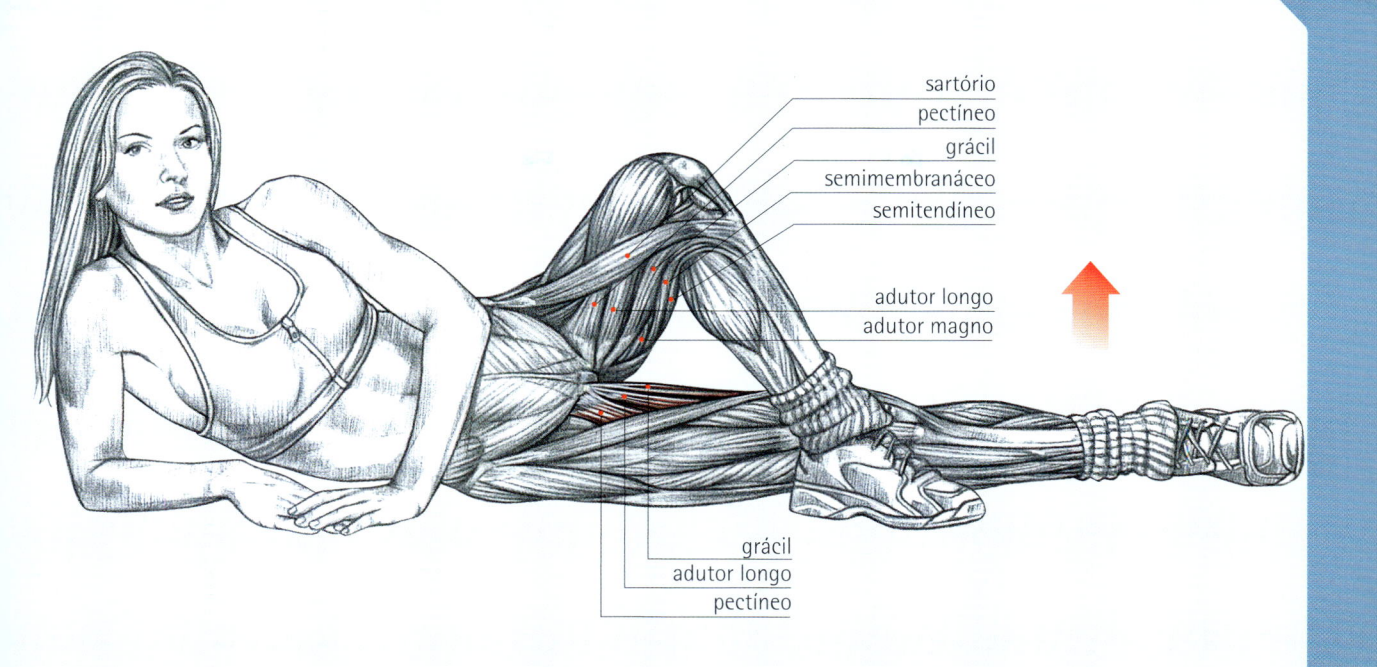

sartório
pectíneo
grácil
semimembranáceo
semitendíneo

adutor longo
adutor magno

grácil
adutor longo
pectíneo

1 **2** Os músculos adutores da coxa podem ser trabalhados aproximando as coxas enquanto lutamos contra uma resistência (a força dos membros superiores, um aparelho, uma bola, etc.).

/// Exercícios de alongamento dos adutores

/// Extensão dos membros inferiores

Este exercício de isolamento é o melhor meio de visar ao quadríceps.
É possível trabalhar no modo unilateral utilizando uma faixa elástica.

! O joelho é colocado em uma posição precária. É necessário evitar o trabalho muito pesado e a execução do exercício de maneira explosiva.

1 Sentado sobre uma cadeira alta o bastante para que os pés não toquem o solo, coloque um haltere entre os tornozelos.

2 Com a força dos quadríceps, estenda os membros inferiores. Mantenha a posição de contração durante 2 ou 3 segundos antes de descer.

PONTOS A OBSERVAR

Trata-se de um exercício que deve ser executado lentamente, em tensão contínua e séries longas. Ele pode ser utilizado para deixar o joelho bem aquecido. Também pode servir como movimento de pré-exaustão antes do agachamento, para você sentir melhor o trabalho dos quadríceps.

COMENTÁRIOS

A extensão dos membros inferiores pode ser um exercício de aquecimento ou de final de treinamento. No entanto, não devemos contar exclusivamente com ele para obtermos coxas firmes, pois ele é desigual no que diz respeito à definição (eliminação de gordura local) dos músculos do quadríceps.

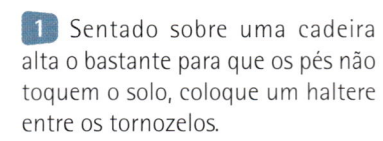

Variantes

v Em vez de segurar um haltere, você pode passar uma faixa elástica em torno dos pés. A outra parte da faixa será bloqueada atrás da cadeira.

O ideal é combinar faixa + haltere para uma resistência perfeita.

Com faixa elástica, você pode trabalhar apenas uma coxa por vez, se quiser.

VANTAGENS

A coluna vertebral não contribui. O isolamento do quadríceps é quase perfeito, pois a parte posterior da coxa intervém muito pouco.

- -

Trata-se de um movimento muito artificial, que a natureza realmente não previu. O quadríceps foi concebido junto com os isquiotibiais para proteger os joelhos. Na ausência de sustentação ativa da parte posterior da coxa, alguns joelhos não ficam confortáveis com a extensão dos membros inferiores.

DESVANTAGENS

/// Exercícios pliométricos

Os exercícios pliométricos para as coxas consistem na execução de saltos no lugar.

1

2

1 Em sua versão mais simples, você pode executá-los com os dois membros inferiores de uma vez.

2 Para aumentar a dificuldade, você pode saltar apenas com um membro inferior...

3 ... ou de uma pequena altura.

3

/// Alongamentos dos quadríceps

1 Em pé, flexione o membro inferior direito para trás com o auxílio de uma faixa elástica. Mantenha a posição de alongamento por alguns segundos antes de passar para a outra coxa. Atenção para não arquear demais as costas.

Em vez de utilizar uma faixa elástica, você pode executar o alongamento manualmente (ver desenho na página ao lado).

2 Ajoelhado, incline lentamente o tronco para trás, sustentando-o com as mãos apoiadas no solo. Afaste os pés o necessário para que eles não atrapalhem a sua descida. Quando você estiver bem flexível, poderá alongar as costas no solo. No entanto, atenção para não arqueá-las demais.

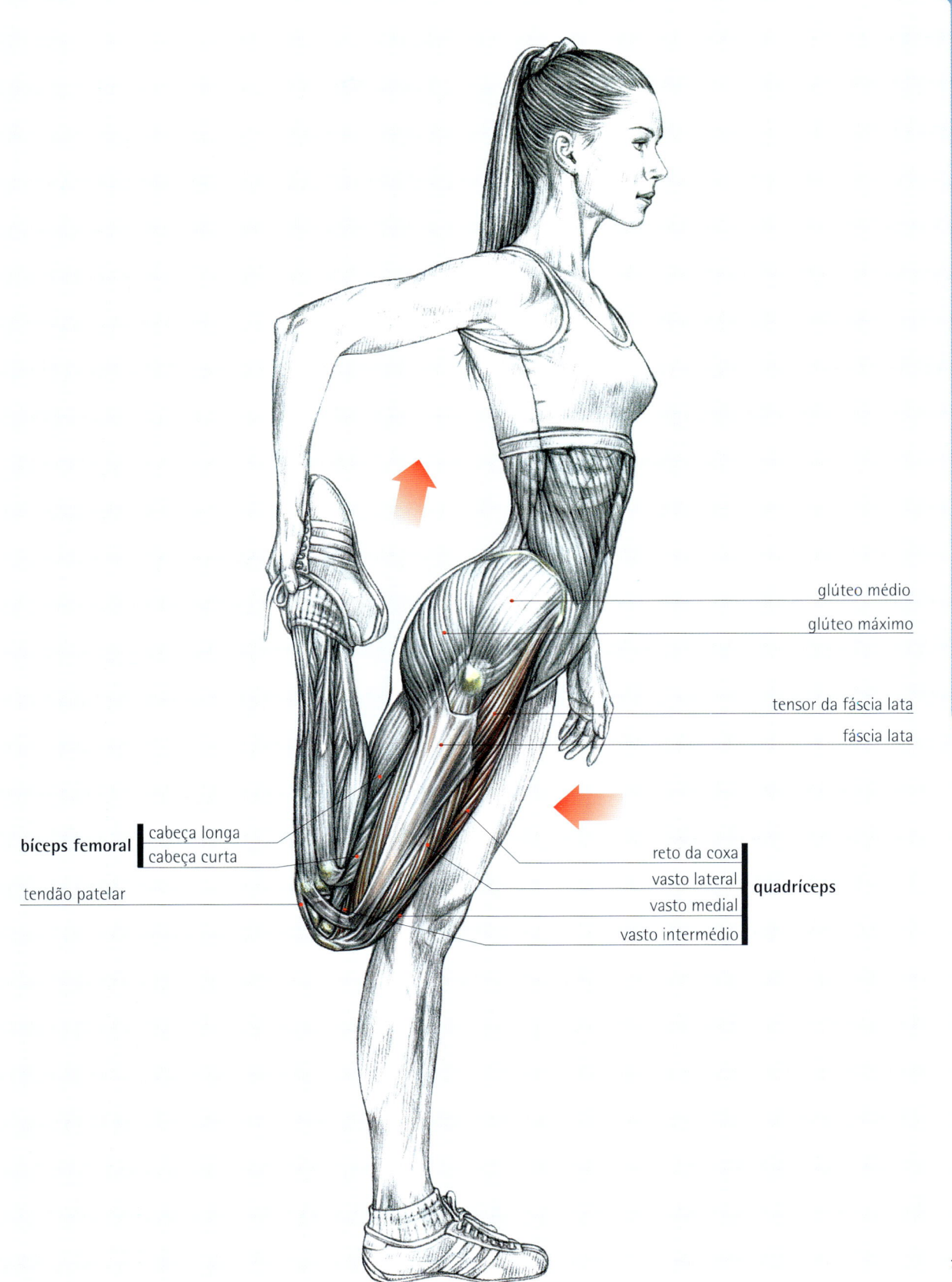

glúteo médio

glúteo máximo

tensor da fáscia lata

fáscia lata

reto da coxa

vasto lateral

quadríceps

vasto medial

vasto intermédio

bíceps femoral | cabeça longa
cabeça curta

tendão patelar

REFORCE AS PERNAS
Os isquiotibiais

▌Papel dos isquiotibiais

Os isquiotibiais são os músculos da locomoção. Exceto em uma pequena parte, eles são pluriarticulares. Quando andamos, corremos ou saltamos, nós os estendemos em uma extremidade enquanto os contraímos na outra. Seu comprimento varia muito pouco apesar dessa contração muscular, o que permite que eles permaneçam muito potentes e muito rápidos durante todo o movimento.

Assim, os isquiotibiais são muito úteis na maioria dos esportes, pois são eles que permitirão, com o auxílio do quadríceps, dos glúteos e dos gastrocnêmios, que nos desloquemos o mais rapidamente possível.

Apesar do papel fundamental em nossa vida, os músculos isquiotibiais são muito negligenciados esteticamente porque são impossíveis de serem vistos de

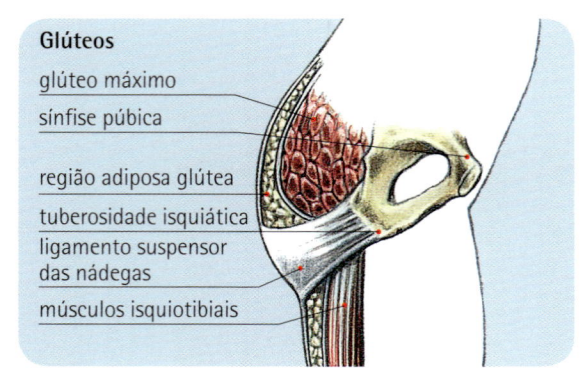

Glúteos

- glúteo máximo
- sínfise púbica
- região adiposa glútea
- tuberosidade isquiática
- ligamento suspensor das nádegas
- músculos isquiotibiais

frente. No entanto, são eles que conferem às coxas esse contorno tão particular. O alto dos isquiotibiais também é sede de depósitos gordurosos significativos e antiestéticos. Isso é verificado particularmente nas mulheres, embora cada vez mais os homens também os apresentem, o que se assemelha muito à celulite. Sendo assim, o trabalho dos isquiotibiais, sobretudo em séries longas, torna-se indispensável.

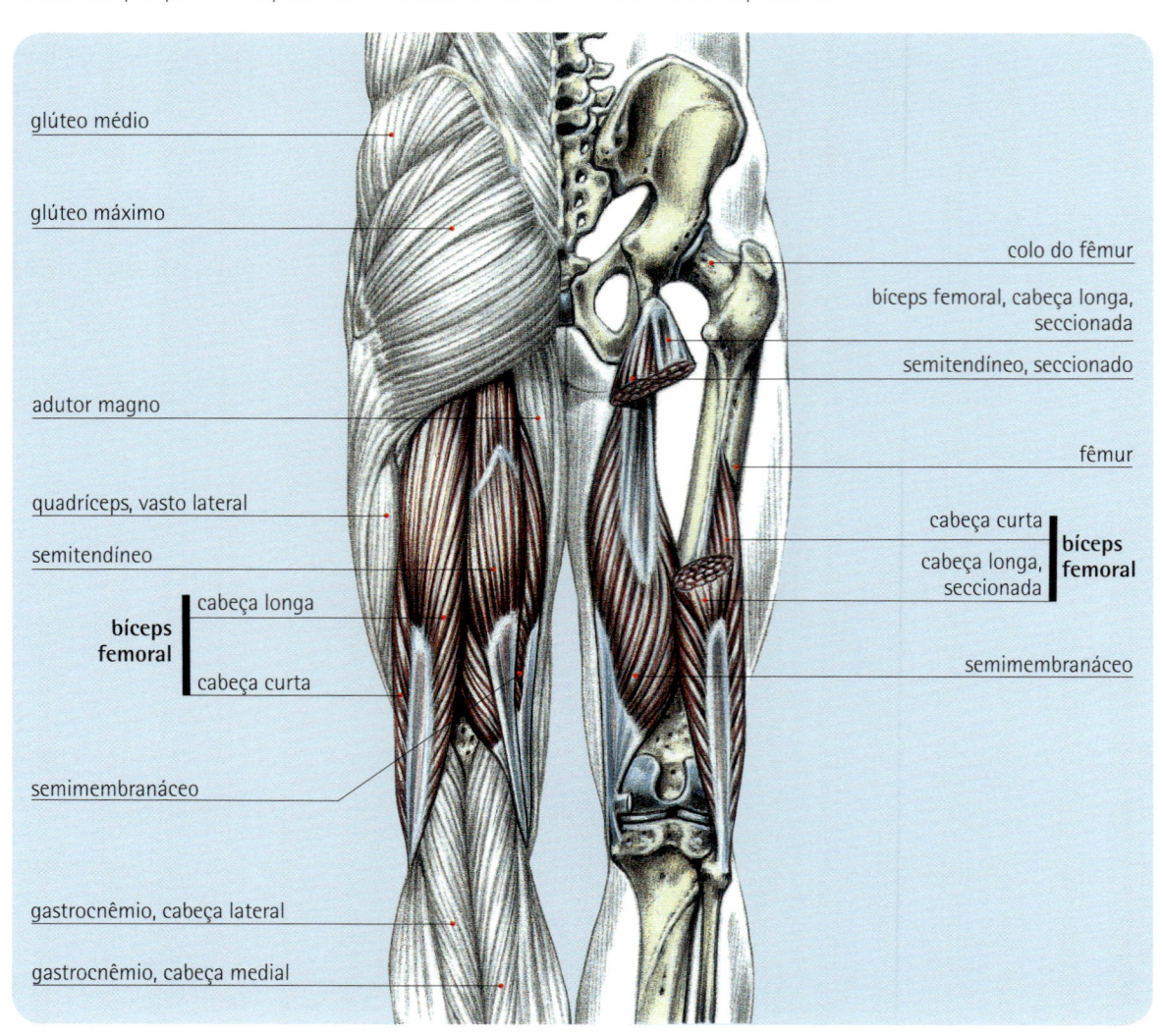

- glúteo médio
- glúteo máximo
- adutor magno
- quadríceps, vasto lateral
- semitendíneo
- **bíceps femoral**
  - cabeça longa
  - cabeça curta
- semimembranáceo
- gastrocnêmio, cabeça lateral
- gastrocnêmio, cabeça medial
- colo do fêmur
- bíceps femoral, cabeça longa, seccionada
- semitendíneo, seccionado
- fêmur
- **bíceps femoral**
  - cabeça curta
  - cabeça longa, seccionada
- semimembranáceo

/// Levantamento terra com membros inferiores estendidos

Este exercício de isolamento trabalha os isquiotibiais, os glúteos e os lombares.
O trabalho no modo unilateral é possível.

1 Com os pés juntos, incline-se para pegar dois halteres dispostos no solo. Mantenha as costas planas, muito levemente arqueadas para trás. A pegada deve ser natural. O ideal é adotar a semipronação, isto é, uma posição entre a pegada neutra (polegares direcionados para a frente) e a pronação (um polegar orientado em direção ao outro).

2 Endireite-se, conservando os membros inferiores quase estendidos. Após ficar ereto, incline-se para a frente, mantendo os membros inferiores da mesma maneira, para retornar à posição inicial.

A coluna vertebral é muito solicitada. Embora o fato de encurvar as costas faça com que a amplitude aumente, é preferível mantermos a coluna bem reta, levemente arqueada para trás, mesmo se, por isso, descermos menos. Flexionando muito discretamente os membros inferiores, em vez de mantê-los perfeitamente estendidos, preservamos as costas.

Variantes

1 É possível executar este exercício sobre um único membro inferior, o que evita a sobrecarga excessiva da coluna vertebral. Apoie-se em uma cadeira ou em uma parede, mantendo o pé direito em contato com o chão e o membro inferior esquerdo no ar, atrás do seu corpo.

2 Incline o tronco para a frente. Se a sua flexibilidade permitir, o ideal é levar o tronco até ele ficar paralelo ao solo. Em seguida, endireite-se com a força dos isquiotibiais e dos glúteos. Após terminar a série com o membro inferior direito, passe para o esquerdo.

PONTOS A OBSERVAR

Quando os lombares atingem a exaustão, torna-se cada vez mais difícil conservar o leve arqueamento natural das costas. A coluna começa a encurvar. Nesse caso, reduza a amplitude do movimento para manter sempre as costas retas e a tensão muscular sobre os isquiotibiais.

O ideal não é elevar o tronco totalmente, até ele ficar perpendicular em relação ao solo. Sem endireitar o corpo por completo, você manterá uma tensão contínua na parte posterior da coxa. Somente na exaustão é que você poderá elevar-se por completo para repousar os músculos por alguns segundos e obter algumas repetições suplementares na sequência.

COMENTÁRIOS

Se, à primeira vista, o levantamento terra com os membros inferiores estendidos parece fácil, na realidade ele é muito mais perigoso. É difícil manter o equilíbrio e uma boa técnica de execução. Ao flexionar a coluna vertebral e tracionar excessivamente com as costas e não com os isquiotibiais, é possível adicionar muito peso ou executar mais repetições. No entanto, essa má técnica reduz o trabalho dos isquiotibiais e torna o exercício muito perigoso.

VANTAGENS

Trata-se de um exercício de alongamento muito intenso para os isquiotibiais. Ele solicita a parte posterior da coxa em uma posição muito pouco usual. Daí sua capacidade de desencadear uma forte exaustão com dor muscular.

- - - - - - - - - - - - - -

Apesar de assemelhar-se ao levantamento terra clássico, esta versão com os membros inferiores estendidos não é um exercício básico. Portanto, ele não aproveita o fato de os isquiotibiais serem músculos pluriarticulares.

DESVANTAGENS

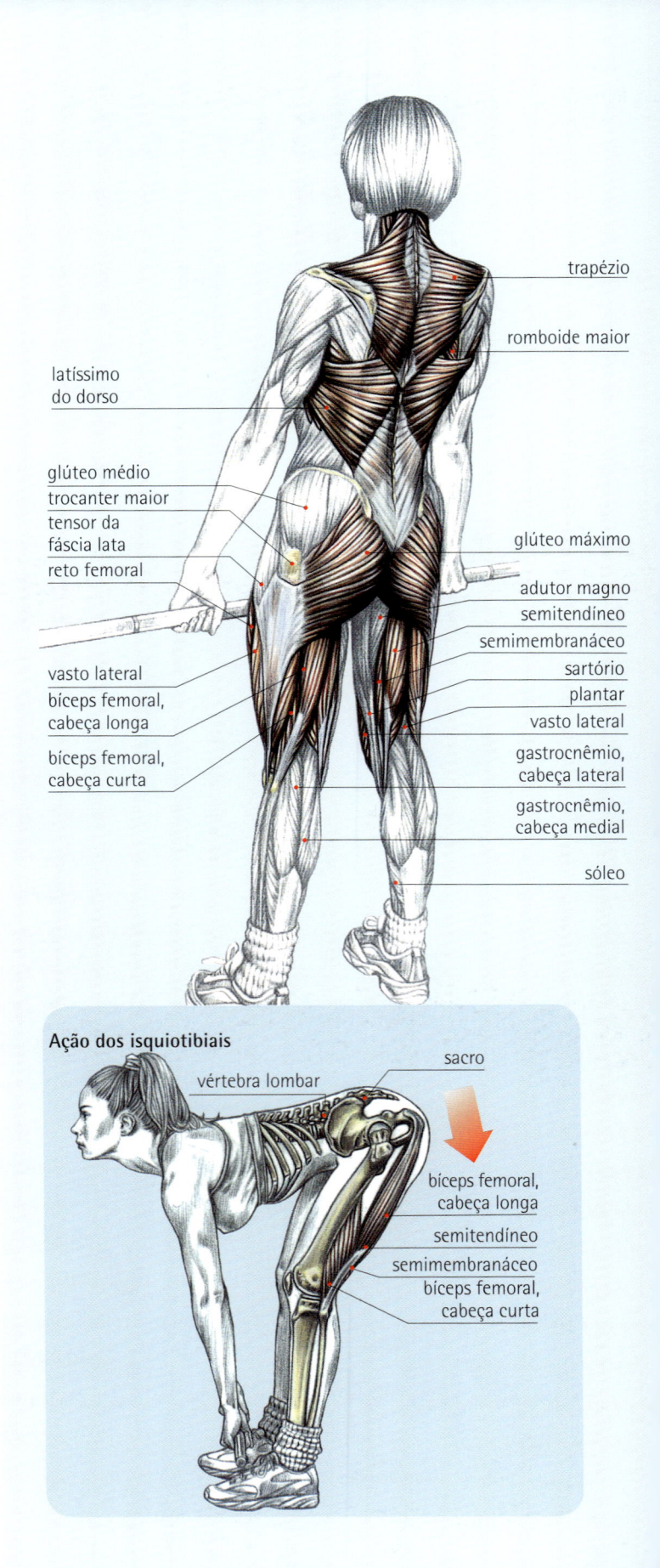

trapézio
romboide maior
latíssimo do dorso
glúteo médio
trocanter maior
tensor da fáscia lata
reto femoral
glúteo máximo
adutor magno
semitendíneo
semimembranáceo
sartório
plantar
vasto lateral
vasto lateral
bíceps femoral, cabeça longa
gastrocnêmio, cabeça lateral
bíceps femoral, cabeça curta
gastrocnêmio, cabeça medial
sóleo

Ação dos isquiotibiais

vértebra lombar
sacro
bíceps femoral, cabeça longa
semitendíneo
semimembranáceo
bíceps femoral, cabeça curta

/// *Leg curls* em posição sentada

Este exercício de isolamento visa aos isquiotibiais. O trabalho no modo unilateral é possível quando desejamos recuperar um atraso de desenvolvimento da parte posterior das coxas.

1 Prenda uma faixa elástica à sua frente em um objeto fixo localizado junto ao solo (p. ex., uma barra fixa disposta nessa altura). Passe a outra extremidade da faixa em torno dos tornozelos. Sente-se em uma cadeira alta o bastante para que os seus pés não toquem o solo.

Você pode colocar uma almofada sobre a cadeira para aumentar a altura. Segure-se nesta com as mãos e mantenha os membros inferiores estendidos.

! Não eleve os membros inferiores enquanto você estiver com o tronco inclinado para a frente. Você corre o risco de estender excessivamente os isquiotibiais.

2 Leve os pés o máximo possível sob a cadeira com a força dos isquiotibiais. Mantenha essa posição de contração durante 2 ou 3 segundos antes de estender os membros inferiores novamente.

(Variantes)

Você pode trabalhar apenas um membro inferior por vez, e também variar o seu afastamento. A posição básica consiste em manter os membros inferiores juntos, mas eles também podem ser afastados. O único problema é que, assim, você corre o risco de bater nos pés da cadeira.

PONTOS A OBSERVAR

O segredo deste exercício está na inclinação do tronco. Quando os membros inferiores estão estendidos, as costas ficam retas. Quanto mais você levar os pés sob a cadeira, mais irá inclinar-se para a frente. Enquanto os membros inferiores executam um trajeto de 90°, o tronco deve inclinar-se em 45°. O movimento inverso deve ser executado quando você estender novamente os membros inferiores. Você notará que vai ficar muito mais forte assim e sentirá melhor a parte posterior da coxa trabalhando. De fato, essa inclinação do tronco estenderá os isquiotibiais na altura das nádegas, ao passo que os contrairá na altura do joelho. É assim que os músculos isquiotibiais trabalham de maneira ideal.

COMENTÁRIOS

Este exercício, se utilizado na pré-exaustão, permitirá uma melhor percepção dos efeitos do levantamento terra com membros inferiores estendidos, caso você tenha dificuldade para sentir o trabalho dos isquiotibiais. Além disso, tendo atingido a pré-exaustão dos isquiotibiais, você poderá trabalhar de modo menos pesado no levantamento terra, o que poupará a coluna vertebral.

VANTAGENS

Embora tecnicamente seja um exercício de isolamento, o *leg curl* em posição sentada torna-se um movimento básico se a inclinação do tronco for bem executada. Assim, você irá otimizar a relação comprimento/tensão do músculo pluriarticular que constitui a parte posterior da coxa.

Se essa inclinação não for executada, você arqueará as costas, contraindo os isquiotibiais, o que colocará a coluna vertebral em desequilíbrio inutilmente. Essa tensão exercida sobre as costas prova que não é fisiológico permanecer sentado no fundo da cadeira durante todo o exercício. Aliás, você terá enorme dificuldade para levar os pés sob o corpo se mantiver o tronco muito reto.

DESVANTAGENS

/// *Leg curls* em decúbito

Este exercício de isolamento visa aos isquiotibiais. É possível trabalhar no modo unilateral, mas apenas com faixa elástica.

> **!** Ao arquear as costas, ganhamos força, mas à custa de um **●** achatamento dos discos lombares. Também é necessário prestar atenção para controlar bem o haltere, pois, se ele escorregar, pode lhe fazer muito mal.

1 Em pé, encaixe o haltere entre os dois pés. Deite-se no solo ou sobre uma cama (colocando os joelhos na borda do colchão, o haltere não atingirá o solo quando você estender os membros inferiores).

2 Leve o haltere em direção às nádegas, com a força dos isquiotibiais. Quando estiver próximo ao ponto alto do movimento, você sentirá que, a partir de um determinado momento, não há mais resistência no músculo. Essa perda de tensão indica que é hora de interromper a subida e voltar no outro sentido, e assim conservar uma tensão contínua.

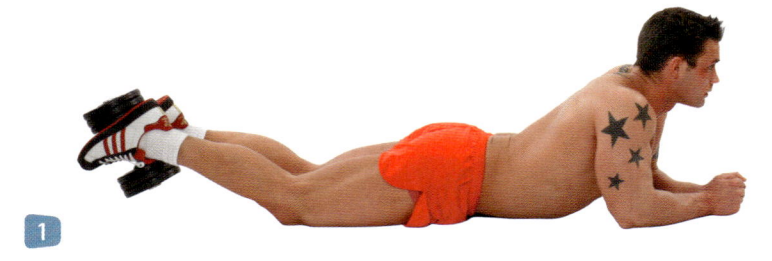

(**Variantes**)

1 **2** Em vez de utilizar um haltere, uma faixa elástica fixada rente ao chão poderá servir de resistência. A vantagem é dupla:
> É menos difícil manter uma faixa elástica presa aos tornozelos do que um haltere.
> A tensão se mantém contínua durante toda a contração, sobretudo no final dela.

O ideal seria combinar haltere + faixa elástica, mas a montagem torna-se complicada, exceto se você tiver um parceiro de treinamento.

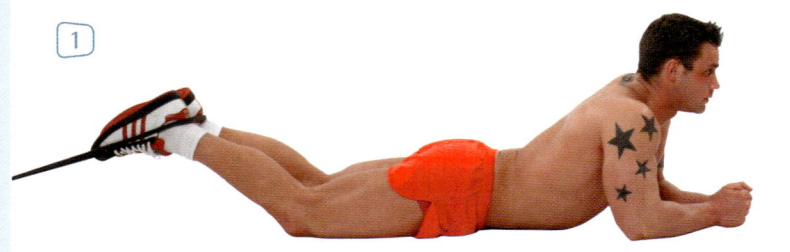

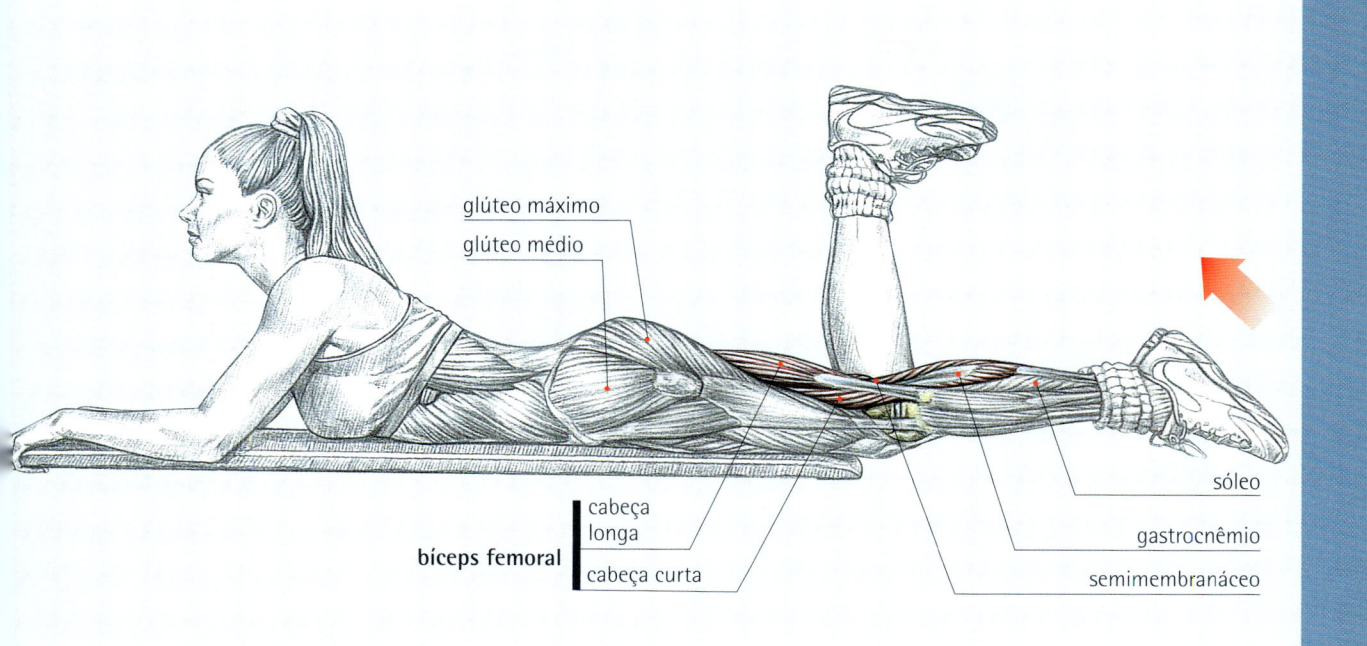

glúteo máximo
glúteo médio
cabeça longa
bíceps femoral
cabeça curta
sóleo
gastrocnêmio
semimembranáceo

COMENTÁRIOS

A posição das pontas dos pés tem um papel importante na contração dos isquiotibiais. Flexionando-as em direção aos joelhos, você ganha força, pois a potência das suras se soma à dos isquiotibiais. No entanto, esse ganho de força ocorre à custa de um isolamento não muito bom do trabalho dos isquiotibiais.

Ao contrário, mantendo as pontas dos pés estendidas ao máximo para cima, você terá menos força, mas o isolamento dos isquiotibiais será melhor.

Uma estratégia é iniciar o exercício com as pontas dos pés para cima, estendidas ao máximo possível. Após atingir a exaustão, leve-as em direção aos joelhos. Essa mudança permite a recuperação da força graças ao recrutamento das suras. Você obterá, assim, algumas repetições suplementares.

/// Exercícios de alongamento

glúteo máximo

adutor magno

semitendíneo

quadríceps | vasto lateral
| reto femoral

bíceps femoral | cabeça longa
| cabeça curta

quadríceps,
vasto intermédio
semimembranáceo

tríceps sural | gastrocnêmio, cabeça medial
| gastrocnêmio, cabeça lateral
| sóleo

1 Coloque um calcanhar no chão, em uma cadeira ou em uma mesa (quanto mais alto o pé estiver, maior será o alongamento). Estenda esse membro inferior. Coloque as mãos sobre a coxa alongada um pouco acima do joelho.

2 Incline o tronco para a frente devagar. Quando os isquiotibiais estiverem bem alongados, você poderá flexionar um pouco o membro inferior que permaneceu com o pé no chão, a fim de intensificar ainda mais o alongamento.

As suras

▌Papel das suras

Para o desempenho esportivo, as suras têm um papel preponderante quando se trata de correr ou saltar. Portanto, elas são muito importantes na maioria dos esportes.

No plano estético, elas dão o toque final no contorno dos membros inferiores. Algumas vezes, são difíceis de serem desenvolvidas e, com muita frequência, são negligenciadas.

As suras são basicamente compostas de dois músculos:

1. O gastrocnêmio, que representa a maior parte da sua massa.

2. O sóleo, que é recoberto pelo gastrocnêmio. Sua massa é nitidamente menor que a do vizinho.

Além do tamanho, existe uma grande diferença entre o gastrocnêmio e o sóleo. Somente o primeiro é um músculo pluriarticular, o que terá grandes repercussões em cada exercício para as suras.

Pelo fato de ser monoarticular, o sóleo participa de todos os exercícios para as suras, quer o membro inferior permaneça estendido, quer permaneça flexionado. Ao contrário, quanto mais estendido ficar o membro inferior, menos o gastrocnêmio poderá intervir no movimento. É por isso que os exercícios em que o membro inferior é flexionado a 90° isolam particularmente o primeiro músculo, abandonando o segundo.

Para recrutar bem o gastrocnêmio, é necessário que o membro inferior esteja quase estendido. O ideal é que o joelho esteja levemente flexionado e que o tronco esteja inclinado para a frente, posição que observamos no exercício do camelo.

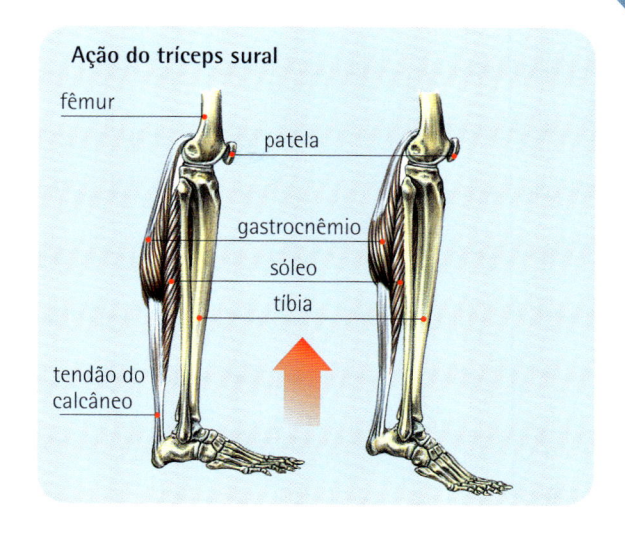

Ação do tríceps sural

fêmur · patela · gastrocnêmio · sóleo · tíbia · tendão do calcâneo

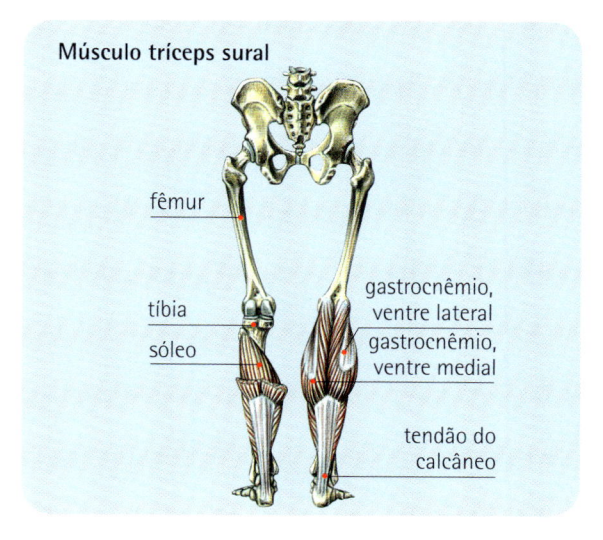

Músculo tríceps sural

fêmur · tíbia · sóleo · gastrocnêmio, ventre lateral · gastrocnêmio, ventre medial · tendão do calcâneo

---

❗🔴 Costuma-se recomendar que os membros inferiores estejam bem estendidos para trabalhar o gastrocnêmio. Está errado! Esse músculo tem mais força quando o joelho está levemente flexionado, pois assim ele é colocado em uma posição na qual a relação comprimento/tensão é mais favorável para a potência do que quando o membro inferior se encontra totalmente estendido. Aliás, não compreendemos por que a natureza nos obrigaria a estender perfeitamente os membros inferiores para que o gastrocnêmio pudesse ser o mais forte possível.

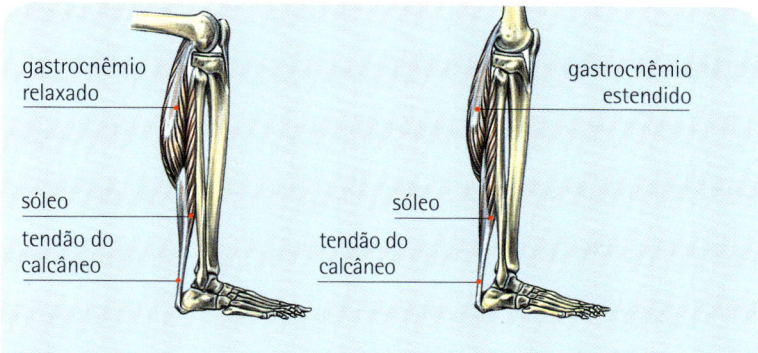

gastrocnêmio relaxado · sóleo · tendão do calcâneo · gastrocnêmio estendido · sóleo · tendão do calcâneo

1 Quando os joelhos estão flexionados, os músculos **gastrocnêmios**, que se fixam acima da articulação do joelho ficam **relaxados**. Nessa posição, eles participam apenas fracamente na extensão dos pés, e o trabalho fundamental é realizado pelo músculo **sóleo**.

2 Ao contrário, quando a articulação do joelho encontra-se em extensão, os **gastrocnêmios** ficam **estendidos**. Nessa posição, eles participam ativamente na extensão dos pés e completam a ação do **sóleo**.

/// Extensão das suras, em pé

Este exercício de isolamento visa toda a sura e particularmente o gastrocnêmio.
É possível trabalhar no modo unilateral, fazendo uma das suras sustentar todo o peso do corpo. Além disso, exercitar uma sura por vez permite estender e contrair melhor o músculo, o que aumenta a amplitude do movimento.

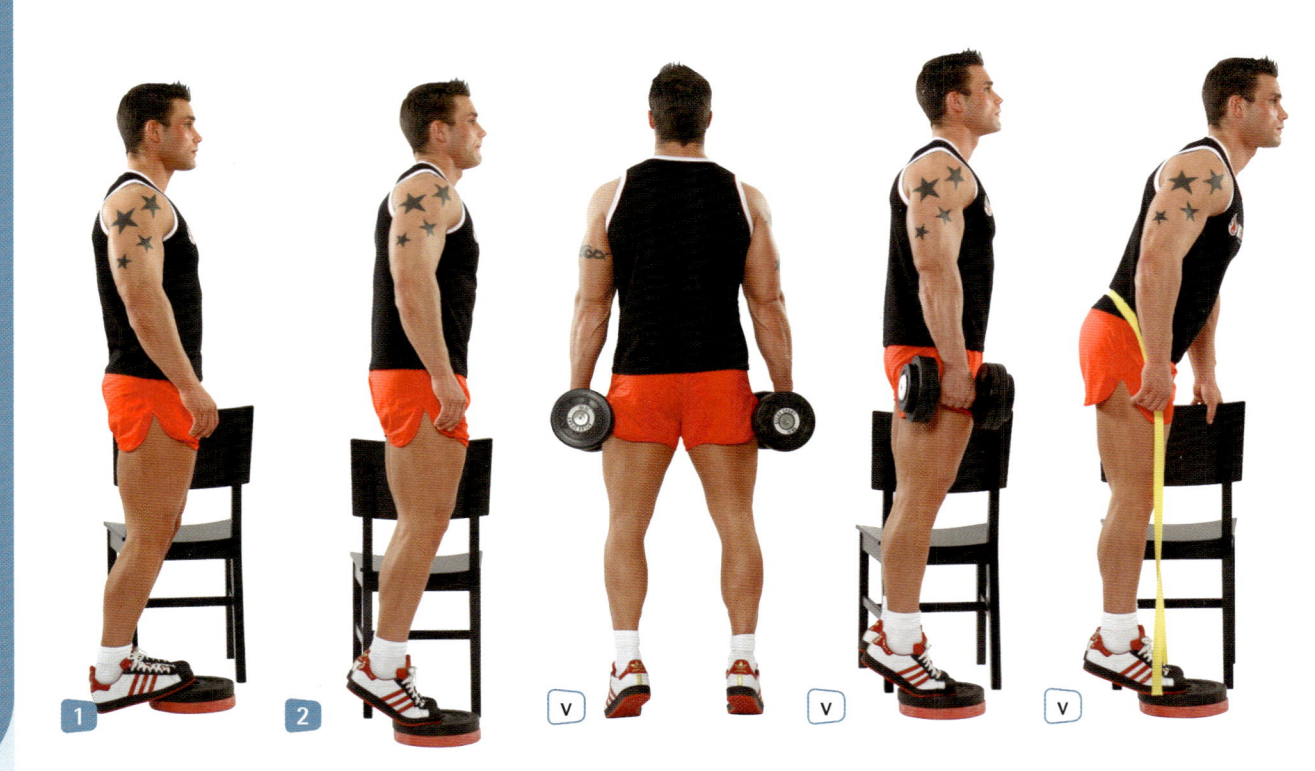

1 Coloque a ponta do pé (ou dos pés) sobre um peso, uma prancha ou um livro grosso. Alongue a sura ao máximo antes de subir o mais alto possível sobre a ponta dos pés.

2 Mantenha a posição de contração durante um segundo antes de descer os calcanhares até o solo. Apoie-se em uma parede ou uma cadeira para não perder o equilíbrio.

Variantes

v É possível orientar os pés para o exterior ou para o interior, mas é preferível mantê-los no eixo dos membros inferiores para evitar torções inúteis nos joelhos, sobretudo se você utilizar uma carga para intensificar o trabalho do músculo. De qualquer maneira, a orientação dos pés não mudará basicamente a forma das suras.

Por outro lado, se você virar os pés para o interior ou para o exterior, vai reduzir a força das suras e, consequentemente, a eficácia do exercício. As suras ficarão mais fortes com os pés bem retos. Se você realmente busca uma variante, mude o afastamento dos pés (estreito ou largo) em vez de mudar sua direção.

Você pode utilizar 1 ou 2 halteres e/ou uma faixa elástica para aumentar a resistência.

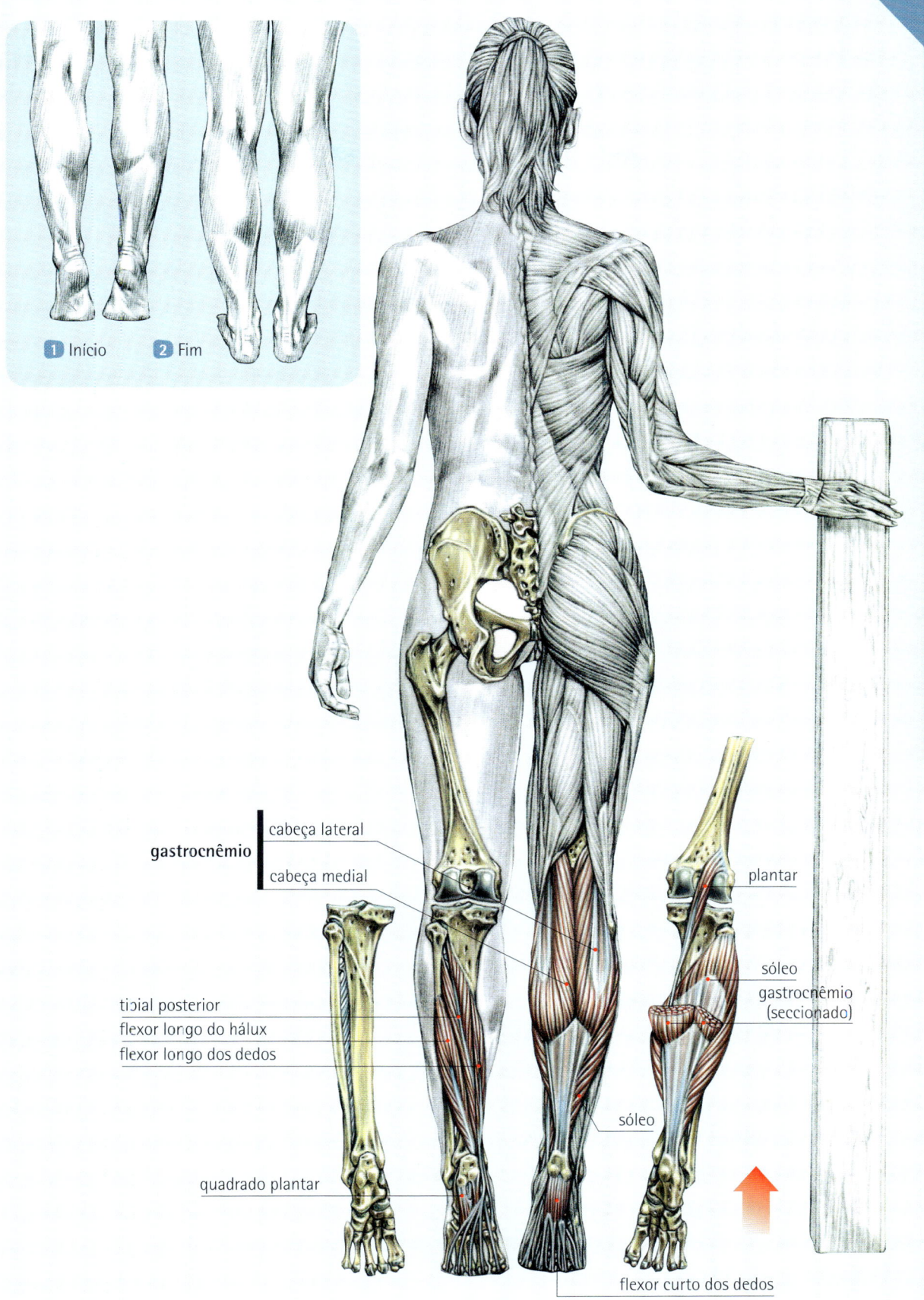

Início

Fim

gastrocnêmio
cabeça lateral
cabeça medial

plantar

sóleo
gastrocnêmio
(seccionado)

tibial posterior
flexor longo do hálux
flexor longo dos dedos

sóleo

quadrado plantar

flexor curto dos dedos

!Se você aumentar a carga, irá produzir tensão sobre a ● coluna vertebral. Trabalhar uma sura por vez faz com que não seja necessário adicionar muita resistência.

VANTAGENS

Este exercício produz um bom trabalho direto de toda a sura.

- - - - - - - - - - - - - - - - -

Ele não alonga tão bem a sura quanto o camelo (p. 181) e não a coloca em uma posição ideal no que diz respeito à relação comprimento/tensão.

DESVANTAGENS

PONTOS A OBSERVAR

É necessário evitar totalmente o movimento das nádegas de frente para trás, arqueando-se na altura das vértebras lombares. Essas oscilações geralmente são devidas ao fato de manter os membros inferiores muito estendidos, sobretudo na posição de alongamento.

COMENTÁRIOS

Este exercício é comumente descrito como um exercício básico, o que é falso, pois ele coloca em jogo apenas a articulação do tornozelo.

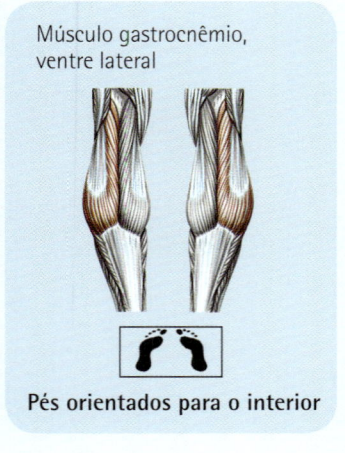

Músculo gastrocnêmio, ventre medial

Músculo gastrocnêmio, ventre lateral

Pés orientados para o exterior

Pés orientados para o interior

Os dois tipos de sura

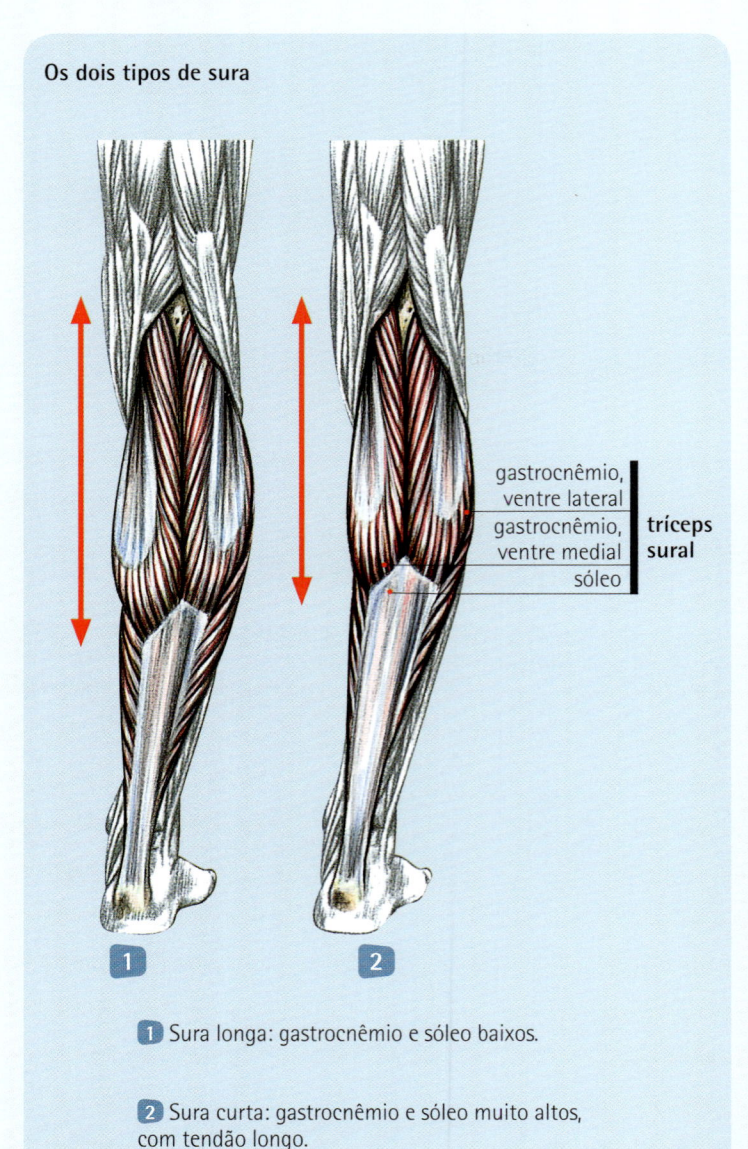

gastrocnêmio, ventre lateral
gastrocnêmio, ventre medial
sóleo
tríceps sural

1 Sura longa: gastrocnêmio e sóleo baixos.

2 Sura curta: gastrocnêmio e sóleo muito altos, com tendão longo.

/// Camelo

Este exercício de isolamento visa toda a sura e o gastrocnêmio em especial.
É possível trabalhar no modo unilateral, o que permite sustentar todo o peso do corpo com uma das suras. Aliás, exercitar uma sura por vez permite alongar e contrair melhor o músculo.

1 Coloque a ponta do pé (ou dos pés) sobre um peso, uma prancha ou um livro grosso. Incline-se para a frente, para que o tronco forme um ângulo de 90° a 110° em relação ao solo. As mãos sustentam o tronco apoiando-se em um encosto de cadeira.

! Se você tiver um parceiro ou uma faixa elástica que aumentem a resistência, certifique-se de que eles fiquem posicionados o máximo possível sobre os seus quadris, e não sobre a coluna vertebral, para não se apoiarem inutilmente sobre as suas costas.

2 Alongue o músculo ao máximo e depois suba o mais alto possível sobre a ponta dos pés. Mantenha a posição de contração durante um segundo e então desça os calcanhares no chão.

PONTOS A OBSERVAR
Não mantenha os membros inferiores muito estendidos, principalmente quando ficar na ponta dos pés.

COMENTÁRIOS
Este movimento é frequentemente descrito como um exercício básico, o que não é verdade, pois ele coloca em jogo unicamente a articulação do tornozelo.

VANTAGENS
O camelo coloca as suras em uma posição ideal de trabalho. É o exercício mais eficaz para elas.

- - - - - - - -

A posição inclinada para a frente retira uma parte da carga exercida pelo peso do corpo. Esse alívio torna este exercício muito fácil e obriga a adicionar uma resistência sob a forma de uma faixa elástica.

DESVANTAGENS

Variantes

1 Se você tiver um parceiro, ele pode sentar-se sobre a sua região lombar. É daí que vem o nome deste exercício.

2 Se você não tiver um parceiro, um haltere ou uma faixa elástica podem substituí-lo. Encaixe a faixa sob a pontas dos pés, enquanto a outra extremidade é passada em torno do seu quadril.

/// Sit squat

Este exercício de isolamento visa particularmente ao sóleo e um pouco ao gastrocnêmio. O trabalho no modo unilateral não é muito desejável.

1

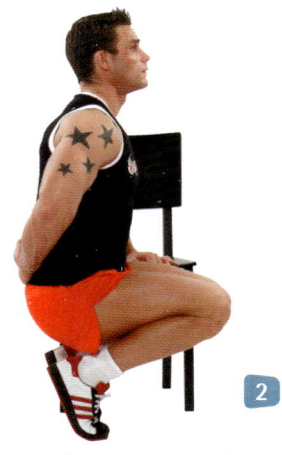

2

! Este exercício é muito pouco arriscado.

1 Agachado, fique com a ponta dos pés sobre um livro grosso, uma prancha, um disco de ferro ou no chão. Apoie-se firmemente em um móvel com uma ou ambas as mãos. Alongue as suras ao máximo.

2 Em seguida, suba o mais alto possível sobre a ponta dos pés. Mantenha a posição de contração durante um segundo antes de descer os calcanhares no solo.

Variantes

Varie o afastamento dos pés, e não sua direção, para diversificar este exercício.

PONTOS A OBSERVAR

As suras foram concebidas para serem músculos mais resistentes que potentes. Por isso, é melhor trabalhá-las em séries longas (ao menos 20 a 25 repetições por série).

COMENTÁRIOS

Uma boa supersérie consiste em iniciar o exercício com *sit squat*. Após a exaustão, levante-se para seguir com extensões em pé e, em seguida, o camelo.

VANTAGENS

Nenhuma tensão é colocada nas vértebras lombares. Ao contrário dos outros exercícios para as suras, você pode subir bem alto sobre a ponta dos pés, o que permite obter uma contração muscular muito intensa. Aproveite.

- - - - - - - - - - - -

Não é fácil aumentar a resistência deste exercício. Para isso, você pode colocar uma anilha sobre as coxas. É mais fácil aumentar a amplitude do movimento (tanto na parte do alongamento como na parte da contração) do que aumentar a sua carga.

DESVANTAGENS

/// Extensão das suras, em posição sentada

Este exercício de isolamento visa particularmente ao sóleo.
É possível trabalhar no modo unilateral.

!● Para não lesionar o joelho, não coloque resistência (haltere ou anilha) diretamente sobre ele. Recue a carga pelo menos 5 cm sobre a coxa (mas não recue demais, pois assim o exercício ficaria excessivamente fácil).

PONTOS A OBSERVAR

Para subir o mais alto possível sobre a ponta dos pés, execute bem a inclinação que consiste em deslocar toda a resistência do hálux para o quinto dedo do pé no final do movimento.

1 Sentado sobre uma cadeira ou uma cama, coloque a ponta dos pés sobre uma anilha, uma prancha ou um livro grosso. Um peso, 1 ou 2 halteres colocados próximo aos joelhos, fornecerá a resistência.

2 Suba o mais alto possível sobre a ponta dos pés. Mantenha a posição de contração durante um segundo antes de descer os calcanhares no chão.

Você também pode trabalhar uma sura por vez.

Variantes

A fim de copiar o trabalho muscular produzido quando corremos, é possível trabalhar cada sura de maneira não simultânea. Enquanto uma sura é contraída, a outra é alongada. Para isso, coloque um haltere sobre cada coxa para que as suras fiquem independentes uma da outra.

COMENTÁRIOS

Este exercício é útil principalmente nos esportes que exigem saltos e corridas.

VANTAGENS

Este exercício é relativamente fácil, pois não trabalha uma grande massa muscular. Nenhuma tensão é colocada na altura das vértebras lombares.

- - - - - - - - - - - - -

Trata-se de um exercício muito popular, mas que solicita muito pouco a sura porque somente o sóleo é recrutado. Pelo fato de os membros inferiores serem flexionados, o gastrocnêmio tem muita dificuldade para intervir.

DESVANTAGENS

/// Exercícios pliométricos

Os principais exercícios pliométricos para as suras consistem na execução de saltos sobre a ponta dos pés.

1 Você pode saltar com os dois membros de uma vez...

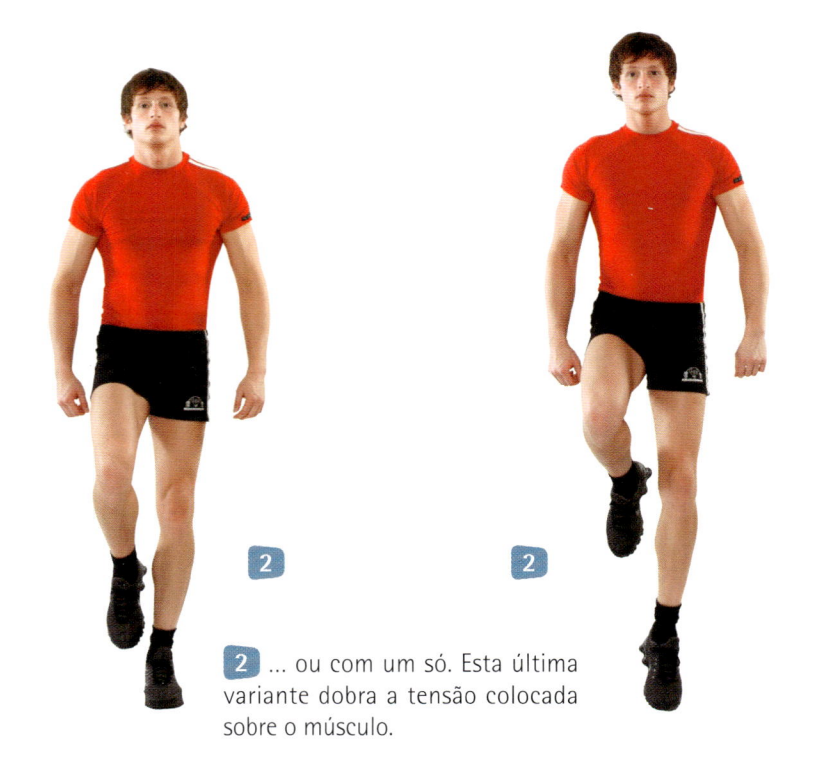

2 ... ou com um só. Esta última variante dobra a tensão colocada sobre o músculo.

/// Alongamentos das suras

Os exercícios de alongamento das suras podem ser realizados com um ou com os dois membros inferiores. A amplitude do alongamento é muito maior do primeiro modo porque:

> Sempre apresentamos maior flexibilidade nos alongamentos realizados unilateralmente;

> O peso do corpo forçará muito mais o alongamento se for dirigido para um único membro inferior do que se for dividido em dois.

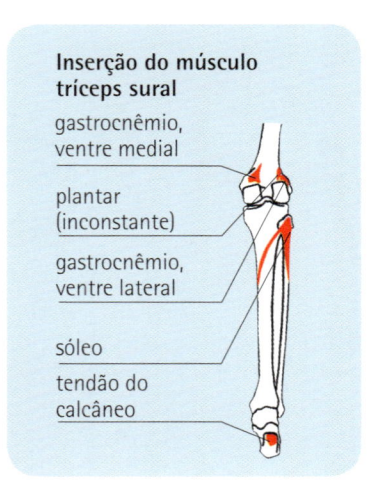

Inserção do músculo tríceps sural

gastrocnêmio, ventre medial

plantar (inconstante)

gastrocnêmio, ventre lateral

sóleo

tendão do calcâneo

Existem vários ângulos em que podemos alongar as suras. Quando o membro inferior fica bem estendido, é fundamentalmente o gastrocnêmio que é alongado. Quando o membro está flexionado, é a vez do sóleo. É importante para o esportista alongar bem as suras em todos os ângulos (em pé, no avanço e na torção), porque cada exercício flexibiliza partes distintas da sura. Eles são complementares e de modo algum são redundantes.

1 Em pé: coloque a ponta de um ou dos dois pés sobre um peso, uma prancha ou um livro grosso. Quanto mais elevado for o suporte, maior será o alongamento. Mantenha a posição por algumas dezenas de segundos.

❗🔴 Para evitar machucar o tornozelo, é muito importante para o esportista manter o pé bem flexível. Os alongamentos da sura devem sempre começar com um treinamento em sua disciplina esportiva.

Também é fundamental manter-se o tornozelo flexível , para poder conservar as costas o mais retas possível nos exercícios para coxas, como no agachamento. Como as suras se fixam nos fêmures, é importante alongá-las antes de trabalhar os quadríceps ou os isquiotibiais, para aquecer bem a articulação do joelho.

3 Sentado com uma faixa elástica.

4 Inclinado para a frente: em pé, de frente para uma parede, estenda o membro inferior esquerdo para trás, enquanto o tronco se inclina em direção à parede. Tente colocar o máximo do peso do corpo sobre o pé que se encontra atrás. Quanto mais o membro inferior trabalhado estiver distante da parede, mais intenso será o alongamento.

2 Em avanço: execute um avanço para a frente, mantendo a ponta do pé desse membro inferior sobre um peso, uma prancha ou um livro grosso. Quanto mais avançado estiver o joelho, mais intenso será o alongamento. Faça com que o pé que você estiver alongando suporte progressivamente o peso do corpo, até atingir o seu máximo.

5 Torções laterais do tornozelo: elas permitem alongar os músculos situados no exterior da sura, os quais podem ser lesados quando torcemos o tornozelo. O menor alongamento excessivo desses músculos impede que você pratique sua atividade esportiva; por isso, é importante trabalhar a sua flexibilidade para prevenir lesões.

Em pé, com os pés juntos, transfira o peso do corpo para o pé esquerdo. Coloque o seu pé direito o mais lateralmente possível. Com cuidado, faça com que o peso do corpo seja transferido para o pé direito. O alongamento deve ser muito progressivo e suave para não lacerar um músculo ou um tendão. Depois de alongar o pé direito, faça o mesmo com o esquerdo.

MODELE OS GLÚTEOS

▌Papel dos glúteos

Os glúteos auxiliam os isquiotibiais quando a velocidade de deslocamento precisa ser acelerada. Quando andamos lentamente, eles trabalham bem pouco. Quando aceleramos, eles começam a ser recrutados. É quando corremos que eles fazem seu esforço máximo. Por isso, os glúteos são importantes nas disciplinas esportivas que requerem um deslocamento rápido ou saltos.

Esteticamente, os glúteos têm um papel único. Se braços grossos impressionam, glúteos bem moldados atraem a atenção. São as mulheres que se interessaram primeiramente pela curvatura dessa região, tanto para moldá-la como para torná-la mais firme. Atualmente, é cada vez maior o número de homens que se dão conta da importância estética de seus glúteos. Eles também procuram torná-los mais firmes.

O treinamento dos glúteos para o esporte consiste essencialmente em reforçá-los e fazer com que eles ganhem explosão. No plano estético, é necessário não apenas arredondá-los, mas também melhorar a sua definição e o seu contorno, mais ou menos o que buscamos para os abdominais.

O ESPORTE VISA À ELIMINAÇÃO DE GORDURA?

É possível eliminar a barriga ou a celulite trabalhando especificamente os abdominais ou os glúteos? Há muito tempo os estudos científicos tiveram dificuldade para comprovar uma eliminação local de gordura após a estimulação dos músculos subjacentes. No entanto, existem dois argumentos maiores a favor da perda local de gordura após a realização de séries longas de exercícios de musculação:

1 Os estudos modernos mostram que o exercício acelera a eliminação da gordura que recobre os músculos trabalhados.

2 O trabalho muscular local aumenta o fluxo sanguíneo nos depósitos de gordura, o que acelera a sua eliminação e impede a sua hipertrofia.

Para aumentar a eficácia da musculação localizada, é necessário combiná-la com um regime. Também é recomendado executar os exercícios de enrijecimento de preferência pela manhã, quando estiver em jejum e à noite, antes de ir se deitar. Assim, recomendam-se de 2 a 4 séries de 20 a 50 repetições, ao se levantar e ao se deitar, com um dos exercícios descritos a seguir.

Se você especialmente não tem gordura para perder, saiba que essa estratégia de objetivação muscular pode ser utilizada a título preventivo contra os "pneus". De fato, a gordura fica acumulada de preferência sobre os músculos que são pouco utilizados na vida cotidiana. Os glúteos e os abdominais raramente trabalham, daí serem locais preferenciais para o acúmulo de gordura. Usando 5 minutos pela manhã e à noite para fazer esses músculos trabalharem, é possível firmá-los e, ao mesmo tempo, prevenir o acúmulo de gordura.

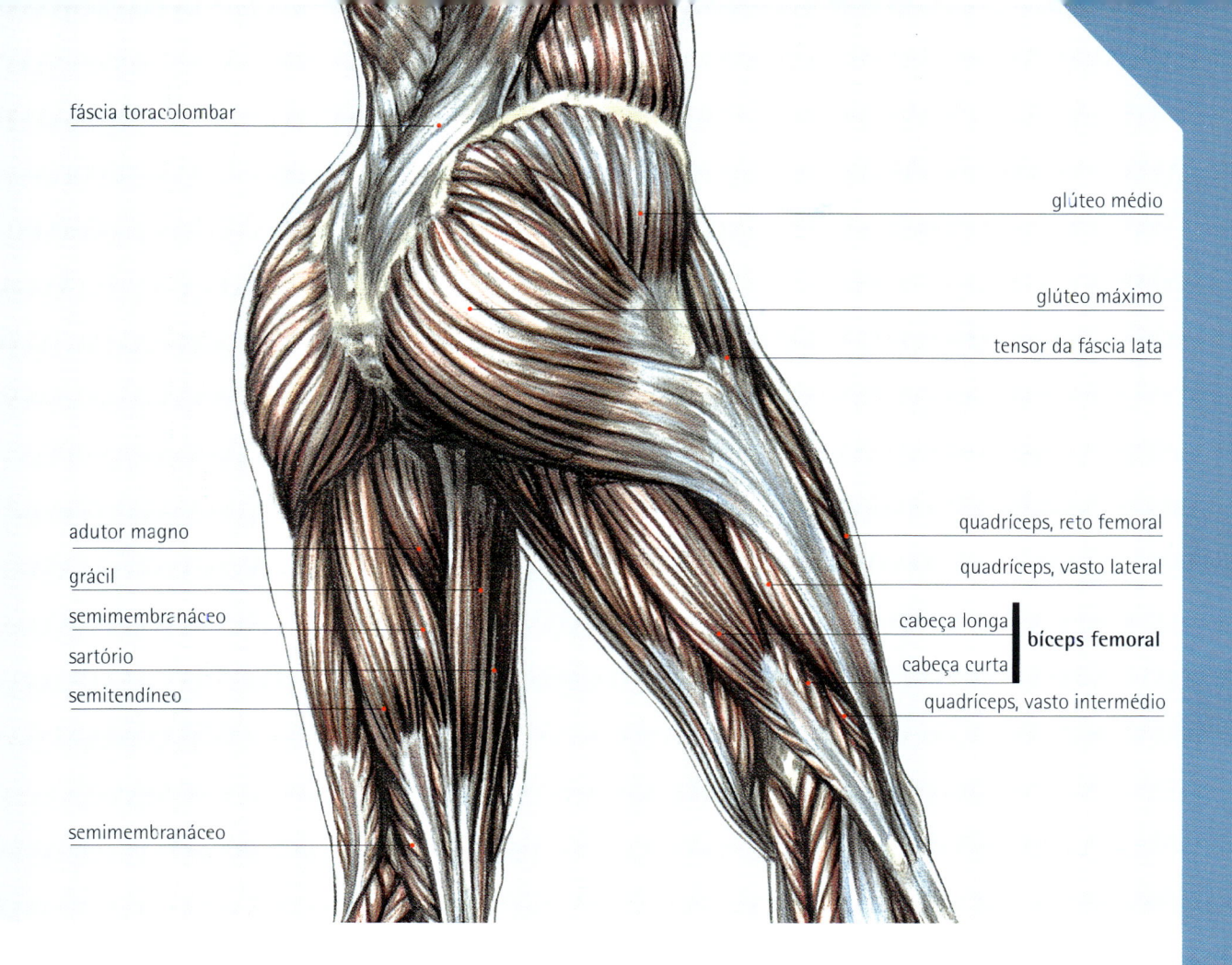

fáscia toracolombar

glúteo médio

glúteo máximo

tensor da fáscia lata

adutor magno

grácil

semimembranáceo

sartório

semitendíneo

quadríceps, reto femoral

quadríceps, vasto lateral

cabeça longa

bíceps femoral

cabeça curta

quadríceps, vasto intermédio

semimembranáceo

COMO A CELULITE SE DESENVOLVE?

Pelo menos 80% das mulheres se queixam de ter celulite. Esse fenômeno é mais raro nos homens. Existem cinco grandes etapas que conduzem à sua formação:

1 A partir da adolescência, a produção de hormônios femininos (estrogênios e progesterona) aumenta. Esses hormônios desenvolvem e endurecem a rede do tecido conjuntivo que envolve as células adiposas, particularmente na parte inferior do corpo.

2 Quando o tecido adiposo começa a hipertrofiar, ele cresce sobre o tecido conjuntivo duro, o que bloqueia a microcirculação sanguínea local.

3 Como resultado, ocorre falta de oxigênio, formação excessiva de radicais livres e fenômenos inflamatórios locais.

4 Esse ambiente favorece o acúmulo de gordura e a retenção de água.

5 Os fenômenos inflamatórios destroem as fibras de colágeno da pele. Essa degradação torna as protuberâncias de gordura mais visíveis. O aspecto de casca de laranja da celulite torna-se perceptível. Ele irá se agravar com a idade porque o envelhecimento reduz a densidade e a flexibilidade da pele. O tabaco e o contraceptivo oral, prejudiciais para o colágeno, intensificam esse fenômeno.

/// Extensão do quadril

Este exercício de isolamento visa aos glúteos, aos lombares e aos isquiotibiais.
É obrigatório trabalhar no modo unilateral.

Não é necessário arquear as costas para poder elevar mais o membro inferior. Isso não trabalharia mais os glúteos e você correria o risco de causar o pinçamento de discos lombares.

1 Em pé, posicione-se em frente a uma parede (a algumas dezenas de centímetros) ou em frente ao encosto de uma cadeira. Coloque uma mão sobre a parede ou sobre a cadeira para permanecer bem estável. Incline o tronco para a frente.

2 Com a força dos glúteos, eleve o membro inferior (que deve permanecer bem estendido) o mais longe possível para trás. Mantenha a posição de contração durante um segundo, contraindo os glúteos do modo mais forte possível. Volte à posição inicial, isto é, os dois membros inferiores quase juntos. Após terminar uma série com um dos membros, passe imediatamente para o outro.

PONTOS A OBSERVAR

Para trabalhar bem o glúteo máximo, não gire o tronco para fora. O movimento se tornaria mais fácil, mas seus benefícios sobre a forma dos glúteos diminuiriam. Por outro lado, é normal que o membro inferior vire um pouco para fora quando você o alongar para trás.

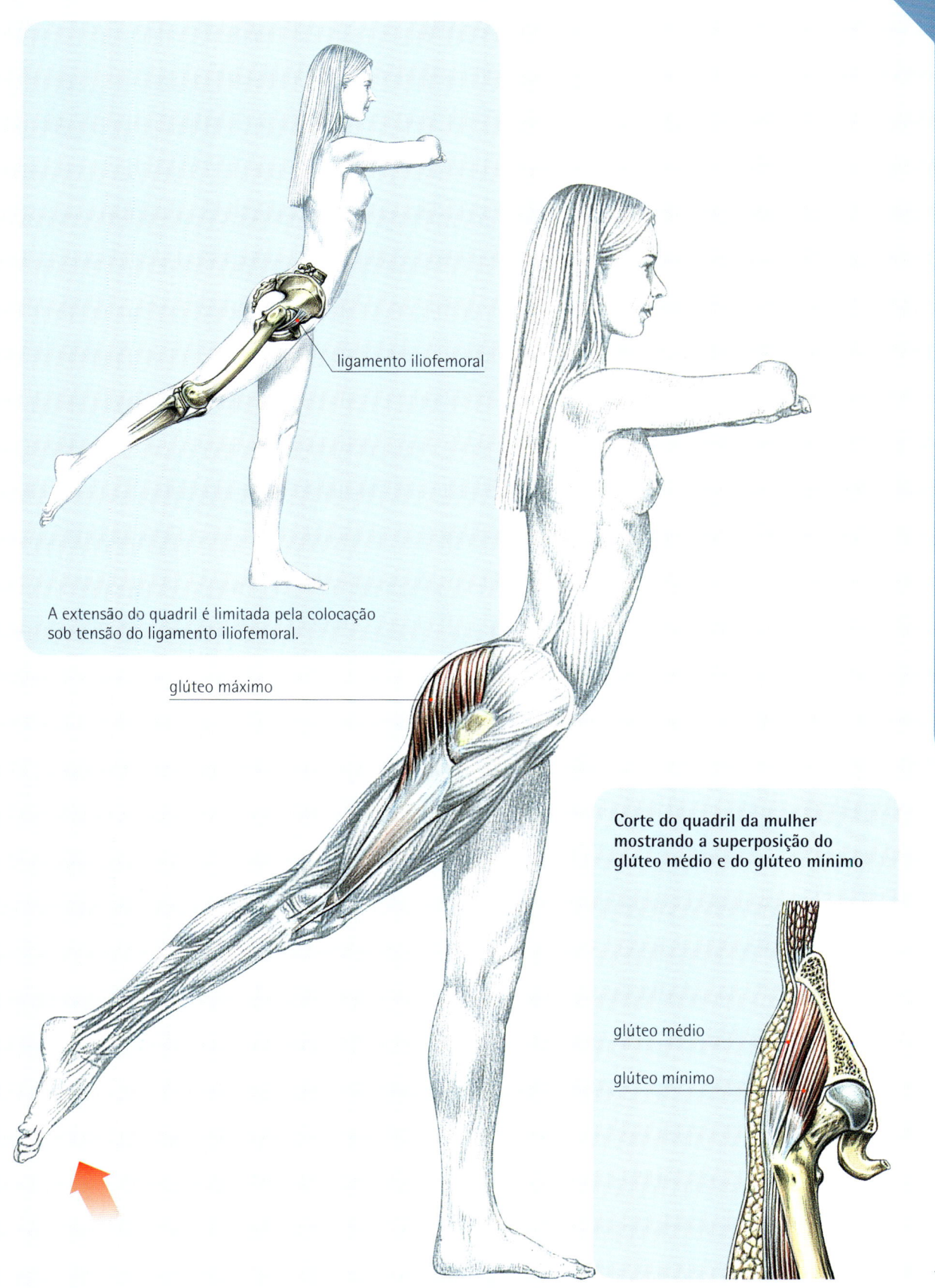

ligamento iliofemoral

A extensão do quadril é limitada pela colocação sob tensão do ligamento iliofemoral.

glúteo máximo

Corte do quadril da mulher mostrando a superposição do glúteo médio e do glúteo mínimo

glúteo médio

glúteo mínimo

Variantes

É possível aumentar a dificuldade deste exercício realizando-o em quatro apoios no solo ou sobre uma cama. Se você realizá-lo deste último modo, na borda do colchão, poderá ganhar em amplitude, permitindo que o membro inferior que estiver trabalhando desça o mais baixo possível.

VANTAGENS

O isolamento dos glúteos é muito bom. Sentimos imediatamente o músculo trabalhando.

- - - - - - - - - - - - - - - - -

Em relação aos movimentos básicos como o agachamento, perdemos muito tempo porque é necessário trabalhar uma coxa e, em seguida, a outra.

DESVANTAGENS

1. Se você executar o exercício no solo, deverá flexionar o membro inferior a 90° para permitir que ele passe sob o seu tronco e, assim, aumentar a amplitude.

2. Estenda o membro assim que o joelho não estiver mais sob o seu tronco.

3. Ao atingir a exaustão, você pode conservar o membro inferior flexionado a 90° durante todo o movimento, o que facilita o exercício e permite obter mais repetições.

DICA

Para sentir melhor o músculo trabalhar, coloque a mão direita sobre a parte visada do glúteo direito quando este estiver se contraindo. O fato de tocar o músculo aumenta a conexão cérebro/músculo, o que aumenta a sensação muscular e produz um trabalho muito mais produtivo.

COMENTÁRIOS

Em pé, é possível aumentar a resistência colocando uma faixa elástica em volta dos tornozelos.

4. Em quatro apoios, passe a faixa em torno do tornozelo do membro inferior em repouso e a outra extremidade em torno da coxa que está trabalhando, a alguns centímetros da articulação do joelho.

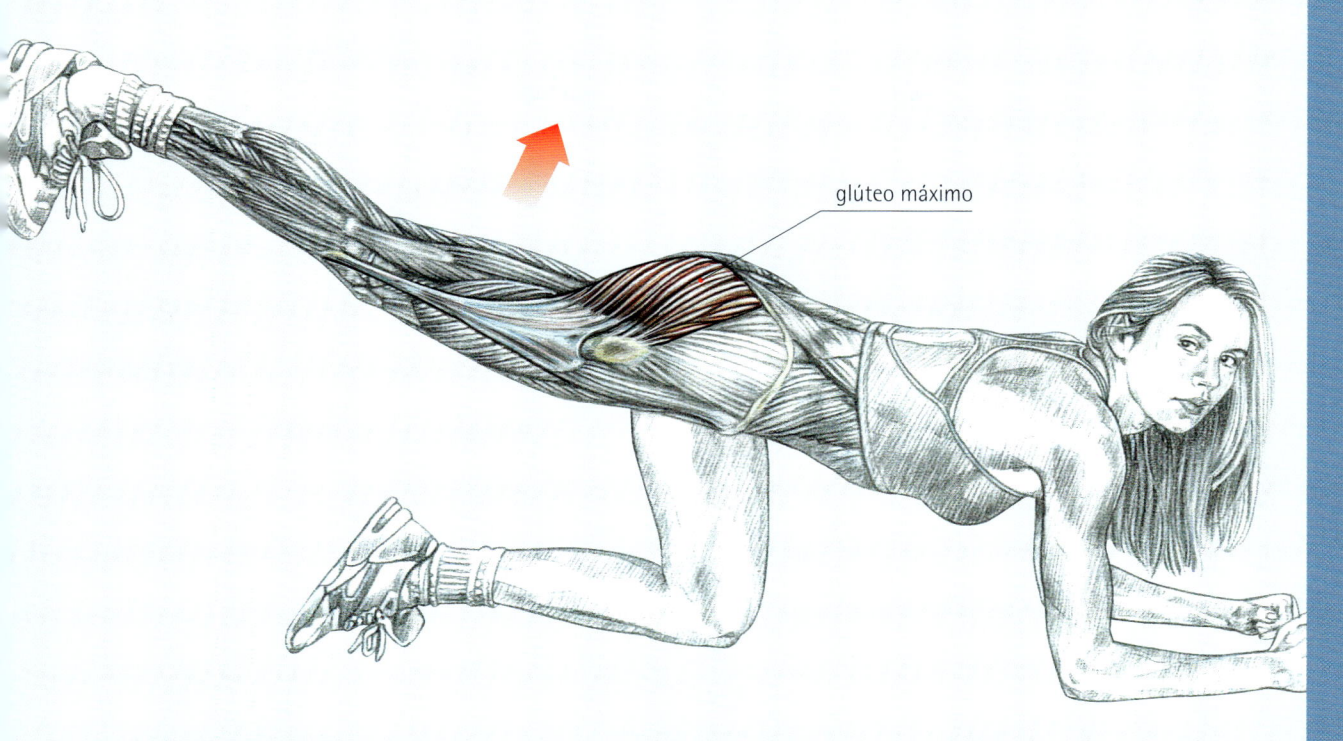

glúteo máximo

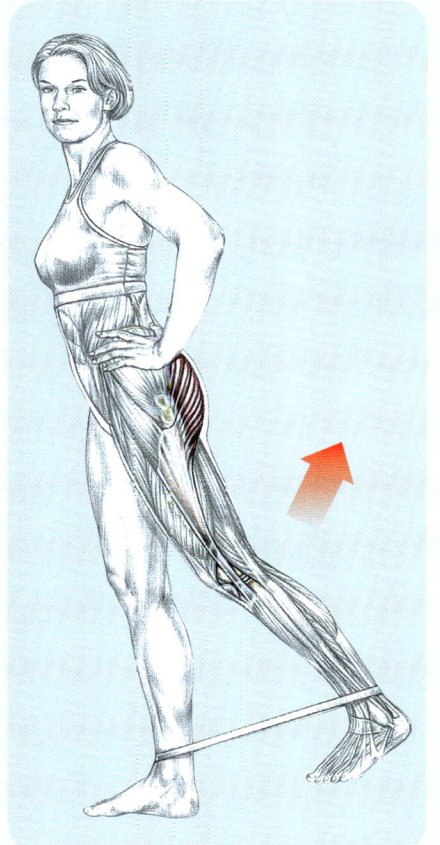

Execução do movimento

/// Elevações laterais (abdução) do membro inferior

Este exercício de isolamento visa aos glúteos mínimo e médio.
É obrigatório trabalhar no modo unilateral.

1 Em decúbito lateral esquerdo no solo ou na cama, sustente a cabeça com a mão esquerda, ou deixe seu cotovelo apoiado sobre a superfície, mantendo o outro braço flexionado na frente dos abdominais com a mão apoiada para melhor estabilidade.

2 Eleve o membro inferior direito, estendido o máximo possível, com a força dos glúteos. Mantenha a posição de contração durante um segundo, contraindo os glúteos o mais forte possível. Retorne à posição inicial, isto é, os dois membros inferiores quase (mas não totalmente) juntos. Após terminar o membro inferior direito, passe imediatamente para o esquerdo.

Variante

1 **2** Este exercício também pode ser realizado em pé, o que, no entanto, oferece menos resistência.

! **Não eleve demais o membro inferior na lateral, pois, a partir de uma certa altura, os glúteos deixam de trabalhar e são os músculos oblíquos (localizados na parte lateral dos abdominais) que assumem a função. Além disso, o fato de elevar o membro inferior muito alto provoca torção na coluna vertebral, podendo acarretar um pinçamento dos discos lombares.**

COMENTÁRIOS

Para aumentar a resistência, é possível fixar uma faixa elástica em seus tornozelos.

Uma sequência possível consiste em iniciar o exercício em posição deitada com um elástico. Após atingir a exaustão, retire o elástico. Na exaustão seguinte, fique em pé para obter mais repetições.

PONTOS A OBSERVAR

Em todos os momentos do exercício, contraia bem a nádega que trabalha. Para manter uma tensão contínua nos músculos, não aproxime totalmente os membros inferiores.

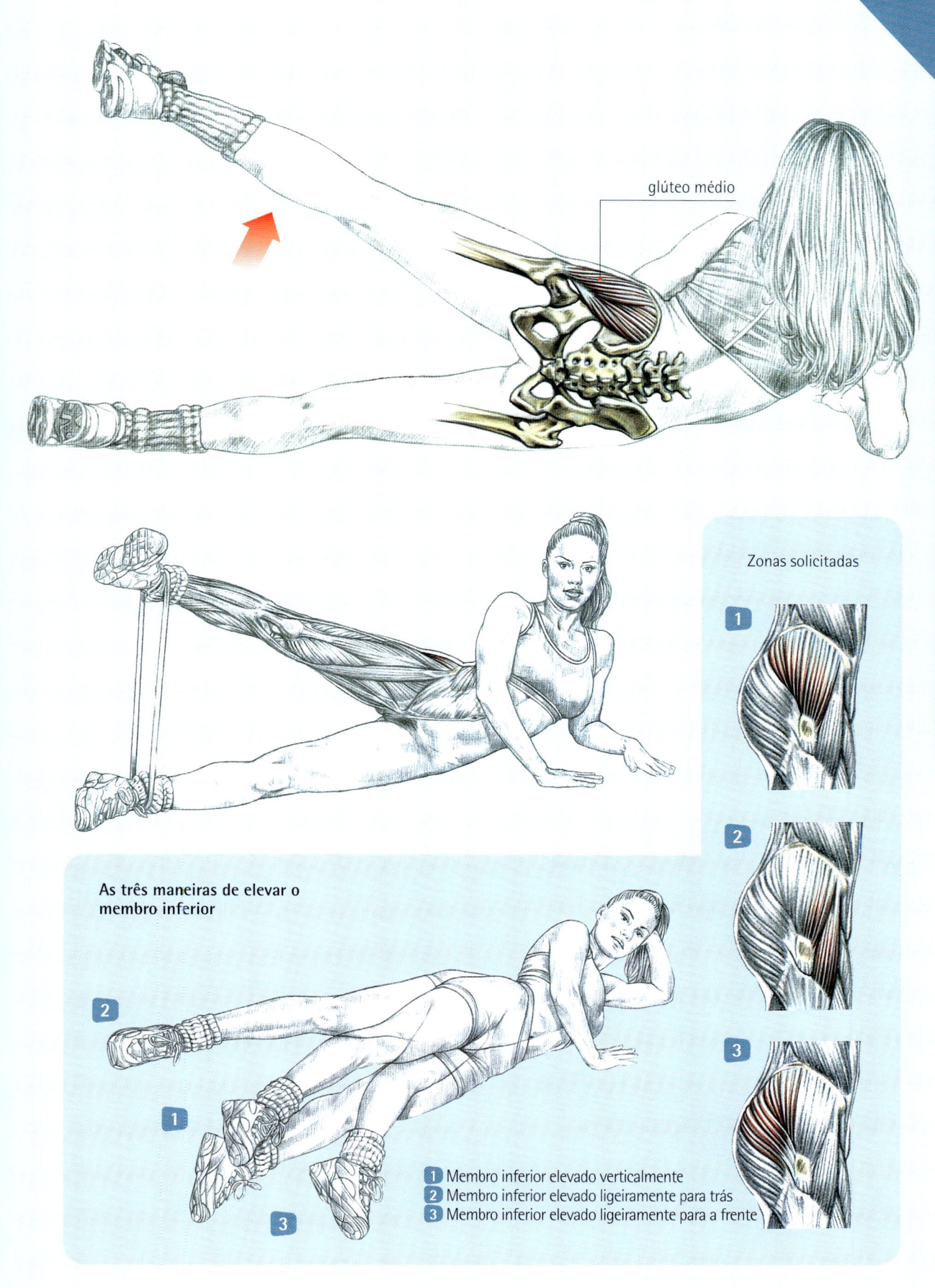

glúteo médio

Zonas solicitadas

As três maneiras de elevar o membro inferior

1 Membro inferior elevado verticalmente
2 Membro inferior elevado ligeiramente para trás
3 Membro inferior elevado ligeiramente para a frente

VANTAGENS

Lutando contra o fenômeno das "nádegas retas", este trabalho localizado dos glúteos modelará a parte alta dessa região.

Este movimento demanda bastante tempo para trabalhar apenas uma pequena parte dos glúteos.

DESVANTAGENS

COMENTÁRIOS

Para sentir melhor o músculo trabalhar, coloque a mão livre sobre a parte superior do glúteo que trabalha.

Variantes

[1] [2] É possível aumentar a dificuldade deste exercício, realizando-o em quatro apoios. Neste caso, em vez de estender o membro inferior, mantenha-o flexionado a 90°. É mais difícil sentir o trabalho dos músculos com esta variante. Embora ela seja popular, não podemos dizer que é superior à versão clássica, a mais simples.

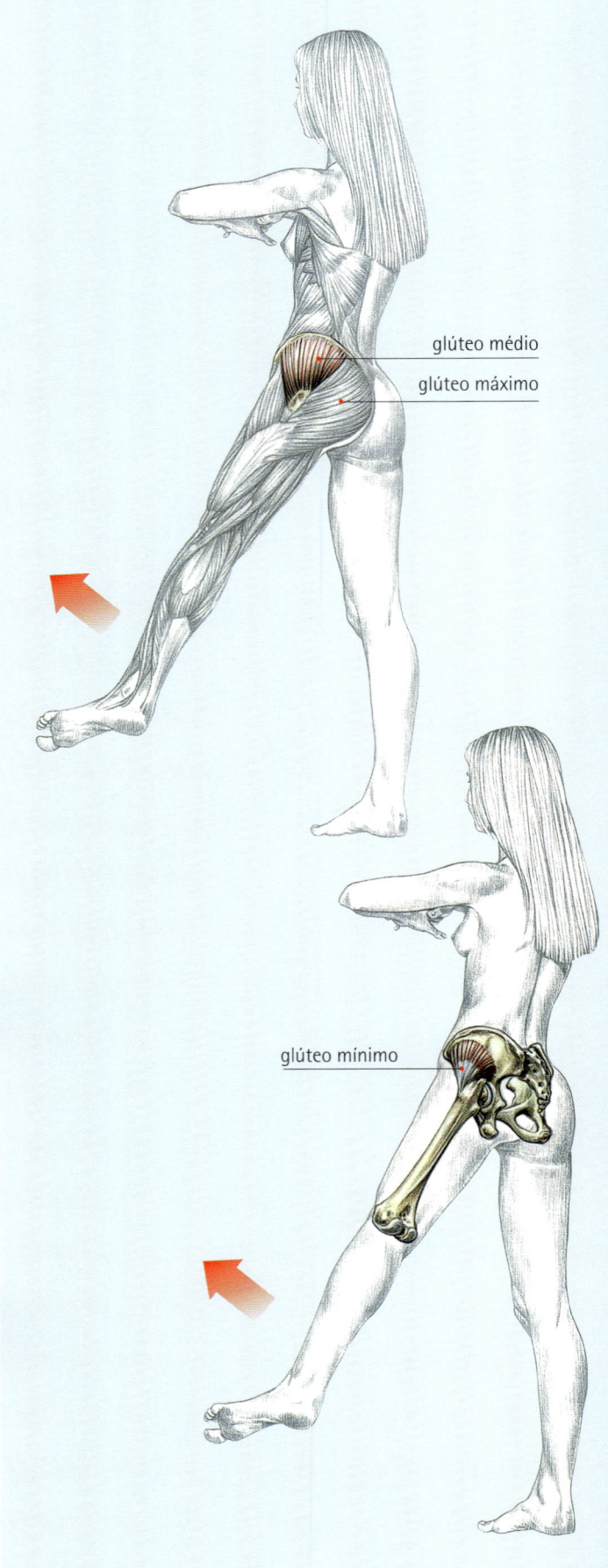

glúteo médio

glúteo máximo

glúteo mínimo

[1]

[2]

glúteo máximo
tensor da fáscia lata
glúteo médio

/// Elevação da pelve

Este exercício de isolamento visa aos glúteos, aos lombares e aos isquiotibiais.
É possível trabalhar no modo unilateral.

PONTOS A OBSERVAR

Você pode colocar os pés mais ou menos afastados dos glúteos e mais ou menos separados um do outro, a fim de variar um pouco o trabalho muscular. Com os pés perto das nádegas, geralmente é mais fácil sentir a contração dos glúteos.

DICA

Coloque as mãos sobre as partes laterais dos glúteos para sentir melhor o seu trabalho.

1 Em decúbito dorsal, com os membros superiores estendidos ao longo do corpo e os pés afastados a uma distância que corresponda à largura dos ombros, flexione os membros inferiores em 90° para levar os calcanhares até quase sob as nádegas.

! ● Não arqueie as costas para conseguir elevar ainda mais o tronco. Você pode causar um pinçamento dos discos lombares e cervicais. Ao contrário da jovem que vemos nas ilustrações da página ao lado, não vire a cabeça para o lado. Olhe diretamente para o teto para não lesionar as vértebras cervicais.

2 Com a força dos glúteos, eleve o tronco e os membros inferiores o mais alto possível para formar um triângulo com o solo. Os ombros permanecem em contato com o solo e servem de alavanca. Mantenha a posição de contração durante um segundo, contraindo as nádegas o mais forte possível. Retorne à posição inicial.

Repita o exercício sem fazer pausas no solo. Atingida a exaustão, você pode fazer uma pequena pausa no solo para repousar um pouco os músculos, com o objetivo de obter mais repetições em seguida.

COMENTÁRIOS

Os agachamentos e as elevações da pelve são dois bons exercícios complementares. Uma supersérie na pré-exaustão consiste em fazer, antes de uma série de agachamentos, as elevações da pelve.

A supersérie na pós-exaustão (agachamentos seguidos de elevações da pelve) permite esgotar bem os glúteos e aumentar o número de repetições executadas durante uma série.

Assim, você executará mais repetições no total, o que lhe permitirá enrijecer melhor os glúteos. Suas costas também serão poupadas, porque você deverá trabalhar de modo menos pesado nos agachamentos.

Trata-se de uma supersérie mais favorável para o contorno muscular porque não impede o trabalho pesado no agachamento.

OS GLÚTEOS

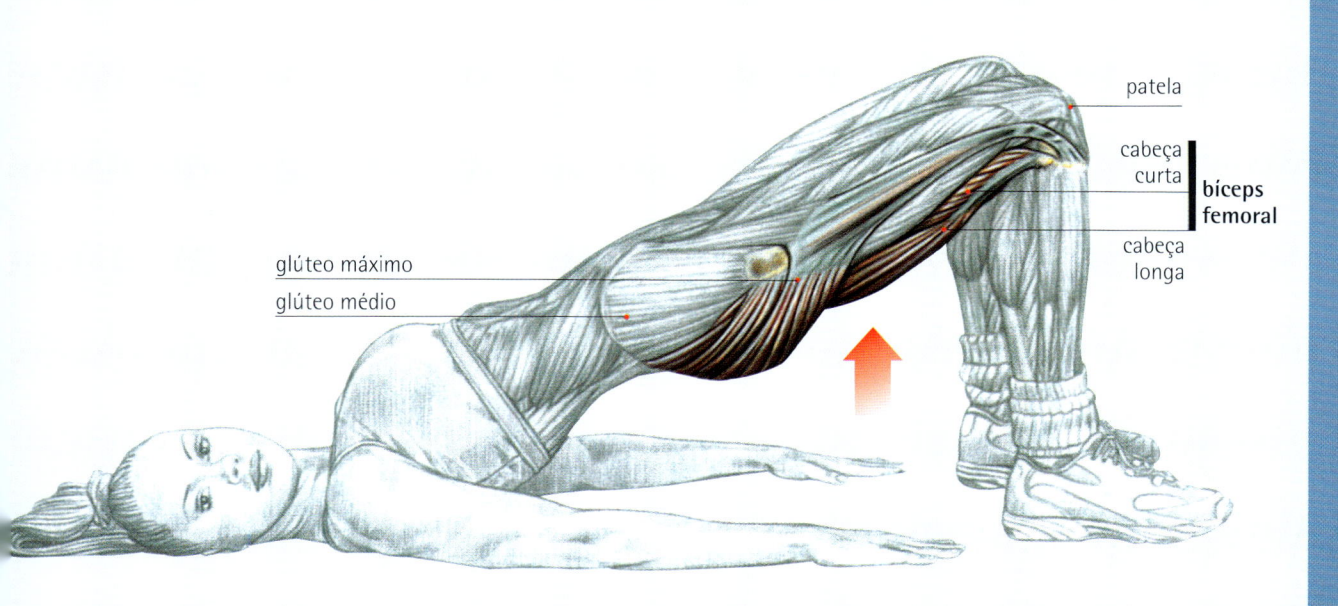

patela

cabeça curta

cabeça longa

bíceps femoral

glúteo máximo

glúteo médio

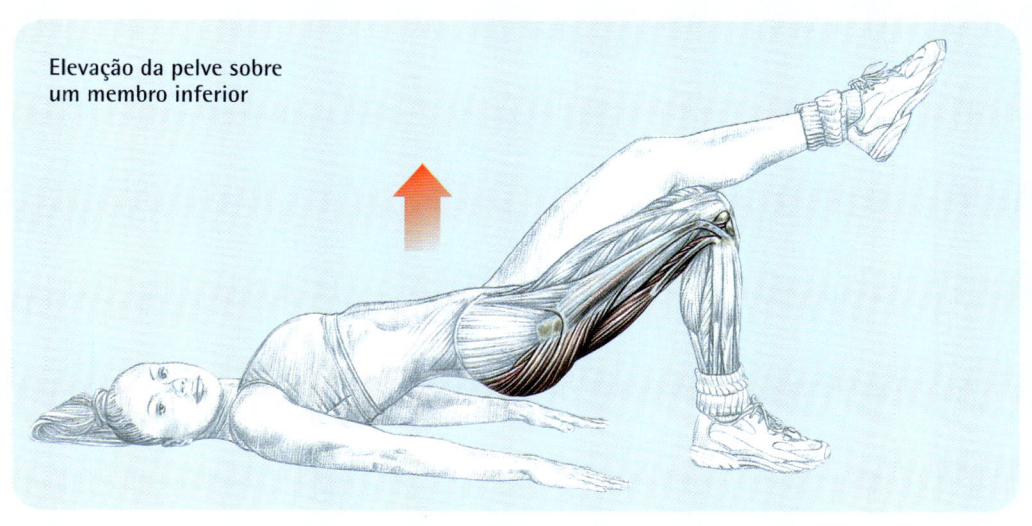

Elevação da pelve sobre um membro inferior

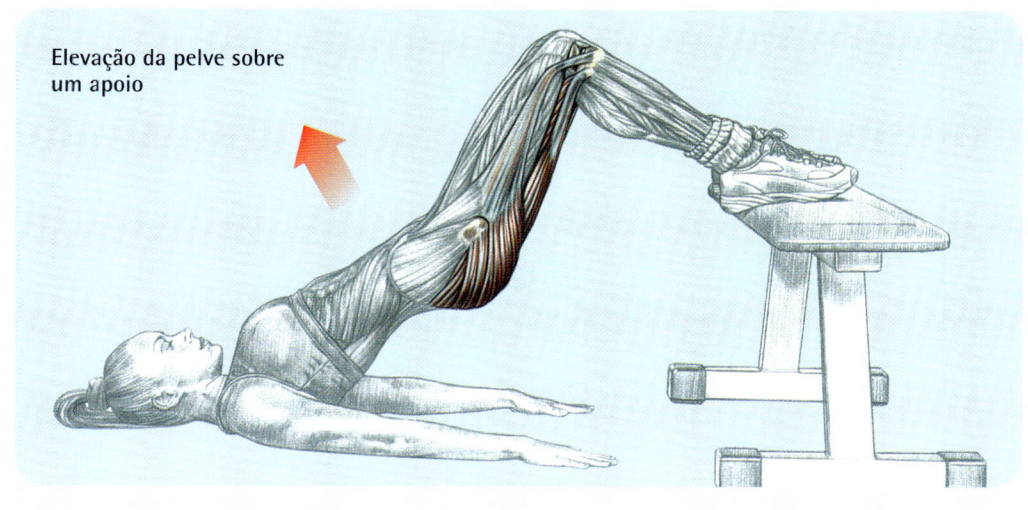

Elevação da pelve sobre um apoio

É possível aumentar a dificuldade deste exercício, executando-o:

1 Sobre um único membro inferior.

2 Com um peso sobre o abdome.

3 Com os pés sobre uma cadeira ou sobre a borda da cama, em vez de apoiados no chão. Dessa maneira, a amplitude do movimento aumentará, graças a um melhor alongamento dos glúteos.

É possível combinar duas ou as três variantes para obter um máximo de eficácia. Você também pode iniciar o exercício com os pés sobre uma cadeira e com um peso (segure-o com as mãos para que ele não escorregue). Após a exaustão, dispense o peso. Na exaustão seguinte, continue o movimento com os pés no chão.

VANTAGENS

Como os glúteos trabalham simultaneamente, não ocorre a perda de tempo que observamos com os exercícios cuja execução unilateral é obrigatória.

As pessoas que apresentam problemas de coluna vertebral devem ser prudentes com este exercício, que exige uma determinada flexibilidade das costas.

DESVANTAGENS

/// Exercícios de alongamento

Os avanços são um excelente exercício de alongamento dos glúteos.

1 Em vez de colocar o pé da frente no chão, coloque-o sobre uma cadeira para aumentar a amplitude do alongamento. Para utilizar melhor essa amplitude, flexione o membro inferior que se encontra atrás, a fim de descer os glúteos para além do pé que está elevado.

De maneira geral, os exercícios que alongam os isquiotibiais também tornam os glúteos flexíveis.

OS GLÚTEOS

quadríceps
- reto femoral
- vasto lateral
- vasto medial
- vasto intermédio

patela

biceps fémoral
- cabeça curta
- cabeça longa

glúteo médio

glúteo máximo

gastrocnêmio, ventre medial

gastrocnêmio, ventre lateral

tríceps sural

sóleo

Alongamento dos isquiotibiais

Alongamento dos glúteos máximos

IMPORTÂNCIA DA FLEXIBILIDADE DOS MÚSCULOS ROTADORES DO QUADRIL

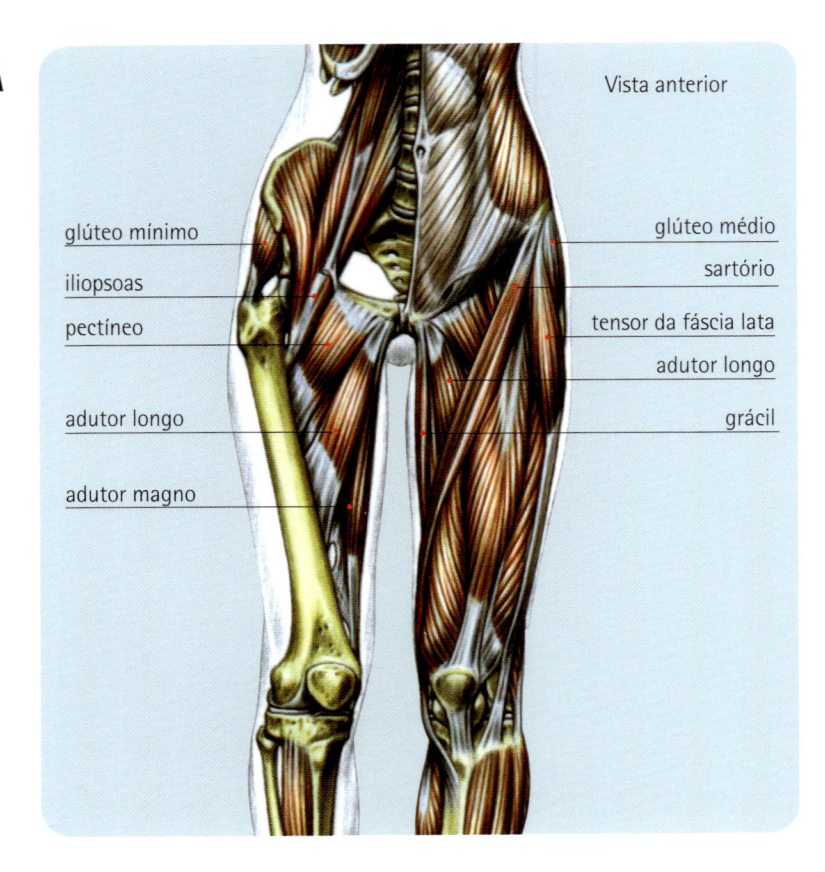

Vista anterior

glúteo mínimo
iliopsoas
pectíneo
adutor longo
adutor magno

glúteo médio
sartório
tensor da fáscia lata
adutor longo
grácil

Os músculos rotadores do quadril têm um papel muito importante para a manutenção de uma boa curvatura lombar. Quando eles não são flexíveis o bastante, sua rigidez traciona a região inferior das costas, acarretando a perda da curvatura lombar. Essa deformação torna os discos intervertebrais mais vulneráveis aos tremores que podem ocorrer em uma corrida a pé ou simplesmente na marcha. Essa rigidez pode prejudicar a técnica adequada aos movimentos de disciplinas que exigem rotação do quadril, como o golfe. Portanto, os esportistas devem ficar especialmente atentos à flexibilidade desses músculos rotadores. O mesmo vale se você quiser prevenir problemas nas costas, que afetam aproximadamente 80% da população.

Um reforço dos músculos rotadores do quadril é particularmente importante nos esportes que os submetem a uma dura prova como, por exemplo, o futebol, as artes marciais ou o golfe. Esses músculos são tão importantes quanto negligenciados.

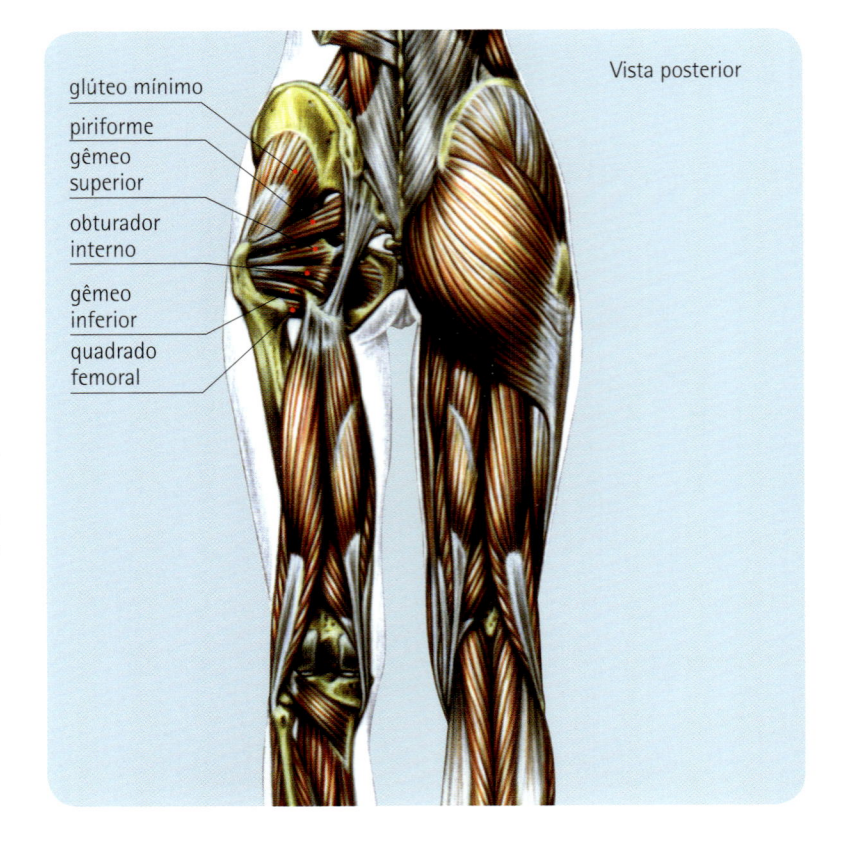

Vista posterior

glúteo mínimo
piriforme
gêmeo superior
obturador interno
gêmeo inferior
quadrado femoral

O QUADRIL

/// Teste dos músculos rotadores do quadril

1 Para testar a flexibilidade do seu quadril, sente-se em uma cadeira (a mais alta possível). O ideal é que o pé não toque o chão.

2 Com o auxílio de uma faixa elástica (mas sem forçar), eleve o pé direito o mais alto possível para a esquerda, mantendo o membro inferior flexionado a 90°. Em nenhum momento levante a coxa da cadeira. Uma flexibilidade normal deve permitir uma rotação da coxa entre 45° a 65°.

3 Em seguida, eleve o pé direito para a direita. Você deve poder deslocá-lo de 30° a 45°.

Realize o mesmo teste com o membro inferior esquerdo.

/// Exercícios de alongamento

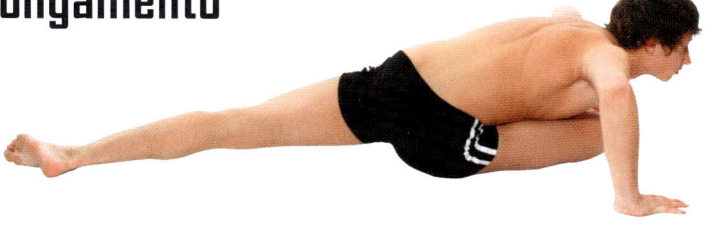

Se a sua flexibilidade não for suficiente, é preciso fazer alguns exercícios. Existem três movimentos de alongamento diferentes e complementares.

Os dois primeiros consistem em refazer os exercícios acima com uma faixa elástica. Mantenha a outra extremidade da faixa em uma mão, o que permite flexibilizar os músculos tracionando o elástico muito levemente. Não faça nenhum movimento brusco e vá avançando aos poucos.

O terceiro movimento é mais complexo. Sentado com as pernas cruzadas, apoie o tronco sobre o membro inferior direito e estenda o membro inferior esquerdo para trás. Após terminar o alongamento desse lado, passe para o outro.

Para reforçar os músculos rotadores, utilize sempre um elástico em torno do pé e segure a outra extremidade com a mão. Execute o movimento inverso dos dois exercícios do teste que acabamos de descrever. Aumente a resistência tracionando muito levemente o elástico com a mão. Trabalhe sempre com série longa, tensão contínua e sem movimentos bruscos.

MODELE OS ABDOMINAIS

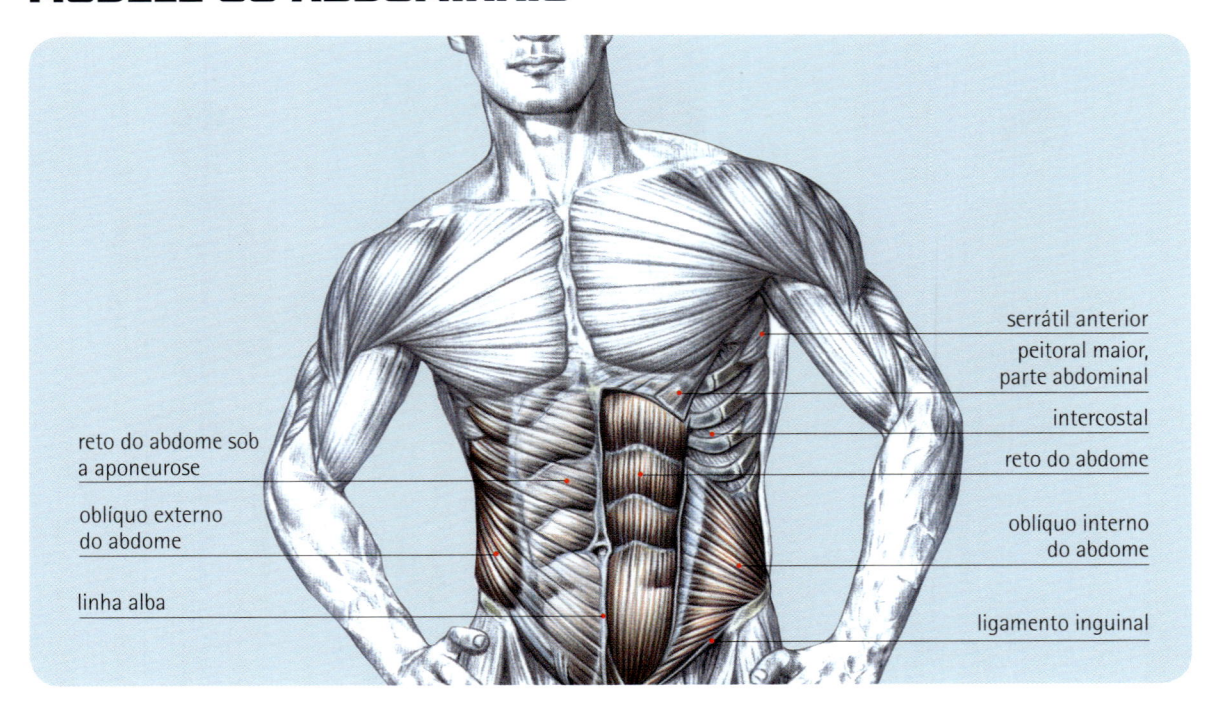

serrátil anterior
peitoral maior, parte abdominal
intercostal
reto do abdome
oblíquo interno do abdome
ligamento inguinal

reto do abdome sob a aponeurose
oblíquo externo do abdome
linha alba

▌Papel dos abdominais

Os abdominais têm um papel importante para a proteção da coluna vertebral. Por isso, eles são primordiais na maioria dos esportes e, em particular, na musculação. Eles também auxiliam os músculos respiratórios e os músculos das coxas (para a locomoção).

Esteticamente, os abdominais têm um papel fundamental, por serem eles que testemunham a ausência de gordura no corpo. Abdominais bem aparentes são sinais de virilidade no homem. Uma cintura abdominal firme permite conservar o ventre plano. Nessa tarefa, eles são auxiliados pelos músculos profundos do abdome.

Infelizmente, a parte inferior dos abdominais, em relação à superior, é muito mais difícil de ser recrutada e, consequentemente, de ser reforçada. É possível executar elevações da pelve, sobretudo com a força da parte superior dos abdominais. É por isso que os exercícios de elevação da pelve são muito mais complicados de serem dominados do que as flexões abdominais.

No entanto, é a parte inferior dos abdominais que tem o maior papel na proteção da coluna vertebral e contra o abaulamento abdominal. É também sobre ela que a gordura mais se acumula. Um bom circuito para os abdominais deve, portanto, trabalhar não apenas sua parte superior, mas também a inferior.

Esquema mostrando o sentido da ação dos músculos abdominais e o sistema de contenção das vísceras

O ser humano, com a passagem para a postura bipede, teve os músculos da cintura abdominal consideravelmente reforçados para unir, na posição vertical, a pelve com o tórax, impedindo este último de se mover excessivamente durante a marcha ou a corrida. Eles se tornaram potentes músculos de contenção, recobrindo as vísceras de uma forma ativa.

1 Reto do abdome
2 Oblíquo externo do abdome
3 Oblíquo interno do abdome
4 Transverso do abdome

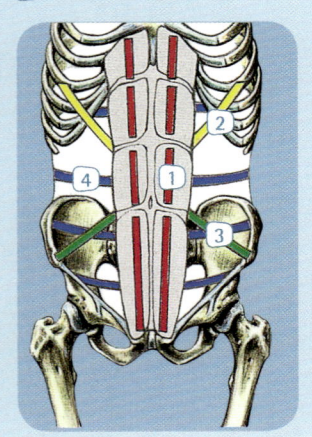

NOTA

Os abdominais são músculos que trabalham nas duas extremidades. Os exercícios que elevam o tronco solicitam principalmente, mas não exclusivamente, a parte superior dos abdominais. Os movimentos que elevam a pelve visam um pouco mais sua parte inferior.

Ação dos músculos retos do abdome

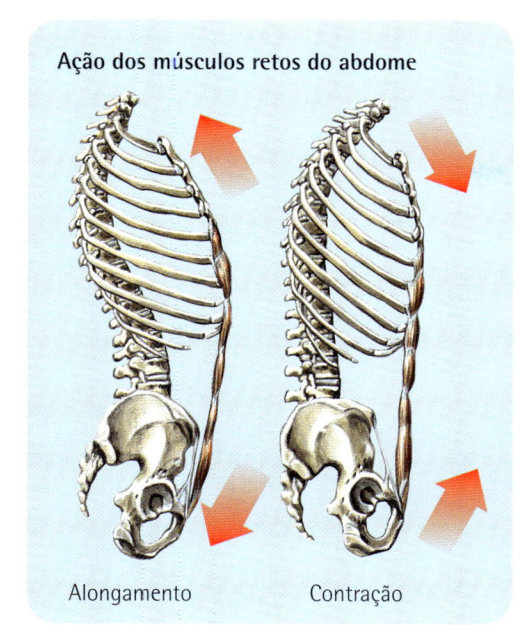

Alongamento Contração

Imagem esquemática dos diferentes tipos de parede abdominal

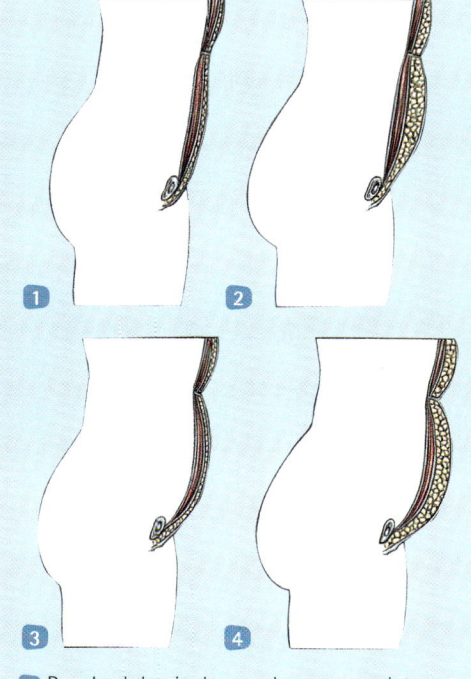

1 2
3 4

1 Parede abdominal normal com musculatura tônica.

2 Parede abdominal normal com musculatura tônica e sobrecarga gordurosa subcutânea, dando uma impressão de ptose.

3 Parede abdominal ptosada por falta de tonicidade muscular, sem sobrecarga gordurosa.

4 Parede abdominal ptosada por falta de tonicidade muscular, acompanhada por uma sobrecarga gordurosa.

Músculos retos do abdome

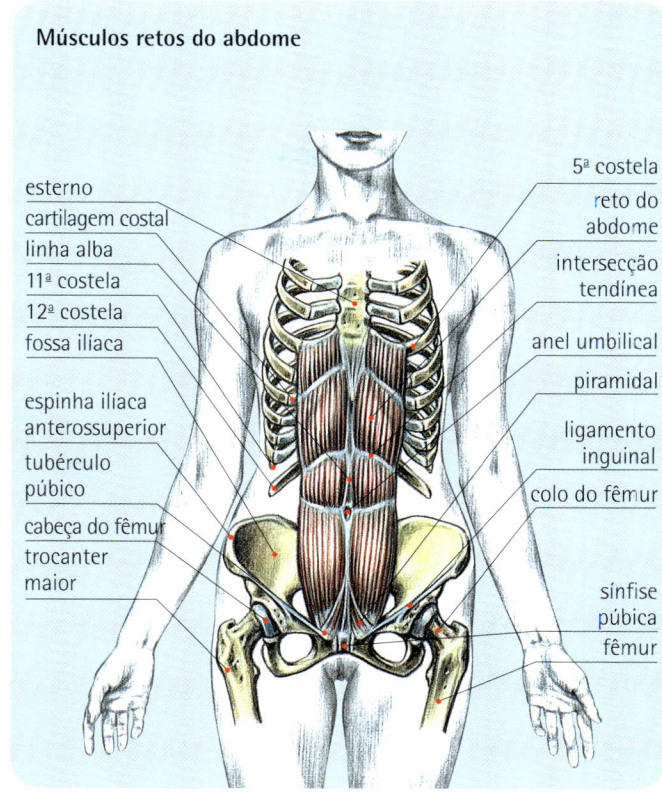

esterno
cartilagem costal
linha alba
11ª costela
12ª costela
fossa ilíaca
espinha ilíaca anterossuperior
tubérculo púbico
cabeça do fêmur
trocanter maior

5ª costela
reto do abdome
intersecção tendínea
anel umbilical
piramidal
ligamento inguinal
colo do fêmur
sínfise púbica
fêmur

Músculos profundos do abdome

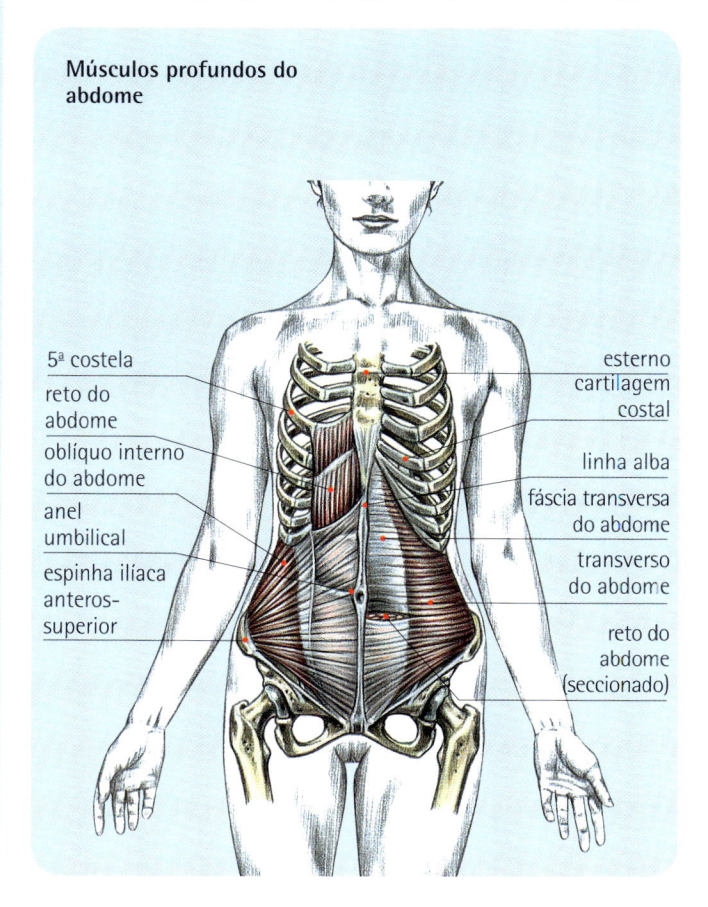

5ª costela
reto do abdome
oblíquo interno do abdome
anel umbilical
espinha ilíaca anteros-superior

esterno
cartilagem costal
linha alba
fáscia transversa do abdome
transverso do abdome
reto do abdome (seccionado)

! <u>Atenção aos falsos exercícios para os abdominais!</u>
● Infelizmente, são muitos os falsos exercícios para os abdominais. Eles são ineficazes e representam perigo para a coluna vertebral. Existe um meio simples para diferenciar os bons exercícios dos ruins. Quando os abdominais se contraem, eles arqueiam a região lombar. Portanto, todos os exercícios que arqueiam as vértebras lombares trabalham muito mal os abdominais.

! <u>Atenção à posição da cabeça!</u>
● A posição da cabeça tem um impacto profundo sobre a contração muscular. Quando inclinamos a cabeça para trás, os músculos lombares que sustentam a coluna vertebral se contraem de maneira reflexa, ao passo que os abdominais têm tendência a relaxar. Mesmo se essa contração não for intensa, ela é inevitável.

Ao contrário, quando inclinamos a cabeça para a frente, os músculos abdominais tendem a se contrair, ao passo que os músculos lombares relaxam. Consequentemente, o corpo tem tendência a curvar para a frente. É por isso que, em pé, quando olhamos para cima, tendemos a cair para trás, ao passo que, quando olhamos para baixo, tendemos a cair para a frente.

Neste caso, os músculos responsáveis pelo movimento são o psoas, o ilíaco e o reto da coxa. Sabemos que eles entram em ação quando o exercício provoca arqueamento das costas. Por exemplo, os exercícios que consistem em colocar os membros inferiores no ar o maior tempo possível enquanto você está deitado são os "quebradores de costas". Como os abdominais estão fixados na pelve e não nas coxas, não conseguem fazer os membros inferiores se moverem.

Então, por que esses movimentos são tão dolorosos? Como o fato de arquear as costas é perigoso para os discos lombares, os abdominais tentarão intervir para endireitar a coluna. Eles se contrairão de maneira isométrica (i. e., sem se moverem), o que vai asfixiá-los porque a circulação sanguínea local será bloqueada. É essa asfixia que provoca a sensação de queimação. É um pouco como correr com um saco plástico cobrindo a cabeça. Você não consegue por muito tempo, além de ser perigoso e contraproducente para um bom desempenho. No caso dos abdominais, a contração isométrica é pouco eficaz para desenvolvê-los ou para eliminar gordura local.

É imprescindível definir uma estratégia clara quanto à posição da cabeça durante o exercício de musculação.

O que se deve evitar é principalmente a movimentação da cabeça para os lados. Esses movimentos inúteis impedem a boa contração muscular e podem causar problemas na cervical. Salvo no caso de um movimento unilateral, a cabeça jamais deve ficar de lado. E, se ela for posicionada de lado, nunca deve movimentar-se durante o esforço. Também é contraproducente balançar de modo frenético a cabeça quando o exercício se torna realmente difícil. Ao contrário, é necessário que o corpo se torne estático nesse momento.

Durante os exercícios abdominais, é necessário manter a cabeça bem inclinada para a frente e, sobretudo, não olhar para o teto. Com a cabeça para cima, a contração reflexa resultante impediria um bom enrolamento do corpo. Quando trabalhamos os abdominais, é necessário manter os olhos constantemente sobre eles. Ao contrário, quando executamos agachamentos, por exemplo, o fato de manter a cabeça alta favorece o equilíbrio e protege a coluna vertebral. Se movimentarmos a cabeça lateralmente, as pequenas contrações reflexas que ocorrerão irão alternadamente recrutar e relaxar os músculos da esquerda e, depois, os da direita, o que interferirá no bom desenvolvimento do exercício.

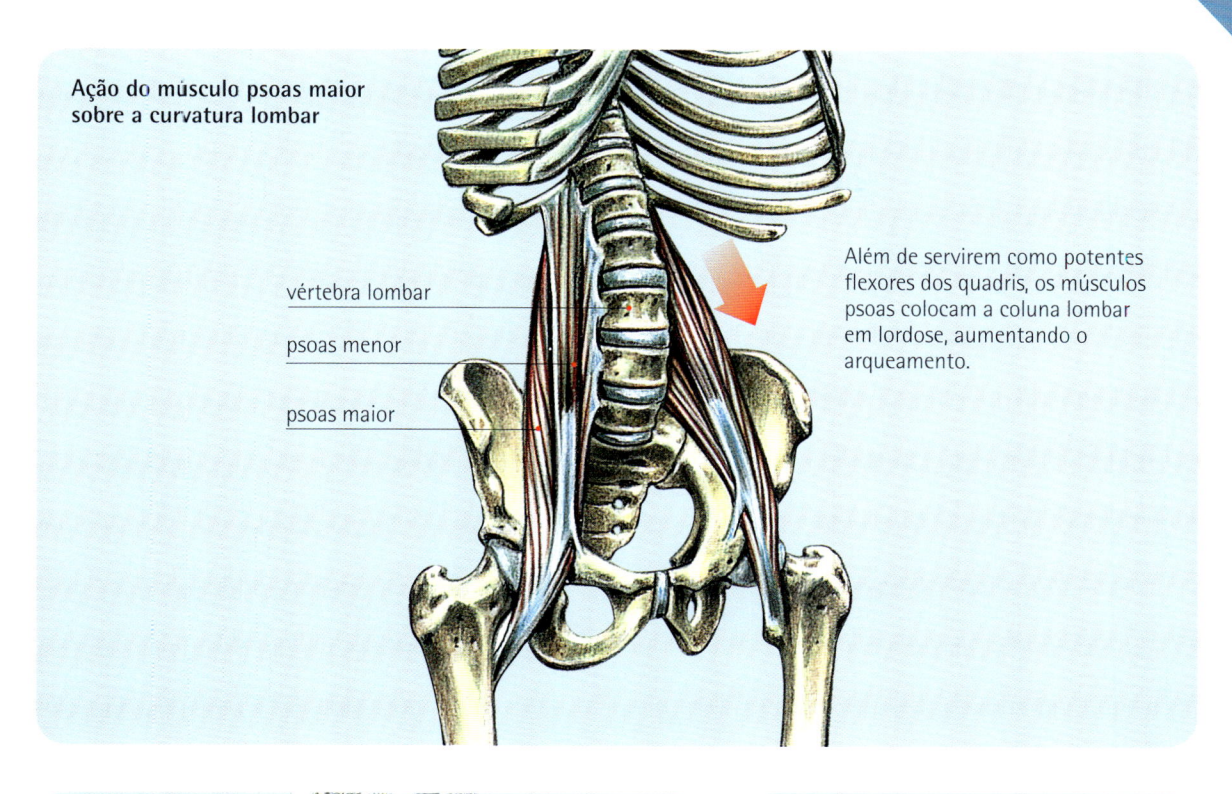

Ação do músculo psoas maior sobre a curvatura lombar

vértebra lombar

psoas menor

psoas maior

Além de servirem como potentes flexores dos quadris, os músculos psoas colocam a coluna lombar em lordose, aumentando o arqueamento.

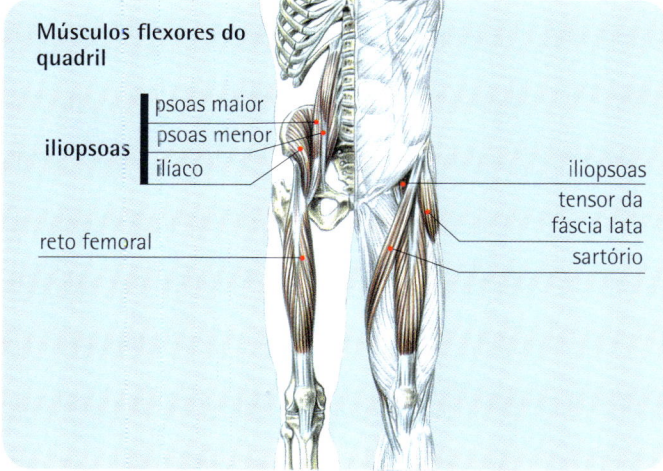

Músculos flexores do quadril

iliopsoas
- psoas maior
- psoas menor
- ilíaco

reto femoral

iliopsoas
tensor da fáscia lata
sartório

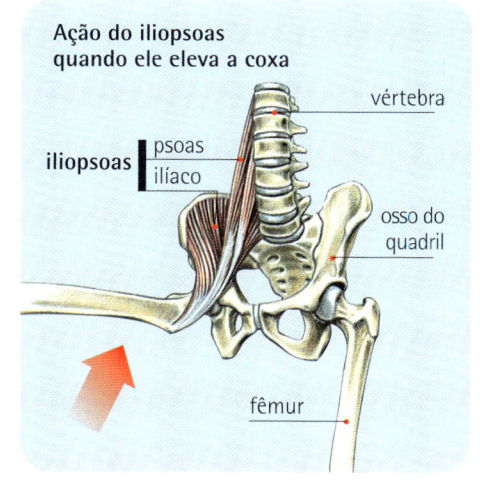

Ação do iliopsoas quando ele eleva a coxa

iliopsoas
- psoas
- ilíaco

vértebra

osso do quadril

fêmur

! Durante a execução de exercícios para os músculos abdominais, é importante arredondar as costas.

Como na maior parte dos movimentos para a cintura abdominal, as elevações de membros inferiores no solo nunca devem ser realizadas com as costas arqueadas.

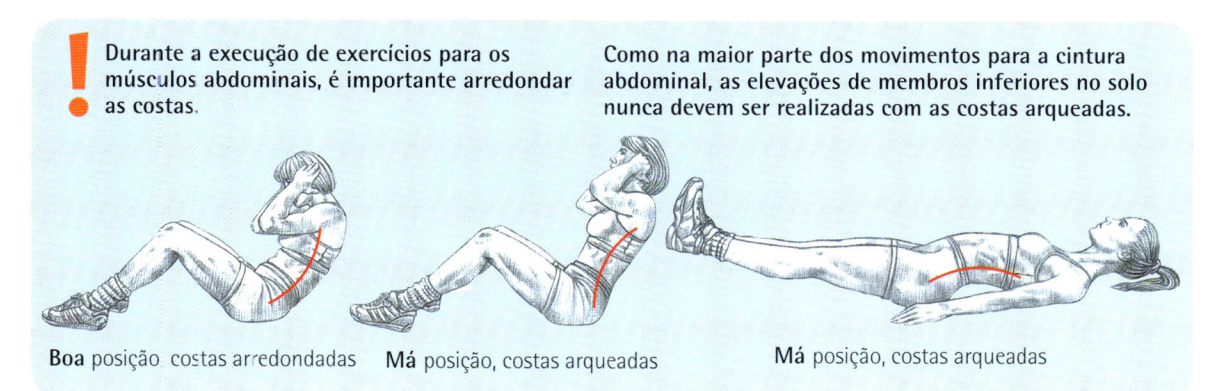

Boa posição, costas arredondadas   **Má** posição, costas arqueadas   **Má** posição, costas arqueadas

/// Flexões abdominais

Este exercício de isolamento visa toda a cintura abdominal, mas principalmente a parte superior dos abdominais. O trabalho no modo unilateral é possível apenas para as versões com rotações laterais.

COMENTÁRIOS

Este exercício é útil principalmente nos esportes em que são necessários saltos e corridas.

! Se você realizar movimentos bruscos com as mãos atrás da cabeça ou com o tronco no intuito de subir mais facilmente, pode causar pinçamento de discos lombares e cervicais.

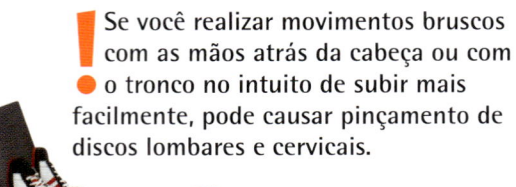

1 Deite-se no chão com os membros inferiores flexionados, ou os pés apoiados sobre uma cadeira, e as mãos cruzadas sobre os ombros (mão esquerda sobre o ombro direito e mão direita sobre o ombro esquerdo).

2 Eleve-se lentamente, sem movimentos bruscos, para descolar os ombros do solo e, em seguida, o alto da coluna vertebral. É necessário enrolar o corpo, parando quando sentir que a parte alta da coluna lombar começa a descolar. Marque uma pausa de 2 segundos nessa posição, contraindo a fundo os abdominais. Retorne lentamente à posição inicial e reinicie o exercício, sempre sem movimentos bruscos.

No que diz respeito à respiração, expire ao contrair os abdominais. Ao esvaziar os pulmões, você aumentará a amplitude da contração. Inspire levando o tronco em direção ao solo.

Se você conseguir fazer mais de 20 repetições, está executando mal o exercício. O erro mais comum é não bloquear a fundo os abdominais no alto do movimento. O objetivo não é executar o máximo possível de repetições, mas contrair os abdominais o mais intensamente possível em cada repetição.

PONTOS A OBSERVAR

A posição das mãos influencia a dificuldade do exercício. Descrevemos uma posição padrão neutra no que diz respeito à resistência produzida pelos membros superiores. Se você os estender ao longo do corpo, o exercício fica mais fácil.

Com as mãos atrás da cabeça, o exercício fica mais difícil. Uma sequência possível é começar com os membros superiores atrás da cabeça. Ao atingir a exaustão, estenda-os para a frente a fim de obter repetições suplementares.

Você pode segurar uma anilha, o que aumentará ainda mais a resistência que os abdominais deverão vencer.

VANTAGENS

As flexões abdominais são exercícios simples que trabalham bem os abdominais, sem perigo para a coluna vertebral.

- -

A amplitude de movimento das flexões abdominais é bem reduzida (algumas dezenas de centímetros). Ficamos tentados a aumentá-la descolando todo o tronco do solo. Neste caso, o trabalho dos abdominais se tornará secundário e você colocará em perigo a integridade da coluna vertebral.

DESVANTAGENS

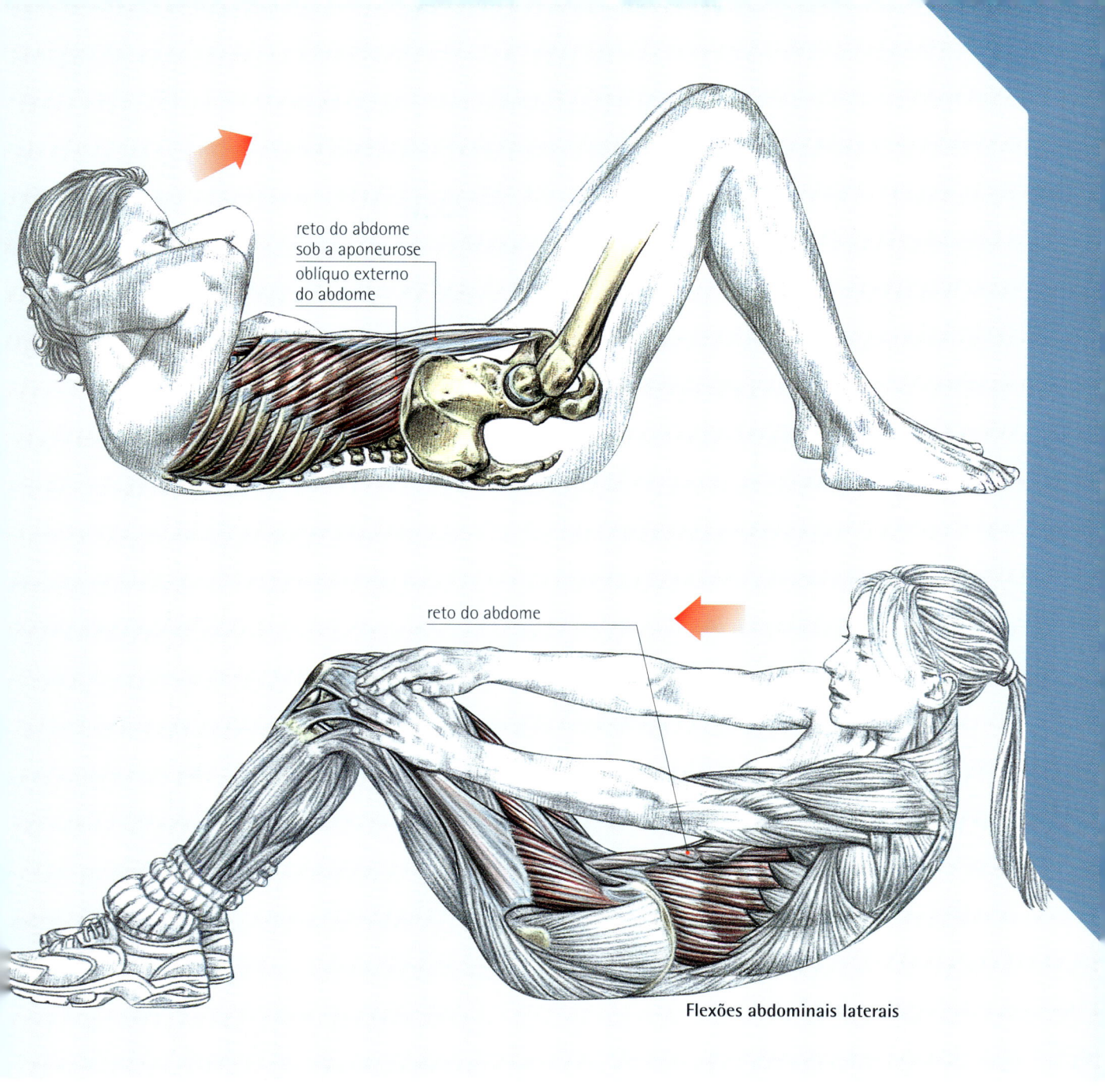

reto do abdome
sob a aponeurose

oblíquo externo
do abdome

reto do abdome

Flexões abdominais laterais

Variantes

Para trabalhar um pouco mais os oblíquos ao mesmo tempo em que treina os abdominais, você pode executar uma rotação lateral do tronco, em vez de endireitar o corpo de maneira retilínea. Para treinar o lado esquerdo, coloque a mão direita atrás da cabeça e estenda o membro superior esquerdo em cruz no solo, para que ele atue como pivô, facilitando a rotação lateral. Sem movimentos bruscos, leve o cotovelo direito em direção à coxa, utilizando a força dos abdominais. O objetivo não é tocar a coxa com o cotovelo. Geralmente, o movimento é interrompido no meio do trajeto. Mantenha a posição de contração durante dois segundos antes de descer o tronco. Para permanecer em tensão contínua, não repouse a cabeça no chão. Após terminar o lado direito, passe para o esquerdo.

207

/// Elevação dos membros inferiores (*reverse crunches*)

Este exercício de isolamento visa toda o cíngulo do membro inferior, mas principalmente a parte inferior dos abdominais. O trabalho no modo unilateral é possível, mas não desejável, pois tende a tensionar a coluna vertebral.

! Se você arquear a região inferior das costas, é sinal de que está trabalhando os músculos errados e pinçando os discos lombares.

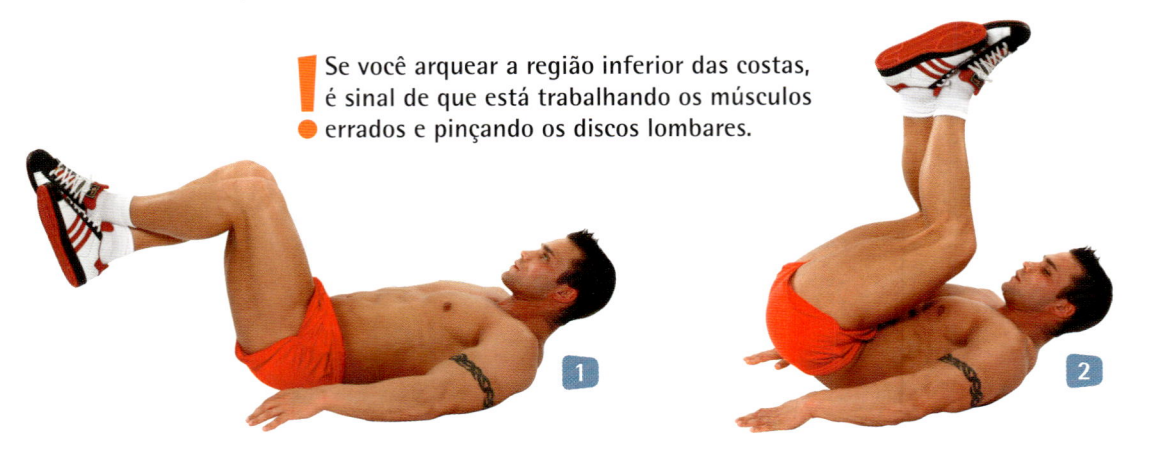

1 Deite-se no chão, com os membros superiores estendidos ao longo do corpo e os inferiores flexionados a 90°.

2 Eleve as nádegas e, em seguida, a região lombar, contraindo o corpo no sentido contrário ao de uma flexão abdominal (daí a denominação deste exercício). É necessário contrair o corpo lentamente, parando quando sentir que a parte alta das costas começará a descolar do solo. Procure levar a parte inferior dos abdominais contra os peitorais. O objetivo não é conseguir fazê-lo, longe disso. Contudo, concentrando-se nesse objetivo, você obterá a boa trajetória do movimento. Marque uma pausa de dois segundos na posição alta, contraindo a fundo os abdominais.

3 Retorne lentamente à posição inicial, interrompendo o movimento antes que as nádegas toquem o solo, a fim de permanecer em tensão contínua. Mantenha a cabeça reta sobre o solo, sem movimentar o pescoço.

VANTAGENS

A parte inferior dos abdominais é a mais difícil de ser visada. As elevações de membros inferiores constituem o principal exercício que lhe ensinará a trabalhar essa parte baixa.

- -

É mais fácil executar mal este exercício do que bem. Uma sensação de tração na parte inferior da coluna vertebral indica uma má execução do movimento. Um período de aprendizado é necessário para saber contrair bem a parte inferior dos abdominais.

DESVANTAGENS

PONTOS A OBSERVAR

O objetivo deste exercício não é exatamente elevar os membros inferiores, mas sim elevar os quadris, o que irá elevar as coxas, as quais, no entanto, permanecem sempre na mesma posição.

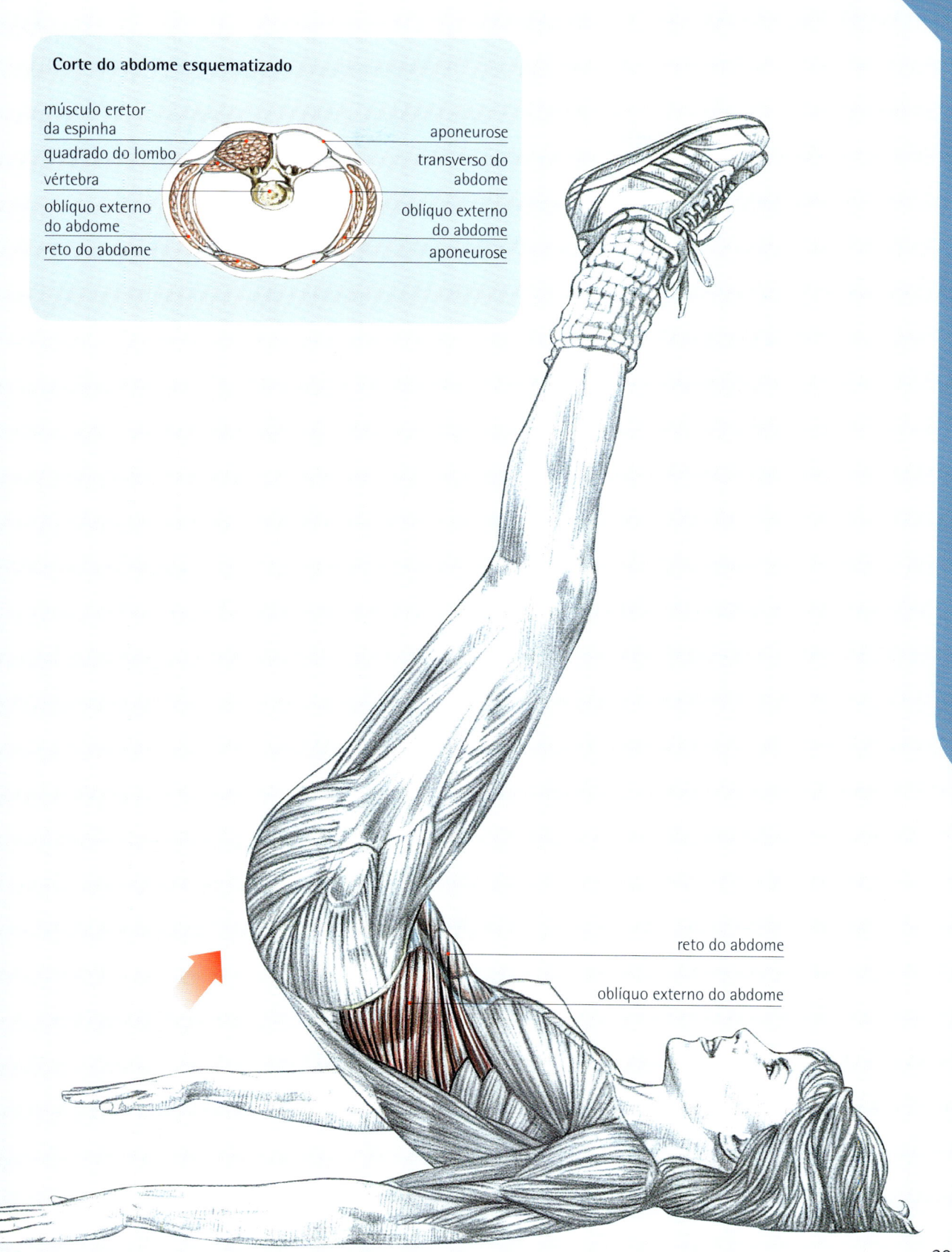

Corte do abdome esquematizado

músculo eretor
da espinha

quadrado do lombo

vértebra

oblíquo externo
do abdome

reto do abdome

aponeurose

transverso do
abdome

oblíquo externo
do abdome

aponeurose

reto do abdome

oblíquo externo do abdome

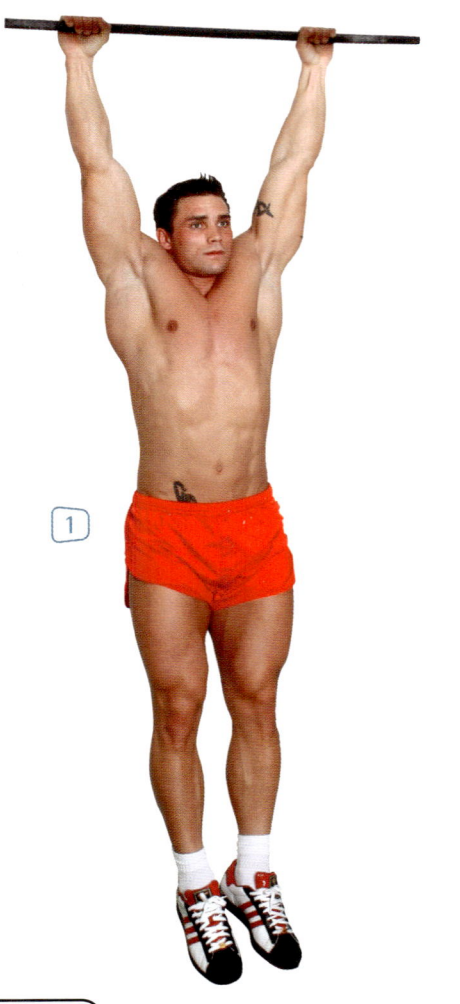

Variante

O exercício é mais fácil de ser realizado mantendo-se os membros inferiores estendidos durante todo o movimento. Se você flexioná-los para que as suras toquem a parte posterior das coxas, o exercício torna-se mais difícil. Uma boa sequência consiste em iniciar o exercício com os membros inferiores flexionados. Após atingir a exaustão, estenda-os para obter mais repetições.

[1] Para tornar o exercício ainda mais difícil, você pode executar esse movimento suspenso na barra fixa. Segure-se nela com as mãos em pronação (um polegar orientado em direção ao outro), com um afastamento correspondente à largura dos ombros. Eleve os membros inferiores a 90° em relação ao tronco, para que as coxas fiquem paralelas ao solo. Você pode conservar os membros inferiores estendidos (o exercício será claramente mais difícil) ou levar as suras até as coxas (o exercício se tornará um pouco mais fácil).

[2] Com a força da parte inferior dos abdominais, eleve a pelve, levando os joelhos em direção aos peitorais. Eleve a pelve o mais alto possível, contraindo o corpo ao máximo. Mantenha a posição de contração durante um segundo antes de descer a pelve. Atenção para não descer os membros inferiores abaixo da paralela em relação ao solo.

O mais difícil deste exercício, quando o executamos pela primeira vez, é não balançar muito. Com o treinamento, aprendemos a nos estabilizar de maneira natural.

COMENTÁRIOS

As elevações de membros inferiores podem ser realizadas na posição sentada (na borda da cama ou em uma cadeira). Contudo, neste caso, torna-se difícil encurvar a coluna vertebral para contrair os abdominais de baixo para cima. O peso que colocamos sobre as costas impede a mobilidade da coluna. É por isso que é difícil realizar o exercício sentado, pois, se não contraírmos bem o corpo, são outros músculos que executarão a maior parte do movimento, e não os abdominais.

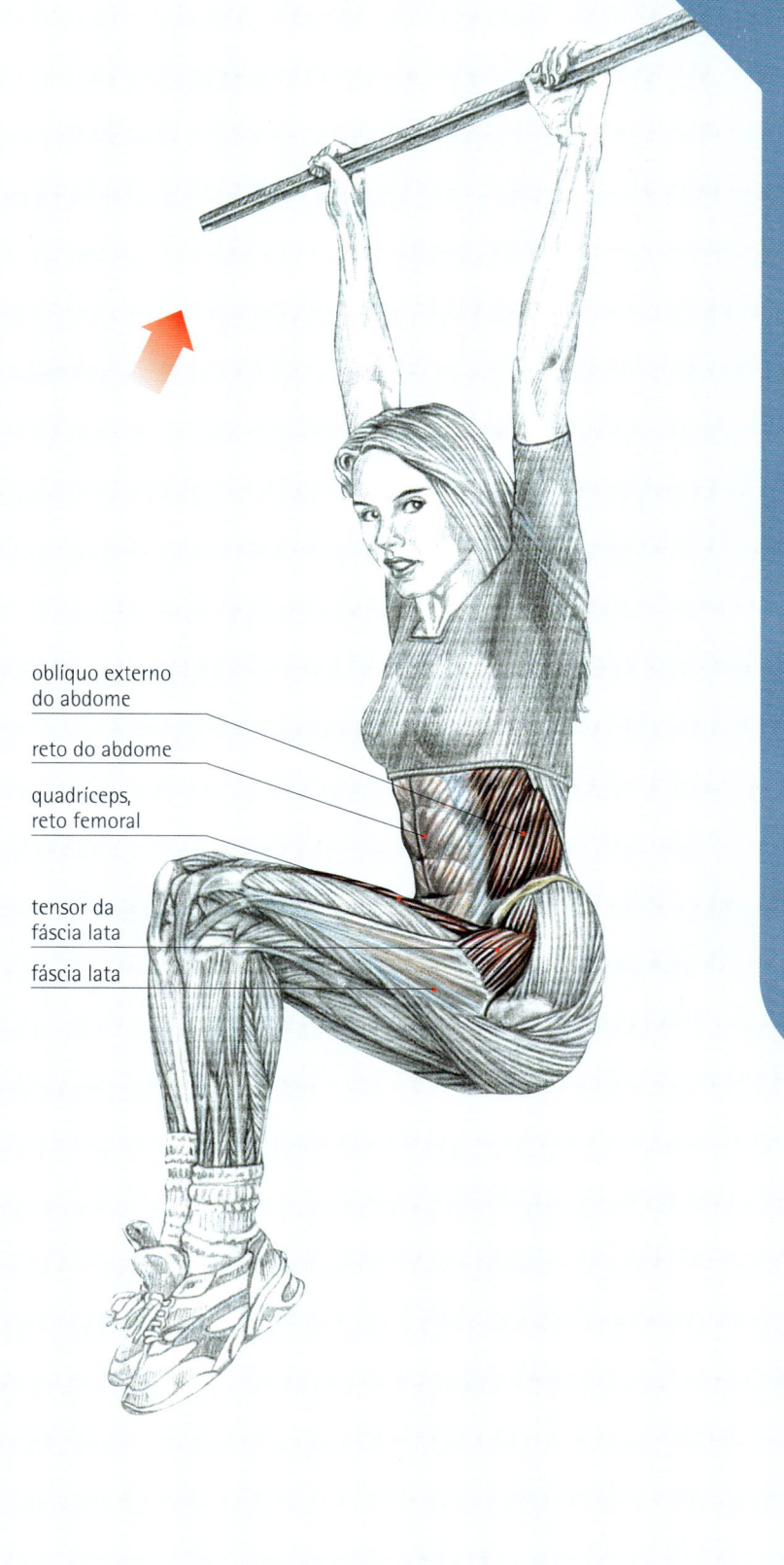

oblíquo externo do abdome

reto do abdome

quadríceps, reto femoral

tensor da fáscia lata

fáscia lata

Os oblíquos

Os músculos oblíquos estão localizados na lateral dos abdominais. Eles recobrem a coluna vertebral e têm um papel preponderante na rotação da pelve.

> ❗🔴 Se você arquear a parte inferior das costas, é sinal de que está trabalhando os músculos errados e pinçando os discos lombares.

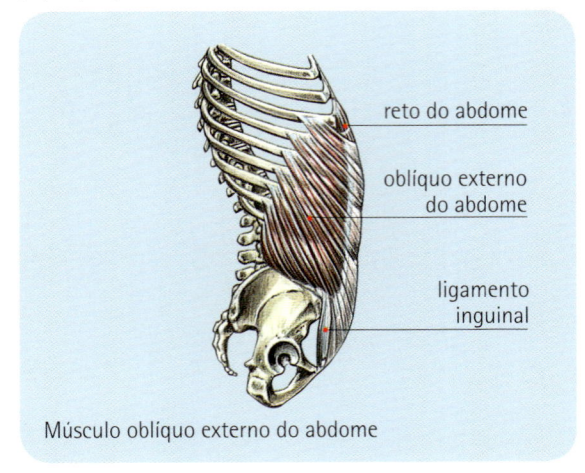

reto do abdome

oblíquo externo do abdome

ligamento inguinal

Músculo oblíquo externo do abdome

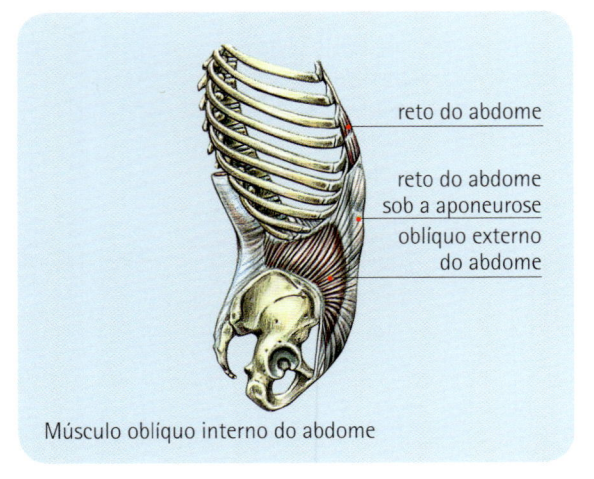

reto do abdome

reto do abdome sob a aponeurose

oblíquo externo do abdome

Músculo oblíquo interno do abdome

/// Elevações laterais do tronco

Este exercício de isolamento visa aos oblíquos. É obrigatório trabalhar no modo unilateral.

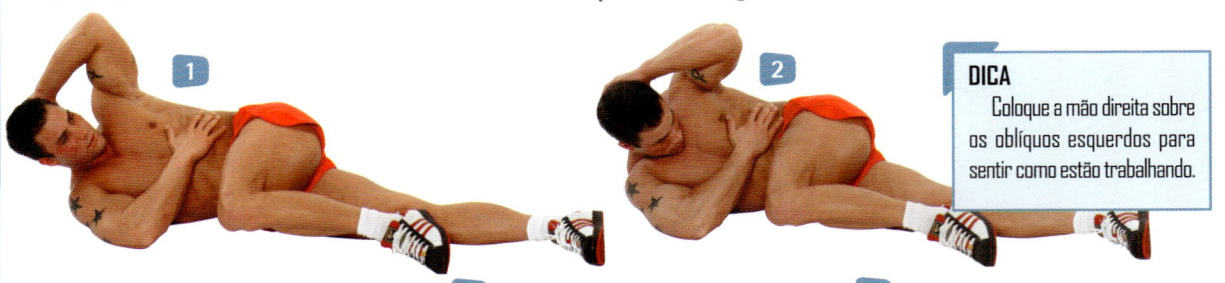

VANTAGENS

Este exercício visa perfeitamente aos oblíquos. Sentimos imediatamente os músculos trabalharem, desde que a posição esteja correta.

- - -

Exceto quando for necessário para um esporte de força, não devemos abusar do trabalho pesado dos oblíquos. Eles aumentam a envergadura, o que não é muito estético. Prefira o trabalho leve dos oblíquos, em séries longas, para acentuar a sua definição muscular e eliminar a gordura depositada.

DESVANTAGENS

1 Coloque-se em decúbito lateral direito sobre uma cama ou no chão. A mão esquerda deve ser colocada atrás da cabeça para sustentá-la. O membro inferior esquerdo é flexionado a 90°, enquanto o direito fica semiestendido. O pé esquerdo apoia-se ligeiramente sobre o joelho direito, para manter a estabilidade.

2 Com a força dos oblíquos, leve o cotovelo esquerdo em direção ao quadril direito. O ombro direito descola do chão alguns centímetros. Mantenha a contração durante 1 ou 2 segundos antes de descer o tronco. Leve o ombro direito até o chão, mas não a cabeça, para manter uma tensão contínua nos oblíquos. Após terminar a série à esquerda, passe imediatamente para o lado direito.

PONTOS A OBSERVAR

O exercício não é executado perfeitamente em linha reta. É necessário efetuar uma leve rotação do tronco de trás para frente quando contraímos os oblíquos.

COMENTÁRIOS

É preferível terminar a sessão de abdominais pelos oblíquos em vez de abri-la com flexões abdominais laterais. A prioridade deve continuar sendo os abdominais, e não os oblíquos.

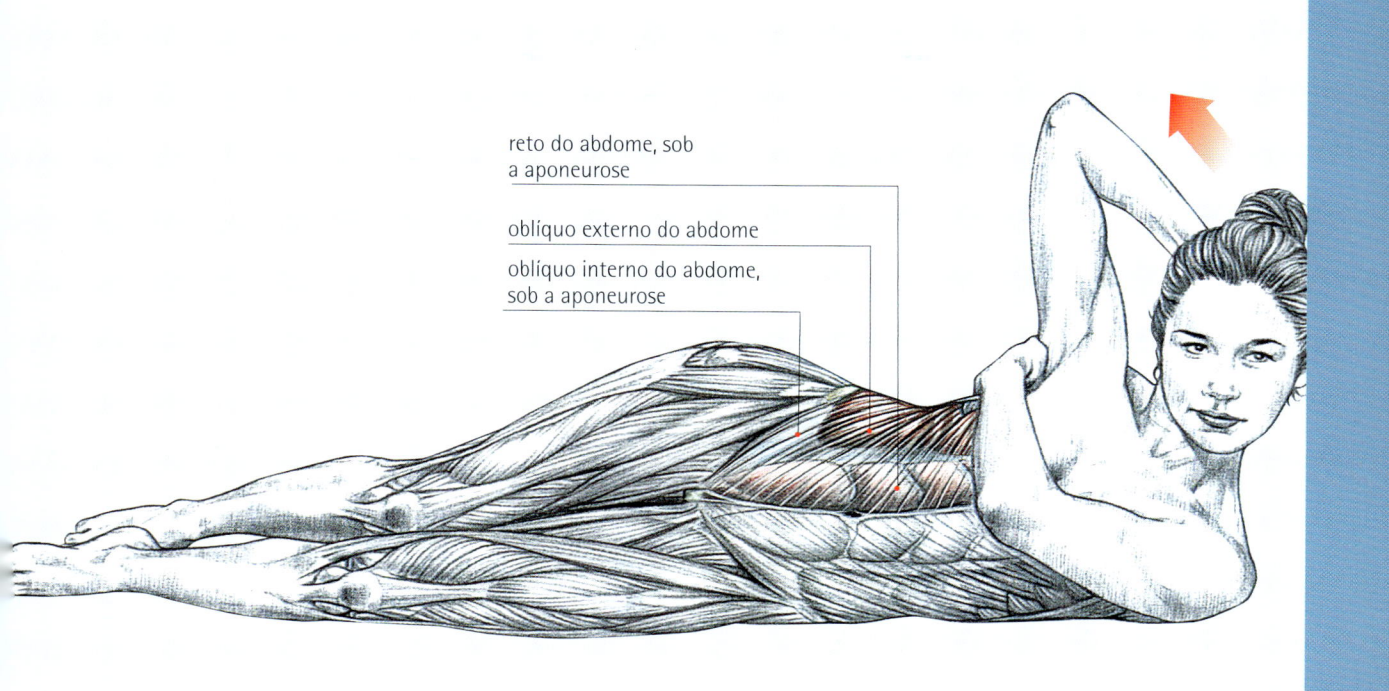

reto do abdome, sob a aponeurose

oblíquo externo do abdome

oblíquo interno do abdome, sob a aponeurose

Não faça movimentos bruscos com a cabeça na esperança de obter mais repetições, pois isso colocaria as vértebras cervicais em perigo.

Variantes

1 A posição da mão livre determina o grau de resistência do exercício. Descrevemos uma posição interme-diária, com a mão atrás da cabeça. Estendendo o membro superior em direção à cabeça no prolongamento do corpo, a resistência que os oblí-quos deverão vencer aumenta.

2 Estendendo o membro superior em direção à coxa, sempre no eixo do corpo, a resistência diminui.

Uma boa sequência consiste em iniciar o exercício com o membro supe-rior estendido em direção à cabeça. Após a exaustão, coloque a mão atrás da cabeça para obter algumas repeti-ções suplementares. Na recorrência da exaustão, estenda o membro superior em direção ao membro inferior para poder continuar o exercício. Também é possível executar repetições forçadas segurando o alto da região posterior da coxa com a mão livre. Utilize então o membro superior para tracionar o tronco. Essa estratégia somente deve ser aplicada no final da série, com o intuito de esgotar os oblíquos e, dessa maneira, ter de realizar menos séries.

/// Rotações laterais

Trata-se de um exercício de isolamento que visa aos oblíquos. Mais do que qualquer outro, ele ataca o que comumente chamamos de "pneus". O trabalho no modo unilateral é obrigatório, para criar uma resistência significativa sobre o músculo.

1 Fixe uma faixa elástica em um ponto fixo correspondendo à altura dos ombros. Em pé, com a mão direita, segure o elástico que se encontra à direita. Dê um passo para a frente: quanto mais você se distanciar do ponto que fixa a faixa, maior será a resistência.

2 Com os membros inferiores afastados, para você permanecer bem estável, comece a executar rotações da direita para a esquerda. Não gire o tronco mais do que 45°. Quando terminar o lado direito, passe para o esquerdo sem pausa para repouso.

VANTAGENS

Existem poucos exercícios que visam aos "pneus". Por isso, eles são difíceis de serem eliminados. Somente uma combinação de regime + exercícios específicos tem chance de ser bem-sucedida.

- - - - - - - - - - - - - - - - - - -

Se você tiver problemas nas costas, estas rotações devem ser rejeitadas.

DESVANTAGENS

PONTOS A OBSERVAR

Este exercício só tem interesse se houver uma resistência lateral. Rodar o corpo de modo frenético com um bastão sobre os ombros, como muitas vezes vemos fazerem, não serve para nada, a não ser para desgastar a coluna vertebral. O desgaste dos discos lombares é pior ainda quando usamos uma barra com pesos sobre os ombros.

COMENTÁRIOS

Trata-se de um exercício que deve ser executado lentamente e em séries longas (25 repetições). Entre 2 e 4 séries podem ser executadas diariamente para tentar eliminar os "pneus".

Variantes

1 As rotações podem também ser realizadas no solo, com os membros inferiores flexionados ou estendidos (versão mais difícil)...

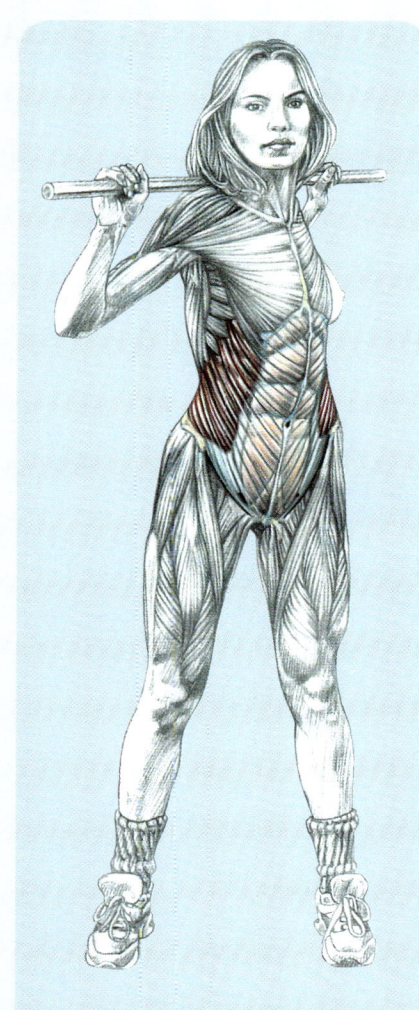

Exercício clássico para os oblíquos, mas pouco eficaz e perigoso

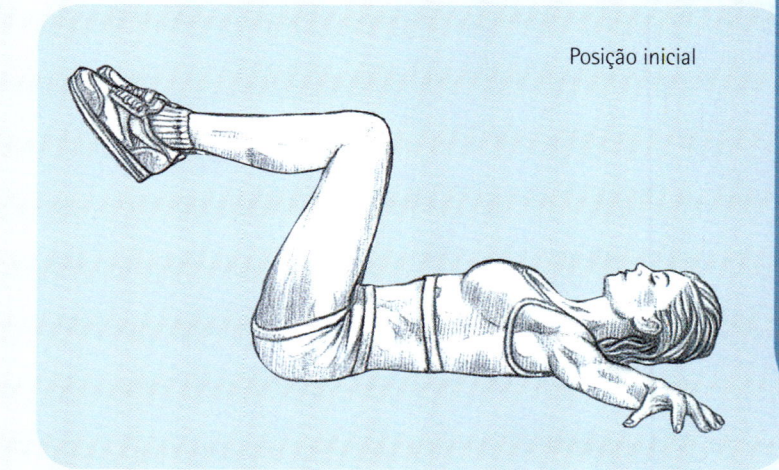

Posição inicial

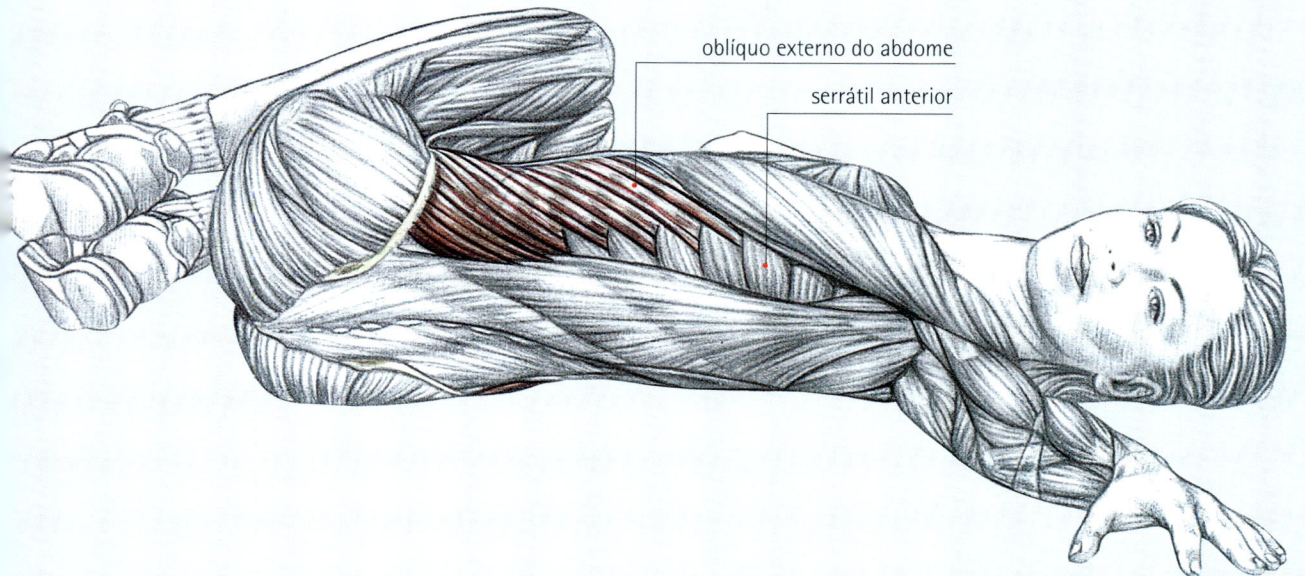

oblíquo externo do abdome

serrátil anterior

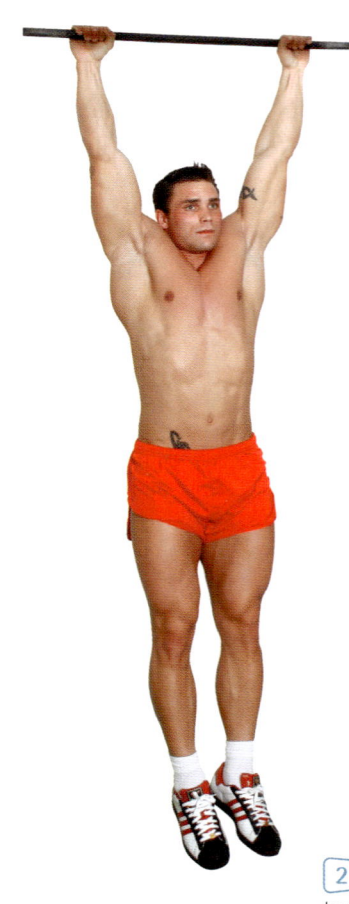

2

2 ... ou na barra fixa. Esta versão tem o objetivo de descomprimir a coluna no final da sessão.

! Não gire demais, nem muito rapidamente. É necessário buscar uma boa contração, bem lenta e em uma amplitude pequena, em vez de um movimento explosivo em uma amplitude máxima. Seja prudente em relação ao trabalho lateral dos oblíquos com halteres. Esses exercícios somente são úteis em esportes de força, que colocam enorme pressão sobre a coluna vertebral.
É necessário evitar principalmente a utilização de dois halteres ao mesmo tempo. Esse movimento deve ser executado apenas no modo unilateral.

Exercícios para o diafragma e para os músculos respiratórios

▎Músculos respiratórios e resistência

As pesquisas científicas mostraram que, durante um esforço de resistência, os músculos respiratórios, em particular o diafragma, atingem a exaustão. Como para os demais músculos, isso conduz a uma diminuição do desempenho. Por outro lado, exercícios de musculação do diafragma produzem uma melhoria notória da resistência. Aliás, os esportistas treinados possuem um diafragma mais firme que os sedentários. O trabalho abdominal em séries longas também contribui para reduzir a incidência da falta de fôlego durante um esforço prolongado.

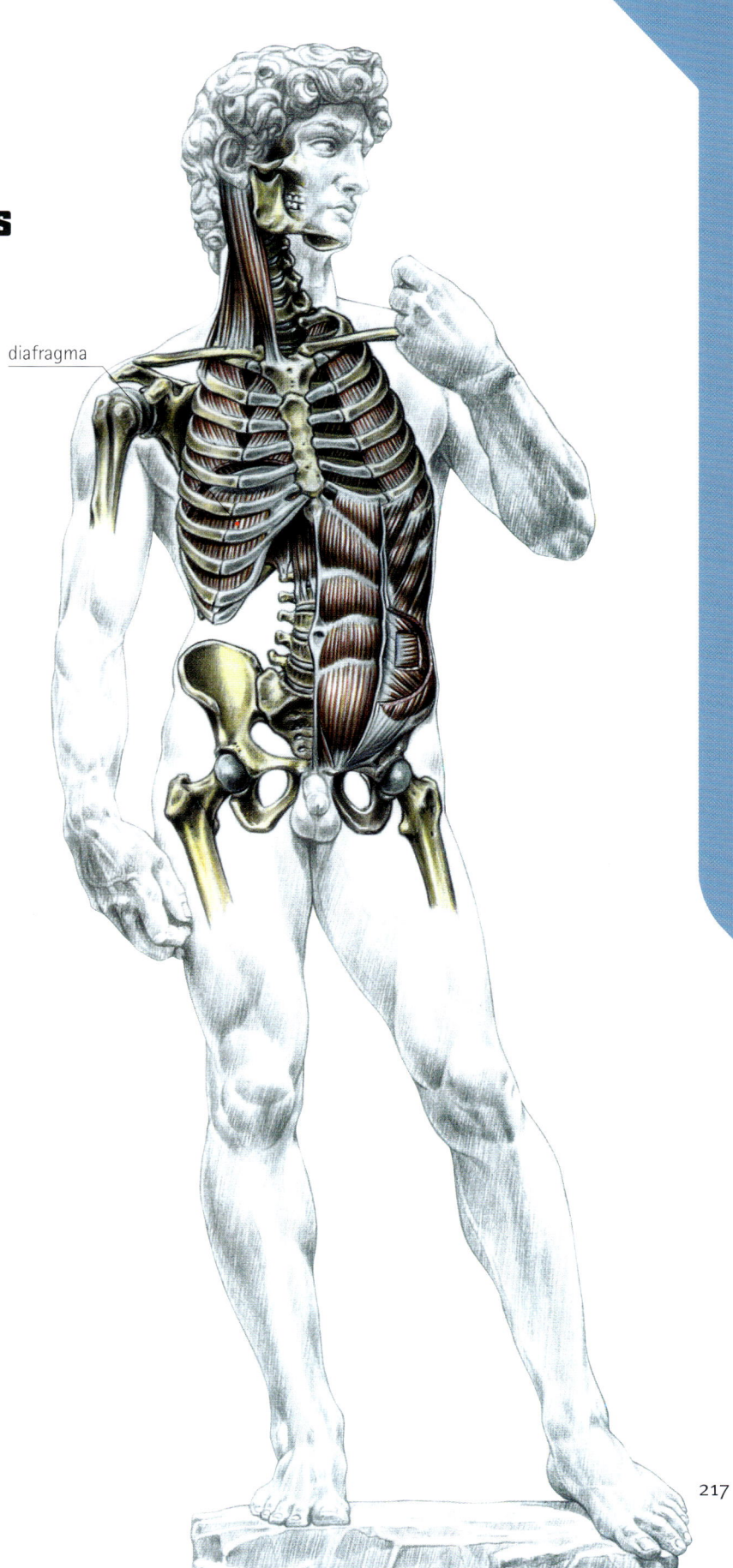

diafragma

/// Contração do diafragma

Este exercício visa ao diafragma e também aos músculos encarregados da respiração.

1 No solo, em quatro apoios, contraia o ventre ao máximo, inspirando.

2 Relaxe os músculos expirando.

PONTOS A OBSERVAR

Este exercício é extremamente fácil, mas só no início. No final de 20 repetições, sentimos uma exaustão incomum. É nesse momento que o reforço irá começar. Faça o máximo possível de repetições!

COMENTÁRIOS

Durante os exercícios pesados, como levantamento terra ou agachamento, o diafragma é ativado para aumentar a pressão intratorácica, o que protege as costas. Um reforço do diafragma pode revelar-se necessário em indivíduos com problemas nas costas, durante os exercícios de musculação que comprometem fortemente a coluna vertebral.

Variantes

v Se você tiver dificuldade neste exercício, pode executá-lo sentado (o que é um pouco mais fácil) ou em decúbito dorsal (o que é muito mais fácil).

Para um ganho máximo de resistência, você pode realizar a seguinte supersérie:
> Inicie em quatro apoios, até o esgotamento dos músculos respiratórios.

> Após a exaustão, coloque-se em decúbito dorsal para continuar o exercício em uma versão muito mais fácil.

VANTAGENS

Este exercício trabalha também os transversos, isto é, os músculos que ajudam a manter o ventre achatado.

/// Expansões torácicas

Tornando mais difícil a expansão torácica, **este exercício reforça os músculos inspiratórios.**

Deitado no chão, coloque uma anilha sobre o peito. Inspire profundamente para expandir ao máximo a caixa torácica. Expire o máximo possível quando você desinsuflar a caixa torácica.

Variante

Um bloqueio da expansão torácica sob a forma de uma faixa elástica apertando levemente o tórax também é utilizado durante os esforços de resistência para reforçar os músculos respiratórios.

PONTOS A OBSERVAR

Este exercício só é interessante se executado em séries longas (pelo menos 50 repetições).

Não comece com uma carga alta, o que afundaria as costelas. Inicie trabalhando de modo leve para habituar a sua caixa torácica.

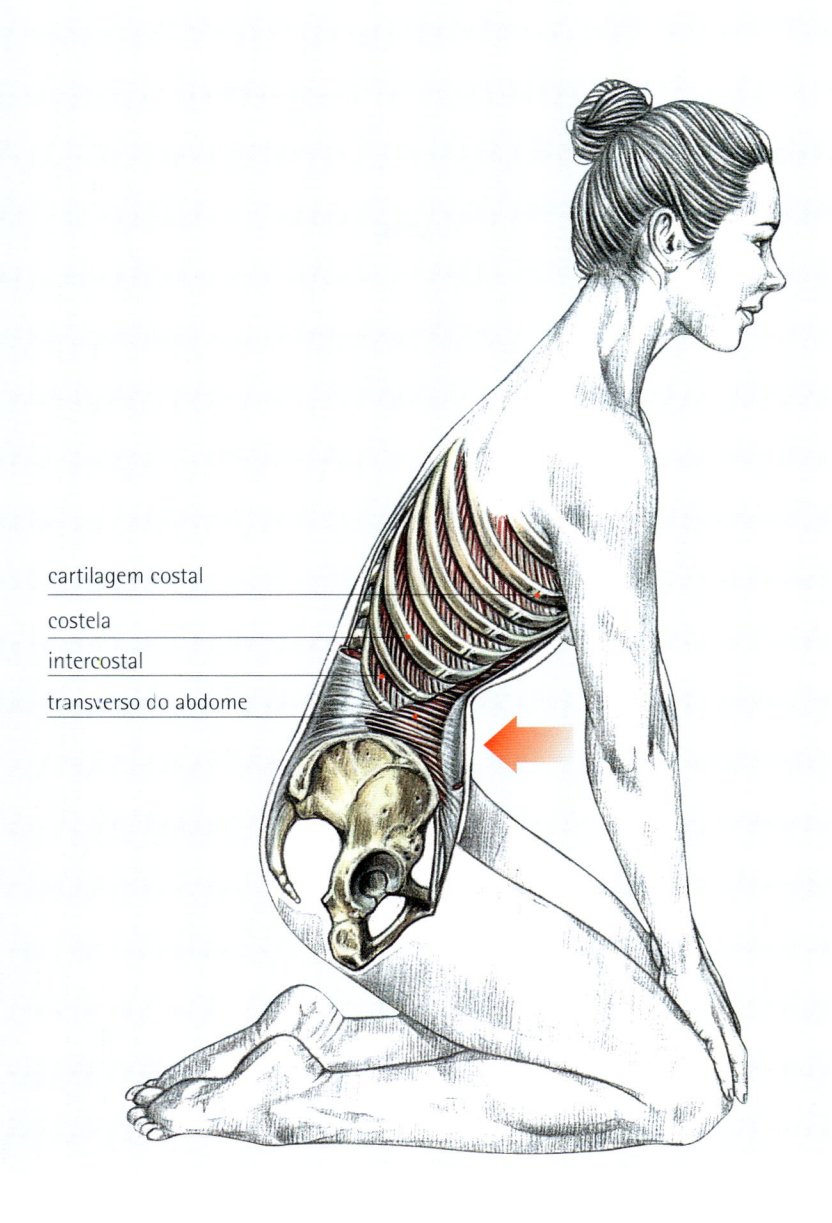

cartilagem costal
costela
intercostal
transverso do abdome

/// É necessário alongar os abdominais?

Para conservar um ventre bem plano, é aconselhável não alongar muito os abdominais. Não abuse do exercício abaixo, nem em quantidade, nem em amplitude.

Por outro lado, é importante flexibilizar bem o psoas e o ilíaco. Esse alongamento é obtido com avanços (movimento descrito nos exercícios para as coxas, p. 162), mantendo o tronco bem reto.

Os programas de musculação

1 Um visual atraente para homens

Saber visar o seu trabalho muscular para ganhar tempo

O ideal, é claro, é treinar todos os seus músculos. No entanto, para parecer musculoso, basta concentrar-se em alguns músculos-chave. Este primeiro programa de ganho muscular rápido fixa a atenção sobre essas áreas. Visando bem o ganho de massa, obtemos um visual impressionante rapidamente.

A outra vantagem de se concentrar sobre os músculos-chave é que se torna possível obter um bom físico mesmo se tivermos pouco tempo para treinar. Esses músculos são:

> a parte lateral do ombro (que confere a envergadura);
> o exterior do tríceps (que aumenta a largura);
> o bíceps (responsável pelo braço grosso);
> os peitorais (que conferem relevo ao tronco);
> os abdominais (que, definidos, garantem uma cintura fina e um abdome plano).

Os dorsais são bem pouco visíveis. Por essa razão, eles não recebem um treinamento prioritário. O mesmo ocorre para as coxas e as suras.

NOTA

Quando você iniciar a musculação, opte pelo número de séries mais baixo indicado. Após algumas semanas de treinamento, aumente lentamente esse número para atingir progressivamente o limite máximo.

No caso de séries decrescentes, o número de repetições indicado corresponde ao que deve ser executado antes da diminuição. Em seguida, execute o número máximo.

Programa de ganho de músculo rápido

de 2 dias por semana para iniciantes.

DIA 1

Ombros:
elevações laterais, P. 100
4 a 5 séries
de 12 a 8 repetições
com muita
diminuição.

Peitorais:
supino, P. 116
4 a 5 séries
de 10 a 6 repetições.

Bíceps:
curls, P. 64
3 a 5 séries
de 12 a 8 repetições.

Tríceps:
flexões de membros P. 76
superiores,
com um mão em
direção à outra
em supersérie com
kickback, P. 82
4 séries
de 15 a 10 repetições.

Abdominais:
flexões abdominais, P. 206
5 séries de
20 repetições.

flexões abdominais laterais,
3 séries P. 207
de 20 repetições.

2

Programa de ganho de músculo rápido
de 3 dias por semana para iniciantes.

Se você tiver a possibilidade de treinar três vezes por semana, caso se sentir em forma e tiver tempo, intercale a sessão seguinte entre os dois treinamentos que acabamos de descrever. Você não é obrigado a incluí-la todas as semanas.

DIA 2

Bíceps:
trações   **P. 72**
na barra fixa na frente da cabeça, com as mãos aproximadas,
🔄 5 séries
de 10 a 8 repetições
supersérie com
hammer curls   **P. 66**
(12 a 15 repetições).

Tríceps:
reverse dips   **P. 84**
em supersérie com
extensões   **P. 80**
em decúbito
🔄 5 séries
de 15 a 10 repetições.

Ombros:
elevações laterais,   **P. 100**
🔄 4 a 5 séries
de 12 a 8 repetições
com muita diminuição.

Peitorais:
afastamento em decúbito,   **P. 118**
🔄 4 a 5 séries
de 10 a 6 repetições.

Abdominais:
flexões abdominais,   **P. 206**
🔄 5 séries
de 10 a 15 repetições.
flexões abdominais laterais,   **P. 207**
🔄 5 séries
de 20 repetições.

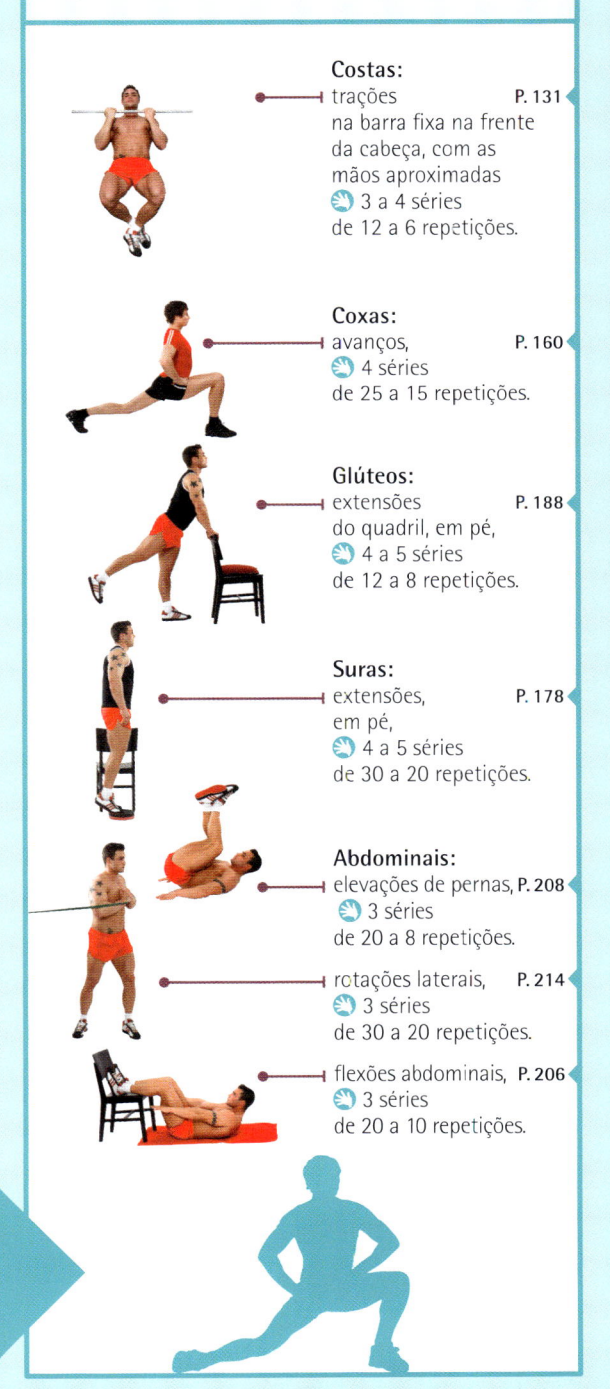

Costas:
trações   **P. 131**
na barra fixa na frente da cabeça, com as mãos aproximadas
🔄 3 a 4 séries
de 12 a 6 repetições.

Coxas:
avanços,   **P. 160**
🔄 4 séries
de 25 a 15 repetições.

Glúteos:
extensões   **P. 188**
do quadril, em pé,
🔄 4 a 5 séries
de 12 a 8 repetições.

Suras:
extensões,   **P. 178**
em pé,
🔄 4 a 5 séries
de 30 a 20 repetições.

Abdominais:
elevações de pernas,   **P. 208**
🔄 3 séries
de 20 a 8 repetições.
rotações laterais,   **P. 214**
🔄 3 séries
de 30 a 20 repetições.
flexões abdominais,   **P. 206**
🔄 3 séries
de 20 a 10 repetições.

Programa avançado de ganho de músculo rápido
com 3 treinamentos semanais.

Após ter seguido o programa precedente durante 1 ou 2 meses, passe para um programa mais avançado, para continuar progredindo.

Se você sentir a transição muito cansativa, reduza em 1 ou 2 séries o volume de trabalho para cada grupo muscular. Quando se sentir novamente à vontade, aumente o número de séries.

DIA 1

Ombros:
elevações laterais, P. 100
4 a 5 séries
de 12 a 8 repetições
com muita diminuição.

Peitorais:
supino em decúbito, P. 116
4 a 5 séries
de 10 a 6 repetições.

Bíceps:
curls, P. 64
3 a 5 séries
de 12 a 8 repetições.

Tríceps:
Flexões de membros P. 76
superiores com as mãos
aproximadas, uma levemente
orientada em direção à
outra, em supersérie com
kickback, P. 82
4 séries
de 15 a 10 repetições.

Abdominais:
flexões abdominais, P. 206
5 séries
de 20 repetições.
flexões abdominais
laterais, P. 207
3 séries
de 20 repetições.

DIA 2

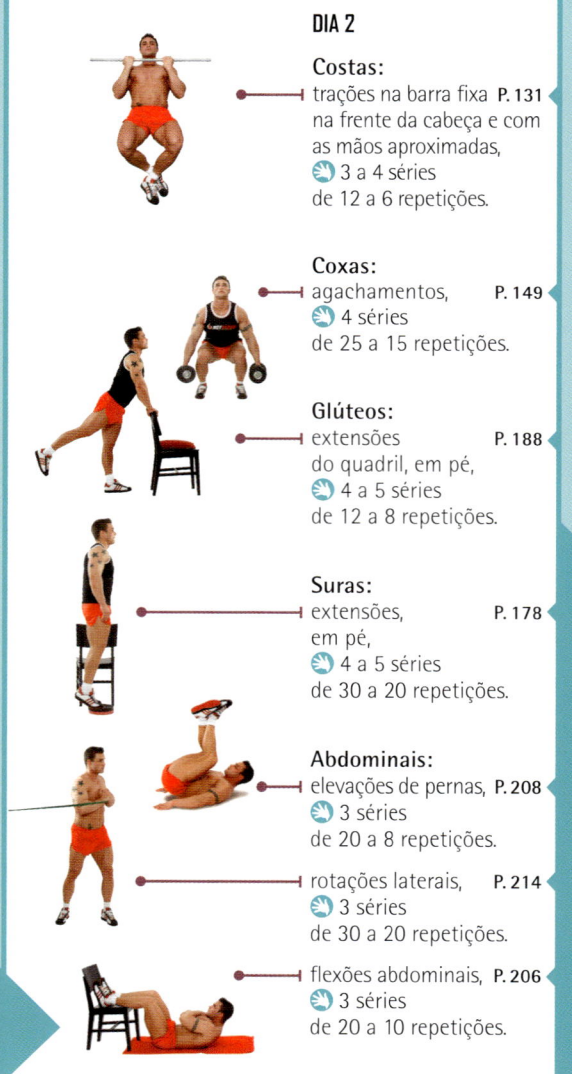

Costas:
trações na barra fixa P. 131
na frente da cabeça e com
as mãos aproximadas,
3 a 4 séries
de 12 a 6 repetições.

Coxas:
agachamentos, P. 149
4 séries
de 25 a 15 repetições.

Glúteos:
extensões P. 188
do quadril, em pé,
4 a 5 séries
de 12 a 8 repetições.

Suras:
extensões, P. 178
em pé,
4 a 5 séries
de 30 a 20 repetições.

Abdominais:
elevações de pernas, P. 208
3 séries
de 20 a 8 repetições.
rotações laterais, P. 214
3 séries
de 30 a 20 repetições.
flexões abdominais, P. 206
3 séries
de 20 a 10 repetições.

Ao final de alguns meses de treinamento, você deve conseguir adicionar por si mesmo mais exercícios dentre aqueles descritos na segunda parte deste livro, para adaptar melhor o programa às suas necessidades e aos seus objetivos. Adicione também as técnicas de intensificação aqui descritas que você preferir.

Programa completo de musculação para iniciantes
com 2 treinamentos semanais.

1

DIA 1

Ombros:
elevações laterais, P. 100
3 a 4 séries
de 12 a 8 repetições.

Peitorais:
desenvolvimento deitado, P. 116
3 a 5 séries
de 12 a 6 repetições.

Costas:
trações
na barra fixa na frente da cabeça, P. 131
3 a 5 séries
de 12 a 6 repetições.

Tríceps:
extensões, P. 80
em decúbito,
3 a 4 séries
de 12 a 10 repetições.

Bíceps :
curls, P. 64
3 a 4 séries
de 10 a 8 repetições.

Anteriores das coxas:
agachamentos no P. 149
modo decrescente (inicie com 2 halteres; prossiga com apenas 1 segurando com ambas as mãos, e termine com as mãos vazias),
3 a 5 séries
de 10 a 6 repetições.

Suras:
extensões, em pé, P. 178
no modo decrescente (comece segurando 1 ou 2 halteres e termine com as mãos vazias),
2 a 4 séries
de 15 a 20 repetições.

Abdominais:
flexões abdominais, P. 206
3 a 5 séries
de 20 a 30 repetições.

3

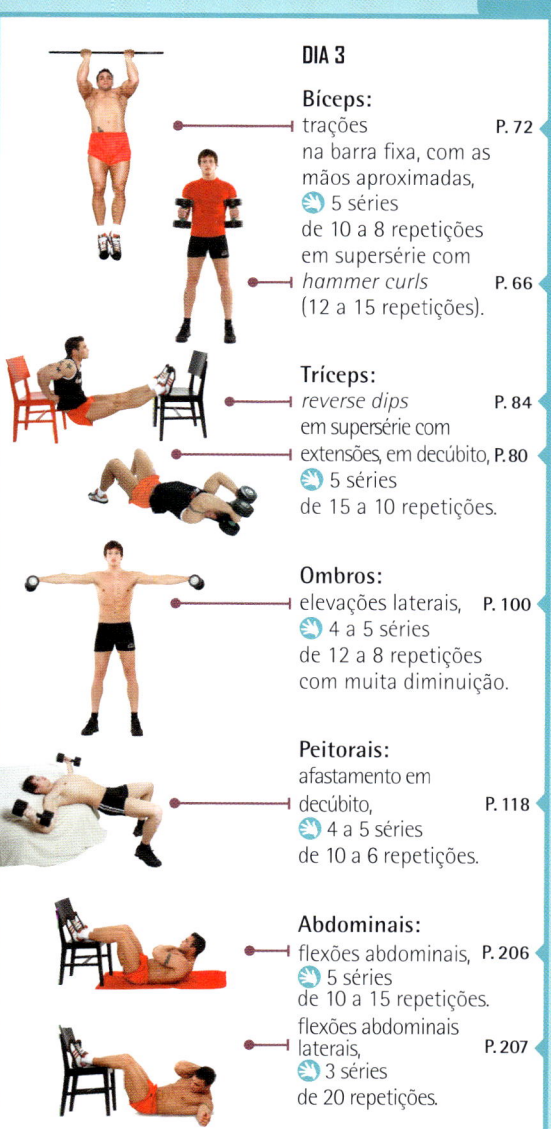

DIA 3

Bíceps:
trações P. 72
na barra fixa, com as mãos aproximadas,
5 séries
de 10 a 8 repetições em supersérie com *hammer curls* P. 66
(12 a 15 repetições).

Tríceps:
reverse dips P. 84
em supersérie com extensões, em decúbito, P. 80
5 séries
de 15 a 10 repetições.

Ombros:
elevações laterais, P. 100
4 a 5 séries
de 12 a 8 repetições com muita diminuição.

Peitorais:
afastamento em decúbito, P. 118
4 a 5 séries
de 10 a 6 repetições.

Abdominais:
flexões abdominais, P. 206
5 séries
de 10 a 15 repetições.
flexões abdominais laterais, P. 207
3 séries
de 20 repetições.

Programa completo de musculação para iniciantes
com 3 treinamentos semanais.

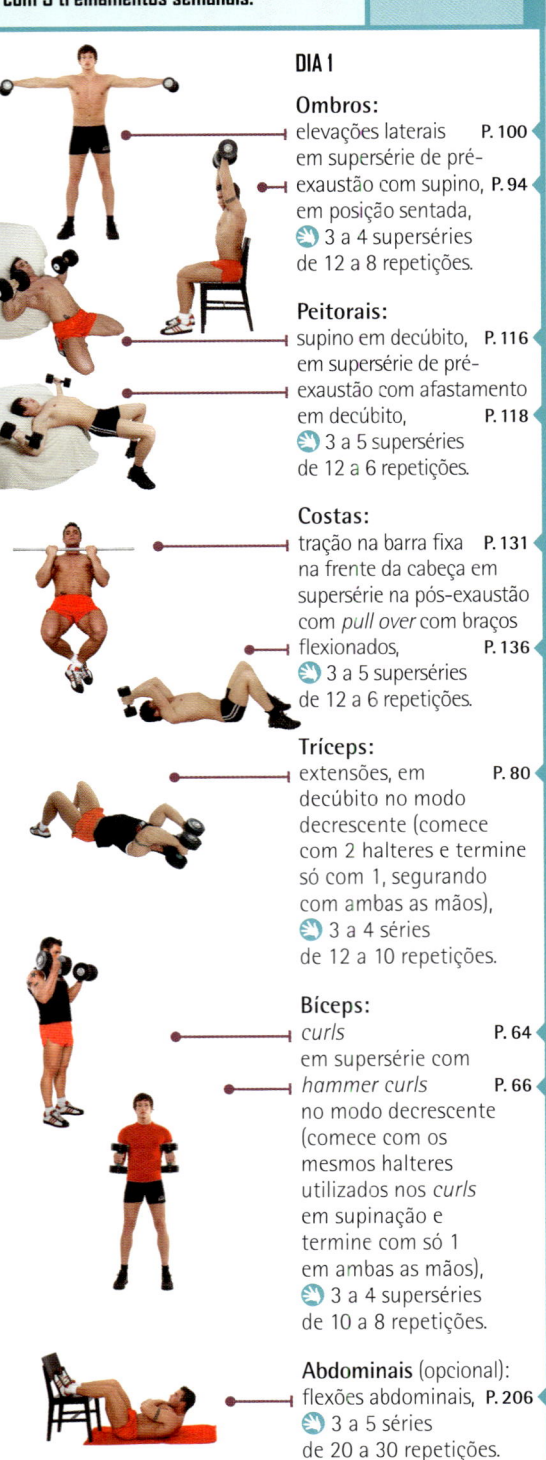

DIA 1

Ombros:
elevações laterais P. 100
em supersérie de pré-
exaustão com supino, P. 94
em posição sentada,
3 a 4 superséries
de 12 a 8 repetições.

Peitorais:
supino em decúbito, P. 116
em supersérie de pré-
exaustão com afastamento
em decúbito, P. 118
3 a 5 superséries
de 12 a 6 repetições.

Costas:
tração na barra fixa P. 131
na frente da cabeça em
supersérie na pós-exaustão
com *pull over* com braços
flexionados, P. 136
3 a 5 superséries
de 12 a 6 repetições.

Tríceps:
extensões, em P. 80
decúbito no modo
decrescente (comece
com 2 halteres e termine
só com 1, segurando
com ambas as mãos),
3 a 4 séries
de 12 a 10 repetições.

Bíceps:
curls P. 64
em supersérie com
hammer curls P. 66
no modo decrescente
(comece com os
mesmos halteres
utilizados nos *curls*
em supinação e
termine com só 1
em ambas as mãos),
3 a 4 superséries
de 10 a 8 repetições.

Abdominais (opcional):
flexões abdominais, P. 206
3 a 5 séries
de 20 a 30 repetições.

DIA 2

Peitorais:
flexões, P. 113
4 a 5 séries
de 12 a 6 repetições.

Costas:
remo, P. 134
3 a 5 séries
de 12 a 6 repetições.

Ombros:
supino, em posição P. 94
sentada em supersérie
com elevações P. 104
laterais em posição
inclinada para a frente,
3 a 5 superséries
de 10 a 6 repetições.

Bíceps:
curls, P. 64
3 a 4 séries
de 12 a 10 repetições.

Tríceps:
extensões, P. 80
em decúbito,
3 a 5 séries
de 12 a 6 repetições.

Posteriores da coxa:
levantamento terra, P. 143
pernas flexionadas,
3 a 5 séries
de 12 a 6 repetições.

Anteriores da coxa:
extensões de perna, P. 166
4 a 6 séries
de 10 a 6 repetições.

Suras:
camelo, P. 181
2 a 4 séries
de 25 a 50 repetições.

Abdominais: P. 210
elevações de membros
inferiores, suspendendo-se
na barra fixa,
3 a 5 séries
de 10 a 12 repetições.

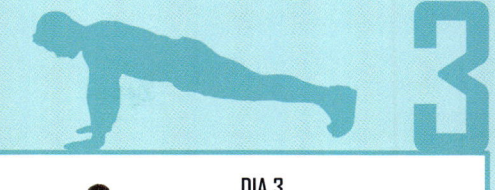

DIA 2

Anteriores da coxa:
extensão de pernas   P. 166
em supersérie pré-exaustão
com agachamentos,   P. 149
🕐 3 a 5 superséries
de 10 a 6 repetições.

Posteriores da coxa:
leg curls, em   P. 174
decúbito em supersérie
de pré-exaustão com
levantamentos   P. 143
terra com membros
inferiores flexionados,
🕐 3 a 5 superséries
de 12 a 6 repetições.

Suras:
extensões,   P. 178
em pé,
🕐 3 a 5 séries
de 15 a 20 repetições.

Abdominais:
elevações de membros P.210
inferiores, com membros
inferiores flexionados
🕐 3 a 5 séries
de 10 a 12 repetições.

flexões abdominais,   P. 206
🕐 3 a 5 séries
de 20 a 30 repetições.
flexões abdominais
laterais,   P. 207
🕐 3 a 4 séries
de 20 a 25 repetições.

rotações laterais,   P. 214
🕐 2 a 4 séries
de 20 a 25 repetições.

Membros superiores:
supersérie bíceps/tríceps
non-stop em séries
longas;
tração na barra fixa,   P. 72
com as mãos aproximadas
em supersérie com flexões
membros superiores com
as mãos aproximadas,   P. 76

🕐 2 a 4 superséries
de 12 a 6 repetições.

DIA 3

Peitorais:
flexões de membros   P. 113
superiores em supersérie de
pré-exaustão com afasta-
mento em decúbito,   P. 118
🕐 4 a 5 superséries
de 12 a 6 repetições.

Costas:
remo   P. 134
em supersérie de
pré-exaustão com
elevações laterais   P. 104
com o tronco inclinado
para a frente,
🕐 3 a 5 superséries
de 12 à 6 repetições.

Ombros:
supino, em posição   P. 93
sentada, em supersérie
de pós-exaustão com
elevações laterais,   P. 100
em pé,
🕐 3 a 5 superséries
de 10 a 6 repetições.

Bíceps:
trações   P. 72
na barra fixa,
com pegada estreita
em supersérie
de pós-exaustão com
curls,   P. 64
🕐 3 a 4 superséries
de 12 a 10 repetições.

Tríceps:
extensões   P. 80
com um haltere, em
supersérie com
kickback,   P. 82
🕐 3 a 5 superséries
de 12 a 6 repetições.

Abdominais
(opcional):
elevações de membros P.210
inferiores na barra fixa,
🕐 3 a 5 séries
de 10 a 12 repetições.

Programa completo avançado
de 4 dias.

1

2

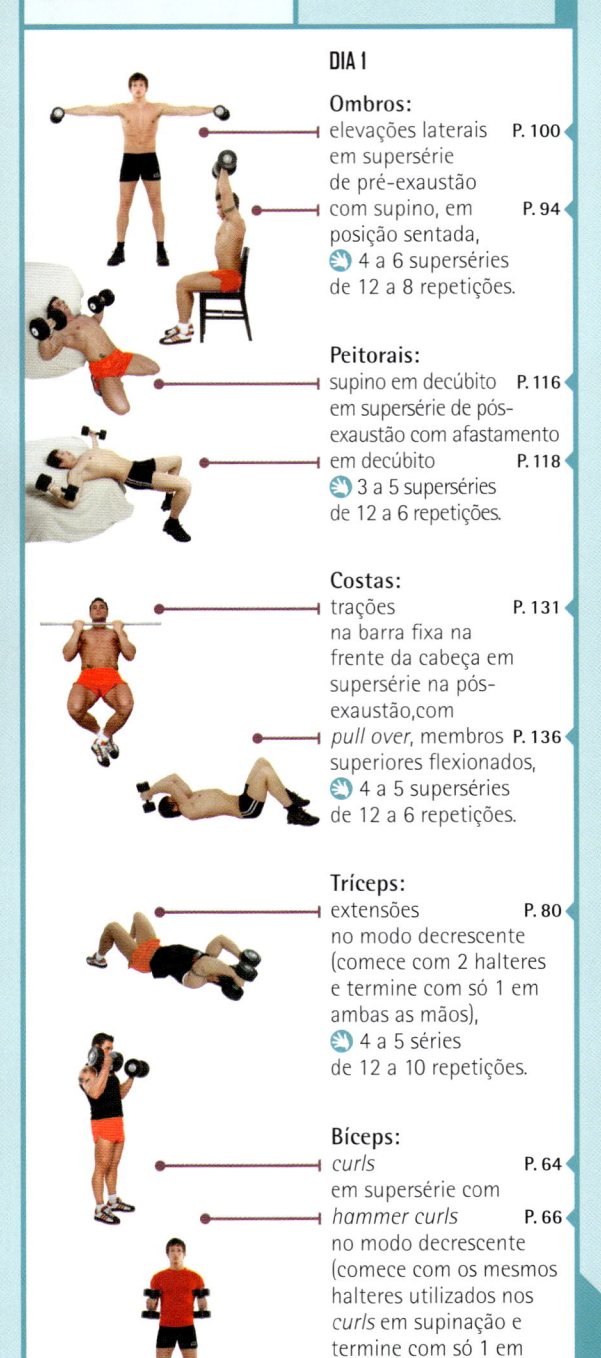

DIA 1

Ombros:
elevações laterais   P. 100
em supersérie
de pré-exaustão
com supino, em   P. 94
posição sentada,
4 a 6 superséries
de 12 a 8 repetições.

Peitorais:
supino em decúbito   P. 116
em supersérie de pós-
exaustão com afastamento
em decúbito   P. 118
3 a 5 superséries
de 12 a 6 repetições.

Costas:
trações   P. 131
na barra fixa na
frente da cabeça em
supersérie na pós-
exaustão,com
pull over, membros   P. 136
superiores flexionados,
4 a 5 superséries
de 12 a 6 repetições.

Tríceps:
extensões   P. 80
no modo decrescente
(comece com 2 halteres
e termine com só 1 em
ambas as mãos),
4 a 5 séries
de 12 a 10 repetições.

Bíceps:
curls   P. 64
em supersérie com
hammer curls   P. 66
no modo decrescente
(comece com os mesmos
halteres utilizados nos
curls em supinação e
termine com só 1 em
ambas as mãos),
4 a 6 superséries
de 10 a 8 repetições.

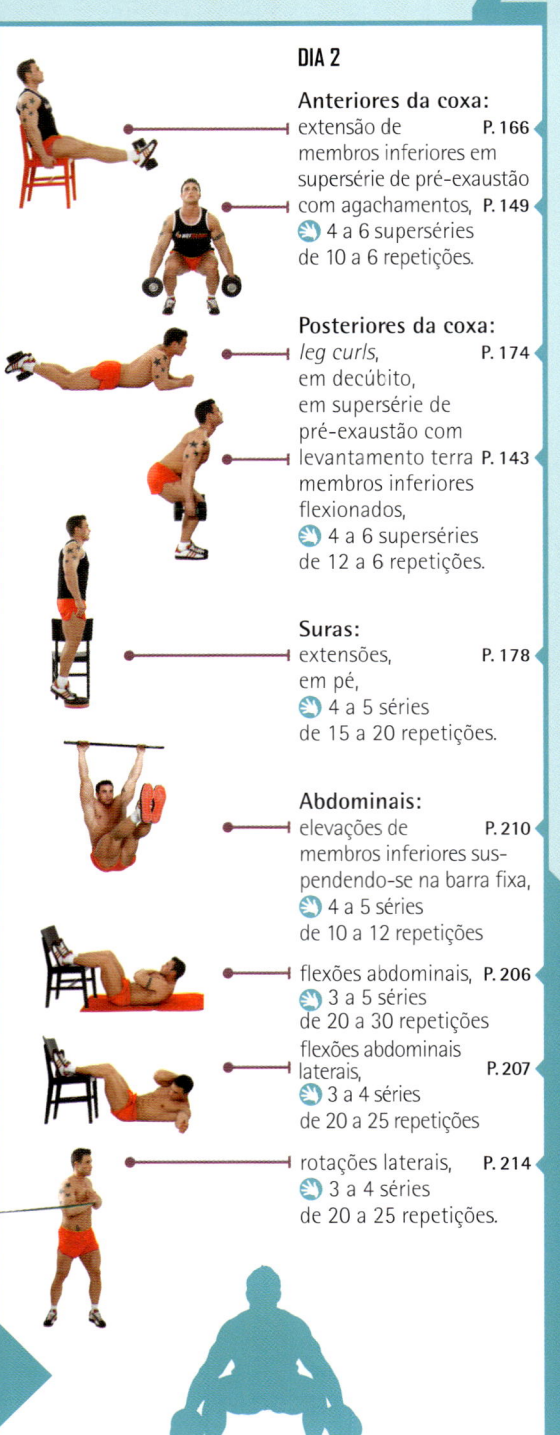

DIA 2

Anteriores da coxa:
extensão de   P. 166
membros inferiores em
supersérie de pré-exaustão
com agachamentos,   P. 149
4 a 6 superséries
de 10 a 6 repetições.

Posteriores da coxa:
leg curls,   P. 174
em decúbito,
em supersérie de
pré-exaustão com
levantamento terra   P. 143
membros inferiores
flexionados,
4 a 6 superséries
de 12 a 6 repetições.

Suras:
extensões,   P. 178
em pé,
4 a 5 séries
de 15 a 20 repetições.

Abdominais:
elevações de   P. 210
membros inferiores sus-
pendendo-se na barra fixa,
4 a 5 séries
de 10 a 12 repetições
flexões abdominais,   P. 206
3 a 5 séries
de 20 a 30 repetições
flexões abdominais
laterais,   P. 207
3 a 4 séries
de 20 a 25 repetições
rotações laterais,   P. 214
3 a 4 séries
de 20 a 25 repetições.

3

DIA 3

Peitorais:
flexões de membros P. 113
superiores em supersérie de
pós-exaustão com afasta-
mento em decúbito P. 118
5 a 6 superséries
de 12 a 6 repetições.

Costas:
remo em supersérie P. 134
de pós-exaustão com
elevações laterais com o
tronco inclinado P.104
para a frente
4 a 5 superséries
de 12 a 6 repetições.

Ombros:
remo, P. 98
em pé
em supersérie
de pós-exaustão
com elevações P. 100
laterais,
4 a 5 superséries
de 10 a 6 repetições.

Bíceps:
trações P. 72
na barra fixa
com pegada estreita
em supersérie
de pós-exaustão
com *curls*, P. 64
4 a 5 superséries
de 12 a 10 repetições.

Tríceps:
extensões P. 80
em supersérie
com *kickback*, P. 82
4 a 5 superséries
de 12 a 6 repetições.

4

DIA 4

Abdominais:
elevações de P. 210
membros inferiores sus-
pendendo-se na barra fixa,
3 a 5 séries
de 10 a 12 repetições.

flexões abdominais, P. 206
3 a 5 séries
de 20 a 30 repetições
flexões abdominais
laterais P. 207
3 a 4 séries
de 20 a 25 repetições

rotações laterais, P. 214
2 a 4 séries
de 20 a 25 repetições.

Posteriores da coxa:
leg curls, em P. 173
posição sentada, em
supersérie de pré-exaustão
com levantamentos terra
com membros P. 171
inferiores estendidos,
3 a 5 superséries
de 12 a 6 repetições.

Anteriores da coxa:
extensões dos P. 166
membros inferiores em
supersérie de pré-exaustão
com *sissy squats*, P. 156
3 a 5 supersérie
de 10 a 6 repetições.

Suras:
extensões, P. 178
em pé,
3 a 5 séries
de 15 a 20 repetições.

Split completo para atletas de bom nível
de 5 dias.

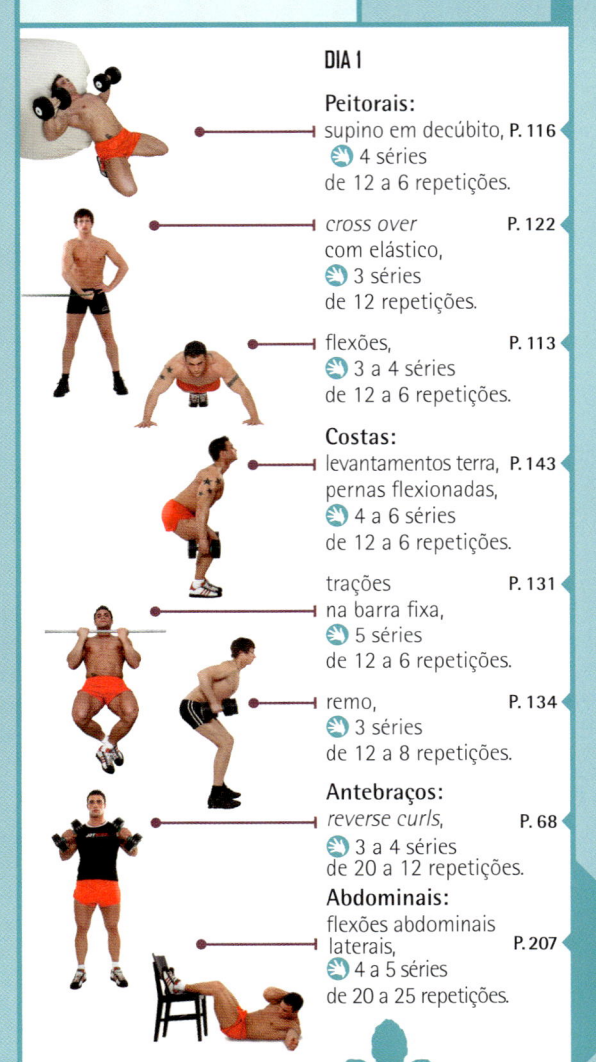

DIA 1

Peitorais:
supino em decúbito, P. 116
4 séries
de 12 a 6 repetições.

cross over P. 122
com elástico,
3 séries
de 12 repetições.

flexões, P. 113
3 a 4 séries
de 12 a 6 repetições.

Costas:
levantamentos terra, P. 143
pernas flexionadas,
4 a 6 séries
de 12 a 6 repetições.

trações P. 131
na barra fixa,
5 séries
de 12 a 6 repetições.

remo, P. 134
3 séries
de 12 a 8 repetições.

Antebraços:
reverse curls, P. 68
3 a 4 séries
de 20 a 12 repetições.

Abdominais:
flexões abdominais
laterais, P. 207
4 a 5 séries
de 20 a 25 repetições.

DIA 2

Ombros:
elevações laterais, P. 100
em pé,
4 a 5 séries
de 12 a 10 repetições.

elevações laterais , P. 104
inclinando-se,
4 séries
de 12 repetições.

supino, P. 94
em posição sentada,
4 a 5 séries
de 12 a 8 repetições.

Bíceps:
curls, P. 64
4 séries
de 12 a 8 repetições.

trações P. 72
na barra fixa,
4 séries
de 12 a 6 repetições.

Tríceps:
extensões, P. 80
4 séries
de 12 a 8 repetições.

flexões de membros P. 76
superiores, mãos próximas,
3 séries
de 12 a 20 repetições.

DIA 3

Anteriores da coxa:
agachamento, P. 149
4 séries
de 12 a 8 repetições.

avanços, P. 160
3 séries
de 15 a 10 repetições.

extensões de pernas, P. 166
2 séries
de 12 repetições.

Posteriores da coxa:
leg curls, em decúbito, P. 174
3 séries
de 15 a 10 repetições.

leg curls, sentado, P. 173
3 séries
de 15 a 10 repetições.

Suras:
extensõs, em pé, P. 178
3 séries
de 20 a 12 repetições.

Abdominais:
flexões abdominais, P. 206
5 a 6 séries
de 10 a 20 repetições.

DIA 4

Costas:
trações P. 131
na barra fixa,
5 a 6 séries
de 12 a 6 repetições.

remo, P. 134
4 a 5 séries
de 12 a 8 repetições.

pull over, P. 136
3 séries
de 12 a 20 repetições.

Peitorais:
flexões, P. 113
4 a 6 séries
de 12 a 6 repetições.
afastamento em
decúbito, P. 118
3 a 4 séries
de 12 a 6 repetições.

cross over P. 122
com elástico,
3 séries
de 12 a 20 repetições.

DIA 5

Ombros:
elevações laterais, P. 104
inclinando-se para a frente,
4–5 séries
de 12 repetições.

remo, P. 98
em pé,
4 a 5 séries
de 12 a 8 repetições.

elevações laterais, P. 100
em pé,
4 a 5 séries
de 12 a 10 repetições.

Bíceps/tríceps:
trações P. 72
na barra fixa,
5 séries
de 15 a 6 repetições.

flexões de membros P. 76
superiores, mãos próximas,
5 séries
de 12 a 20 repetições.

hammer curls, P. 66
4 séries
de 12 a 8 repetições.

extensões de tríceps, P. 80
em decúbito,
4 séries
de 12 a 8 repetições.

Abdominais:
elevações de membros P. 158
inferiores, suspendendo-se
na barra fixa,
5 a 6 séries
de 10 a 20 repetições.

Programa de especialização para os membros superiores

Para quem deseja trabalhar apenas os membros superiores, este é um programa de especialização de **2 dias**.

DIA 1
Exercícios básicos pesados + trabalho em negativo

Tração na barra fixa com pegada estreita, com carga se possível (mesmo se à custa de redução da amplitude do movimento), **P. 72**
5 séries de 12 a 6 repetições.

Flexões, mãos próximas, com carga, se possível, e uma faixa elástica, **P. 76**
5 séries de 12 a 6 repetições.

Curls com 1 mão em negativo: eleve a carga com as 2 mãos, mas a abaixe somente com a força de 1 braço, **P. 64**
3 séries de 12 à 8 repetições.

Extensões do tríceps, em pé, em negativo: eleve a carga com as 2 mãos, mas abaixe-a somente com a força de 1 membro superior, **P. 78**
3 séries de 12 a 8 repetições.

DIA 2
Superséries de congestão com exercícios de isolamento estritos

Curls **P. 64**
em supersérie
com extensões de tríceps, **P. 80**
4 superséries de 20 a 12 repetições.

Hammer curls **P. 66**
em supersérie
com *kickback*, **P. 82**
4 supersérie de 20 a 15 repetições.

Reverse curls **P. 68**
em supersérie
com *pushdown* **P. 86**
com elástico,
3 superséries de 25 a 20 repetições.

Circuito atlético de 20 minutos para todo o corpo

Faça esta sequência de exercícios o mais rapidamente possível, com o mínimo de repouso entre as séries. Você deverá poder realizar três circuitos em menos de 20 minutos. Quando tiver obtido força e resistência, poderá aumentar o número de circuitos de cada sessão. Faça pelo menos **2 treinamentos por semana**.

Circuito para iniciantes

Ombros:
elevações laterais, **P. 100**
12 a 8 repetições.

Peitorais:
afastamentos em decúbito, **P. 118**
15 a 10 repetições

Costas:
remo, **P. 134**
10 a 6 repetições.

Bíceps:
curls, **P. 64**
12 a 8 repetições.

Tríceps:
extensões, **P. 80**
15 a 10 repetições.

Coxas:
agachamentos, **P. 149**
15 a 10 repetições.

Abdominais:
flexões abdominais, **P. 206**
20 a 25 repetições.

Circuito avançado

Costas:
trações na barra fixa, na frente da cabeça, **P. 131**
12 a 6 repetições.

Ombros:
elevações laterais, **P. 100**
12 a 8 repetições.

Peitorais:
supino em decúbito, **P. 116**
10 a 6 repetições.

Bíceps:
curls, **P. 64**
12 a 8 repetições.

Tríceps:
kickback, **P. 82**
15 a 10 repetições.

Coxas:
avanços, **P. 160**
20 a 15 repetições.

Abdominais:
flexões abdominais, **P. 206**
20 a 25 repetições.

Especialização abdominal

Este programa é elaborado para as pessoas que desejam definir os abdominais, perder gordura na barriga e afinar a cintura. Convém executar este treinamento pela manhã e/ou à tarde, para fazer circular o sangue nos abdominais durante todo o dia. Devem ser executados de 2 a 4 circuitos por sessão, sem repouso. O ritmo das repetições será um pouco mais intenso que o normal, mas sempre sem movimentos bruscos, particularmente das costas. É necessário executar de 15 a 50 repetições por série, de acordo com o seu nível.

Circuito para iniciantes

Flexões abdominais. **P. 206**

Elevações de pernas em decúbito no solo. **P. 208**

Flexões laterais. **P. 207**

Rotações laterais. **P. 214**

Circuito avançado

Elevações de membros inferiores inferios na barra fixa em supersérie com elevações de membros inferiores em decúbito. **P. 210** **P. 208**

Flexões abdominais, carga decrescente. **P. 206**

Flexões abdominais laterais, lado direito em supersérie com rotações laterais para a direita. **P. 206** **P. 214**
Após trabalhar o lado direito, executar uma supersérie idêntica no lado esquerdo.

Um visual atraente para mulheres   2

Os programas de tonificação muscular a seguir devem ser executados em circuito, com o menor tempo de repouso possível entre os diferentes exercícios. Para as iniciantes, pausas curtas são toleráveis. Essas interrupções ficarão supérfluas após algumas sessões, graças à melhora da resistência.

O interesse do circuito intenso é que ele queima o máximo de calorias em tempo mínimo. Paralelamente, ele permite a manutenção de uma condição física muito boa, sobretudo no plano cardiovascular. O objetivo de cada sessão é executar o máximo de repetições possível, reduzindo o tempo necessário para a realização de cada circuito.

O número de repetições para cada movimento pode variar de 25 a 50, de acordo com o seu nível. É importante buscar a queimação, sinal de que o músculo está trabalhando a fundo e gastando o máximo de calorias. Se você for iniciante, o objetivo é aproximar-se o máximo possível de 25 repetições. Mesmo se você não conseguir, isso não é grave, pois você progredirá muito rapidamente ao longo das sessões. Quando for capaz de atingir facilmente as 50 repetições, será necessário aumentar a resistência para que o programa continue eficaz. Isso também é o sinal de que talvez seja o momento de passar para o programa avançado.

Execute pelo menos dois circuitos por treinamento. Aumente o número de circuitos ao longo da progressão. A sessão total não deve ultrapassar a faixa de 20 a 30 minutos. É necessário realizar no mínimo duas sessões semanais. Para as pessoas que desejam obter resultados rapidamente, um treinamento cotidiano pode ser mais indicado. De fato, ao contrário do que costumamos ler ou ouvir, não existe um programa milagroso que permita obter resultados excepcionais sem nenhum esforço. Os resultados corresponderão exatamente ao seu investimento de tempo e esforço.

É possível combinar vários circuitos. Por exemplo, o circuito para os glúteos + para a cintura fina. Neste caso, há três soluções. Você pode:

> Terminar o treinamento para os glúteos antes de passar para os músculos da cintura.
> Alternar os circuitos, fazendo um para os glúteos, um para a cintura e retornar aos glúteos. Essa estratégia é interessante por deixar os músculos repousarem melhor mantendo um ritmo de esforço contínuo.
> Treinar os glúteos em um dia e a cintura no outro. A única condição necessária é executar pelo menos duas sessões para os glúteos e duas para a cintura a cada semana, para obter resultados.

Programa de contorno dos glúteos

Embora eles se dirijam essencialmente para as mulheres, estes programas podem ser utilizados pelos homens que desejam esculpir os glúteos.

Circuito para iniciantes

Agachamentos, tronco levemente inclinado para frente. **P. 149**

Elevações da pelve, deitada. **P. 196**

Extensões do membro inferior, em pé. **P. 188**

Circuito avançado

Extensões do quadril direito em quatro apoios. Uma vez atingida a exaustão, fique em pé para seguir com uma supersérie com as extensões, em pé, do membro inferior direito. Inicie pelo membro inferior direito no primeiro circuito e pelo esquerdo no segundo. **P. 190** **P. 188**

Levantamentos terra, pernas estendidas. **P. 171**

Elevações da pelve, deitada. **P. 196**

Agachamentos, tronco inclinado para a frente. **P. 149**

Programa de afilamento da parte inferior do corpo

Circuito para iniciantes

Agachamento. **P. 149**

Avanços. **P. 160**

Levantamentos terra, pernas estendidas. **P. 171**

Elevações da pelve, deitada. **P. 196**

Circuito avançado

Avanços do membro inferior direito em supersérie com levantamentos terra do membro inferior direito estendido. Após executar essa supersérie, passe para o membro inferior esquerdo e, a seguir, reinicie com o direito. 2 a 3 superséries. **P. 160** **P. 171**

Só então passe para o resto do circuito:

Agachamentos em supersérie com elevações do quadril, deitada, 2 a 3 superséries. **P. 149** **P. 196**

Comece a executar:

Extensões do quadril direito, em quatro apoios. Após atingir a exaustão, fique em pé para encadear em supersérie com extensões do membro inferior direito. Comece a executar um circuito completo composto de 3 superséries. Quando se sentir à vontade, execute o circuito duas vezes. **P. 190** **P. 188**

Programa para barriga lisa

Circuito para iniciantes

- Flexões abdominais **P. 206**
- Flexões abdominais laterais em supersérie com o exercício para o diafragma. **P. 207** **P. 218**

Circuito avançado

- Elevações dos membros inferiores, em decúbito no solo, em supersérie com flexões abdominais. **P. 208** **P. 206**
- Flexões abdominais laterais em supersérie com rotações laterais. **P. 207** **P. 214**

Programa de fortalecimento corporal completo

Este programa foca as zonas "difíceis", ou seja, a parte inferior do corpo e o ventre (a barriga), mas também as zonas normalmente esquecidas da parte superior. Por exemplo, os tríceps são um local importante de armazenamento adiposo na mulher, o que torna necessário um trabalho específico nesses músculos. A parte inferior dos trapézios e os músculos dorsais também têm um papel essencial para a silhueta, impedindo o tronco de encurvar sob o peso do tórax. Portanto, trata-se de uma zona a ser reforçada.

Execute pelo menos dois circuitos, duas vezes por semana. O ideal é ser capaz de terminar esse circuito duplo em menos de 15 minutos. Quando se sentir capaz, passe para três e, em seguida, quatro circuitos por sessão. Quando conseguir realizar quatro circuitos sem muita dificuldade, passe para o programa avançado.

Circuito para iniciantes

- Elevações da pelve em decúbito. **P. 196**
- Agachamentos. **P. 149**
- Exercícios para o diafragma. **P. 218**
- Flexões abdominais. **P. 206**
- *Kickback.* **P. 82**
- Remo. **P. 134**
- Elevações laterais com o tronco inclinado para a frente. **P. 104**
- *Curls.* **P. 64**
- Extensões para o tríceps. **P. 78**

Circuito avançado

- Avanços em supersérie com levantamentos terra, com membros inferiores estendidos. **P. 160** **P. 171**
- Agachamentos em supersérie com elevações da pelve, em decúbito. **P. 149** **P. 196**
- Elevações laterais em posição inclinada para a frente, em supersérie com remo. **P. 104** **P. 134**
- Elevações laterais. **P. 100**
- *Kickback.* **P. 82**
- *Curls* em supersérie com extensões do tríceps. **P. 64** **P. 78**
- Elevações de membros inferiores em decúbito no solo, em supersérie com flexões abdominais. **P. 208** **P. 206**

Programas de musculação específicos para o seu esporte

As cinco fases de programação do treinamento

Fase I: familiarização

Como iniciante, se você quiser melhorar sua condição física, para um ou vários esportes, com a musculação, estes são programas de preparação física básica. Segundo o programa, o condicionamento muscular visa:
> as coxas, essencialmente;
> todos os músculos do corpo.

Os programas da fase I têm como objetivo principal familiarizar você com a musculação.

Fase II: introdução do treinamento em circuito

Após várias semanas de treinamento na fase I, oriente-se para os programas da fase II, que trabalham os músculos de maneira mais específica para a sua disciplina esportiva. O treinamento em circuito começa a ser introduzido.

Fase III: aumento do volume de trabalho

Após 1 ou 2 meses de adaptação ao treinamento em circuito, será hora de aumentar o volume de trabalho. Movimentos mais complexos (p. ex., arranque) serão introduzidos. Em certos casos, um maior número de séries também vai obrigá-lo a dividir seu treinamento. Essa etapa importante corresponde aos programas da fase III.

Fase IV: especialização

Depois de 3 a 6 meses de preparação regular, você poderá especializar-se nos músculos que interessam especificamente para o seu esporte. São os programas da fase IV. Foram estabelecidos programas para aproximadamente 30 modalidades esportivas.

Fase V: personalização do treinamento

Depois de 12 a 18 meses de musculação, é hora de estabelecer o seu próprio plano de treinamento em função de seus objetivos e prioridades. Explicaremos como "voar com as próprias asas" ao passar para a fase V.

Treinamento em circuito ou em séries?

Trata-se de uma questão a que é necessário responder. É preferível treinar em circuito ou encadear séries clássicas repetitivas? Os estudos científicos fornecem elementos de análise muito interessantes. Imagine dois grupos de tenistas iniciantes:
> O primeiro grupo faz uma sequência de saques de direita, repetitivamente. Depois de dominar esse saque, ele aprende o saque de esquerda da mesma maneira. Trata-se de uma forma de treinamento em séries.
> O segundo grupo deve alternar de maneira aleatória o saque de direita e o de esquerda. Trata-se de uma forma de treinamento em circuito.

A quantidade de saques de direita e de esquerda pelos dois grupos no final da lição foi absolutamente idêntica. Testes de retenção do aprendizado foram realizados logo após a lição e também dez dias depois. Imediatamente após a lição, os tenistas que aprenderam os movimentos sob a forma de séries repetitivas foram os que mais progrediram. No entanto, dez dias após a lição, aqueles treinados em circuito aleatório foram os que mais melhoraram o jogo.

Esses resultados mostram duas coisas:

1 Quando se trata de adquirir rapidamente um novo gesto, é melhor repeti-lo em séries. Os iniciantes em musculação, portanto, devem evitar os circuitos nas primeiras semanas de treinamento para aprender a executar bem seus exercícios. Um circuito complicaria uma aquisição de um gesto problemático logo no início.

2 No entanto, muito rapidamente, quando o objetivo for um músculo o mais funcional possível, é melhor treinar em circuito.

De fato, é raro ter de repetir um único gesto com o mesmo músculo durante toda a prática. Por exemplo, no futebol, embora utilizemos essencialmente os membros inferiores, é necessário correr para a frente, para trás, para o lado, driblar, passar a bola, etc. Nesse caso, um circuito é preferível a uma prática em séries. Para um jogador de futebol, podemos pensar no seguinte treinamento, composto de 2 a 5 circuitos de 20 a 50 repetições por exercício:

1. Avanços para a frente. ▶ P. 160
2. Avanços laterais. ▶ P. 162
3. Levantamentos terra. ▶ P. 171
4. Elevações de perna. ▶ P. 158
5. Extensões em pé, para as suras. ▶ P. 178
6. Abdominais. ▶ P. 206

Em outros esportes, é necessário utilizar simultaneamente os membros inferiores e a parte superior do corpo. É o caso no tênis, no rúgbi, no remo, na natação, etc. Convém elaborar circuitos mais sofisticados para responder à dificuldade de recrutamento dos músculos das partes superior e inferior do corpo. Este é um exemplo de circuito que adequado às atividades que exigem um trabalho completo do corpo. Execute de 3 a 6 circuitos de 8 a 25 repetições por exercício:

1. Supino completo. ▶ P. 146
2. Tração na barra fixa na frente da cabeça. ▶ P. 131
3. Levantamentos terra. ▶ P. 143
4. Supino. ▶ P. 116
5. Agachamentos. ▶ P. 149
6. Abdominais. ▶ P. 206

O FENÔMENO DE TRANSFERÊNCIA!

A prática da musculação com o objetivo de melhorar o desempenho subentende que vá haver uma transferência entre o ganho de força obtido na sala de musculação e o aumento de suas proezas no esporte praticado. No iniciante, a transferência geralmente ocorre de uma maneira bem adequada. Quanto mais alto for o seu nível no esporte, mais problemática será a transferência.

Para garantir uma transferência ideal, é necessário que o trabalho de musculação se aproxime o máximo possível do trabalho exigido pela sua disciplina. Por isso, é primordial adaptar seu programa de musculação às suas necessidades.

Conclusão

Quando o objetivo for adquirir músculo por razões estéticas, será contraproducente treinar em circuito. Tal prática exige uma adaptação cerebral e nervosa inútil para o simples ganho de massa muscular. A única justificativa para o circuito nesse caso é o ganho de tempo e a vontade de trabalhar a a resistência e, ao mesmo tempo, o volume muscular.

Para obter um músculo funcional, a complexidade da rotina de musculação deve aproximar-se da dificuldade que você encontrará na prática do seu esporte. Dessa maneira, o seu treinamento preparará não apenas os seus músculos, mas também o seu sistema nervoso para as dificuldades técnicas que você deverá enfrentar no esporte.

Fase I: programas de condicionamento muscular básico para iniciantes

O programa da fase I deve ser seguido algumas semanas para aprender a dominar bem os movimentos mais usuais na musculação. Quando se sentir à vontade, é necessário progredir para treinamentos em circuito (fase II).

Programa básico para os esportes que recrutam essencialmente as coxas
(futebol, corrida a pé, esqui alpino, etc.)
2 a 3 treinamentos semanais.

Abdominais:
flexões abdominais, P. 206
3 séries de 20 a 30 repetições.

Anteriores da coxa:
extensões de membros inferiores, P. 164
2 séries de 12 a 15 repetições.
agachamentos, P. 149
3 a 4 séries de 10 a 6 repetições.

Posteriores da coxa:
leg curls, em decúbito, P. 174
2 séries de 12 a 15 repetições.
levantamentos terra, P. 143
3 a 4 séries de 12 a 8 repetições.

Suras:
extensões, em pé, P. 178
3 séries de 15 a 20 repetições.

Programa básico para os esportes que recrutam as coxas + os músculos da parte superior do corpo
(rúgbi, remo, esportes com raquete, esportes de combate, esqui de fundo, etc.)
2 a 3 treinamentos semanais.

Peitorais:
supino, P. 116
3 a 4 séries de 15 a 8 repetições.

Costas:
trações na barra fixa, na frente P. 131
da cabeça, com pegada estreita,
3 a 5 séries de 12 a 6 repetições.

Ombros:
elevações laterais, P. 100
3 a 4 séries de 15 a 10 repetições.

Tríceps:
extensões, em pé, P. 78
3 séries de 12 a 15 repetições.

Bíceps:
curls, P. 64
2 a 3 séries de 10 a 15 repetições.

Abdominais:
flexões abdominais, P. 206
3 séries de 20 a 30 repetições.

Fase II: evolução para um treinamento em circuito

Após seguir o programa de fase I durante um período de 1 a 2 meses, é hora de evoluir para um treinamento em circuito.

Circuito básico para os esportes que recrutam essencialmente as coxas
Execute de 2 a 5 circuitos de:
- 10 a 20 repetições para as disciplinas que exigem força.
- 25 a 50 repetições para as disciplinas que exigem uma parte importante de resistência.
- Repita este treinamento de 2 a 3 vezes por semana.

1 Avanços para a frente. ▶ P. 160
2 Avanços laterais. ▶ P. 162
3 Levantamentos terra, pernas estendidas. ▶ P. 171
4 Agachamentos ▶ P. 149
5 Extensões, em pé, para as suras. ▶ P. 178
6 Abdominais. ▶ P. 206

Circuito básico para os esportes que recrutam as coxas + os músculos da parte superior do corpo
Execute de 3 a 5 circuitos de:
- 15 a 25 repetições para as disciplinas que exigem força.
- 25 a 50 repetições para as disciplinas que exigem resistência.
- Repita este treinamento de 2 a 3 vezes por semana.

1 Agachamentos. ▶ P. 149
2 Trações na barra fixa na frente da cabeça. ▶ P. 131
3 Levantamentos terra. ▶ P. 171
4 Supino. ▶ P. 116
5 Extensões, em pé, para as suras. ▶ P. 178
6 Abdominais. ▶ P. 206

Fase III: aumento do volume de trabalho

Após um período de 3 a 6 meses no circuito básico, convém aumentar o volume de trabalho para continuar a progredir. Também é o momento de introduzir exercícios mais complexos que exigem um melhor domínio dos gestos (como o arranque).

Circuito avançado para os esportes que recrutam essencialmente as coxas

🔆 **Execute de 3 a 6 circuitos de:**
- 10 a 20 repetições para as disciplinas que exigem força.
- 25 a 50 repetições para as disciplinas que exigem resistência.

O ideal é garantir uma rotação e também uma alternância constante de exercícios para aumentar o nível de dificuldade do treinamento. Repita o treinamento A de 1 a 2 vezes por semana. Intercale-o com o treinamento B, para um planejamento que pode se parecer com o seguinte:

(Nota: o x indica dia de repouso.)

Dia 🔆	1	2	3	4	5	6	7
Treinamento ✦	A	✕	B	✕	A/B	✕	✕

Treinamento A

1 Arranque parcial. ▶ P. 146

2 Agachamentos. ▶ P. 149

3 Elevações de m. inferior. ▶ P. 158

4 Levantamento terra. ▶ P. 171

5 Abdominais. ▶ P. 206

6 Extensões, em pé, para as suras. ▶ P. 178

Treinamento B

1 Agachamento. ▶ P. 149

2 Supino. ▶ P. 116

3 Arranque parcial. ▶ P. 146

4 Levantamento terra. ▶ P. 171

5 Abdominais laterais. ▶ P. 207

Circuito avançado para os esportes que recrutam as coxas + os músculos da parte superior do corpo

🔆 **Execute de 4 a 6 circuitos de:**
- 10 a 20 repetições para as disciplinas que exigem força.
- 25 a 50 repetições para as disciplinas que exigem resistência.

Certifique-se de fazer um rodízio entre os quatro treinamentos diferentes ao longo das semanas. Uma personalização do treinamento começa nos dias 5 e 1, porque a escolha do treinamento A ou B se fará em função dos músculos (da parte superior ou da parte inferior do corpo) que têm mais importância em sua disciplina. Após 2 semanas, reinicie o ciclo.

🔆	1	2	3	4	5	6	7	8	9	10	11	12	13	14
✦	A¹	✕	B¹	✕	A²/B²	✕	✕	A²	✕	B²	✕	A¹/B¹	✕	✕

Treinamentos A (favorecem sobretudo os músculos da parte superior)

Sessão A¹

1 Levantamento terra. ▶ P. 143

2 Elevações de perna. ▶ P. 158

3 Supino completo. ▶ P. 146

4 Extensões de perna. ▶ P. 166

5 Remo. ▶ P. 134

6 Supino. ▶ P. 116

7 *Leg curls*, em posição sentada. ▶ P. 173

8 Elevações laterais. ▶ P. 100

9 Abdominais. ▶ P. 206

Sessão A²

1 Trações na barra fixa na frente da cabeça. ▶ P. 131

2 *Sissy squats*. ▶ P. 156

3 Supino completo. ▶ P. 146

4 *Leg curls*, em decúbito. ▶ P. 174

5 Supino inclinado. ▶ P. 116

6 Elevações laterais com o tronco inclinado. ▶ P. 104

7 Elevações de membros inferiores. ▶ P. 208

Circuito avançado para os esportes que recrutam as coxas + os músculos da parte superior do corpo

Treinamentos B (favorecem sobretudo os músculos da parte inferior) Sessão B¹

1 Agachamento.
▶ P. 149

2 Flexões.
▶ P. 113

3 Levantamento terra, membros inferiores. estendidos.
▶ P. 171

4 Extensões, em pé, para as suras.
▶ P. 178

5 Arranque parcial.
▶ P. 146

6 Elevação de pernas.
▶ P. 208

Sessão B²

1 Levantamento terra.
▶ P. 171

2 Supino.
▶ P. 116

3 Agachamento.
▶ P. 149

4 Elevações laterais.
▶ P. 100

5 *Sissy squats*.
▶ P. 156

6 Abdominais.
▶ P. 206

IMPORTÂNCIA DA ROTAÇÃO DO TRONCO PARA O DESEMPENHO

Existem vários esportes nos quais o movimento é iniciado pela rotação do tronco. Por exemplo, no golfista, a potência do *swing* é adquirida durante o pré-alongamento, no qual ele eleva o *club* o mais alto possível antes de golpear a bola. No boxeador, o golpe é iniciado por uma rotação do tronco para trás à guisa de pré-alongamento. Portanto, é importante trabalhar os músculos responsáveis por essa rotação para:
> ganhar potência;
> reforçar os músculos, com o objetivo de prevenir as lesões muito frequentes nessa região relativamente frágil.

Programa de reforço dos músculos rotadores do tronco para iniciantes
Executar de 2 a 4 circuitos de 25 a 50 repetições.

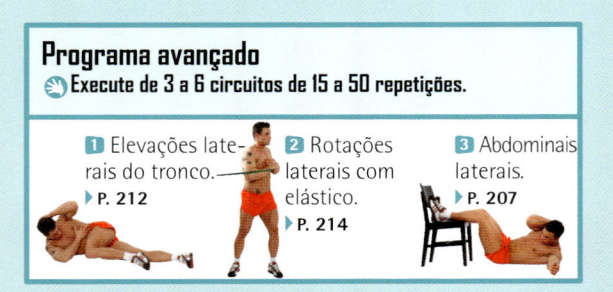

1 Rotações laterais com elástico.
▶ P. 214

2 Abdominais laterais.
▶ P. 207

Programa avançado
Execute de 3 a 6 circuitos de 15 a 50 repetições.

1 Elevações laterais do tronco.
▶ P. 212

2 Rotações laterais com elástico.
▶ P. 214

3 Abdominais laterais.
▶ P. 207

Fase IV: rumo a um treinamento mais específico

Depois de 6 a 8 meses de treinamento regular, é o momento de trabalhar mais especificamente os músculos mais acionados no seu esporte. De fato, cada disciplina esportiva exige um acionamento único de diferentes músculos. Você também deve ser capaz de modificar os programas que servem de modelo para substituir determinados exercícios por outros particularmente benéficos.

Exercícios pliométricos também são introduzidos no início do treinamento para refinar a excitação nervosa e facilitar a explosão muscular. Execute esses movimentos após um bom aquecimento geral. Lembre-se que a regra para a pliometria é executar o máximo de repetições até perder a explosão muscular. Em seguida, é necessário interromper a série com um período de 30 segundos a 1 minuto de repouso, antes de passar para a série seguinte.

Após o treinamento, alongamentos também são sugeridos. Mantenha o alongamento durante um período de 10 segundos a 1 minuto, antes de passar para o exercício seguinte. Geralmente são realizadas de 1 a 4 séries de um exercício de alongamento por grupo muscular, salvo quando é preciso que um músculo seja alongado em vários ângulos.

Selecionamos 16 grandes disciplinas que reúnem a maioria dos esportes praticados, para que você encontre o programa mais adequado. Não hesite em realizar um rodízio de exercícios a cada sessão, para aumentar o nível de dificuldade.

Futebol

O objetivo do programa é reforçar as coxas e proteger as vértebras, os joelhos e os rotadores dos quadris.

▸ **Execute de 2 a 5 circuitos de 20 a 50 repetições.**
▪ **Repita cada treinamento de 1 a 2 vezes por semana, com preferência pela repetição do programa A.**

Treinamento A

Exercícios pliométricos pré-treinamento.
▸ P. 167
▸ Executar 3 a 4 séries, com o máximo de repetições por exercício.

1 *Box squats* com uma pausa embaixo e de modo decrescente.
▸ P. 149/150

2 Abdominais.
▸ P. 206

3 Levantamentos terra com pernas estendidas, de modo decrescente.
▸ P. 171

4 Rotações internas da coxa, em posição sentada, com tensão contínua.
▸ P. 201

5 Rotações externas da coxa, em posição sentada, com tensão contínua.
▸ P. 201

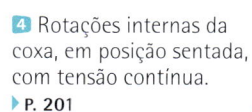

6 Aduções da coxa, em posição sentada, com tensão contínua.
▸ P. 165

7 Elevações do membro inferior, com tensão contínua.
▸ P. 158

Exercícios de alongamento pós-treinamento.
▸ **PP. 137/162/201/185/176**

Treinamento B

Exercícios pliométricos pré-treinamento.
▸ P. 167
▸ Executar 3 a 4 séries, com o máximo de repetições por exercício.

1 Arranque parcial.
▸ P. 146

2 Elevações de mm. inferiores.
▸ P. 208

3 Elevações laterais com o tronco inclinado para a frente.
▸ P. 104

4 Extensões de mm. inferiores com tensão contínua.
▸ P. 166

5 Abdominais.
▸ P. 206

6 *Leg curls*, em posição sentada, com tensão contínua.
▸ P. 173

7 Abdominais laterais
▸ P. 207

8 Extensões das suras, em pé, com tensão contínua.
▸ P. 178

Exercícios de alongamento pós-treinamento.
▸ **PP. 106/137/178/176/199**

Ciclismo

O objetivo do programa é reforçar as coxas e proteger as costas.

Execute de 3 a 5 circuitos de 10 a 20 repetições.
- Repita este treinamento de 2 a 4 vezes por semana

Programa para os ciclistas de pista

Exercícios pliométricos pré-treinamento.
▶ P. 167

Execute de 3 a 4 séries com o máximo de repetições por exercício.

1 *Box squats* com uma pausa em baixo, de modo decrescente.
▶ P. 149/150

2 Levantamentos terra, mm. inferiores estendidos.
▶ P. 171

3 Elevações de mm. inferiores.
▶ P. 208

4 Agachamento clássico com tensão contínua.
▶ P. 149

5 Extensões das suras em pé, com tensão contínua.
▶ P. 178

6 Elevações de m. inferior, com tensão contínua.
▶ P. 158

7 Arranque parcial, com tensão contínua.
▶ P. 146

8 Elevação da pelve, com tensão contínua.
▶ P. 196

9 *Sit squats*, com tensão contínua.
▶ P. 182

10 Abdominais.
▶ P. 206

Exercícios de alongamento pós-treinamento.
▶ PP. 137/162/178/199/168

Execute de 2 a 4 circuitos de 30 a 50 repetições.
- Repita este treinamento de 1 a 3 vezes por semana.

Programa para ciclistas de estrada

1 Agachamentos, com tensão contínua.
▶ P. 149

2 Elevação de m. inferior, com tensão contínua.
▶ P. 158

3 Abdominais.
▶ P. 206

4 Levantamento terra, com tensão contínua.
▶ P. 143

5 Abdominais laterais.
▶ P. 207

6 Extensões de mm. inferiores, com tensão contínua.
▶ P. 166

7 Elevação da pelve, com tensão contínua.
▶ P. 196

Exercícios de alongamento pós-treinamento.
▶ PP. 137/178/176/199/168

Esportes com raquete

O objetivo do programa é reforçar as coxas e os membros superiores, protegendo os ombros e os posteriores das coxas.

■ **Repita cada treinamento de 1 a 2 vezes por semana, com preferência pela repetição do programa A.**

Programa A

Exercícios pliométricos pré-treinamento.
▶ **PP. 167/124**
👋 Execute de 3 a 4 séries, com o máximo de repetições por exercício.

1 Semiagachamentos, com tensão contínua.
▶ **P. 149**

2 Tração na barra fixa na frente da cabeça.
▶ **P. 131**

3 Arranque completo, com tensão contínua.
▶ **P. 146**

4 Rotações laterais do caroneiro, com faixa elástica.
▶ **P. 111**

5 Rotações internas da coxa, em posição sentada, com tensão contínua.
▶ **P. 201**

6 Aduções das coxas, em posição sentada, com tensão contínua.
▶ **P. 165**

7 Abdominais.
▶ **P. 206**

8 Extensões das suras, em pé, com tensão contínua.
▶ **P. 178**

Exercícios de alongamento pós-treinamento.
▶ **PP. 106/137/91/87/185/162**

Programa B

Exercícios pliométricos pré-treinamento.
▶ **PP. 167/124**
👋 Execute de 3 a 4 séries, com o máximo de repetições por exercício.

1 Levantamentos terra com mm. inferiores estendidos.
▶ **P. 171**

2 Rotações laterais com elástico
▶ **P. 214**

3 Remo.
▶ **P. 134**

4 Elevações laterais do tronco.
▶ **P. 212**

5 Elevações laterais, tronco inclinado para a frente.
▶ **P. 104**

6 Abdominais laterais.
▶ **P. 207**

7 *Leg curls*, em posição sentada, com tensão contínua.
▶ **P. 173**

8 Elevações de m. inferior, com tensão contínua.
▶ **P. 158**

Exercícios de alongamento pós-treinamento.
▶ **PP. 106/137/91/87/201/176**

Rúgbi, futebol americano, etc.

O objetivo do programa é reforçar as coxas, os músculos do tronco e dos membros inferiores, protegendo o pescoço, as costas, os joelhos e os isquiotibiais.

🔄 **Execute de 2 a 5 circuitos de 10 a 30 repetições.**

■ **Repita cada treinamento de 1 a 2 vezes por semana, com preferência pela repetição do programa A.**

Programa A

Exercícios pliométricos pré-treinamento.
▶ PP. 167/124

🔄 Execute de 3 a 4 séries com o máximo de repetições por exercício. **1** **2**

1 Arranque completo de modo decrescente.
▶ P. 146

2 Tração na barra fixa na frente da cabeça.
▶ P. 131

3 Agachamentos, com tensão contínua.
▶ P. 149

4 Remo.
▶ P. 134

5 Levantamentos terra com repouso/pausa.
▶ P. 143

6 Extensão do pescoço.
▶ P. 127

7 *Shrugs* de modo decrescente.
▶ P. 140

8 Flexões do pescoço.
▶ P. 127

9 Abdominais.
▶ P. 206

10 Flexões laterais do pescoço.
▶ P. 128

11 Extensões das suras, em pé, com tensão contínua.
▶ P. 178

Exercícios de alongamento pós-treinamento.
▶ PP. 176/162/106/185/137

1 **2** **3** **4** **5**

Programa B

Exercícios pliométricos pré-treinamento.
▶ PP. 167/124

🔄 Execute de 3 a 4 séries, com o máximo de repetições por exercício. **1** **2**

1 *Box squat*, com uma pausa embaixo.
▶ P. 149/150

2 Rotações laterais com elástico.
▶ P. 214

3 Supino, com tensão contínua.
▶ P. 116

4 Levantamentos terra com mm. inferiores, de modo decrescente.
▶ P. 171

5 Abdominais laterais.
▶ P. 207

6 Flexões laterais com o tronco inclinado para a frente.
▶ P. 104

7 Rotações internas da coxa, em posição sentada, com tensão contínua.
▶ P. 201

8 Rotações laterais do caroneiro, com faixa elástica.
▶ P. 111

9 *Leg curls*, em posição sentada, com tensão contínua.
▶ P. 173

10 Elevações de mm. inferiores, em decúbito no solo.
▶ P. 208

Exercícios de alongamento pós-treinamento.
▶ PP. 176/162/106/185/137

1 **2** **3** **4** **5**

Basquetebol, voleibol, handebol

O objetivo do programa é reforçar as coxas e proteger as costas, os joelhos e os isquiotibiais.

🦅 **Execute de 2 a 4 circuitos de 20 a 50 repetições.**
■ **Repita este treinamento de 2 a 3 vezes por semana.**

Programa A

Exercícios pliométricos pré-treinamento.
▶ **P. 167/124**
🦅 Execute de 3 a 4 séries com o máximo de repetições por exercício.

1 Arranque completo. ▶ P. 146
2 Tração na barra fixa na frente da cabeça. ▶ P. 131
3 Semiagachamentos, com tensão contínua. ▶ P. 149
4 Abdominais laterais. ▶ P. 207
5 Levantamentos terra com mm. inferiores estendidos de modo decrescente. ▶ P. 171
6 Rotações laterais com elástico. ▶ P. 214
7 Elevações laterais, com o tronco inclinado para a frente. ▶ P. 104
8 Extensões das suras, em pé, com tensão contínua. ▶ P. 178
9 Rotações internas da coxa, em posição sentada. ▶ P. 201
10 Leg curls, em posição sentada, com tensão contínua. ▶ P. 173
11 Rotações laterais do caroneiro, com faixa elástica. ▶ P. 111

Exercícios de alongamento pós-treinamento.
▶ **PP. 137/91/87/162**

Esportes alpinos: esqui alpino, esqui de fundo, etc.

O objetivo do programa é reforçar as coxas e proteger as costas, os joelhos e os isquiotibiais.

🦅 **Execute de 2 a 4 circuitos de 25 a 40 repetições para o esqui alpino e de 30 a 100 repetições para o esqui de fundo.**
■ **Repita este treinamento de 2 a 3 vezes por semana.**

Circuito para o esqui alpino

Exercícios pliométricos pré-treinamento. ▶ P. 167
🦅 Execute de 5 a 6 séries, com o máximo de repetições.

1 Semiagachamentos, com tensão contínua. ▶ P. 149
2 Elevações laterais, com o tronco inclinado para a frente. ▶ P. 104
3 Levantamentos terra, com tensão contínua. ▶ P. 143
4 Aduções das coxas em posição sentada, com tensão contínua. ▶ P. 165
5 Remo. ▶ P. 134
6 Leg curls, em posição sentada, com tensão contínua. ▶ P. 173
7 Elevações de mm. inferiores. ▶ P. 208
8 Extensões das suras, em pé, com tensão contínua. ▶ P. 178

Exercícios de alongamento pós-treinamento.
▶ **PP. 137/185/178/162/201**

Circuito para o esqui de fundo

1 Avanços, com alternância entre o membro inferior direito e o esquerdo em cada repetição. ▶ P. 160
2 Elevações laterais em posição inclinada para a frente. ▶ P. 104
3 Levantamentos terra com tensão contínua. ▶ P. 143
4 Rotações laterais do caroneiro com faixa elástica. ▶ P. 111
5 Aduções das coxas, em posição sentada, com tensão contínua. ▶ P. 201
6 Elevações de mm. inferiores. ▶ P. 208
7 Leg curls, em posição sentada, com tensão contínua. ▶ P. 173
8 Extensões das suras, em pé, com tensão contínua. ▶ P. 178

Exercícios de alongamento pós-treinamento.
▶ **PP. 106/162/201/185/137/178**

Esportes de combate

O objetivo do programa é reforçar todos os músculos do corpo e, ao mesmo tempo, proteger as principais articulações.

Esportes de combate de preensão (luta, judô, *ultimate fighting*, etc.)

Repita cada treinamento de 1 a 2 vezes por semana, com preferência pela repetição do programa A.

🔁 Execute 3 a 6 circuitos de 20 a 40 repetições.

Programa A

Exercícios pliométricos pré-treinamento.
▶ PP. 167/124/167
🔁 Execute de 2 a 3 séries com o máximo de repetições por exercício.

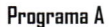

1 Arranque completo com repouso/pausa.
▶ P. 146

2 Rotações laterais com elástico.
▶ P. 214

3 Semiagachamentos com tensão contínua.
▶ P. 149

4 Tração na barra fixa na frente da cabeça com repouso/pausa.
▶ P. 131

5 Extensões das suras, em pé.
▶ P. 178

6 *Hammer curls*.
▶ P. 66

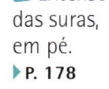

7 Abdominais laterais.
▶ P. 207

8 Rotações laterais com elástico.
▶ P. 214

9 Extensões do pescoço.
▶ P. 127

10 Flexões do pescoço.
▶ P. 127

11 Flexões laterais do pescoço.
▶ P. 128

Exercícios de alongamento pós-treinamento.
▶ PP. 106/201/137/12/91

Programa B

Exercícios pliométricos pré-treinamento.
▶ P. 167
🔁 Execute de 4 a 5 séries, com o máximo de repetições por exercício.

1 Supino.
▶ P. 116

2 Levantamentos terra, com mm. inferiores estendidos ▶ P. 171 e de modo decrescente.

3 Remo.
▶ P. 134

4 Elevações de mm. inferiores.
▶ P. 208

5 *Curls* no modo decrescente.
▶ P. 64

6 *Wrist curls*.
▶ P. 88

7 Abdominais.
▶ P. 206

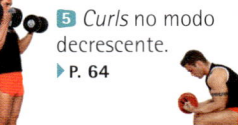

8 Rotações internas da coxa, em posição sentada.
▶ P. 201

9 Rotações externas da coxa, em posição sentada.
▶ P. 201

10 Aduções das coxas, em posição sentada, com tensão contínua.
▶ P. 165

11 *Shrugs*, com rotação da posição dos halteres (comece com eles atrás das costas, depois sobre as costelas e termine com eles na frente do corpo).
▶ P. 140

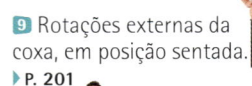

Exercícios de alongamento pós-treinamento.
▶ PP. 106/185/137/91/12

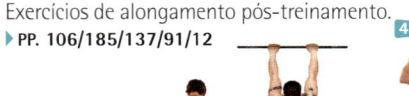

Boxe

 Execute de 2 a 5 circuitos de 10 a 50 repetições. Repita este treinamento de 2 a 3 vezes por semana.

Exercícios pliométricos pré-treinamento.
▶ PP. 167/124
 Execute de 5 a 6 séries com o máximo de repetições por exercício.

1 Supino, em pé, 1 membro superior por vez, com um elástico nas costas para simular os golpes.*
▶ P. 116

2 Semiagachamentos com tensão contínua.
▶ P. 149

3 Tração na barra fixa na frente da cabeça.
▶ P. 131

4 Levantamentos terra, com mm. inferiores estendidos e de modo decrescente.
▶ P. 171

5 Rotações laterais do caroneiro, com faixa elástica.
▶ P. 111

6 Extensões das suras, em pé.
▶ P. 178

7 Abdominais laterais.
▶ P. 207

8 Arranque completo, com tensão contínua.
▶ P. 146

9 Extensões do pescoço.
▶ P. 127

10 Flexões do pescoço.
▶ P. 127

11 Flexões laterais do pescoço.
▶ P. 128

12 Rotações laterais com elástico
▶ P. 214

13 *Shrugs* com rotação da posição dos halteres.
▶ P. 140

Exercícios de alongamento pós-treinamento.
▶ PP. 106/162/137/91/185

*Nota: é frequente vermos esse exercício ser realizado com halteres. Infelizmente, a resistência produzida pelo peso é aplicada de cima para baixo e não de trás para a frente, como é necessário para o boxe. Somente uma faixa elástica pode dar a explosão necessária para o golpe.

Atletismo: corridas, saltos, lançamentos, etc.

O objetivo do programa é reforçar as coxas e proteger as costas, os quadris, os isquiotibiais e os ombros.

Corridas e outras modalidades

 Execute de 2 a 5 circuitos de:
• 10 a 20 repetições para os corredores de fundo.
• 20 a 40 repetições para as corridas de 1 a 5 minutos.
• 50 a 100 repetições para as corridas com duração superior.
Repita este treinamento de 2 a 3 vezes por semana.

Exercícios pliométricos pré-treinamento.
▶ P. 167
 Execute de 5 a 6 séries, com o máximo de repetições por exercício.

1 Semiagachamentos em séries decrescentes.
▶ P. 149

2 Elevações de membro inferior, com tensão contínua.*
▶ P. 158

3 Arranque parcial, com tensão contínua.
▶ P. 146

4 Extensões das suras, em pé.
▶ P. 178

5 Abdominais laterais.
▶ P. 207

6 Levantamentos terra, com mm. inferiores estendidos e tensão contínua.
▶ P. 171

7 Elevações de mm. inferiores.
▶ P. 208

Exercícios de alongamento pós-treinamento.
▶ PP. 106/137/162/201/185/199

*Nota: quando você praticar a elevação de membro inferior, mantenha-se o mínimo possível na posição para que a sua estabilidade seja assegurada ao máximo graças à contração do glúteo médio da coxa do membro que permanece em contato com o solo. Esse músculo, muito importante durante a corrida, impede que a pelve bascule para o lado oposto. O tensor da fáscia lata também será estimulado. Esse músculo reforça a coxa e reveste a parte externa do quadríceps, o que confere força durante uma corrida.

Lançamentos

O objetivo do programa é reforçar as coxas, os músculos rotadores do tronco e os ombros, protegendo as costas e a articulação do deltoide.

🔄 Execute de 4 a 6 circuitos de 1 a 6 repetições.
Repita este treinamento de 3 a 5 vezes por semana.

Exercícios pliométricos pré-treinamento.
▶ PP. 167/124
🔄 Execute de 3 a 4 séries com o máximo de repetições por exercício.

1 Semiagachamentos com repouso/pausa.
▶ P. 149

2 Supino.
▶ P. 116

3 Abdominais laterais.
▶ P. 207

4 Arranque completo com repouso/pausa.
▶ P. 146

5 Extensões das suras, em pé.
▶ P. 178

6 Trações na barra fixa atrás da cabeça.
▶ P. 131

7 Elevações de mm.
▶ P. 208 inferiores.

8 Rotações laterais do caroneiro com faixa elástica.
▶ P. 111

9 Rotações laterais com elástico.
▶ P. 214

10 Remo.
▶ P. 134

Exercícios de alongamento pós-treinamento.
▶ PP. 106/87/137/91

Natação

O objetivo do programa é reforçar os ombros, os peitorais, as costas e as coxas, protegendo as principais articulações.

🔄 **Execute de 4 a 6 circuitos de 25 a 75 repetições.**
■ **Repita este treinamento de 2 a 4 vezes por semana.**

Exercícios pliométricos pré-treinamento. ▶ P. 124
🔄 Execute de 4 a 6 séries com o máximo de repetições por exercício. **1**

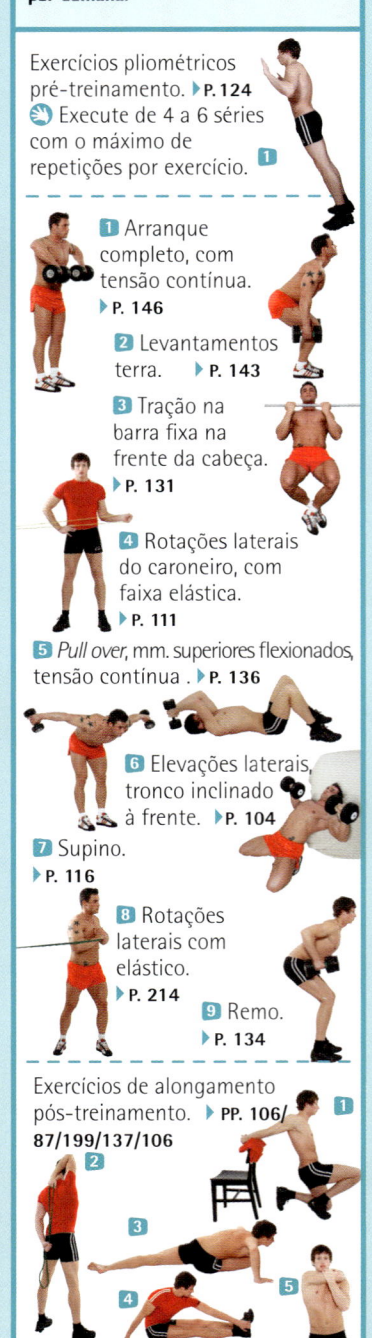

1 Arranque completo, com tensão contínua.
▶ P. 146

2 Levantamentos terra. ▶ P. 143

3 Tração na barra fixa na frente da cabeça.
▶ P. 131

4 Rotações laterais do caroneiro, com faixa elástica.
▶ P. 111

5 *Pull over*, mm. superiores flexionados, tensão contínua . ▶ P. 136

6 Elevações laterais, tronco inclinado à frente. ▶ P. 104

7 Supino.
▶ P. 116

8 Rotações laterais com elástico.
▶ P. 214

9 Remo.
▶ P. 134

Exercícios de alongamento pós-treinamento. ▶ PP. 106/87/199/137/106

Golfe

O objetivo do programa é reforçar os músculos rotadores do tronco, protegendo as costas, os ombros e os quadris.

🔄 **Execute de 2 a 3 circuitos de 10 a 20 repetições.**
■ **Repita este treinamento de 1 a 2 vezes por semana.**

1 Rotações laterais, com elástico.
▶ P. 214

2 Tração na barra fixa na frente da cabeça.
▶ P. 131

3 Abdominais laterais.
▶ P. 207

4 Elevações laterais, tronco inclinado à frente.
▶ P. 104

5 Agachamentos, tensão contínua.
▶ P. 149

6 Rotações laterais do caroneiro, com faixa elástica.
▶ P. 111

7 Levantamentos terra, mm. inferiores estendidos e tensão contínua.
▶ P. 171

8 Abdominais.
▶ P. 206

Exercícios de alongamento pós-treinamento.
▶ PP. 106/162/91/87

Esportes no gelo: patinação, hóquei, etc.

O objetivo do programa é reforçar as coxas, os glúteos e os músculos rotadores do tronco, protegendo as vértebras lombares e os isquiotibiais.

🔄 **Execute de 2 a 5 circuitos de 10 a 40 repetições.**

■ **Repita este treinamento 2 ou 3 vezes por semana.**

Patinação solo

Exercícios pliométricos pré-treinamento.

▶ **PP. 167/124**

🔄 Execute de 2 a 3 séries com o máximo de repetições por exercício.

1 Agachamentos com tensão contínua.
▶ **P. 149**

2 Rotações laterais com elástico.
▶ **P. 214**

3 Levantamentos terra, mm. inferiores estendidos.
▶ **P. 171**

4 Abdominais laterais.
▶ **P. 207**

5 Rotações internas da coxa, em posição sentada.
▶ **P. 201**

6 Rotações externas da coxa, em posição sentada.
▶ **P. 201**

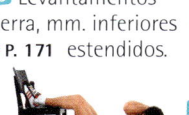

7 Adução das coxas, em posição sentada.
▶ **P. 165**

8 Extensões das suras, em pé, com tensão contínua.
▶ **P. 178**

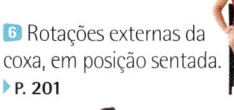

Exercícios pliométricos pós-treinamento.
▶ **PP. 106/201/137/137/12/162**

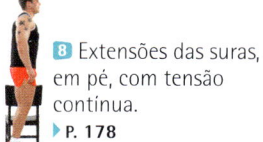

Patinação em esporte de equipe

Exercícios pliométricos pré-treinamento.

▶ **PP. 167/124**

🔄 Execute de 3 a 4 séries com o máximo de repetições por exercício.

1 Arranque completo, com repouso/pausa.
▶ **P. 146**

2 Semiagachamentos.
▶ **P. 149**

3 Tração na barra fixa na frente da cabeça.
▶ **P. 131**

4 Rotações laterais com elástico.
▶ **P. 214**

5 Rotações internas da coxa, em posição sentada.
▶ **P. 201**

6 Abdominais laterais.
▶ **P. 207**

7 Rotações externas da coxa, em posição sentada, com tensão contínua.
▶ **P. 201**

8 Extensões das suras, em pé, com tensão contínua.
▶ **P. 178**

9 Adução das coxas, em posição sentada.
▶ **P. 165**

Exercícios pliométricos pós-treinamento.
▶ **PP. 106/137/91/12**

Esportes náuticos: remo, caiaque, vela, etc.

O objetivo do programa é reforçar os membros superiores, as costas e as coxas (exceto para o caiaque), protegendo as vértebras lombares.

🔄 **Execute de 2 a 5 circuitos de 20 a 40 repetições.**
- **Repita este treinamento de 2 a 4 vezes por semana.**

Remo, vela, etc.

Exercícios pliométricos pré-treinamento. ▶ PP. 167/124
🔄 Execute 3 a 4 séries com o máximo de repetições por exercício.

1 Arranque completo com tensão contínua. ▶ **P. 146**

2 Tração na barra fixa na frente da cabeça. ▶ **P. 131**

3 Agachamentos, tensão contínua. ▶ **P. 149**

4 Elevações laterais em posição inclinada para a frente. ▶ **P. 104**

5 Levantamentos terra, mm. inferiores estendidos, tensão contínua. ▶ **P. 171**

6 Rotações laterais do caroneiro, com faixa elástica. ▶ **P. 111**

7 Abdominais laterais. ▶ **P. 207**

8 Remo. ▶ **P. 134**

Exercícios de alongamento pós-treinamento.
▶ PP. 176/162/137/199/137

Caiaque

Exercícios pliométricos pré-treinamento. ▶ P. 124
🔄 Execute de 4 a 5 séries, com o máximo de repetições.

1 Tração na barra fixa na frente da cabeça. ▶ **P. 131**

2 Abdominais laterais. ▶ **P. 207**

3 Remo. ▶ **P. 134**

4 Rotações laterais do caroneiro, com faixa elástica. ▶ **P. 111**

5 Elevações laterais em posição inclinada para a frente. ▶ **P. 104**

6 Supino. ▶ **P. 116**

7 Rotações laterais com elástico. ▶ **P. 214**

Exercícios de alongamento pós-treinamento.
▶ PP. 106/91/137/87

Equitação

O objetivo do programa é proteger as costas (principalmente as vértebras lombares) e os adutores, além de reforçar as coxas.

🔄 **Execute de 2 a 3 circuitos de 20 a 50 repetições.**
- **Repita este treinamento 1 ou 2 vezes por semana.**

1 Rotações internas da coxa, em posição sentada. ▶ **P. 201**

2 Rotações externas da coxa, em posição sentada, com tensão contínua. ▶ **P. 201**

3 Aduções das coxas, em posição sentada, com tensão contínua. ▶ **P. 165**

4 Elevações de mm. inferiores. ▶ **P. 208**

5 Levantamentos terra, mm. inferiores estendidos, tensão contínua. ▶ **P. 171**

6 Abdominais laterais. ▶ **P. 207**

7 *Reverse curls*, com tensão contínua. ▶ **P. 68**

Exercícios de alongamento pós-treinamento.
▶ PP. 162/176/201/137

Braço de ferro

O objetivo do programa é reforçar os membros superiores e os membros rotadores do braço, protegendo o ombro, o cotovelo e o antebraço.

🌀 **Execute de 4 a 6 circuitos de 3 a 12 repetições. Repita este treinamento 2 a 4 vezes por semana.**

Exercícios pliométricos pré-treinamento. ▶ P. 124
🌀 Execute de 2 a 3 séries, com o máximo de repetições.

1 Tração na barra fixa, com carga, com repouso/pausa. ▶ P. 131

2 Supino, no modo decrescente. ▶ P. 116

3 *Hammer curls*, no modo unilateral* e decrescente. ▶ P. 66

4 Rotações laterais do caroneiro, com faixa elástica. ▶ P. 111

5 Remo no modo unilateral* e decrescente. ▶ P. 134

6 *Curls* no modo unilateral* e decrescente. ▶ P. 64

7 Extensões do punho, com tensão contínua. ▶ P. 90

8 *Reverse curls* no modo unilateral,* com tensão contínua. ▶ P. 68

9 *Wrist curls*, com tensão contínua. ▶ P. 88

10 Abdominais, com carga, no modo decrescente. ▶ P. 206

Exercícios de alongamento pós-treinamento.
▶ PP. 106/87/137/91

*Nota: insista, é claro, no membro superior que utiliza para competir.

Escalada

O objetivo do programa é reforçar as coxas, os braços, os antebraços e as costas.

🌀 **Execute de 2 a 3 circuitos de 20 a 40 repetições. Repita este treinamento 1 ou 2 vezes por semana. Faça um uso extensivo das séries decrescentes.**

1 Tração na barra fixa, decrescente. ▶ P. 131

2 Agachamentos, com tensão contínua. ▶ P. 149

3 Supino com tensão contínua. ▶ P. 116

4 Levantamentos terra. ▶ P. 171

5 Rotações laterais do caroneiro, com faixa elástica. ▶ P. 111

6 Extensões das suras, em pé, com tensão contínua. ▶ P. 178

7 *Hammer curls.* ▶ P. 66

8 Extensões do punho. ▶ P. 90

9 Abdominais. ▶ P. 206

10 *Wrist curls* no modo decrescente. ▶ P. 88

Exercícios de alongamento pós-treinamento. ▶ PP. 106/162/137/91/185

Automobilísticos e de moto

O objetivo do programa é proteger as costas (sobretudo as vértebras lombares) e o pescoço, além de reforçar as coxas.

🌀 **Execute de 2 a 3 circuitos de 20 a 30 repetições. Repita este treinamento pelo menos 1 ou 2 vezes por semana.**

1 Levantamentos terra, mm. inferiores estendidos e tensão contínua. ▶ P. 171

2 Abdominais. ▶ P. 206

3 Extensões de mm inferiores, tensão contínua. ▶ P. 166

4 Arranque parcial, com tensão contínua. ▶ P. 146

5 Abdominais laterais. ▶ P. 207

6 Elevações laterais, em posição inclinada para a frente. ▶ P. 104

7 Remo. ▶ P. 134

8 Extensões do pescoço. ▶ P. 127

9 Flexões do pescoço. ▶ P. 127

10 Flexões laterais do pescoço. ▶ P. 128

Exercícios de alongamento pós-treinamento.
▶ PP. 106/137/91

Fase V: progressão para um programa personalizado

Depois de 12 a 18 meses de musculação, é hora de personalizar o seu treinamento, para que ele responda ainda mais às exigências físicas da sua disciplina. Mas por que esperar tanto tempo antes de elaborar o seu programa? Porque é necessário tempo antes de ser capaz de sentir o que é mais adequado a você.

Seu treinamento personalizado será facilmente planejado desde que você compreenda exatamente quais são os músculos, bem como as qualidades, exigidos no seu esporte. Você também deve ter analisado suas fraquezas para compreender melhor como eliminá-las. Os riscos de lesões mais comuns em seu esporte também devem ser levados em conta.

Analisar as exigências físicas de seu esporte

Para estabelecer o seu programa, será necessário realizar uma análise individual de seus desempenhos. Esta análise comporta três partes principais:

1. Quais são os grupos musculares utilizados?

Com os programas da fase IV, você descobriu os músculos mais utilizados nas principais disciplinas esportivas. No entanto, o ideal é que você mesmo sinta quais são os grupos musculares mais utilizados no seu esporte. Os atletas que têm mais consciência desse trabalho muscular são aqueles que progridem mais rapidamente, tanto na musculação como na prática esportiva. Certas pessoas conscientizam-se bem cedo desse trabalho muscular, ao passo que outras absolutamente não o sentem. Isso faz com que elas utilizem técnicas de execução arriscadas e pouco eficazes.

Quando sentimos perfeitamente nossos músculos, é mais fácil fazê-los trabalhar da maneira supostamente correta. Isso permite uma aquisição mais rápida do gesto, bem como uma execução mais precisa e mais eficaz do movimento. A prática da musculação ajuda a desenvolver esse "sentido" muscular, o que irá contribuir para melhorar o seu desempenho.

Quando você tiver se conscientizado de seus músculos, suas sensações musculares serão melhores e você terá adquirido um certo controle de seu corpo. Também será mais fácil modificar os treinamentos da fase IV para elaborar o seu próprio programa de musculação.

2. Quais são as diferentes forças e qualidades musculares necessárias na sua disciplina esportiva?

No seu esporte, você necessita de força pura, de potência, de velocidade, de uma mistura de força + resistência? É muito raro encontrar um esporte que utilize apenas uma qualidade muscular. Geralmente, trata-se de uma combinação de várias qualidades diferentes. No entanto, existem fortes tendências a favor de 2 ou 3 qualidades sobre as quais a atenção deve ser centrada.

A força pura: ela intervém quando é necessário deslocar um objeto o mais pesado possível. Para adquiri-la, é necessário trabalhar muito pesado com poucas repetições. Contudo, a força pura sozinha raramente é exigida porque, em geral, junta-se a ela uma necessidade de velocidade ou de precisão.

A força de arranque: esta força é acionada quando você deve mover-se o mais rapidamente possível a partir de uma posição imóvel. A força de arranque é trabalhada na musculação graças ao *stop and go*. Por exemplo, no *box squat*, permanecemos sentados por 1 ou 2 segundos na posição baixa, sobre uma cadeira, antes de explodirmos para cima utilizando a força das coxas.

A força de aceleração: o objetivo é poder acelerar quando o corpo já se encontra em movimento. O exemplo típico é fugir de um perseguidor que deseja bloqueá-lo. Ao contrário do arranque, essa qualidade é trabalhada encadeando o mais rapidamente a fase negativa com a fase positiva do movimento e permanecendo com tensão contínua (não estendendo completamente os membros superiores ou inferiores nos seus exercícios de musculação).

A potência e a explosão: o objeto a ser deslocado (que, muitas vezes, é você mesmo) não é necessariamente pesado. Entretanto, é necessário deslocá-lo o mais rapidamente possível. A potência geralmente é trabalhada com pesos que se aproximam de 40% do seu máximo para que a carga não lentifique a execução do gesto, que deve ser o mais rápido possível. Para o trabalho de potência, o ideal é combinar a resistência dos pesos com a dos elásticos. O treinamento pliométrico também é muito importante.

A força/resistência: vários esportes exigem uma combinação de força e resistência. Para associar ao máximo essas exigências, é necessário treinar em circuito *nonstop* realizando muitas repetições (pelo menos 25, na maior parte do treinamento). Somente algumas séries serão executadas com cargas pesadas para uma dezena de repetições. A tensão contínua e as séries decrescentes são duas técnicas de intensificação que deverão ser amplamente exploradas.

3. Quais são as fraquezas que retardam a sua progressão?

Dentre as qualidades musculares utilizadas na sua disciplina, assim como os grupos musculares que entram em movimento, quais são aquelas ou aqueles menos desenvolvidos em você e que dificultam a sua progressão? É sobre essas qualidades e sobre esses músculos que o seu programa de musculação deve focar mais atenção. Isso parece evidente, mas nem sempre acontece! Muitos esportistas consideram bem mais agradável trabalhar seus pontos fortes do que os fracos.

Prevenção de lesões

Todas as atividades físicas podem causar patologias próprias. A mínima dor produz uma diminuição do desempenho, perturba o treinamento e impede a progressão. Um reforço muscular local pode prevenir essas lesões e, dessa maneira, favorecer o desempenho, consolidando esses elos fracos da cadeia muscular. Integramos alguns desses circuitos específicos nos programas da fase IV. Essa integração deve intensificar-se na elaboração de seu programa.

Prevenção de dores no ombro

Os esportes que obrigam a movimentar muito o ombro podem facilmente causar dores no deltoide. São esportes de lançamento (basquetebol, voleibol, handebol, lançamentos no atletismo), esportes de combate, tênis, esportes náuticos, natação, braço de ferro, escalada, golfe, etc. Para prevenir essas dores, é necessário manter a estabilidade da articulação e reforçar os músculos de sustentação, isto é, a parte posterior do ombro, o infraespinal e a parte baixa do trapézio.

🔄 **Execute de 3 a 5 circuitos de 15 a 25 repetições, pelo menos 2 vezes por semana. Integre esse circuito em todo o início de seu treinamento, à guisa de aquecimento.**

Prevenção de dores lombares

Praticamente todas as atividades físicas causam um impacto na coluna vertebral. É a parte inferior das costas a mais duramente solicitada. Para evitar as dores lombares, é preciso reforçar os músculos que suportam da coluna, isto é, os abdominais (sobretudo da parte inferior), os oblíquos e os lombares.

🔄 **Execute 2 a 4 circuitos de 15 a 25 repetições, pelo menos 2 a 3 vezes por semana. Integre esse circuito ao fim de seu treinamento.**

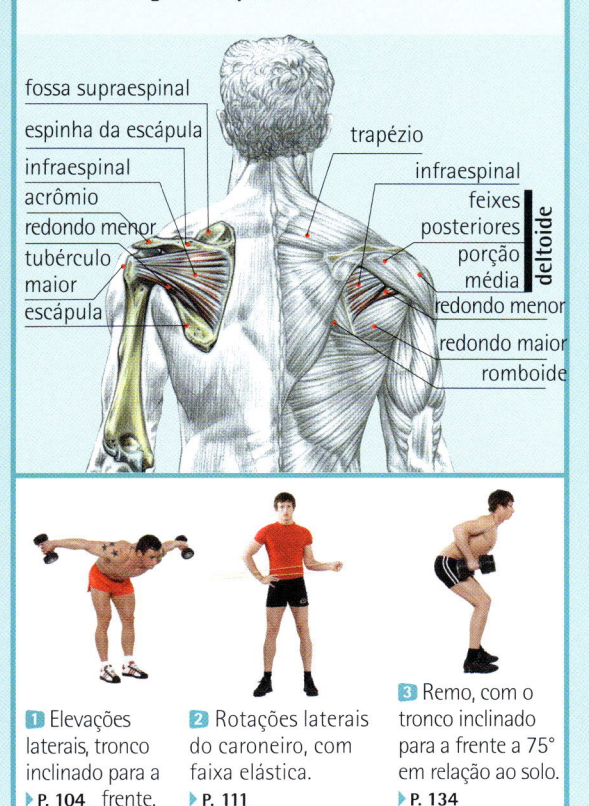

fossa supraespinal
espinha da escápula
infraespinal
acrômio
redondo menor
tubérculo maior
escápula
trapézio
infraespinal
feixes posteriores
porção média
redondo menor
redondo maior
romboide
deltoide

1️⃣ Elevações laterais, tronco inclinado para a frente. ▶ P. 104

2️⃣ Rotações laterais do caroneiro, com faixa elástica. ▶ P. 111

3️⃣ Remo, com o tronco inclinado para a frente a 75° em relação ao solo. ▶ P. 134

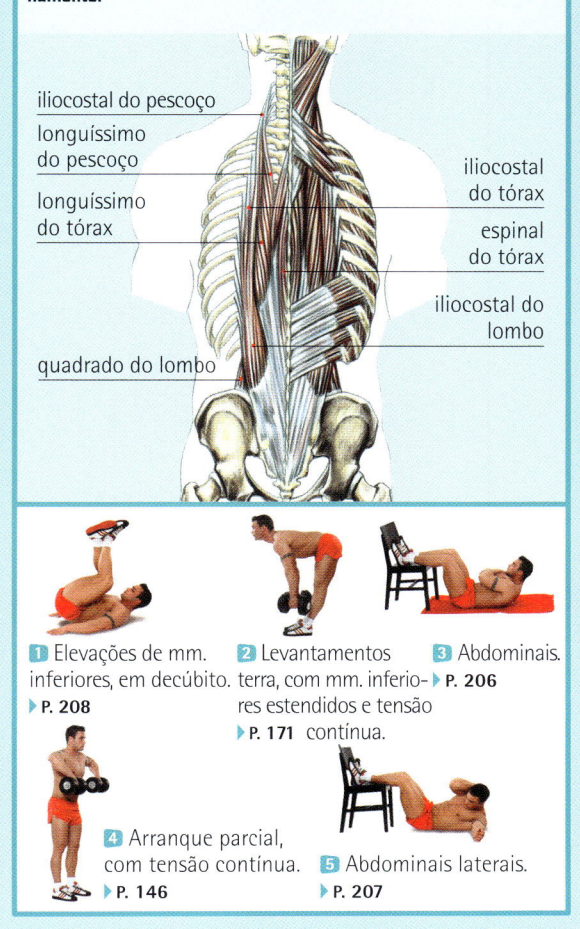

iliocostal do pescoço
longuíssimo do pescoço
longuíssimo do tórax
iliocostal do tórax
espinal do tórax
iliocostal do lombo
quadrado do lombo

1️⃣ Elevações de mm. inferiores, em decúbito. ▶ P. 208

2️⃣ Levantamentos terra, com mm. inferiores estendidos e tensão ▶ P. 171 contínua.

3️⃣ Abdominais. ▶ P. 206

4️⃣ Arranque parcial, com tensão contínua. ▶ P. 146

5️⃣ Abdominais laterais. ▶ P. 207

Prevenção de dores cervicais

Nos esportes de contato (esportes de combate, rúgbi, etc.), o pescoço é muito solicitado. Para protegê-lo, é necessário reforçar os músculos que mantêm a rigidez do pescoço, e também a porção alta do trapézio.

🔅 **Execute de 2 a 4 circuitos de:**
- **8 a 12 repetições para os *shrugs* e arranques;**
- **20 a 30 repetições para exercícios para o pescoço.**

Execute esse circuito pelo menos 2 vezes por semana no final do treinamento.

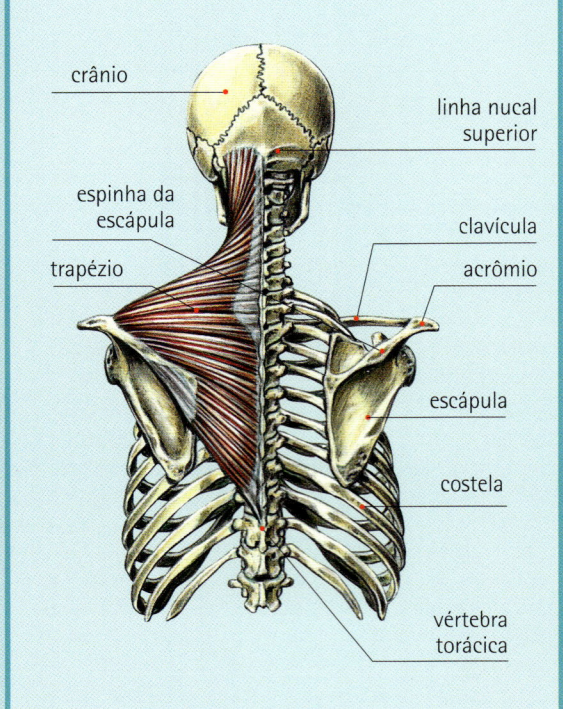

- crânio
- linha nucal superior
- espinha da escápula
- clavícula
- trapézio
- acrômio
- escápula
- costela
- vértebra torácica

1 Extensões do pescoço.
▶ P. 127

2 Flexões do pescoço.
▶ P. 127

3 Flexões laterais do pescoço.
▶ P. 128

4 *Shrugs*.
▶ P. 140

5 Arranque parcial.
▶ P. 146

Prevenção de dores no quadril

Os esportes que solicitam uma rotação do quadril podem facilmente lesar os pequenos músculos que são responsáveis pela orientação da coxa. Trata-se de esportes com bola e raquete, assim como esportes de combate, esqui, escalada, equitação, esportes sobre gelo, etc.

🔅 **Execute de 2 a 3 circuitos de 20 a 50 repetições, pelo menos 2 vezes por semana. Em vez de encadear diretamente as séries, separe-as com 30 segundos de alongamento que correspondam aos músculos que acabaram de ser trabalhados. Integre esse circuito bem no início do seu treinamento, à guisa de aquecimento.**

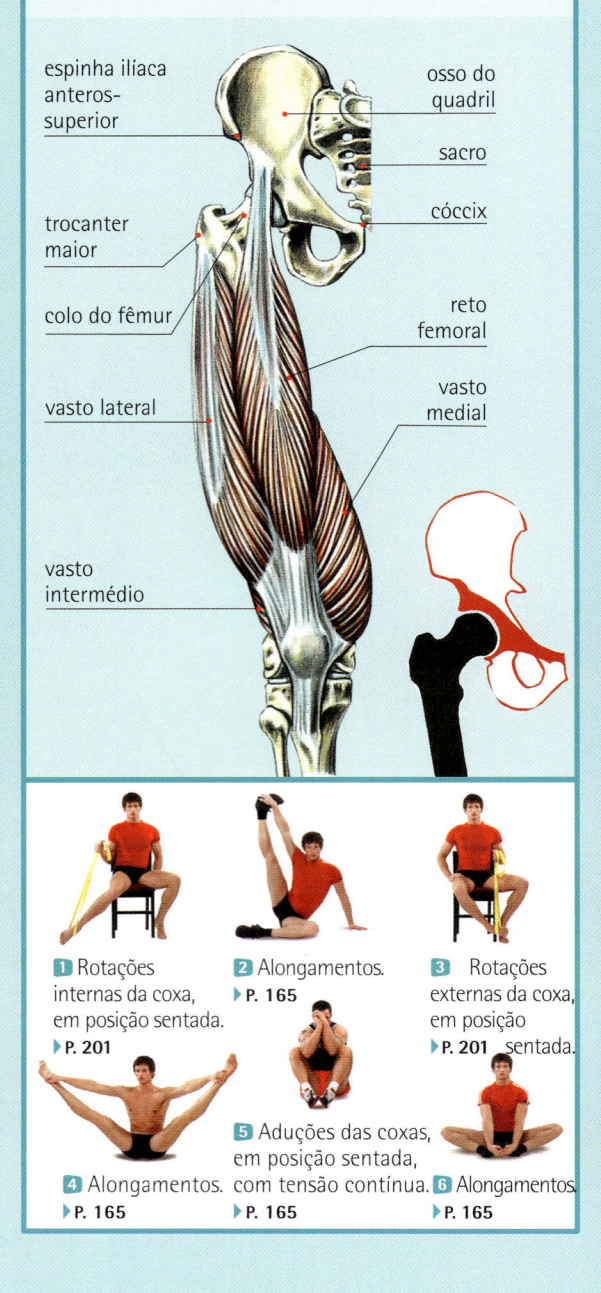

- espinha ilíaca anteros-superior
- osso do quadril
- sacro
- cóccix
- trocanter maior
- colo do fêmur
- reto femoral
- vasto lateral
- vasto medial
- vasto intermédio

1 Rotações internas da coxa, em posição sentada.
▶ P. 201

2 Alongamentos.
▶ P. 165

3 Rotações externas da coxa, em posição sentada.
▶ P. 201

4 Alongamentos.
▶ P. 165

5 Aduções das coxas, em posição sentada, com tensão contínua.
▶ P. 165

6 Alongamentos.
▶ P. 165

Prevenção de dores no joelho

Os problemas de joelho são muito frequentes no esporte. As disciplinas mais afetadas são os esportes com bola, com raquete ou de combate, a corrida a pé, o esqui, o ciclismo, a escalada, o remo, etc.

Os problemas de joelho são favorecidos por causa de um duplo desequilíbrio:

Desequilíbrio entre a força dos isquiotibiais e a dos quadríceps. Os programas de musculação geralmente focam a atenção no quadríceps, deixando de lado os isquiotibiais, que são muito mais importantes para a locomoção.

Desequilíbrio entre a força dos quatro músculos que compõem o quadríceps. De maneira natural, esses músculos não tracionam a patela com a mesma força.

Por causa desse duplo desequilíbrio, a articulação do joelho é colocada em desequilíbrio porque a tensão não é tão bem equilibrada no plano lateral e no plano frontal. Um programa de musculação deve reequilibrar essas tensões, reduzindo ao mesmo tempo as torções de joelho.

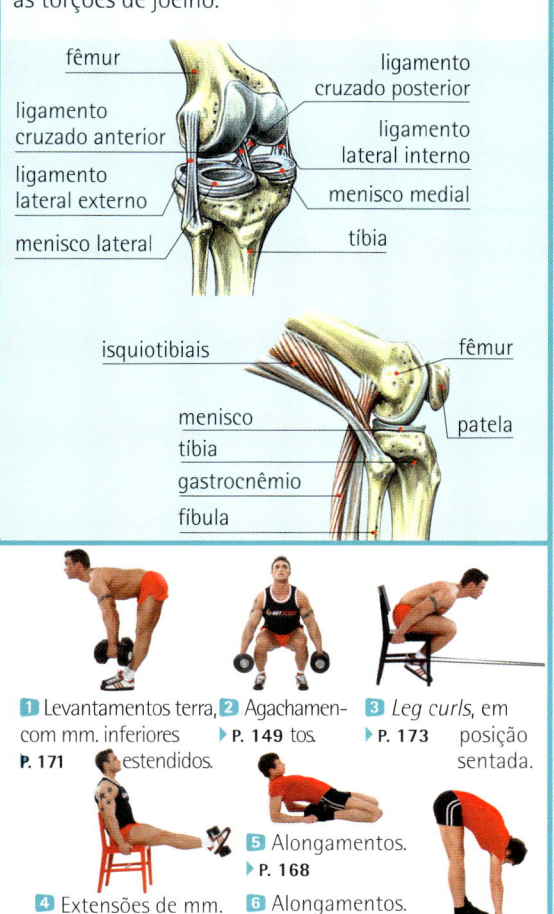

1 Levantamentos terra, com mm. inferiores estendidos. **P. 171**

2 Agachamentos. ▶ **P. 149**

3 *Leg curls*, em posição sentada. ▶ **P. 173**

4 Extensões de mm. inferiores. ▶ **P. 166**

5 Alongamentos. ▶ **P. 168**

6 Alongamentos. ▶ **P. 145**

Prevenção de lacerações nos isquiotibiais

As lacerações dos isquiotibiais são muitas nos esportes de corrida, particularmente quando é necessário mover-se rapidamente de maneira irregular como, por exemplo, no futebol, no rúgbi, em esportes com raquete, patinação, atletismo, etc.

Um estudo médico de 4 anos com jogadores de futebol de elite mostra que um programa de alongamentos regulares sozinho não teve qualquer impacto sobre essas lesões. Por outro lado, um treinamento de musculação com repetições negativas reduziu a incidência delas. Os melhores resultados foram obtidos com uma combinação de treinamento em negativo + alongamentos.

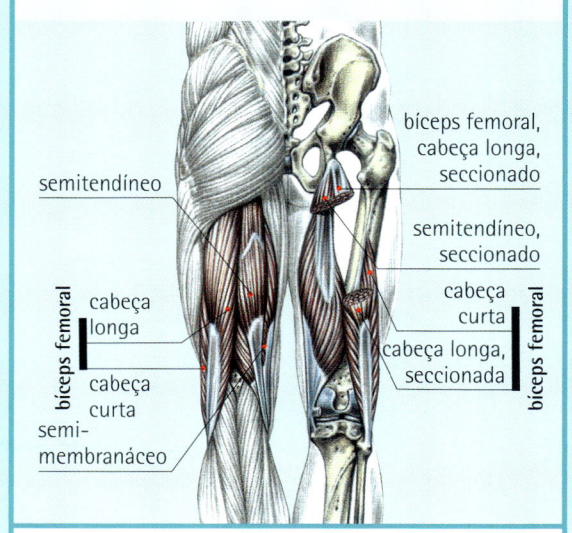

 **1** Levantamentos terra, com mm. inferiores estendidos: execute a descida sobre o m. inferior direito. Quando o tronco estiver paralelo ao solo, coloque o pé esquerdo em contato com o solo, para utilizar os 2 mm. inferiores para elevar o tronco. Reinicie para uma nova repetição negativa sobre o m. inferior esquerdo, enquanto o pé direito fica no ar.

⏱ Execute de 3 a 5 séries de 15 a 20 repetições por m. inferior (30 a 40 repetições no total).

Segure um haltere com uma mão quando você for capaz de executar 20 repetições com um m. inferior.

▶ **P. 171**

 **2** *Leg curls*, em posição sentada: leve os pés sob a cadeira com o auxílio das coxas. Para a série do m. inferior direito, o pé esquerdo é que empurra o pé direito para colocar a coxa no lugar.

Para a fase negativa, retenha somente o elástico do pé direito. Após terminar a série dos isquiotibiais da coxa direita, passe para a coxa esquerda.

▶ **P. 173**

⏱ Execute de 3 a 4 séries de 10 a 15 repetições por coxa.

Título do original em francês: *La Méthode Delavier de Musculation - Exercices & Programmes pour s'entraîner chez soi.*
Copyright © 2009, Éditions Vigot, 23 rue de l'École de Médecine, 75006 Paris, France.

Tradução: Dr. Marcos Ikeda
Ilustrações: Frédéric Delavier
Projeto gráfico: Graph'm
Revisão e diagramação: Depto. editorial da Editora Manole
Adaptação da capa para a edição brasileira: Depto. de arte da Editora Manole

Dados Internacionais de Catalogação na Publicação (CIP)
(Câmara Brasileira do Livro, SP, Brasil)

Delavier, Frédéric
    Método Delavier de Musculação / Frédéric
Delavier, Michael Gundill ; [tradução Marcos
Ikeda]. -- Barueri, SP : Manole ; Paris, FR :
Éditions Vigot, 2010.

    Título original: La méthode Delavier de
musculation.
    ISBN 978-85-204-3090-3

    1. Aptidão física 2. Exercícios 3. Método
Delavier 4. Musculação 5. Treinamento esportivo
I. Gundill, Michael. II. Título.

10-00044   CDD-613.71

Índices para catálogo sistemático:
1. Método Delavier de Musculação : Educação
física 613.71

1ª Edição brasileira – 2010

Direitos em língua portuguesa adquiridos pela:
Editora Manole Ltda.
Av. Ceci, 672 – Tamboré
06460-120 – Barueri – SP – Brasil
Fone: (11) 4196-6000
Fax: (11) 4196-6021
www.manole.com.br
info@manole.com.br

Impresso na França
Printed in France - L68700

Advertência

    Os conselhos e as informações que constam neste livro resultam das pesquisas dos autores. A sua exatidão e confiabilidade foram cuidadosamente verificadas, mas eles não têm, de modo algum, o objetivo de substituir a opinião esclarecida de um médico. Portanto, o leitor é o único responsável pelo uso que faz do livro e deve, em caso de dúvida ou de problemas persistentes, consultar um profissional de saúde. Os autores e o editor não se responsabilizam por eventuais danos que possam ocorrer após a utilização das informações contidas no livro.